南宋与周边政权地缘关系研究

Research of the Geopolitical Relations between the Southern Song Dynasty and Its Surrounding Regimes

于爱华 著

社会科学文献出版社
SOCIAL SCIENCES ACADEMIC PRESS (CHINA)

目　录

绪　论

一　研究的缘起

历史学家在历史研究中存在以一家一姓来划分王朝的习惯，如西汉和东汉、西晋和东晋、北宋和南宋等，这样的划分方式多看到政治上的延续性，以致在研究中常以汉、晋、宋等作为通称，从而忽略了朝代间的差异性。在宋史的研究中也存在着以宋或两宋来通称北宋和南宋的情况，且学界对北宋史的研究关注较多，南宋史则相对较少。为此，刘子健在《略论南宋的重要性》一文中指出，南宋在中国历史上具有独特性和重要性，应加强研究。① 就目前宋史的研究状况，在一篇澎湃新闻的采访中，黄宽重先生也指出："学界长时期研究北宋，现在来看南宋，大家依稀觉得从北宋到南宋有继承有创新，那什么是继承什么是创新，现在还没梳理清楚。现在开始进入南宋史的研究也是一头雾水，这是我们过去重视北宋而忽视南宋造成的困境。"

在宋史的研究中，有学者研究后提出："宋朝的历史特别引人注目，因为它先后两次亡于同样的地缘政治的形势之中。以宋朝强大的综合国力，何以不能抵御北方兵力并不是特别强大的辽与金，以及后来的蒙古？从地缘政治的角度看这也是值得人深思的。"② 宋朝立国，汉唐以来以汉

---

① 刘子健：《略论南宋的重要性》，载《两宋史研究汇编》，台北联经出版事业公司，1987，第 79 ~ 85 页。

② 叶自成：《地缘政治与中国外交》，北京出版社，1998，第 217 页。

族为中心的秩序已不复存在，在地缘上处于西夏、辽、金、蒙古、大理国、吐蕃、交趾等众多政权包围之中，在与辽、金、蒙古的军事竞争中，宋朝略显被动，但如何处理与这些政权之间的关系，于宋朝自身存亡关系重大。钱穆先生的研究认为，宋朝的国防具有先天的弱点。先南后北的统一方针导致宋朝的北方失去国防上的优势，与辽对峙而立，北方暴露在辽军铁骑之下，长城内险自居庸关到山海关一带，在辽人手里，定都开封其实是无险可守的。就国防资源方面，应付北方塞外之敌人，非骑兵不可。而骑兵所需之马匹，一个在东北蓟北之野，一个在西北甘凉河套一带。宋朝以步兵为主，且缺乏战争所需之马匹。以上地缘优势的丧失导致了宋朝在国防上始终是防御性的，以防御来立国、保国导致了一系列制度上的失误，最终导致了整个宋朝的灭亡。[①] 北宋所处地理位置决定其国家在内、外关系中所面临的问题及其政策的形成。但南宋的情况还不同于北宋，南宋在经济地理和军事地理上较北宋有较大差异，从而导致其政治上及其外交上也别具特色。在恶劣的地缘环境中，南宋实现了长期立国，与其有效处理与周边政权的关系有重要联系。南宋占据江南富庶区域，但不具备对外开拓之利，在处理与周边政权的关系中更多的是借助经济上的优势、通过输纳岁币来换取和平，并保持了南宋江山的长期稳定；但在恢复故疆这一统一政治目标的影响下，加之党争剧烈，南宋有过两次对外征伐，却都带来灾难性的严重后果。可以说，南宋在处理对外关系中具有新的特点，既有对北宋政权的继承，也有创新，同时还有许多经验教训值得总结。

二 文献梳理与研究价值

南宋史的研究开展较早，早在 1936 年张荫麟先生的《南宋亡国史补》一文，从军备、民生和国计的角度考察了南宋的灭亡。[②] 尽管如此，南宋史的研究始终不如北宋。有鉴于此，2005 年杭州市社会科学院成立了南宋史研究中心，以期强化对南宋史的研究。作为国家“十一五”重

---

① 钱穆：《中国历代政治得失》，生活·读书·新知三联书店，2000。

② 张荫麟：《两宋史纲》，北京出版社，2016。

点图书出版规划项目、杭州市社会科学院重大课题的“南宋史研究丛书”的立项及相继出版，推进了南宋史的研究。其内容包括南宋政治史、军事史、职官制度史、科举制度史、思想史、教育史、法制史、科技史、农业史、手工业史、商业史、交通史、城镇史、人口史、宗教史、史学史、文学史、风俗史、绘画史、书法史、藏书史、戏曲史等，内容较为全面。何忠礼等著《南宋全史》[①] 等八册，更是从政治、军事、民族关系、典章制度、社会经济与对外贸易、思想、文化、科技和社会生活等方面全面介绍南宋。此外，刘子健的《略论南宋的重要性》一文的发表，让人们对南宋有了重新的认识，并直接推动了南宋史的研究。至此，李华瑞在《近二十年来宋史研究的特点与趋势》一文中也指出，目前研究中的新突破之一便是“南宋史研究受到重视”，但同时也指出目前研究中存在的问题：专题式研究深入细致，即研究细碎化、缺乏宏观贯通的把握。[②] 这也为我们当下的研究指明了新的方向，提出了新的要求。

南宋立国于东南一隅，立国形势比北宋更为严峻，却能保持长期稳定，是南宋史研究中须回答的一个重要问题。刘子健的《背海立国与半壁江山的长期稳定》一文指出，南宋定都临安形成背海立国的形势，导致南宋在军事地理和经济地理上具有特殊性，占据经济富庶区作为立国之根本，依长江天堑形成川蜀、荆襄和江淮三大联动防区，实行对外的有效防御。在内部则对士大夫有效整合、实现较好的理财制度等，维持了半壁江山的长期稳定。南宋的这一立国形势，导致其不具对外开拓的能力，而是防御退守，但借助经济上的优势却可以弥补军事上的失利，故南宋以屈辱求和来保持长期和平。南宋背海立国形势，对其对外关系有重要影响。[③] 南宋在军事地理和经济地理上的特殊性还表现在朝贡体系中，黄纯艳《南宋朝贡体系的构成和运行》[④] 及其系列文章的研究指出，南宋朝贡体系大为萎缩，西夏、高丽及西北诸族脱离朝贡关系；交趾和大理在交往

---

① 何忠礼等：《南宋全史》，上海古籍出版社，2016。

② 李华瑞：《近二十年来宋史研究的特点与趋势》，《社会科学战线》2020 年第 6 期。

③ 刘子健：《背海立国与半壁江山的长期稳定》，载《两宋史研究汇编》，台北联经出版事业公司，1987。

④ 黄纯艳：《南宋朝贡体系的构成和运行》，《上海师范大学学报》（哲学社会科学版）2011 年第 5 期。

中虽遵守基本规则，却在本国行皇帝制度，南海诸国的朝贡是以经济利益为目的的。

建立有效的军事防御体系及其对水军的建设，是南宋在防御北方民族军事进攻中取得成功的重要原因之一。王曾瑜《宋朝兵制初探》[①] 探讨了南宋兵制的演变及水军的防御。粟品孝等著《南宋军事史》[②] 对南宋军事体制、南宋与金、蒙（元）战争、南宋军事战略战术、军事著作和思想等进行了系统研究，具有较高参考价值。此外，余蔚《两宋政治地理格局比较研究》[③]、周燕来博士学位论文《南宋两淮地区军事防御体系研究——以宋金和战时期为中心》西北大学 2010 年博士学位论文、何玉红《整体防御视野下南宋川陕战区战略地位》[④] 等文章，都对南宋的川蜀、荆襄及江淮三大防区进行了研究。

对处于西夏、金、蒙古、大理国和交趾等政权包围之中的南宋来说，正确处理与这些政权间的关系也是其能长期立国的重要原因之一。邓广铭《宋史十讲》[⑤]，陶晋生《宋辽关系史研究》[⑥]，李华瑞《宋夏关系史》[⑦]，赵永春《金宋关系史》[⑧]，邓昌友《宋朝与越南关系研究》（暨南大学 2004 年博士学位论文），陈世松等著《宋元战争史》[⑨]，胡昭曦、邹重华主编《宋蒙（元）关系研究》[⑩]，方铁《西南通史》[⑪]（“大理国与宋朝关系”部分），是目前研究宋朝与周边政权关系较有分量的著作。此外，宋朝处理与周边政权的外交思想及其治策，也是研究的焦点。张云筝《宋代外交思想研究》（河南大学 2010 年博士学位论文）指出宋朝的外交思想表现为“守内虚外”、谋求和平、道德感化及妥协退让等特点，并形成

① 王曾瑜：《宋朝兵制初探》，中华书局，1983。

② 粟品孝：《南宋军事史》，上海古籍出版社，2008。

③ 余蔚：《两宋政治地理格局比较研究》，《中国社会科学》2006 年第 2 期。

④ 何玉红：《整体防御视野下南宋川陕战区战略地位》，《国际社会科学杂志》（中文版）2009 年第 3 期。

⑤ 邓广铭：《宋史十讲》，中华书局，2008。

⑥ 陶晋生：《宋辽关系史研究》，中华书局，2008。

⑦ 李华瑞：《宋夏关系史》，河北人民出版社，1998。

⑧ 赵永春：《金宋关系史》，人民出版社，2005。

⑨ 陈世松等：《宋元战争史》，四川省社会科学院出版社，1988。

⑩ 胡昭曦、邹重华主编《宋蒙（元）关系研究》，四川大学出版社，1989。

⑪ 方铁：《西南通史》，中州古籍出版社，2003。

了四种不同的外交类型。陈佳华《宋朝的周边形势及其治边政策》[①] 指出“有宋一代对北方的边防政策，总的来说是消极的因素比较多，表现形式上也有雷同的地方，究其原因有客观和主观两个方面：客观上是邻族建立的政权，边界线长攻守不易，主观上是政策上的失误，‘强干弱末’造成的后果”。李合群《北宋“守内虚外”国策质疑》[②] 重点对宋朝“守内虚外”国策进行了探讨。吴晓萍《略论地缘政治与北宋外交》[③] 一文，根据地缘关系将北宋外交划分为三个层次，在南宋史的研究中依然值得借鉴。

宋朝在处理与周边政权的关系中，受到系列因素的影响，曾瑞龙从军事史的角度提出大战略理论：北宋开国存在着弭兵息战实现和平和经略幽燕统一疆土的双重政治目标，并影响了宋初对外关系的处理，该研究颇具启示。[④] 事实上，从该角度去审视南宋历史发现，南宋面临的领土缺失比北宋更加严重，南宋收复领土的呼声从未停止，南宋在处理对外关系中依旧面临着和平与统一的两难抉择，并成为日后南宋处理与金、蒙古关系的重要依据。此外，党争是南宋史研究中不能忽略的重要问题，它影响到宋朝的国家决策及其对外关系的处理。黄宽重研究了党争对南宋国家内政和外交的影响，如联蒙灭金、端平入洛等问题上皆因权臣谋权固位所引发的。[⑤]

总之，目前南宋史的研究日益引起学界重视，并在深度和广度上逐渐深化。南宋在处理与周边政权关系中，既有对时局的综合考量，也有宋人在处理问题中的惯性思维，这些都影响着宋朝对外关系的形成。

三 内容概要

南宋在金兵追击中立国于东南一隅，定都临安形成了背海立国的形势，这一形势的形成是南宋开国者高宗苟且偷安所使然，它导致了南宋

---

① 马大正主编《中国古代边疆政策研究》，中国社会科学出版社，1990。

② 李合群：《北宋“守内虚外”国策质疑》，《史学月刊》2009 年第 12 期。

③ 吴晓萍：《略论地缘政治与北宋外交》，《安徽大学学报》（哲学社会科学版）2004 年第 3 期。

④ 曾瑞龙：《经略幽燕——宋辽战争军事灾难的战略分析》，浙江大学出版社，2019。

⑤ 黄宽重：《晚宋朝臣对国是的争议——理宗时代的和战、边防与流民》，台湾大学出版中心，1978。

在军事上不具开拓能力，但在经济重心南移背景下占据东南经济富饶区，使宋朝在经济上掌握巨大财赋，并以此作为立国根本。因此，宋朝在处理对外关系上，对北方强敌多以输纳岁币来换取和平，对南方政敌也多以经济实现羁縻笼络，皆收到积极效果。一旦发动战争，南宋则往往以失败告终。

南宋一贯苟且偷安，对北方政权实行消极防御，但弭兵息战实现和平和收复故疆实现统一的政治目标始终是宋朝统治者面临的两难抉择。联金攻辽和联蒙灭金，以及开禧北伐和端平入洛便是在血洗仇耻、收复故疆这一统一目标驱使下，南宋所发动的对外军事行动。联金攻辽和联蒙灭金事件皆是宋朝企图借助外力实现统一目标；开禧北伐和端平入洛则是党争下君臣为谋权固位所致。以上事件皆导致了严重的军事灾难。

围绕上述内容，本书主要分为以下几个部分论述：

第一章，南宋在金兵追击中定都临安形成背海立国的形势，失去对抗北方民族政权的战略要地，却占据江南经济富庶区，成为立国根本。这一地缘环境的形成，使南宋在处理对外关系中略显被动，经济成为弥补对外关系的重要手段。

第二章和第三章，主要介绍了南宋与周边西夏、金、蒙古及大理国、交趾等政权间的关系，南宋根据这些政权所造成的地缘压力及其历史经验，将其分为三个层次的地缘关系，承认金国的大国地位、采取务实态度承认西夏的独立、将交趾和大理国划为同一地缘层次却又区别对待。南宋在这个地缘关系体系中并不占主导，而在经济上的优势，使南宋在处理与这些政权关系中注重对经济关系的运用。

第四章，基于北方地缘压力严峻、南方相对宽松的特点，南宋形成了御北安南的地缘思想，重点抵御北方民族的进攻，对包括大理国和交趾在内的南方民族多以经济进行有效羁縻；定都临安的背海立国形势，使南宋形成了北部以长江、淮河为防御线、南部面向大海的退守形势，南宋在处理与周边政权的对外关系中不再具有开拓之志，苟且偷安、消极防御成为一贯国策。

第五章，南宋背海立国，依长江天险设防形成川蜀、荆襄、江淮三大防区的格局，三大防区之间形成一个互动联防的整体，并在防御北方民族南下中发挥重要作用。尤其是川蜀和江淮防区因地理环境各异而较具特色，在防御北方民族南下的战争中作用重大。忽必烈攻宋采取的大迂回战略，切断并瓦解了三大防区间的联系，进而一举灭宋。

第六章，宋朝对地缘局势的判断及其看法，既有来自对历史经验的总结，也有对自身实际情况的判断。根据北方地缘压力严峻，南宋形成了御北安南的地缘思想，并且积极联合周边西夏、高丽等政权共同对付金人的远交近攻、联弱事强的外交政策。南宋在处理对外关系中也有教训值得总结：在血洗仇耻、恢复故疆政治目标的刺激下，宋朝联蒙攻金，给自身造成了严重灾难；以高宗为首的统治者自立国始的苟且偷安思想是其在处理对外关系中始终不得力的重要原因之一；守内虚外的驻军格局不符合宋朝实情，造成了对外军事上的软弱和失败。

第七章，北宋末年的联金攻辽和南宋时期的联蒙灭金事件，是北宋和南宋面临着和平与统一政治目标的两难抉择下，宋朝企图借助外力，实现血洗仇耻、收复故疆这一政治目标的指导下而发生的军事灾难，它打破了军事平衡，给宋朝造成了灾难性的后果。开禧北伐和端平入洛是南宋内部党争影响外交的事件，是在收复故疆的幌子下、当朝君臣为谋权固位而发动的对外征伐战争，从而造成严重的军事灾难，但它与南宋的一贯苟且偷安思想并不相悖。

第一章

南宋立国与所处对外环境

比之汉唐，宋朝地缘环境发生了深刻变化，“汉唐多内难而无外患，本朝无内患而有外忧”。[①] 具体到北、南宋，面临的地缘危机却又不同，“贯穿北宋政治的主线，是危机与变革；而贯穿南宋政治的主线，是生死存亡之争”，[②] 南宋面临的政治局势更加恶劣。地缘政治学认为，一个国家的地缘局势与该国所处的位置、领土以及与之接壤的邻国情况等因素密切相关，并由此而产生相应的地缘政治关系，形成相应的地缘战略，影响着国家对外关系及其对外利益。因此，考察一个国家的地缘形势，从地理位置、疆域、领土、人口以及与之接壤的政治实体等入手，具有非常重要的意义。

第一节　北宋对外环境

宋朝是中国历史上一个特殊的王朝，既创造了高度发达的经济文化，却又在对外政治军事上略显软弱无能，在与周边少数民族的军事较量中，处于不利地位。这一现象的出现，除与宋朝自身的政治军事体制有关外，还与宋朝所处的地缘环境密切相关。就地理位置而言，宋朝占据了长江流域和黄河流域农业区域，西晋永嘉之乱至唐朝安史之乱期间，黄河流域受战争破坏严重，大量人口南迁，使长江流域经济得到较大开发，至宋朝经

---

① 吕中：《类编皇朝中兴大事记讲义》，上海人民出版社，2014，第42页。

② 张其凡：《两宋历史文化概论》，广东人民出版社，2002，第57页。

济重心南移已成定局，长江流域农业经济的发展，为宋朝高度发达的经济、文化奠定了基础。但在外缘形势上，宋朝与众多政治实体并存，北方先后有辽、西夏、金、蒙古，南方有吐蕃、交趾和大理国，宋朝在地缘上处于这些政权的弧形包围之中，地缘形势并不乐观。除此之外，宋朝还丧失了河西走廊、燕云等北方军事战略要地，成为南宋在对外军事竞争中失利的重要地缘因素。地处北方的辽、西夏、金、蒙古，不仅占据军事战略要地，且以骑兵称雄，在与步兵的较量中，占据绝对优势。由于地缘战略优势的丧失，以及步兵对阵骑兵的劣势，在与北方民族政权的军事较量中，宋朝多以失败告终。因此，时人说“自古外国为中国患，世皆有之，然未有若今日之甚者”,① 一语道破宋朝严峻的地缘环境。

一　五代十国的政治形势与北宋立国

五代十国是唐末藩镇割据的持续，从 907 年梁太祖即位，到 960 年北宋建立的 53 年间，北方地区相继出现了后梁、后唐、后晋、后汉和后周五个政权，十国主要地处南方地区，江南地区初期的吴国最强，后李昪篡位，建立南唐，其次有吴越国和闽国，湖广地区被荆南、南楚和南汉占据，蜀地有前蜀、后蜀，北汉是十国中唯一在北方的一国，979 年被北宋所灭。五代十国的封建统治者，依靠武力相互角逐，形成了“大者称帝，小者称王”② 的割据局面。这些政权为谋求生存和发展，在历史舞台上竞相角逐，开展灵活多样的外交策略成为其生存的重要法则。于是，形成了中国历史上丰富多彩的地缘外交及其思想。如吴越东临大海，与之接壤的政权有南之闽、北之吴和南唐，皆对吴越生存构成巨大威胁。为谋求生存，吴越制定了尊崇中原政权，结盟实力较弱的闽和吴抗衡强大南唐的联弱攻强战略。楚国面临的地缘局势更加复杂，与之邻近的政权较多，东面先后有吴和南唐、西面有蜀、南面有南汉、北面则有荆南政权，楚不仅在地缘上处于这些政权的包围之中，且还与吴、南汉、荆南囚地盘争夺而争战不已，从而使自身陷入更加窘迫的境地。楚对外开展积极灵活的外交，

---

① 李心传：《建炎以来系年要录》卷 123，绍兴八年十一月壬寅条，中华书局，2013，第 2300 页。

② 欧阳修：《新五代史》卷 39《刘守光传》，中华书局，1974，第 426 页。

先后臣属于后梁、后唐、后晋和后汉等，以寻求外来支持。荆南位于今湖北一带，与南唐、楚、前蜀、后蜀相邻，在地缘上处于其包围之中。且南唐、楚、前蜀后蜀皆为强邻，荆南面临严峻地缘压力和危机，生存安全受到严重威胁。如何开展灵活外交、确保自身安全，于荆南至关重要。荆南摇摆于大国间，以获取不同程度的保护。如奉中原王朝为正朔，寻求保护，而当与中原王朝发生利益冲突时，又依附新的大国求其保护。南汉则地处南疆，东面与闽接壤，北面有荆楚，受外部的威胁较小，地缘压力小，乃臣附于后梁，后唐灭后梁后无力统一全国，使南汉得以偏安一隅。前、后蜀地处四川地区，凭借西川特殊山川地理形势及其优越的农业条件，采取保境自固的策略。北汉曾经以其雄厚的财物接纳契丹以图夹攻后周的策略，等等。

总之，五代十国是中国历史上地缘政治思想发展的重要时期。南方十国根据自身的政治、经济、军事实力的强弱，以及所处地缘环境和地缘形势的差异，分别采取不同的灵活外交策略，并出现了与北方王朝政治关系的差异性。北方王朝根据南方各个政权的实力及其地缘关系，也实施了灵活多样的地缘外交，如结盟吴、越，从地缘上形成对强敌南唐的包围之势，阻止其统一的步伐，同时，瓦解和分化南方联盟势力。通过地缘外交，各政治实力之间形成均衡牵制的局面。总之，在五代十国严峻的生存环境中，各个政权为求取自身生存和发展，开展灵活的地缘外交，形成均衡和相互牵制的态势，使整个历史发展呈现相对稳定的特点。

后周显德七年（960），禁军将领赵匡胤上演黄袍加身的戏码，发动“陈桥兵变”，自立为帝，改国号宋。赵匡胤即位后，开始收拾五代十国残局，迈开统一全国的步伐。“中国自五代已来，兵连祸结，帑藏空虚，必先取巴蜀，次及广南，江南，即国用富饶矣。河东与契丹接境，若取之，则契丹之患我当之也。姑存之，以为我屏翰，俟我富实则取之”，[①] 即实行的“先南后北”“先弱后强”的统一战略方针，其核心思想是避开矛头，先攻打南方几个较弱的割据政权，灭北汉，再攻打契丹，避免在统一南方之前与契丹发生正面冲突而腹背受敌。建隆三年（962），北宋挥师南下，合并

① 王称：《东都事略》卷23，齐鲁书社，2000，第190页。

荆湘。之后，北宋讨西蜀，攻南汉，讨伐南唐，消灭吴越，统一了南方诸国。太平兴国四年（979），北宋向北汉发起进攻，一举灭之，至此，五代十国割据局面宣告结束。按照既定方针，宋朝全力以赴讨伐契丹，宋军向燕京（今北京市）进军，但遭到辽朝大将耶律休哥的进攻，宋军被杀万余，丢弃物资“不可胜计”。[①] 雍熙三年（986），北宋再次北伐契丹。宋军兵分三路：东路以曹彬为主将，率军十万出雄州（今河北霸州市），直逼燕京；中路以田重为主将，由定州出飞狐（河北涞源县北），取蔚州（河北蔚县）；西路以潘美为主将，杨业副之，出雁门关（山西代县北），攻山后诸州，后三师会师燕京，北宋此次收复燕云行动，也以失败告终。经过两次北伐，宋军士气消失殆尽，信心全无。史载宋军遭遇重创，锐气尽耗，此后“不敢北向”，在军事上改为防守。

经过宋初统一战争后，宋朝与周边民族政权并立的地缘格局基本形成，在西北和北方地区与西夏和辽并存，南方地区有吐蕃，再往南则以大渡河为界，与大理国对峙而立，再南面还有交趾政权。在外缘形势上，宋朝由此形成了与众多民族政权并立，且处于其弧形包围圈的地缘特点。

二　北宋的地缘形势

一个国家所处的地理位置、疆域范围，以及与之接壤的邻国情况等因素，决定了其所面临的问题，以及在此基础上形成的地缘政治关系，它们都将影响其国家安全。因此，从一个国家疆域、位置等基本要素入手来考察和分析该国的地缘政治关系及相关问题，不仅重要而且必要。公元960年，赵匡胤建立北宋，其疆域：“东南际海，西尽巴僰，北极二关，东西六千四百八十五里，南北万一千六百二十里。”[②]《宋史·地理一》详细记载了北宋疆域的发展情况：

> 唐室既衰，五季迭兴，五十余年，更易八姓，宇县分裂，莫之能一。宋太祖受周禅，初有州百一十一，县六百三十八，户九十六万七

① 脱脱等：《辽史》卷9《景宗纪》，中华书局，1974，第102页。
② 脱脱等：《宋史》卷85《地理志》，中华书局，1985，第2094页。

千三百五十三。建隆四年，取荆南，得州、府三，县一十七，户一十四万三千二百；平湖南，得州一十五，监一，县六十六，户九万七千三百八十八。乾德三年，平蜀，得州、府四十六，县一百九十八，户五十三万四千三十九。开宝四年，平广南，得州六十，县二百一十四，户一十七万二百六十三。八年，平江南，得州一十九，军三，县一百八，户六十五万五千六十五。计其末年，凡有州二百九十七，县一千八十六，户三百九万五百四。太宗太平兴国三年，陈洪进献地，得州二，县十四，户十五万一千九百七十八；钱俶如朝，得州十三，军一，县八十六，户五十五万六百八十。四年，平太原，得州十，军一，县四十，户三万五千二百二十。五年，李继捧来朝，得州四，县八。至是，天下既一，疆理几复汉、唐之旧，其未入职方氏者，唯燕、云十六州而已。

至道三年，分天下为十五路，天圣析为十八，元丰又析为二十三：曰京东东、西，曰京西南、北，曰河北东、西，曰永兴，曰秦凤，曰河东，曰淮南东、西，曰两浙，曰江南东、西，曰荆湖南、北，曰成都、梓、利、夔，曰福建，曰广南东、西。东南际海，西尽巴僰，北极三关，东西六千四百八十五里，南北万一千六百二十里。崇宁四年，复置京畿路。大观元年，别置黔南路。三年，并黔南入广西，以广西黔南为名。四年，仍旧为广南西路。当是时，天下有户二千八十八万二百五十八，口四千六百七十三万四千七百八十四，视西汉盛时盖有加焉。隋、唐疆理虽广，而户口皆有所不及。迨宣和四年，又置燕山府及云中府路，天下分路二十六，京府四，府十三，州二百五十四，监六十三，县一千二百三十四，可谓极盛矣。①

与汉唐相比，宋朝人口增长较快，统治疆域狭小，南宋更加缩小。南宋南部疆域与北宋相比基本没有变化，北部疆域变化较大，向南压缩。绍兴九年（1139），南宋和金以黄河为界；十一年（1141）界线向南推移，移至淮河一带；十二年（1142），双方确定以大散关及秦岭为界，后虽略

① 脱脱等:《宋史》卷85《地理志》，中华书局，1985，第2093~2094页。

有变化，但基本维持这条界线。

北宋立国，汉唐以来以汉族为中心的宗藩体系不复存在，宋朝宗主地位受到严峻挑战。“南夷敢杀天子之命吏，西夷敢有崛强之王，北夷敢有抗礼之帝者，何也？……四夷不服，中国不尊。”① “自契丹侵取燕、蓟以北，拓跋自得灵、夏以西，其间所生豪英，皆为其用。得中国土地，役中国人力，称中国位号，仿中国官属，任中国贤才，读中国书籍，用中国车服，行中国法令，是二敌所为，皆与中国等。而又劲兵骁将长于中国。中国所有，彼尽得之，彼之所长，中国不及，当以中国劲敌待之，庶几可御，岂可以上古之夷狄待二敌也？”② 宋朝地缘形势之恶劣，为历朝所未有。目前有研究将北宋地缘线进行如下划分：“从政治地理学的角度，可将北宋陆上边界分为三条地缘线，即北线地缘、西北地缘和西南线地缘三条地缘战略路线。”③ 这样的划分，是客观而科学的，符合宋人对地缘形势的认识，“西（西夏）小而轻，故为变易；北（契丹）大而重，故为变迟。小者疥癣，大者痈疽也”。④ 北部、西北和西南地缘线形成北宋国家防御的整体，相互影响、相互牵制，但又各具特点。

（一）北部地缘线

北部地缘线，宋朝地缘压力来自契丹。契丹地域辽阔，“东至于海，西至金山，暨于流沙，北至胪朐河，南至白沟，幅员万里”，⑤ 契丹发展较快，实力渐增，“自太祖肇基，太宗继烈，征服诸部，雄视艮方，天骄踔厉，前史罕见”。⑥ 不仅如此，契丹还占据燕云战略要地。公元936年，后晋石敬瑭割让“燕云十六州”，燕云十六州战略地位重要，“燕都地处雄要，北依山岭，南压区夏，若坐堂隍，俯视庭宇”，⑦ 为中原王朝控扼

---

① 欧阳修撰，李逸安点校《欧阳修全集》卷60《辩论·本论》，中华书局，2001，第861页。《欧阳修集》，中国戏剧出版社，2002，第339页。

② 李焘：《续资治通鉴长编》卷150，庆历四年六月戊午条，中华书局，2004，第3641页。

③ 韦组松：《帝国生存环境的诠释——北宋国家安全问题研究》，中国社会科学出版社，2008，第93页。

④ 张耒撰，李逸安、孙通海、傅信点校《张耒集》（下册）卷48《送李端叔赴定州序》，中华书局，1990，第747页。

⑤ 脱脱等：《辽史》卷37《地理志》，中华书局，1974，第300页。

⑥ 张亮采：《补辽史交聘表》卷1，中华书局，1958，第1页。

⑦ 脱脱等：《金史》卷96《梁襄传》，中华书局，1975，第2134页。

蒙古高原和东北地区的基地，是汉唐王朝防御北方游牧民族南下的战略要地。燕云尽失，北宋对辽地缘战略优势丧失，中原王朝长城防御体系由此被打破。“自是中国非但失土地人民，乃并其关隘而失之”，① “汉、唐以前……盖当时中国据全燕之地，有险可守，匈奴不敢由此路而来也。自石晋割燕、蓟入契丹，无险可守，由是虏骑直出燕”。②

契丹不仅以强大骑兵称雄，且借助燕云地缘战略优势，给北宋造成严峻地缘压力。“阿保机并小族称帝，援立石晋，又得其所割雁门以北幽州节度管十六州。盖其地，东北有卢龙塞，西北有居庸关，中国恃此以限界北狄。自十六州既割之后，山险皆为虏有，而河北尽在平地，无险可以拒守矣。”③ 在与契丹的对峙中，北宋处于无险可守的困境，增加了契丹南扩的砝码。契丹借助地利、骑兵优势，不断南侵，使宋朝的国防线大大向南压缩，一度到达今天天津海河、河北霸州市、山西雁门关一线。史书由是称，“惟是北狄强盛，十倍羌人……今契丹尽吞诸蕃，事力雄盛，独与中原为敌国，又常有凭陵之心。”④ “累世以来，夷狄人众地大未有如今契丹。”⑤ 契丹造成的地缘压力，已不可小觑。

不仅如此，壮大后的契丹不断向外扩张，并构筑起以自身为中心的新秩序。

> 契丹宅大漠，跨辽东，据全燕数十郡之雄。东服高丽，西臣元昊，自五代迄今，垂百余年，与中原抗衡，日益昌炽。至于典章文物、饮食服玩之盛，尽习汉风。故敌气愈骄，自以为昔时元魏之不若也。非如汉之匈奴，唐之突厥，本以夷狄自处，与中国好尚之异也。近者复幸朝廷西方用兵，违约遣使，求关南之地，以启争端。朝廷爱

---

① 邱濬著，周伟民、王瑞明等点校《邱濬集》（第 5 册），《大学衍义补（下）》卷 151《治国平天下之要》，海南出版社，2006，第 2360 页。

② 赵汝愚：《宋朝诸臣奏议》，上海古籍出版社，1999，第 1508 页。

③ 程大昌：《古今说海》卷 10《北边对略》，载熊宪光选辑，徐志奇点校《古今逸史精编》，重庆出版社，2000，第 243 页。

④ 李焘：《续资治通鉴长编》卷 150，庆历四年六月戊午条，中华书局，2004，第 3652 页。

⑤ 李焘：《续资治通鉴长编》卷 236，熙宁五年闰七月戊申条，中华书局，2004，第 5726 页。

念生民，为之隐忍。岁益金币之数，且固前盟。而尚邀献纳之名，以自尊大。其轻视中国，情可见矣。①

契丹崛起并且形成新的秩序，使汉唐以来以汉族为中心的朝贡体系不复存在。这对自视汉族后裔的宋朝君臣造成心理上的强烈冲击，宋人显然是难以接受的，以至于发出“西有不臣之虏，北有强大之邻”② 的无奈感慨。正如王安石所言：“今乃称契丹母为叔祖母，称契丹为叔父，更岁与数十万钱帛，此乃臣之所耻。然陛下所以屈己如此者，量时故也。”③ 王安石认为这种关系于宋而言，乃是一种耻辱，但也无可奈何。富弼对契丹崛起后的局势有清醒的认识。“古者有外虞，则以夷狄攻夷狄，中国之利也。……北敌强盛，十倍羌人（西夏），异日渝盟，悉众南下，师力若不给，则祸未可涯，宜求所以牵制之术。……今契丹自尽服诸蕃，如元昊、回鹘、高丽、女真、渤海、蔵惹、铁勒、黑水靺鞨、韦室、鞑靼、步奚等。弱者尽有其土，强者止纳其贡赋。”④ 但在新的国家关系格局中，宋人显然是不占优势的，承受了巨大地缘压力，也是不争的事实。

在北部地缘线，辽灭亡后，金取而代之。女真兴起于松花江流域，原为辽朝臣属下的部族，1115 年，在首领阿骨打的带领下建国称帝，是为金。“辽以宾铁为号，取其坚也。宾铁虽坚，终亦变坏，惟金不变不坏。”⑤ 金朝壮大后开始反辽，不断侵扰辽边境。1120 年，宋金双方签订海上之盟，联合灭辽。宋宣和二年（1120）三月，金朝兵分三路攻打辽上京（今内蒙古巴林左旗南波罗城）。金天辅五年（1121）正月，金宋再次邀约夹攻辽，此时童贯率领 15 万大军前往南方镇压方腊起义，而未能应战。四月，金军冉次向辽发起进攻，军事进展顺利。天辅六年（1122），金军攻取了辽中京（今内蒙古宁城西大明城），辽天祚帝仓皇逃往西京，接着又狼狈逃往夹山（今内蒙古萨拉齐西北大青山中部）。金军

① 李焘：《续资治通鉴长编》卷 142，庆历三年七月甲午条，中华书局，2004，第 3412 页。
② 脱脱等：《宋史》卷 295《尹洙传》，中华书局，1985，第 9835 页。
③ 李焘：《续资治通鉴长编》卷 237，熙宁五年八月甲申条，中华书局，2004，第 5762 页。
④ 李焘：《续资治通鉴长编》卷 150，庆历四年六月戊午条，中华书局，2004，第 3650 页。
⑤ 毕沅：《续资治通鉴》卷 92《宋纪》，中华书局，1957，第 2364 页；脱脱等：《金史》卷 2《太祖纪》，中华书局，1975，第 26 页。

一举攻下辽四京，看此形势，北宋派童贯率师北伐燕京。灭辽后，双方瓜分辽朝领土，金朝占领辽大部分领土，其疆域大大向南推移。

在灭辽战争中宋人的腐败无能暴露无遗，金朝开始确立了灭宋方针。此后，双方战事不断。天会三年（1125），金人以宋朝招纳叛臣张觉、招诱燕京逃去人户、“岁交金币并不如期”① 且“物货粗恶”② 等为借口，对宋发动军事进攻。战争极其残酷，战火一度烧遍整个黄河中下游地区，史载：“东及沂、密，西至曹、濮、兖、郓，南至陈、蔡、汝、颍，北至河朔，皆被其害，杀人如刈麻，臭闻数百里，淮泗之间亦荡然矣。”③ 面对金军的猛烈进攻，北宋军队节节败退。靖康二年（1127），金军在东京城内搜刮金银财富，押宋徽宗、宋钦宗以及“宗族四百七十余人及珪璋、宝印、衮冕、车、祭器、大乐、灵台、图书”④ 等北返，诏降宋徽宗、钦宗为庶人，并立张邦昌为大楚皇帝，北宋灭亡。

总之，北宋北部地缘线局势恶劣，地缘压力大。在与辽和金的较量中，宋朝皆不占优势，承受了严峻的地缘压力。如果说在与契丹的对抗中，宋朝尚有一定的抵抗能力，那么，在与金的对峙中，宋朝已经势如危卵，不堪一击。

（二）西北地缘线

在西北地缘线，西夏亦给宋造成不小地缘压力。公元 1038 年，党项羌族首领李元昊建立西夏，其疆域“东尽黄河，西界玉门，南接萧关，北控大漠，地方万余里”。⑤ 李元昊名义上臣属于宋，却叛服不常，且“外倚北戎，内凌中国”，⑥ 多次发动侵扰战争，给宋朝的西北地缘线造成严峻的国防压力。西夏此举，与其占据灵州和河西走廊地缘战略要地，有

---

① 佚名编，金少英校补，李庆善整理《大金吊伐录校补》第 34 篇《回札子》，中华书局，2017，第 115 页。

② 佚名编，金少英校补，李庆善整理《大金吊伐录校补》第 35 篇《宋主书》，中华书局，2017，第 125 页。

③ 李心传：《建炎以来系年要录》卷 4，建炎元年四月庚申条，中华书局，2013，第 99 页。

④ 脱脱等：《金史》卷 74《宗翰传》，中华书局，1975，第 1697 页。

⑤ 吴广成撰，龚世俊等校证《西夏书事校证》卷 12，甘肃文化出版社，1995，第 145 页。

⑥ 范仲淹撰，范熊浚编集，薛正舆点校《范文正公集》上册，《范文正公政府奏议卷下·边事·奏陕西河北和守攻备四策·陕西和策》，凤凰出版社，2004，第 531 页。

一定关系。灵州位于夏州西侧，倚负贺兰山，带引黄河，“地方千里，表里山河，水深土厚，草木茂盛，真牧放耕战之地”，① 是汉唐以来西北边疆的著名重镇，用以控御西北诸族，实现对北方游牧民族战略上的合围夹攻之举。宋时灵州地区散居着回鹘部落，灵州的西南又散居着吐蕃部落，鉴于这些部落在双方地缘战略中的重要地位，皆成为宋、夏争夺的对象，灵州亦是如此。宋夏双方围绕争夺灵州多次发生战争，灵州遭遇战争破坏，一度经济凋敝，粮饷给养不足，戍守困难，宋朝曾以此为由放弃对灵州的戍守。真宗咸平五年（1002）三月，西夏攻占灵州。灵州失守，宋朝西北屏藩尽失，不得不对西夏刮目相待。此外，河西走廊还是我国古代通往西域的交通要道，是中原大地的西部屏障，是中原王朝平胡羌、通西域的重要出口，兼具政治、军事、经济、交通意义。宋王朝曾效法“汉通西域诸国，谓之断匈奴右臂”的做法，② 常遣使臣出使青唐吐蕃、甘州回鹘、草头鞑靼和西域于阗等国，欲与之结成犄角之势断西夏右臂，进而恢复汉唐故地。终因河西走廊交通要道的阻断，宋朝联合西域诸族夹攻西夏的地缘战略失效。

除此之外，在宋、辽夹缝中生存的西夏，外交甚为灵活，不仅降服西域诸族壮大自身，且称臣并依违于宋、辽大国间，寻求政治庇护，获取外交平衡。就宋、辽的军事实力而言，契丹显然更具军事优势，因而西夏更多依附于契丹。正是借助契丹的庇护，西夏对宋朝西北边境，多次侵扰，造成不小地缘压力。正如文献记载的：“夏国自祖宗以来，为西方巨患，历八十年。朝廷倾天下之力，竭四方财用，以供馈饷，尚日夜惴惴然，唯恐其盗边也。”③ 可见，在西北地缘线，西夏给宋朝造成的地缘压力，已不可小觑。不仅如此，西夏和契丹还经常联合侵宋，“西伐则北助，北静则西动”，④ 宋朝的北方地缘线时常动荡不安，成为困扰宋朝君臣的主要压力之一。为此，欧阳修曾上书言：“方今西羌叛逆，未平之患在前；北

---

① 李焘：《续资治通鉴长编》卷 44，咸平二年六月戊午条，中华书局，2004，第 947 页。
② 李焘：《续资治通鉴长编》卷 126，康定元年三月辛酉条，中华书局，2004，第 2984 页。
③ 李焘：《续资治通鉴长编》卷 349，元丰七年十月癸巳条，中华书局，2004，第 8376 页。
④ 赵汝愚：《宋朝诸臣奏议》卷 135《边防门·上仁宗河北守御十三策》，上海古籍出版社，1999，第 1502 页。

虏骄悖，藏伏之祸在后。”① 西夏、辽皆给宋朝北方边境造成了严峻地缘危机。对此，宋人有深刻的认识：

每（太祖）与之战，未尝不克。太宗因亲征之衄，虏势遂骄，频年寇边，胜败相半。真宗嗣位之始，专用文德，于时旧兵宿将，往往沦没。虏骑深入，直抵澶渊，河朔大骚，乘舆北幸。于是讲金帛啖之之术，以结欢好。自此河湟百姓，几四十年不识干戈。岁遗差优，然不足以当用兵之费百一二焉。则知澶渊之盟，未为失策。……臣深见二虏为患，卒未宁息。西伐则北助，北静则西动，必欲举事，不难求衅。通和则安享重币，交战则必败官军。叛而复合，孰敢不许？擒纵自在，去往无梗，两下牵制，困我中国。有何大害而不为边患？有何后悔而长守欢盟？渝盟扰边，我则遂困。不幸凶荒相继，盗贼中起，则彼二虏所图，又甚大矣……契丹自得燕、蓟以北，拓跋自得灵、夏以西，所生英豪，皆为其用。得中国土地，役中国人民，称中国位号，仿中国官属，任中国贤才，读中国书籍，用中国车服，行中国法令，是二虏所为，皆与中国等。而又劲兵骁将，长于中国。中国所有，彼尽得之，彼之所长，中国不及。我当以中国劲敌待之，庶几可御，岂可以古之夷狄待二虏邪？②

契丹和党项占据地理优势，以强大骑兵称雄，屡次对宋朝北部边境进行侵扰和掠夺。“今契丹据山后诸镇，元昊盗灵、武、银、夏，衣冠、车服、子女、玉帛，莫不有之。”③ 战时，宋朝承受着战争破坏带来的巨大压力，和时，则以输送大量岁币为代价，皆造成巨大经济困扰，中国为之困矣。苏东坡指出，“昔者大臣之议，不为长久之计，而用最下之策，

① 赵汝愚：《宋朝诸臣奏议》卷 36《上仁宗论澧州瑞木》，上海古籍出版社，1999，第 358 页。

② 赵汝愚：《宋朝诸臣奏议》卷 135《上仁宗河北守御十三策》，上海古籍出版社，1999，第 1501 ~ 1502 页。

③ 李焘：《续资治通鉴长编》卷 159，庆历六年八月癸亥条，中华书局，2004，第 3844 页。

是以岁出金缯数十百万，以啖二虏”，并感叹“二虏之大忧未去，则天下之治终不可为也”。[①] 宋以前北方少数民族的南下，多属掠夺性质，“其来，不过驱老弱、掠畜产而已”，[②] 宋时的北方边患则已严重威胁到国家安全。如果说，西夏和辽的军事侵扰，已经给宋朝造成严峻地缘危机和国家困扰的话；那么，“二虏”“称中国位号”的事实，则严重挑战了宋人的心理底线，更使其无法接受。

（三）西南地缘线

在西南地区宋朝面临的政治实体有吐蕃、大理国和交趾。宋朝建立后吐蕃逐渐衰落，分散为不同的部落，在西南地区的影响力逐渐削弱。大理国则承袭唐之南诏，其疆域“东至普安路之横山，西至缅地之江头城，凡三千九百里而远；南至临安路之鹿沧江，北至罗罗斯之大渡河，凡四千里而近”。[③] 大理国的统治区域已经到达今缅甸、越南和老挝北部，是西南地区不可忽视的一支重要政治力量。在交趾地区，结束“二十二使君”之乱后，丁部领统一交趾，实力大增，成为西南地区又一支重要的政治力量。

对西南诸族，宋朝采取审慎态度。首先，宋初放弃了对大理国和交趾的统一，这既是由于宋朝愚守“唐亡于黄巢，而祸基于桂林”的错误认识，同时也是基于整个北方地缘形势考量下而无暇南顾的无奈抉择。乾德三年（965），宋军平蜀后，王全斌主张“欲乘势取云南”，太祖“鉴唐之祸基于南诏，以玉斧划大渡河曰：‘此外非吾有也’”。[④] 后人记述：“（宋）鉴唐之祸，乃弃越巂诸郡，以大渡河为界，欲寇不能，欲臣不得。”[⑤] 凭借大渡河天险，以兵设防，严加防备大理国。后又以“德化所及，蛮夷自服，何在用兵”为理，放弃对大理国的开拓和经营。但对

① 苏轼撰，顾之川点校《苏轼文集》上，岳麓书社，2000，第8页；《苏东坡全集》卷37《策略二》，北京燕山出版社，2009，第2013页。

② 赵汝愚：《宋朝诸臣奏议》卷135《上仁宗河北守御十三策》，上海古籍出版社，1999，第1501～1502页。

③ 宋濂等：《元史》卷61《地理志》，中华书局，1976，第1457页。

④ 田汝成撰，欧薇薇校注《炎徼纪闻》，广西人民出版社，2007，第97页。

⑤ 李心传：《建炎以来系年要录》卷105，绍兴六年九月癸巳条，中华书局，2013，第1978页。

大理国却严加防备，南宋还在邕州至宜州九十余里的区域内设险防守，把握峒丁，结聚道路，加强防备。宋朝以大渡河天险驻兵设防大理国的做法，四川官吏皆予以肯定，如知黎州宇文常言："自孟氏入朝，艺祖取蜀地图观之，画大渡河为境，历百五十年无西南夷患。"① 新知黎州唐秬也进奏言："臣所治黎州控制云南极边，在唐为患尤甚。自太祖皇帝即位之初，指舆地图弃越嶲不毛之地，画大渡河为界，边民不识兵革垂二百年。"② 南宋承袭了北宋做法，划为域外，疏而远之，对大理国防备更严。对交趾，宋朝也未予统一。景德三年（1006），邵晔上邕州至交州水陆路及控制宜州山川四图，宋真宗则认为："交州瘴疠，宜州险绝，若兴兵攻取，死伤必多。且祖宗开疆广大若此，当慎守而已，何必劳民动众，贪无用之地？如照临之内，忽有叛乱，则须为民除害也。"③ 与大理国一样，宋朝也是缺乏武力统一交趾的勇气，只想"羁縻不绝而已"。④

在西南地缘线，吐蕃和大理国并未给宋朝造成实际上的地缘压力，史书中均不见大理国出兵宋朝以及双方发生战事的记载，相反，大理国为发展与宋朝的友好关系而多次请求朝贡的记载不绝于书。与大理国不同的是，尚处于向新兴封建国家转化的交趾，对宋朝发动了大大小小的频繁的寇边事件，给宋朝西南疆域造成不小地缘压力。韩国学者金成奎先生认为"宋人将契丹、西夏、越南（即当时的交趾）视为'三方之急'"，⑤ 这一说法是有道理的，符合宋朝地缘局势的实情。邕州知州萧注曾一针见血地指出："交趾虽奉朝贡，实包祸心，常以蚕食王土为事。"⑥ 不仅如此，交趾还蚕食宋朝广西领土，"自交趾蛮据有安南，而广源州虽号邕管西羁縻州，其实服役于交趾"。⑦ 交趾的寇边战争，多属抄掠性质，给宋朝造成

① 脱脱等：《宋史》卷353《宇文常传》，中华书局，1985，第11149页。

② 傅增湘原辑，吴洪泽补辑《宋代蜀文辑存校补》卷61《（唐秬）乞降诏抚谕川蜀疏》，重庆大学出版社，2014，第2009页。

③ 徐松辑，刘琳等校点《宋会要辑稿·蕃夷4》，上海古籍出版社，2014，第9786页。

④ 脱脱等：《宋史》卷90《地理志》，中华书局，1985，第2249页。

⑤ 〔韩〕金成奎：《宋之国境问题的意义与概括》，于2004年在河南省濮阳市举行的"纪念'澶渊之盟'一千周年国际学术研讨会"上宣读。交趾李朝"有以量宋，以寇边防"（《驭交记》卷2）。

⑥ 脱脱等：《宋史》卷334《萧注传》，中华书局，1985，第10733页。

⑦ 李焘：《续资治通鉴长编》卷167，皇祐元年九月乙巳条，中华书局，2004，第4014页。

一定地缘压力，是不争的事实，却也不能与北方相提并论。

总之，宋朝地缘环境恶劣，地缘局势并不乐观，“西北有二敌，南有交趾”，[①] 北方有西夏和辽，南方则是交趾，均给宋朝的对外交往造成严重困扰，“九夷八蛮，罕所通道”，[②] 朝贡体系大为压缩。宋朝在与周边少数民族的军事竞争中并不占优势，“外则不能无惧于夷狄”，[③] 且“兵多而战未胜”，[④] 因此，时人感叹“天下之弱势，历数古人之为国，无甚于本朝者”。[⑤] 可以说，至宋时，汉唐以来以汉族为中心的朝贡体系已不复存在，地缘局势发生巨大变化，形成了新的地缘特点。

第一，宋朝面临的外缘环境差，且外缘力量强大。宋朝立国后与众多民族政权并立，且在地缘上处于弧形包围之中。在与辽、西夏、金、蒙古、交趾和大理国等政权并立的格局中，宋朝在军事竞争中并不占优势，无法重建汉唐以来以汉族为中心的朝贡体系和秩序，且辽、金、蒙古军事实力强劲，尤其是金、蒙，均给宋朝造成了史无前例的地缘压力。

第二，宋朝地域狭小，地缘线情况复杂。宋朝的地缘线分为西北、北方和西南三条，三条地缘线各具特点，给宋朝造成的地缘压力不一。其中以北方、西北地缘线情况最复杂，最不稳定，给宋朝造成的地缘压力最大。张耒在《送李端叔赴定州序》中说“今为中国患者，西北二虏也”，[⑥] 对北宋地缘形势的把握甚为准确。西南地缘线吐蕃、大理国、交趾等政权的存在也给宋朝造成一定地缘压力，但与北方相比，却不是主要的。但西南地缘线于宋朝安危至关重要，如何稳定西南地缘线，解除宋朝后顾之忧、避免两面受敌的困境，也是不容忽视的。同时，稳定西南地缘线，开辟战马来源，以补充北方战马缺失，也是必不可少的。

---

① 蔡絛撰，沈锡麟、冯惠民点校《铁围山丛谈》卷5，中华书局，1983，第96页。

② 蔡絛撰，沈锡麟、冯惠民点校《铁围山丛谈》卷5，中华书局，1983，第96页。

③ 王安石著，宁波等点校《王安石全集》卷39《上仁宗皇帝言事书》，吉林人民出版社，1996，第399页。

④ 傅增湘原辑，吴洪泽补辑《宋代蜀文辑存校补》卷3《应诏陈彗星旱灾疏》，重庆大学出版社，2014，第114页。

⑤ 庄仲方辑《南宋文范·（叶适）论纪纲疏》，任继愈主编《中华传世文选》（六），吉林人民出版社，1998，第299页。

⑥ 吕祖谦：《宋文鉴》卷91《送李端叔赴定州序》，任继愈主编《中华传世文选》（六），吉林人民出版社，1998，第818页。

第二节 南宋对外环境的变化

靖康二年（1127）五月，赵构在应天府（今河南商丘）称帝，改元建炎，是为南宋。由于金朝灭宋既定方针未变，仓促立国的南宋未能有效抵御金军进攻，所处地缘环境愈加恶化，地缘形势更加严峻。

一 南宋地缘环境

（一）疆域

南宋立国，疆域大大向南压缩，比之北宋，更为狭小。南宋初立，与金战事不断，疆域多有变动。直至第二次绍兴和议［高宗绍兴十一年（1141）］后，辖区大体稳定下来。宋金双方和议，以东起淮水中流，西至大散关为界，淮南江北仍属于南宋。实际上，南宋基本放弃了淮河一线，而以长江天险设防。

南宋南部边界，西部以利州西路（有时利州东、西路合为一路）的西和州、阶州、文州、龙州西境，成都府路的石泉军、茂州、威州、永康军、崇庆府（蜀州）、邛州、雅州西山野川诸部族地区、黎州及州以南邛部、保塞等部族地区的西境与吐蕃接壤。西南以黎州以南的邛部、两林等部族地区的南境，潼川府路叙州（戎州）以南的马湖、易娘、乌蒙、阏畔、乌撒、罗氏等部族地区的西南境，夔州路黔州所辖诸羁縻州以西的罗殿西境，广南西路邕州以西的自杞、特磨道的西境与大理相邻。以邕州西南境与越李朝（交趾）交界。南宋为了备御金兵南下，把主要军事力量部署于与金近邻的淮南东、西路，京西南路，利州东、西路及其毗连地区。稳定时期的南宋疆域仅限于秦岭淮河以南，岷山、邛崃山以东地区。比之北宋，南宋疆域大为缩小。

（二）人口

北宋末年，女真南侵，黄河中下游地区陷入战火纷争，“东及沂、密，西至曹、濮、兖、郓，南至陈、蔡、汝、颍，北至河朔，皆被其害，杀人如刈麻，臭闻数百里，淮泗之间，亦荡然矣”。① 北方地区战争的破

---

① 李心传：《建炎以来系年要录》卷4，建炎元年四月庚申朔条，中华书局，2013，第99页。

坏，成为人口流动的重要推动力。北宋末年，北方人口大量南迁。北宋靖康二年（1127），汴京陷落，大批衣冠士族携家眷渡河南下，一度到达淮河流域，此次迁徙活动持续到绍兴议和为止。① 绍兴三十一年（1161），金主完颜亮毁约南侵，南宋趁机以优待政策招徕北人，大批人口渡河南下。大量人口的南迁，使南宋人口急剧增加，但南宋人口呈现分布不均衡的特点，政权所在地的两浙路是人口最密集的地方，“四方之民云集两浙，两倍常时”，“平江、常、润、湖、杭、明、越，号为士大夫渊薮，天下贤俊，多避地于此”。② 此外，两湖、闽赣、四川、两广也都接纳了众多北方人口，数量有了大幅增加。据资料统计，绍兴三十二年（1162），全国有户 1140 万，光宗绍熙元年（1190），此时金朝有户仅 768 万余，③ 到宁宗嘉定十六年（1223）南宋有户 1267 万，达历史峰值。尽管南宋领土狭小，但在与当时的周边政权金、西夏、交趾等相比，南宋人口却占绝对优势。就南宋时期全国人口状况，据学者研究推断，13 世纪初，南宋和金均进入人口峰值阶段，分别有人口 8500 万和 5600 万。如果加上西夏约 300 万人，共有 14400 万～14500 万人。④

（三）南宋经济农业区

南宋的疆域地处内地农耕社会，占据长江中下游平原、成都平原及珠江三角洲等众多小平原，属暖温带与亚热带气候，气候温暖，降水丰沛，热、水、土资源在地域上有良好的配合。雨热同期，各地的高温季节普遍也是多雨季节，极有利于农作物生长发育。此外，跨纬度大，自然地带和地形、土壤多种多样，也便于农林牧副渔业生产的全面发展。唐朝以后，北方地区由于受战争的破坏严重，经济开始衰退，并呈现经济重心南移的趋势。宋朝建立后，南方经济迅速发展，并逐渐超过北方地区，尤其是江浙一带的经济发展最快，出现了“苏湖熟，天下足”的局面。南宋占据这一有利农业经济区域，农业经济发展迅速，奠定了南宋雄厚的经济基础。

---

① 邹逸麟：《中国历史地理概述》，上海教育出版社，2005，第 226 页。

② 李心传：《建炎以来系年要录》卷 20，建炎三年二月庚午条，中华书局，2013，第 471 页。

③ 脱脱等：《金史》卷 46《食货志》，中华书局，1975，第 1035 页。

④ 邹逸麟：《中国历史地理概述》，上海教育出版社，2005，第 227 页。

（四）都城

绍兴八年（1138），高宗正式下诏定都临安（杭州）。“朕荷祖宗之休，克绍大统，夙夜危惧，不常厥居。比者巡幸建康，抚绥淮甸，既已申固边圉，奖率六军，是故复还临安。内修政事，缮治甲兵，以定基业，非厌霜露之苦而图宫室之安也。”① 临安地处长江下游，位于长江之南、钱塘江之口，大运河的终点，水陆交通发达，且占据了农业地利条件较好的平原地带。南宋得此地理优势，经济迅速发展。优越的经济地利条件，成为宋人定都于此的重要考量因素，“今日之计，当思古人量力之言，察兵家知己之计。力可以保淮南，则以淮南为屏蔽，权都建康，渐图恢复。力未可以保淮南，则因长江为险阻，权都吴会，以养国力”，于是“驻跸临安”。② 此外，力主定都临安的、以宋高宗为首的权臣，还认为临安北面有淮河、长江为之阻，东面临海，临安周围河网密布、水陆交织，形成防御金人骑兵的坚实屏障，且必要时还可重施宋初避难于海的伎俩。“金人所恃者，骑众耳，浙西水乡，骑虽众，不得骋也。且人心一摇，虽至川、广，恐所至皆敌国尔。”③

二　南宋外部地缘形势的变化

比之北宋，南宋疆土局促，地缘形势愈加严峻，外来的地缘压力对南宋生存形成威胁。在北方地区，形成了“金朝方强盛，天下莫不畏服”的局面，且金朝以灭宋为目标，屡次南侵，南宋国防危机多次告急。当蒙古在北方兴起后，南宋面临的地缘局势更加复杂，时人陈靴概括其地缘形势言：“今为边患者三：有垂亡之金，有新造之鞑，有归附之忠义。”④ 北方地缘线，仍是南宋地缘压力的主要来源地，南宋为此承受了巨大地缘压力。蒙古强大后，制定了灭金图宋、统一全国的战略目

---

① 徐松辑，刘琳等校点《宋会要辑稿·方域2》，上海古籍出版社，2014，第9289页。

② 脱脱等：《宋史》卷380《楼照传》，中华书局，1985，第11715页。

③ 李心传：《建炎以来系年要录》卷27，建炎三年闰八月丁亥条，中华书局，2013，第616页。（毕沅：《续资治通鉴》卷160，建炎三年闰八月丁亥条，中华书局，1957，第2785～2786页。）

④ 曾枣庄主编《宋代传状碑志集成》卷181《忠肃陈观文神道碑》，四川大学出版社，2012，第2749页。

标，南宋地缘危机进一步加剧。在西南地缘线，南宋面临的情况无大变化，大理国守境相安，交趾也并未有大的扰边行为，地缘线相对稳定。

（一）北方地缘线

在北方地缘线，金代辽成为新的霸主，北宋末年宋人在灭辽战争中的软弱暴露无遗，金人决意南侵。天会五年（1127），金人南下，围攻北宋京城，大肆搜刮金银财宝，俘获宋徽宗、钦宗及其宗族470余人挥师北上，北宋灭亡。宋徽宗第九子康王赵构于同年五月，在应天府（今河南商丘）即位称帝，改元建炎，是为南宋。立国之始，南宋便面临巨大地缘压力，时人感叹曰："（金军）攻陷我都城，倾覆我社稷，劫迁我二圣，荼毒我蒸民，自开辟以来，夷狄之祸，未有若是之酷也。"①

金军接连发动灭宋战争，宋高宗自南京应天府（今河南商丘）逃往扬州避难。1129年金军第三次南下，宋高宗乞降称臣，金朝不予理会，高宗从杭州逃往越州（今浙江绍兴）、明州（今浙江宁波），后乘船入海逃往定海（今镇海）、昌国（今定海）、台州（今临海）一带，随即又乘船逃往温州。金军将领宗弼穷追不舍，一路所向披靡，很快攻下建康，招降杜充，随即攻下常州、杭州、越州、明州、定海等地，当听说高宗逃往温州、后又逃往福州，金人"遂行海追三百余里"，② 因途中遇大风暴，被宋枢密院提领海船张公裕所率领的大船打败。至天会八年（1130）二月，宗弼一直无法捕到宋高宗，遂声称"搜山检海"已毕，无奈北返。其后，宋、金间战事不断。蒙古在北方兴起后不断蚕食金朝领土，将金朝疆域大大向南挤压。金宣宗为摆脱困境决意南迁，南迁后的金朝，形势并不乐观，"地势益蹙，遂有南窥淮、汉之谋，兵端复起矣"。③ 宋朝史书记载："贞祐（1213～1217）以后，（金）主兵者不能外御大敌，而取偿于宋，故频岁南伐。"④ 此时金朝对南宋边境的侵扰，多属抄掠性质，"所下

---

① 徐自明撰，工瑞来校补《续宋宰辅编年校补》卷8，中华书局，1986，第1472页。

② 脱脱等：《金史》卷77《宗弼传》，中华书局，1975，第1753页。

③ 李心传：《建炎以来朝野杂记》乙集卷19《女真南徙》，中华书局，2000，第845页。

④ 张金吾：《金文最》卷94《（元好问）内相文献杨公（云翼）神道碑铭》，中华书局，1990，第1370页。

城邑，多所焚掠”。① 除物资外，人口也成为重要掠夺对象，史载“（嘉定十一年二月）金人焚大散关而去，丙午，破皂郊，死者五万人”。② 最终导致了南宋北部边境出现“原野萧条，无复人迹”③ 的景象。金朝对宋朝的边境掠夺，造成了北部边境的动荡，其地缘压力也是不容小觑的。为此，吏部侍郎晏敦感叹：“自古外国为中国患，世皆有之，然未有若今日之甚者。”④

金衰落之际，蒙古势力在漠北草原兴起。宋宁宗嘉定四年（1211），宋朝始知金人有鞑靼之扰，面对新的地缘形势，宋人颇感危机，“金虏虽衰，犹积岁好不通之憾，鞑寇骤起，每怀无厌及我之心”。⑤ “鞑靼之在今日，无异昔者女真方兴之时，一旦与吾为邻，亦必祖述女真已行之故智。”⑥ 有识之士还清醒地认识到，蒙古崛起后将面临更严峻的地缘压力和地缘危机，“今鞑靼坚锐，即女真崛起之初，而金人沮丧销耎，有旧辽灭亡之势”，⑦ 并且指出朝廷应该有所防备，“朝廷所当熟虑者，非金人，乃蒙古也。方兴之势，精锐无敌，岂可不豫为之备”。⑧ 后来事实证明，宋人之忧虑是有道理的。蒙古多次攻金未果后，始约宋灭金，朝臣多持反对意见，认为此举“更生新敌，尤为可虑”。⑨ 魏了翁一针见血地指出，蒙古“摧金如拉朽，乘胜如破竹，似未易忽视也”。⑩

宋蒙联合灭金后，在北部地缘线，形成了南宋与蒙古对峙的态势。蒙

---

① 脱脱等：《金史》卷108《胥鼎传》，中华书局，1975，第2381页。

② 严如熤主修，郭鹏校勘《嘉庆汉中府志校勘》卷24《纪事》，三秦出版社，2012，第842页。

③ 张金吾：《金文最》卷95《（元好问）内翰冯公（璧）神道碑铭》，中华书局，1990，第1388页。

④ 李心传：《建炎以来系年要录》卷123，绍兴八年十一月壬寅条，中华书局，2013，第1992页。

⑤ 傅增湘原辑，吴洪泽补辑《宋代蜀文辑存校补》卷80《（李鸿复）记事势三可忧书》，重庆大学出版社，2014，第2657页。

⑥ 刘时举撰《续宋编年资治通鉴》卷14，中华书局，1985，第189页。

⑦ 曾枣庄主编《宋代传状碑志集成》卷180《龙学余尚书神道碑》，四川大学出版社，2012，第2743页。

⑧ 袁燮：《絜斋集》卷2《论对绍兴十一年高宗料敌札子》，中华书局，1985，第21页。

⑨ 脱脱等：《宋史》卷395《徐应龙传》，中华书局，1985，第12051页。

⑩ 魏了翁：《鹤山先生大全文集》卷16《论择人分四重镇以备金夏鞑事》，四部丛刊初编本，高等教育出版社影印本，2016，第733页。

古“素有并吞天下”① 的野心，宋蒙战争不可避免。蒙古灭西夏、金，臣服高丽后，灭宋便被提上了日程。1234 年南宋收复河南的军事行动失败后，蒙古大举南伐，战争在西起川陕、东到淮水数千里的北方地缘线上展开。1251 年，蒙哥谋划攻宋，命忽必烈率乌良合台远征大理，以实现“拊宋朝后背”的“斡腹”之谋。1258 年秋，蒙哥亲率主力 4 万，分三道入蜀，倾其全力南攻，来势凶猛，势欲顺流东下，志在灭宋。其战略方针以主力夺取四川，控制长江上游，然后顺江东下，三路会师，直捣南宋临安的战略计划。② 忽必烈即位后，攻宋战争进入实质阶段。郭侃曾上平宋之策：“宋据东南，以吴越为家，其要地，则荆襄而已。今日之计，当先取襄阳。既克襄阳，彼扬、庐诸城，弹丸地耳，置之勿顾，而直趋临安，疾雷不及掩耳，江淮、巴蜀不攻自平。”③ 忽必烈因忙于巩固汗位，暂缓攻宋，但《元史·郭侃传》记载言：“后皆如其策。”咸淳三年（1267）十一月，刘整向忽必烈献平宋之策，认为攻宋“宜先从事襄阳”，④ 且提出“攻蜀不若攻襄，无襄则无淮，无淮则江南可唾手下也”⑤ 的整体战略。刘整还认为南宋“主弱臣悖”，乃实现统一的大好时机。从咸淳十年（1274）六月伯颜攻宋到祥兴二年（1279）二月，南宋“海上行朝”最后覆亡，南宋与蒙古的政治关系结束。

在西北地缘线，西夏已不复北宋时的强盛之势，西夏的扰边行为有所减弱，多守境自保。绍兴元年（1131）宋金交战，“陕西尽入于金”，且绍兴议和后，宋金双方以东起淮水中流，西至大散关为界，西夏和南宋处于地缘上的阻绝状态，双方关系疏远。

（二）西南地缘线

与北宋相比，南宋西南地缘线，无较大变化，仍与大理国和交趾为邻。由于南宋北方地缘线压力剧增，为应付北方地缘危机，南宋将较多精力投

---

① 苏天爵编《元文类》卷 57《中书令耶律公神道碑》，商务印书馆，1936，第 381 页。

② 邹重华：《略论蒙哥、忽必烈的攻宋战略》，《宋蒙（元）关系史研究》，四川大学出版社，1989，第 353 页。

③ 宋濂：《元史》卷 149《郭侃传》，中华书局，1976，第 3525 页。

④ 宋濂：《元史》卷 6《世祖纪》，中华书局，1976，第 116 页。

⑤ 周密：《癸辛杂识》别集下《襄阳始末》，上海古籍出版社，2012，第 173 页。

入北方地区，导致对南方的经营相对忽略，大理国与南宋的政治联系减弱，为获取战马，经济关系反而增强，与交趾则保持北宋以来的宗藩关系。

绍兴三年（1133），广西官府奏大理国请求入贡，高宗谕大臣："止令买马，不许其进贡。"① 绍兴六年（1136），大理国进马1000余匹、象3头，高宗诏偿其马值，对所进贡象征臣属关系的驯象，则"却象勿受"，② 为减小西南地缘压力，南宋明确终止与大理国的政治联系。同年，翰林学士朱震言："按大理国本唐南诏，大中、咸通间入成都、犯邕管，召兵东方，天下骚动。艺祖皇帝鉴唐之祸，乃弃越嶲诸郡，以大渡河为界，（使大理国）欲寇不能，欲臣不得，最得御戎之上策。"③ 承袭北宋以大渡河为界、防御大理国的做法，在南宋君臣看来颇得其道，且引以为傲。绍兴二十六年（1156），高宗对辅臣说："蛮夷桀黠，从古而然。唐以前屡被侵扰，入川蜀。自太祖兵威抚定，以大渡河为界，由是不敢猖獗。然沿边控御兵官，岂可非人？"④ 在此情况下，大理国与南宋间的联系冷淡，双方关系始终保持在不温不火的限度。随着北方宋、金战事吃紧，南宋所需战马来源断绝，为获取战马，大理国成为南宋购马的重要对象，双方经济联系由是增强。南宋与大理国的马匹交易，曾一度兴盛。为减少四川地缘压力，南宋还将买马重心从四川移至广西。在邕州横山寨（今广西田东），每年交易的马匹达1500匹，南宋付出的马值包括金50镒、白金300斤、棉布4000匹和廉州盐200万斤。⑤

南宋与交趾政治关系，沿袭北宋，保持宗藩关系。绍兴二年（1132）三月，宋朝制授故越南王李乾德子阳焕为静海军节度使，特进检校太尉兼御史大夫、上柱国，封交趾郡王，仍赐推诚顺化功臣。宋朝还优待交趾，自元丰后，大臣功号悉除之，独安南如故。⑥ 绍兴十五年（1145），"进封天祚南平王，赐袭衣、金带、鞍马"。淳熙元年（1174），孝宗"进封天

① 脱脱等：《宋史》卷186《食货志》，中华书局，1985，第4565页。

② 脱脱等：《宋史》卷186《食货志》，中华书局，1985，第4565页。

③ 李心传：《建炎以来系年要录》卷105引朱震《为大理国买马陈方略奏》，中华书局，2013，第1978页。

④ 徐松辑，刘琳等校点《宋会要辑稿·方域19》，上海古籍出版社，2014，第9663页。

⑤ 毕沅：《续资治通鉴》，卷132，绍兴二十一年正月丁未条，中华书局，1957，第3415页。

⑥ 李心传：《建炎以来系年要录》卷52，绍兴二年三月己亥，中华书局，2013，第1073页。

祚安南国王，加号守谦功臣"。[①] 次年，赐"安南国印"。[②] 据史书记载，绍熙元年（1190）、五年（1194）、嘉定五年（1212）、咸淳二年（1266）、十年等，双方皆有频繁朝贡和册封。事实上，交趾与宋朝的朝贡、册封活动不止以上记载，交趾为获得宋朝的政治支持及获取丰厚的经济利益，整个宋朝期间，皆频繁朝贡于宋，而多数情况下宋朝均对其进行了不同程度的册封，双方关系密切。因此，南宋西南地缘线总体稳定，未构成巨大地缘压力。但大理国和交趾政权的存在，本身就是一种潜在威胁，正确处理与大理国、交趾的关系，仍然不可忽视。

总之，南宋立国，地缘压力更加严峻，地缘局势呈现新的特点。第一，比之北宋，南宋疆域大大向南压缩，中原之地尽失，疆域局促，地缘形势恶劣，地缘危机加剧。第二，北方地缘线，金、蒙古军事实力强劲，且以灭宋、统一全国为既定方针，给宋朝造成了严峻的生存危机。南宋面临的地缘危机，史无前例。第三，来自北方严峻的地缘压力和危机，使南宋对西南地区处于"无暇南顾"的窘境，西南地缘关系有所收缩。为缓解北方地缘危机，南宋减少并阻绝了与大理国的政治关系。与交趾间的政治关系，亦不如北宋密切。

第三节　南宋所处环境的特点及缺失

一　南宋地缘形势的特点

南宋立国，地缘环境恶劣，地缘形势不容乐观，表现出以下特点：第一，北部边缘区力量强大；第二，地缘线长且复杂；第三，地缘战略要地丧失；第四，地缘环境恶劣且处于被包围之中。

第一，北部边缘区力量强大。"古代的东亚，以中原地区为枢纽，形成东亚文明的核心区，这一核心区在南宋以前一直是以黄河中下游为轴线，呈东西走向。围绕着这个核心区形成以高丽、日本、交趾等国为主的

① 脱脱等：《宋史》卷488《交趾传》，中华书局，1985，第14071页。
② 脱脱等：《宋史》卷488《交趾传》，中华书局，1985，第14071页。

半边缘区以及北方游牧民族（匈奴、契丹等）为主的边缘区。”[①] 南宋时，中轴线往南移至长江一线，南宋核心区域被大大向南压缩。北部边缘区范围广阔，力量强大，成为南宋防御的重点。早在北宋时期，枢密副使富弼就曾指出：“自契丹侵取燕、蓟以北，拓跋自得灵、夏以西，其间所生豪英，皆为其用。得中国土地，役中国人力，称中国位号，仿中国官属，任中国贤才，读中国书籍，用中国车服，行中国法令，是二敌所为，皆与中国等。而又劲兵骁将长于中国，中国所有，彼尽得之，彼之所长，中国不及。当以中国劲敌待之，庶几可御，岂可以上古之夷狄待二敌也？”[②] 且“累世以来，夷狄人众地大未有如今契丹”，[③] 道出了西夏和辽强大的事实，以及北宋所面临的严峻地缘危机。北方民族兴起并日益强大，形成了与中原王朝相抗衡的态势。“二敌之势所以难制者，有城国、有行国。古之夷狄能行而已，今兼中国之所有矣，比之汉唐，尤为强盛。”[④] 在与北方民族的军事较量中，宋朝并不占优势，承受了巨大地缘压力，正如欧阳修所言：“南夷敢杀天子之命吏，西夷敢有崛强之王，北夷敢有抗礼之帝者，何也？生齿之数日益众，地土之产日益广，公家之用日益急，四夷不服，中国不尊，天下不实者，何也？以五者之不备故也。”[⑤] 李觏在《上范待制书》中也颇为忧心忡忡，“异方之法乱中国，夷狄之君抗天子”。[⑥]

南宋立国，金正值方兴之时。灭北宋后，金朝实力大增，南宋面临更加严峻的地缘危机。“（金军）攻陷我都城，倾覆我社稷，劫迁我二圣，荼毒我蒸民。自开辟以来，夷狄之祸，未有若是之酷也。”[⑦] 北宋末年，金兵屡次南侵宋朝边境，“纵兵四掠，东及沂、密，西至曹、濮、兖、郓，南至陈、蔡、汝、颍，北至河朔，皆被其害，杀人如刈麻，臭闻数百

---

① 朱宁等：《变乱中的文明》，中国人民大学出版社，2000，第 71 页。

② 李焘：《续资治通鉴长编》卷 150，庆历四年六月戊午条，中华书局，2004，第 3641 页。

③ 李焘：《续资治通鉴长编》卷 236，熙宁五年七月戊申条，中华书局，2004，第 5726 页。

④ 李焘：《续资治通鉴长编》卷 238，元丰五年秋七月乙未条，中华书局，2004，第 7900 页。

⑤ 欧阳修著，李逸安点校《欧阳修全集》卷 60《本论》，中华书局，2001，第 861 页。

⑥ 李觏：《李觏集》卷 27《上范待制书》，中华书局，1981，第 294 页。

⑦ 真德秀：《西山先生真文忠公文集》卷 5《丙子十二月江东奏论边事状》，商务印书馆，1937，第 85 页。

里”。[①] 金朝灭北宋后，南宋也未能幸免。金初的灭宋战争，给宋朝造成严峻地缘压力，为换取苟安，高宗曾言：“是天地之间，皆大金之国，而尊无二上”，[②] 且多次向金屈辱求和。金兵多次南侵，使宋朝承受了巨大压力，以至于时人谈及金朝，其言语极为不满。朱熹言：“论及北虏事，当初起时，如山林虎豹纵于原野，岂是人！”[③] 又说，“夷狄禽兽亦将不得久肆”“夷狄愈盛而禽兽愈繁”。[④] 陈渊则言：“今虏邈在万里之外，豺狼狐兔之与居，非能为秦也。”[⑤] 对于金朝造成的地缘压力，时臣吏部侍郎晏敦言：“自古外国为中国患，世皆有之，然未有若今日之甚者”，[⑥] 可谓一针见血。

金亡后，蒙古取而代之。蒙古军事实力强劲，且以骑兵见长。对于蒙古兴起后新的地缘局势，有识之士并不看好，多事之端，方自此始，并且认为宋朝将面临更加严峻的地缘危机，“与大敌为邻，抱虎枕蛟，事变叵测”，[⑦] “非金仇可比”。蒙古的灭宋战争，带有较强掠夺性，“生灵死者不知其几千万”，“蜀口诸关，荡为平地，不可修复”。[⑧] 除掠夺人口，焚毁城市也是蒙古军一贯的做法，如利州一地，“溃军出没，残寇往来，城郭人民十无一二，虽隶王土，徒存郡名”。[⑨] 被蒙古军掠夺过的城市，几乎沦为废墟，“鞑人入蜀，溃卒乘之，所伤残者几二十余郡，延及房、均、安、黄、襄、邓之境，皆为寇区”。[⑩] 蒙古灭宋的既定方针未变，忽必烈继位后，改变蒙哥攻宋策略，实施主攻襄阳进而灭宋的战略方针。至元五年（1268）

---

① 李心传：《建炎以来系年要录》卷4，建炎元年庚四月申朔条，中华书局，2013，第99页。
② 李心传：《建炎以来系年要录》卷26，建炎三年八月丁卯条，中华书局，2013，第608页。
③ 朱熹撰，朱杰人、严佐之、刘永翔主编《朱子全书》第18册《朱子类语》卷133，上海古籍出版社，2002，第4161页。
④ 朱熹撰，郭齐、尹波点校《朱熹集》卷13《奏札》，四川教育出版社，1996，第509页。
⑤ 陈渊：《默堂先生文集》卷13《正月十七日上殿札子》，四部丛刊三编本，高等教育出版社影印本，2016，第562页。
⑥ 李心传：《建炎以来系年要录》卷123，绍兴八年十一月壬寅条，中华书局，2013，第2300页。
⑦ 脱脱等：《宋史》卷406《洪咨夔传》，中华书局，1985，第12266页。
⑧ 吴潜：《履斋遗稿》卷4《上庙堂书》，《景印文渊阁四库全书》第1178册，台湾商务印书馆，1986，第438页。
⑨ 魏了翁：《鹤山先生大全文集》卷18《应诏封事》，四部丛刊初编本，高等教育出版社影印本，2016，第60页。
⑩ 魏了翁：《鹤山先生大全文集》卷19《被召除礼部尚书内引奏事第二札》，高等教育出版社影印本，四部丛刊初编本，2016，第182页。

忽必烈大军进攻南宋、会兵襄阳，十年，攻破南宋，1279年，南宋亡。

在三条地缘线中，北方始终是地缘压力和危机的主要来源。比之北宋，南宋承受了更加严峻的地缘压力，契丹和党项已使北宋疲于应付，女真和蒙古则直接导致了南宋的灭亡。

第二，地缘线长且复杂。于一个国家而言，地缘线越长，就意味着该国的国防防御线越长，国防防御压力越大。为确保边界线安全，国家需驻扎重兵以守，并由此花费大量的人力、物力和财力。就南宋而言，本身政治军事力量不济，国防安全消耗大量物资，增加国家财政负担，造成国家经济困弊。

稳定时期的南宋疆域仅限于秦岭淮河以南，岷山、邛崃山以东地区，偏居东南一隅，其疆域范围也被大大压缩，远不及金和蒙古。而就外部地缘线而言，北部和西北部地缘线面临强大的金及蒙古，在西南地缘线与吐蕃、大理国和交趾接壤，东南面是大海。就地缘防御而言，东南面形成天然屏障无须重兵把守，西北、西部和西南地缘线皆需消耗大量的人力、物力来保护南宋国家安全。一方面，为防御金兵和蒙古南下，宋朝在北部投入过多人力、物力和财力，对南方的统治无暇顾及，宋朝西南统治略有收缩；另一方面，漫长边防线需要大量军队驻守，分散了宋朝兵力，使其不能集中御敌，极大地削弱了南宋军队的御敌能力。

据资料记载，南宋正规军数量并不算少，绍兴时为二十多万，至乾道三年（1167）达三十二万三千三百零一人，① 李心传的记载则为四十三万一千人，后随着蒙古攻宋北方地缘压力加剧，军队呈不断增长之势，高达六七十万。然而，由于战争的损毁以及管理不当，实际可用兵力并未有如此之多。但通常情况下，南宋军队多保持在四十万人的规模，此数并不算少。如“蜀中诸军，旧管九万八千，马两万，嘉定核实，裁为八万二千，马八千，则气势已不逮昔矣；近者更加核实，官军才六万余人，忠义万五千，而其间老弱虚籍者，又未可计。是以五六万人当二千七百里边面，寡众强弱，此盖难见”。② 但是边线太长，致使兵力防御分散，在战争中处

① 脱脱等：《宋史》卷193《兵志》，中华书局，1985，第4821页。

② 魏了翁：《鹤山先生大全文集》卷19《被召除礼部尚书内引奏事第四札》，四部丛刊初编本，高等教育出版社影印本，2016，第251页。

于不利地位。时人吴泳在分析四川地理形势时，指出了兵力少且分散防御，导致御边困难的弊端，并发出了“兵之单弱如此，何以摆布边面”的感叹。[①] 可见，地缘线长，于防守也是一大难题。

第三，地缘战略要地丧失。在地缘政治学的研究中，国家所处地理位置至关重要，它将决定该国面临的问题。“如果我们要解决的问题是要决定维护国家安全的政策，那就必须考虑国家的领土在世界上的位置。”[②] 从考察国家的地理位置入手，探寻国家面临的地缘环境，解释其地缘政治关系及地缘战略的形成，具有重要意义。南宋疆域多有变动，稳定时期的南宋疆域仅限于秦岭淮河以南，岷山、邛崃山以东地区，偏居东南一隅。这样的地理位置，使宋朝面临系列问题。首先，丧失战略要地，造成宋朝的北方地区无险可守，成为宋朝与金、蒙古军事较量中不占优势的重要原因。在北方地区，南宋失去了幽燕之地，长城防御体系被打破，宋朝处于无险可守的窘境；在西北地区，河西走廊控制权的丧失，使宋朝联系西域诸族夹攻西夏、金的地缘战略失效。南宋以江淮设险防御金兵南下，形势不容乐观。其次，丧失了对外开拓之志。南宋定都临安，其初衷是守境自保。吕颐浩上书分析了南宋领土残破的形势，“既失中原，止存江、浙、闽、广数路而已，其间亦多曾经残破，浙西郡县，往往已遭焚劫”，并提出定都浙江的提议，“浙东一路，在今形势漕运，皆非所便，若不移跸于上流州军，保全此数路，及浙近川、陕，使国家命令易通于四方，则民失耕业，号令阻绝，俄顷之间，已至秋冬，金人复来，则虽欲追悔，无及矣”。面对北方大片土地尽失的情况，高宗下令驻跸临安。临安“僻居一隅，内则易生安肆，外则不足以号召远近，系中原之心”，[③] 使宋朝丧失了对外开拓之志。后人顾祖禹评价道：“欲自守，则莫若都临安。”[④] 可见，南宋定都临安，目的非常明确。最后，重要马匹来源地的丧失。历史上中国产马地主要在陕西和辽

① 吴泳：《鹤林集》卷20《边备札子》，《景印文渊阁四库全书》第1176册，台湾商务印书馆，1986，第197页。

② 〔美〕斯皮克曼：《和平地理学》，刘愈之译，商务印书馆，1965，第98页。

③ 李心传：《建炎以来系年要录》卷102，绍兴六年六月己酉条，中华书局，2013，第1929页。

④ 顾祖禹：《读史方舆纪要》卷90，中华书局，2005，第3754页。

东，南宋定都江南一隅，丧失了重要马匹来源地，使南宋军队在战争中处于不利情形。在与金、蒙骑兵较量中，宋朝军队显然不占优势。为获取战马所需，南宋曾向包括大理国在内的西南诸族购买马匹，但多因“矮小”“不及格”，而无法上战场，宋朝因此将西南所购马匹形象地称为“羁縻马”。

第四，地缘环境恶劣且处于被包围之中。有学者对宋朝地缘形势研究后指出，“在西方殖民主义触角伸及中国之前，宋朝是中原王朝中唯一对夷狄国家屈辱妥协、纳贡称臣的中原帝国”，[①] 这一现象的出现，与宋朝恶劣的地缘环境密切相关。宋朝因无法扭转与北方少数民族军事竞争中的被动局面，被部分史学家嘲为“弱宋”。

整个宋朝地缘形势未发生根本变化，但比之北宋，南宋更加严峻。南宋立国于长江一线的农业平原地区，占据有利经济地理位置，促成了农业经济的高度发展，却也丧失了军事战略要地，在军事上处于守势和被动局面。外缘形势更加不容乐观，蒙古、金、西夏、吐蕃、大理国和交趾等政权，从北至南对宋朝形成弧形包围圈，使其在地缘战略上处于腹背受敌的不利境地，地缘环境颇为窘迫。为此，南宋确立了保境自守的方针，与此相反的是，金、蒙古正值方兴之时，不仅占据战略要地，且以骑兵见长，金、蒙古皆实行对外的积极开拓，且都确立了灭宋地缘战略方针。在与金、蒙的对峙中，南宋无论是在地缘优势、军事竞争、兵种等方面，皆不占优势。金、蒙屡次侵宋的战争，给南宋造成了巨大的地缘压力，南宋面临着生存危机。

二 南宋地缘环境的缺失

南宋立国于东南一隅，注定其在地缘战略上有重大缺失。钱穆先生在《中国历代王朝政治得失》一文中指出，宋朝具有先天的国防弱势，所指便是如此。南宋地缘环境的缺失，表现有二：第一，军事战略要地的丧失；第二，重要马匹来源地的丢失。

---

① 韦祖松：《帝国生存环境的诠释——北宋国家安全问题研究》，中国社会科学出版社，2008，第48页。

（一）军事战略要地的丧失

从地缘政治学的角度而言，军事战略要地是指在战争中的重要地理位置，并对战争胜负起关键作用的地理要地。占据军事战略要地，方能在战争中占据主动，对战争取胜至关重要；相反，失去军事战略要地的一方，则会在战争中处于被动局面，甚至导致战争的失败。宋真宗时名臣盛度，全览疆域，并绘制《西域图》（又称《河西陇右图》）上奏，指出："自秦筑长城，西起临洮，东至辽碣，延袤万里。有郡、有军、有守捉，襟带相属，烽火相望，其为形势备御之道至矣。"① 希望建立起"西起临洮，东至辽碣"的、有效的北部边疆防御线。事实上，宋朝因军事战略要地的丧失，并不能实现对北方民族的有效防御。

1. 河西走廊

地处今甘肃祁连山和北山山地之间，东起乌鞘岭，西抵玉门关，东西长1300公里，是古代中原王朝联系新疆和中亚的重要通道，同时还是蒙古高原和青藏高原两大游牧社会的连接地带。河西走廊是西北重要的经济区，适宜农牧业的发展，源于祁连山积雪融水的灌溉，既能种植大量农作物，又适于畜牧业的发展。"土宜三种，善水草，宜畜牧，所谓凉州畜牧甲天下者是也。"② 此外，河西走廊还具有重要的军事战略意义。河西走廊地处丝绸之路的要冲，是中原王朝通往西域、联系西域诸国的重要出口，成为中原王朝联系西域诸国或部落包抄匈奴、突厥的重要通道。西汉武帝时，匈奴占据河西走廊，张骞两次出使西域联络大月氏夹击匈奴。占据这一地利，往往能拥有战略主动权。基于此优越的地理位置，西北游牧民族经常趁中原工朝式微，占据此地，割据一方，形成与之相对抗的重要力量。宋朝立国，河西走廊被西夏占领，给宋朝造成了巨大军事困扰和地缘压力。宋王朝虽也效法"汉通西域诸国，谓之断匈奴右臂"的做法，常常遣使臣出使青唐吐蕃、甘州回鹘、草头鞑靼和西域于阗等国，欲与之结成掎角之势进而断西夏右臂，恢复汉唐故地。但终因地缘优势的丧失而未能成功。

---

① 脱脱等：《宋史》卷292《盛度传》，中华书局，1985，第9759页。

② 脱脱等：《金史》卷134《西夏传》，中华书局，1975，第2877页。

2. 燕云十六州

(1) 燕云十六州问题的由来

五代十国割据时期，朝廷更迭，战乱不已。石敬瑭为后唐河东节度使，势力不断壮大，为其帝李从珂所忌，石敬瑭于清泰三年（936）起兵造反，后唐发兵剿灭，围攻太原，危急时刻，石敬瑭求助于契丹，并以割让燕云十六州为交换条件。在契丹协助下，石敬瑭消灭后唐政权，建立新政权，国号“晋”。燕云十六州此后为契丹所有，《辽史》记载：“（会同元年）晋复遣赵莹奉表来贺，以幽、蓟、瀛、莫、涿、檀、顺、妫、儒、新、武、云、应、朔、寰、蔚十六州并图籍来献。”① 十六州主要包括今北京、河北及山西一带。

在中原地区，960 年宋朝于开封立国，并采取先南后北统一战略方针，即先消灭五代十国南方割据政权，后全力以赴收复燕云、统一北方的战略构想。《宋史·地理志》记载燕云地区包括燕山府路和云中路，“燕山府路。府一：燕山。州九：涿、檀、平、易、营、顺、蓟、景、经，县二十。宣和四年，诏山前收复州县，合置监司，以燕山府路为名，山后别名云中府路”,② “云中府，唐云州，大同军节度。石晋以赂契丹，契丹号为西京。宣和三年，始得云中府、武、应、朔、蔚、奉圣（新）、归化（武）、儒、妫等州，所谓山后九州也”。③ 对照《辽史》记载，发现二者所言燕云地区略有不同，如北宋燕山府路中的平、营二州，在后唐时期已陷入契丹，易州为北宋雍熙四年（987）时陷入契丹，景州为契丹所置，经州原属蓟州玉田县。④ 也就是说，宋朝所言收复的燕云地区，与石敬瑭割让契丹的燕云地区，并非完全等同，其地理范围包含了后唐时早已陷落的平州、营州，后陷落契丹的易州，及契丹设置的景州，地域范围大于石敬瑭所割燕云之地。

宋人所言之燕云，其地理范围，包括以今北京市和山西大同市为中心，东至河北遵化，北迄长城，西界山西神池，南至天津，河北保定，山西繁峙、宁武一线以北的地区。“太行首起河内，北至幽州。今由广平、

① 脱脱等：《辽史》卷 4《太宗纪》，中华书局，1974，第 44 ~45 页。

② 脱脱等：《宋史》卷 90《地理志》，中华书局，1985，第 2249 页。

③ 脱脱等：《宋史》卷 90《地理志》，中华书局，1985，第 2251 页。

④ 脱脱等：《宋史》卷 90《地理志》，中华书局，1985，第 2249 ~2250 页。

顺德、真定、保定之西，回环至京都之北，引而东直抵海岸，延袤二千余里，皆太行也。从镇、定、泽、潞诸州而言则曰山东西，自燕、云诸州而言则曰山前后。石晋以山前后十六州入于契丹，为中原之祸者数百年。盖太行隔绝东西，实今古之大防。”① 燕云形成狭长地域范围，地处北纬39°至41°之间，属暖温带季风性气候，环境温润潮湿，有利于农业生产发展。“幽州之地，沃野千里。”② 燕云地区北部是土地肥沃的华北平原，西部则是地形复杂多样的山西地区，在燕云境内横卧着燕山和北太行山山脉以及长城等重要防御体系。这一地域既是重要的农业耕作区，同时也是防御北方民族南下的战略要地。

（2）燕云十六州之战略地位

燕云在地缘上处于游牧和农业经济交汇处，燕云境内横卧着燕山和北太行山山脉以及长城等重要防御体系，具有重要地缘战略地位。长城五关——金坡关、居庸关、古北口、松亭关、渝关，曾在防御北方民族南下中发挥重要作用。史载：“幽、平之间，以五关为形胜。”③ 燕云地势险要，成为防御北方民族入侵的要地，因此史书称其“盖天地所以限华戎，而绝内外也”。④ “雁门以北，幽州节度管内十六州，盖其地东北有卢龙塞，西北有居庸关，中国恃此以界限北狄。”谁控制这一区域，谁将拥有对华北平原以南区域的军事主动权。唐朝末年中原秩序崩塌，契丹趁此之机，攻占平、营二州，并据此险要，利用地缘优势，多次南下侵扰。“自唐末幽、蓟割据，戍兵废散，契丹因得出陷平、营，而幽、蓟之人岁苦寇钞。自涿州至幽州百里，人迹断绝，转饷常以兵护送，契丹多伏兵盐沟，以击夺之。”⑤ 顾祖禹认为，平、营二州地缘关系最重，“人皆以石晋割十六州为北方自撤藩篱之始，余谓雁门以北诸州，弃之犹有关隘可守。汉建安丧乱，弃陉北之地，不害为魏、晋之强是也。若割燕、蓟、顺等州，则为失地险。然卢龙之险在营、平二州界，自刘守光僭窃，周德威攻取，契丹乘

① 顾祖禹：《读史方舆纪要》卷10，中华书局，2005，第414页。

② 徐梦莘：《三朝北盟会编》卷20，上海古籍出版社，1987，第143页。

③ 顾祖禹：《读史方舆纪要》卷10，中华书局，2005，第428页。

④ 李焘：《续资治通鉴长编》卷30，端拱二年正月癸巳条，中华书局，2014，第255页。

⑤ 欧阳修：《新五代史》卷72《四夷附录一》，中华书局，1974，第892页。

间遂据营、平。自同光以来，契丹直牧南抵涿、易，其失险也久矣”。[①]源于燕云之重要战略地位，周世宗曾率军亲征幽州，后因世宗病死，终未能得。宋人将燕云看作其疆域的重要组成部分，常因“未入职方”，而每每惋惜。[②] 咸平四年（1001）十月庚戌，宋真宗言：“契丹所据地，南北千五百里，东西九百里，封域非广也，而燕蓟沦陷，深可惜也。”[③] 燕云既失，宋朝北方门户洞开，中原地区无险可守。宋臣吕中感叹：“燕蓟不收则河北之地不固；河北不固则河南不可高枕而卧也。”[④] 蒙古入主中原后，木华黎指出：“幽燕之地，龙蟠虎踞，形势雄伟，南控江淮，北联朔漠。且天子必居其中以受四方朝觐。大王果欲经营天下，驻跸之所，非燕不可。”[⑤] 契丹占尽幽燕之利，成为与宋相抗衡的重要资本，“燕都地处雄要，北倚山险，南压区夏，若坐堂隍，俯视庭宇，本地所生，人马勇劲，亡辽虽小，止以得燕故能控制南北，坐致宋币。燕盖京都之选首也”。[⑥]幽燕缘于其地缘位置，民风强悍。“幽州在渤、碣之间，并州北有代、朔，营州东暨辽海。其地负山带海，其民执干戈，奋武卫，风气刚劲，自古为用武之地。”[⑦] 析津府号称“兵戎冠天下之雄，与贼当域中之半”。[⑧]能否得其地、用其兵，于战争胜负也至关重要。

燕云北部是肥沃的华北平原，历来为重要的农业种植区。契丹占领燕云地区后，占尽地理优势，掠夺汉人，积极发展经济。“契丹之得十六州也，得其地，得其人矣。得其地，则缮城郭，列堡戍，修岩险，知宋有欲争之情，益儆而日趋于巩固。得其人，则愈久而其心愈不回也。当石晋割地之初，朔北之士民，必有耻左衽以悲思者。至岐沟败绩之岁，凡五十年，故老之存者，百不得一。仕者食其禄，耕者习其事，浮靡之夫，且狎其嗜好而与之俱流。过此无收复之望，则其人且视中夏为绝域，衣冠为桎

① 司马光：《资治通鉴》卷280，中华书局，2011，第9154页。
② 脱脱等：《宋史》卷85《地理志》，中华书局，1985，第2094页。
③ 李焘：《续资治通鉴长编》，咸平四年十月庚戌条，中华书局，2004，卷49，第1078页。
④ 陈邦瞻纂辑《宋史纪事本末》卷13《契丹和战》，中华书局，2015，第82页。
⑤ 宋濂：《元史》卷119《木华黎传》，中华书局，1976，第2942。
⑥ 脱脱等：《金史》卷96《梁襄传》，中华书局，1975，第2134。
⑦ 脱脱等：《辽史》卷37《地理志》，中华书局，1974，第437。
⑧ 向南：《辽代石刻文编·兴宗卷》，河北教育出版社，1995，第260页。

梏，礼乐为赘疣，而力为夷争其胜。且唯恐一朝内附，不能与关南之吏民争荣辱，则智者为谋，勇者为战，而终无可复之期矣。”① 契丹占据燕云，得地得人，成为推动其经济发展的重要动力。燕云地区，还兼具煮盐之利，石敬瑭献十六州地后，辽“始得河间煮海之利”，② 瀛、莫等州出产海盐，契丹“置榷盐院于香河县”③ 督办盐业之事，于是“燕、云迤北暂食沧盐”。④ 占据燕云后，辽国经济有了较大发展，“辽国以畜牧、田渔为稼穑，财赋之官，初甚简易。自涅里教耕织，而后盐铁诸利日以滋殖，既得燕、代，益富饶矣”。⑤

（3）燕云丧失对宋朝的影响

燕云系战略要地，地缘战略地位重要。“燕都地处雄要，北倚山险，南压区夏，若坐堂隍，俯视庭宇”，⑥ 且幽燕之地“东有鱼盐之饶，北有塞马之利”。⑦ 于中原王朝而言，是中原王朝控扼蒙古高原和东北地区的基地；于北方少数民族而言，是其南下军事侵扰的战略要地。总之，燕云之地，于辽、于宋关系重大。

于辽而言，占据燕云地区，就等于占领了控制中原的战略要地和经济要地。石敬瑭割让燕云十六州之后，中国历史上传统的长城防御线已不复存在，华北平原门洞大开、无险可守，完全暴露在契丹的铁骑之下，“燕蓟以南，平壤千里，无名山大川之阻，蕃汉共之”。⑧ 且华北平原地理环境特殊，在军事上属于易攻难守之地。辽占领燕云之地，使中原长城防御体系失效，契丹铁骑长驱南下，宋朝步兵在此并不占地理优势。“若夫沙平草浅，千里在目，土不成丘，水不成谷，马肥人轻，来往电骇，双带两鞬，左右驰射，此非南军之所长也。”⑨ 此外，辽朝积极经营华北平原，

① 王夫之：《船山全书》，岳麓书社，1992，第59页。
② 脱脱等：《辽史》卷60《食货志》，中华书局，1974，第930页。
③ 脱脱等：《辽史》卷60《食货志》，中华书局，1974，第930页。
④ 脱脱等：《辽史》卷60《食货志》，中华书局，1974，第930页。
⑤ 脱脱等：《辽史》卷48《百官志》，中华书局，1974，第822页。
⑥ 脱脱等：《金史》卷96《梁襄传》，中华书局，1975，第2134页。
⑦ 薛居正：《旧五代史》卷135《刘守光传》，中华书局，1976，第1804页。
⑧ 李焘：《续资治通鉴长编》，端拱二年正月癸巳条，中华书局，2004，第667页。
⑨ 李觏撰《直讲李先生文集》卷17《强兵策第四》，四部丛刊初编本，高等教育出版社影印本，2016，第464页。

发展农业经济。“契丹据有全燕，擅桑麻枣栗之饶，兼玉帛子女之富，重敛其人，利尽北海。”①“自京、镇等处，土田丰好，兵马强盛，地利物产颇有厚利。”② 辽在此筑南京府，“远望数十里，宛然如带，回环缭绕，形势雄杰”，且户口达“三十万”。③

于宋而言，在与辽、金、蒙古的军事竞争中处于不利境地。“幽、燕诸州，盖天造地设以分蕃、汉之限，诚一夫当关，万夫莫前也。石晋轻以畀之，则关内之地，彼扼其吭，是犹饱虎狼之吻，而欲其不搏且噬，难矣。遂能控弦鸣镝，径入中原，斩馘华人，肆其穷黩。卷京、洛而无敌，控四海以成墟。”④ 幽云十六州的丧失，使北宋与辽共平原，也就无险可守了。“汉、唐以前……盖当时中国据全燕之地，有险可守，匈奴不敢由此路而来也。自石晋割燕、蓟入契丹，无险可守，由是虏骑直出燕。”⑤ 燕云既失，于宋朝军事竞争极为不利，且成为军事失利的重要原因。“自五代尤其石晋以来，丧失燕云十六州，在国防上造成一大缺口。契丹骑兵得以长驱直入华北平原，威胁汴京。”⑥ 对燕云之重要性，时人是有清醒认识的：“自燕、云诸州言，则曰山前、后，实今古之大防。自晋失十六州，为中原之祸者数百年。”⑦ 因此，北宋多次谋划收复燕云，与此有莫大关系。

曾瑞龙的研究认为：“从大战略层面说，宋代的开国涉及双重的政治目标，首先是和平，另外是统一。”⑧ 和平便是弭兵息战，统一便是收复燕云地区。综观整个北宋，收复燕云的想法始终没有停止。双方围绕领土纠纷，为武力冲突提供了口实。燕云问题成为影响宋、辽关系的重要因素。为此，陶晋生先生评价道：“北宋朝野对于燕云十六州的恢复一事的关心，可说已经到了着魔的程度。宋徽宗为了彻底收复失地的主张，冒险采取了联金灭辽的政策，以致一败涂地。尤为甚者，即使在宋

① 苏辙：《栾城集·后集》卷11，商务印书馆，1936，第892页。
② 李攸：《宋朝事实》卷20，中华书局，1955，第314页。
③ 叶隆礼：《契丹国志》卷22，上海古籍出版社，1985，第217页。
④ 叶隆礼：《契丹国志》卷3《太宗嗣圣皇帝下》，上海古籍出版社，1985，第39~40页。
⑤ 赵汝愚：《宋朝诸臣奏议》，上海古籍出版社，1999，第1508页。
⑥ 陶晋生：《宋辽关系史研究》，中华书局，2008，第9页。
⑦ 李有棠：《辽史纪事本末》卷9，中华书局，1983，第223页。
⑧ 曾瑞龙：《经略幽燕——宋辽战争军事灾难的战略分析》，浙江大学出版社，2019，第29页。

钦宗被迫订了城下之盟，割让了河北河东三镇给金人，后来主战派力主‘祖宗之地，尺寸不可与人’，而反悔盟约，给了金人再度侵宋的大好借口。这样看来，我们甚至可以说宋人是为了维持疆界和收复失地而亡国。”[①] 可见，收复燕云、统一疆域成为北宋国家战略的重要组成部分，并影响着宋朝的对外关系和对外战略。还有学者研究认为，燕云之地于宋人具有重要的文化意义。因此，宋人几乎“着魔”地想要收复燕云，也就不难理解了。

3. 灵州

(1) 灵州的地缘战略地位

灵州设置较早，《汉书·地理志》载：“灵州，惠帝四年（前 191）置。”[②] 关于灵州一词的来历，颜师古言：“水中可居者曰州，此地在河之州，随水高下，未尝沦没，故号灵州。”地处水源之地而得名，是发展农业之所。在地理位置上，灵州位于黄河东岸，西面有贺兰山天险，北面则地控河、朔，西面与河西走廊相连。灵州这一地缘位置，不仅是历史上的战略要地，而且兼具重要经济战略地位。

就地缘战略地位而言，灵州为“关中之屏蔽，河、陇之噤喉”，[③] 占据灵州险要，设兵驻防，便可确保西北安全，如历史上后魏，“缘边列镇，薄骨律与高平沃野相为形援，而后关、陇无祸患者几百年”，西魏至隋朝亦重视对灵州的经略，“以灵州为关中藩捍”，而致西北边陲宁静。相反，晋由于“边备不修，雄疆尽成戎薮，故泾、渭以北遂无宁宇”。[④] 历史上，灵州是历代封建王朝控御西北的战略要地，是唐朝防御北方突厥、吐蕃和党项入侵的前沿战略要地，唐朝曾在此设置灵州节度使控御西北诸族，颇显成效。宋朝也曾设想经略灵州，从而达到牵制李继迁的目的。灵州也由此成为双方争夺的战略要地。灵州被困之后，朝臣上言：“环庆三道，各发劲卒，约轻赍径走平夏，攻取继迁帐幕，继迁必

---

① 陶晋生：《宋辽关系史研究》，中华书局，2008，第 102 页。

② 班固：《汉书》卷 28 下《地理志》下，中华书局，1962，第 1616 页。

③ 顾祖禹：《读史方舆纪要》卷 62，中华书局，2005，第 2941 页。

④ 顾祖禹：《读史方舆纪要》卷 62，中华书局，2005，第 2941 页。

顾惜巢穴，望风引退。如此，则灵武之围解，而粮馈得通矣”,① 主张不放弃灵州，积极经略之。由于灵州戍守需要大量物资运送，这给内忧外患严峻的宋朝造成一定压力，于是朝廷始有弃灵州之意。对于弃守灵州，刘综明提出反对意见，“欲弃灵卅（州），是中贼之奸计矣。且灵州民淳土沃，为西陲巨屏，所宜固守”。② 可见，灵州对防御西夏入侵具有重要战略地位。

历史上，西北为少数民族聚集区。宋朝立国后，灵州地区居住较大的部落有回鹘、吐蕃，灵州因此成为多方争夺的对象。于宋，灵州是宋朝防御党项、威慑西北诸蕃以及联络西域诸国合围夹击西夏的重要通道，对西北疆域的稳定至关重要。相反，弃守灵州，将导致宋朝西北屏障尽失，同时效仿汉朝联合大月氏夹击匈奴的远交近攻策略失效，宋朝将无力控制西北疆域。真宗时李继迁攻占灵州后，宋朝西北边鄙无藩可守，西夏则据此地利，不断侵扰宋朝西北边疆。

灵州由于地处丝绸之路重要通道，是唐宋时期西北诸族进贡宋朝的交通要道。灵州失陷，还对西域各族进贡产生重要影响。李继迁占据灵州后，“在灵、庆之间者，数犯边为盗。自河西回鹘朝贡中国，道其部落，辄邀劫之，执其使者，卖之他族以易牛马”。③ 为解除西北边疆安全，宋朝曾试图联合西域诸族对李继迁实行合围夹攻，但终因灵州地缘优势的丧失，宋朝失去对西北诸族的控制力，联合行动也以失败告终。

（2）灵州的地缘经济战略地位

灵州地处黄河东岸，有水源灌溉之利，利于农业生产的发展，形成富饶的河套地区。是西北地区重要的粮食供给地，灵州“地方千里，表里山河，水深土厚，草木茂盛，真牧放耕战之地”。④ 河套地区优越的地理条件，利于农业生产的发展，“饶五谷，尤宜稻麦”，“兴、灵则有古渠；

① 钱若水撰，蒋永成点校《宋太宗实录》卷 78，甘肃人民出版社，2005，第 177 页。

② 脱脱等：《宋史》卷 277《刘综传》，中华书局，1985，第 9432 页。

③ 薛居正等：《旧五代史》卷 138《党项列传》，中华书局，1975，第 1845 页。

④ 李焘：《续资治通鉴长编》卷 44，咸平二年六月戊午条，中华书局，2004，第 947 页。（《唐宋八大家文钞注集评》卷 73《临川文钞十三 · 墓志铭》，三秦出版社，1998，第 3423 页。）

曰唐来，曰汉源，皆支引黄河。故灌溉之利，岁无旱涝之虞”。[①]

灵州还是西北重要的交通枢纽，北渡黄河可达兴州、定州，东与夏州、银州相接，南控韦州一带，西南可达兰州，西部接河西走廊，直达凉州、甘州、肃州以及瓜、沙等州，是丝绸之路的必经之地，是北宋与西域诸族进行马匹交易的重要据点。河东和陕西是宋朝进行市马贸易的主要场所，宋朝在此设置大量博易场，与西北诸族购买马匹用于战争。宋朝也曾在西南地区进行马匹贸易，但规模较小，质量也无法保证，多劣质而“不任战”。宋朝市马以北方地区马匹质量最甚、交易量最大，“沿边岁运铜钱五千贯于灵州市马”。[②]

（3）灵州失守对宋朝之影响

基于灵州重要的战略地位，宋夏为争夺灵州，多次兵锋相见。至道二年（996），李继迁第一次围攻灵州，宋朝虽得以保全，但损失惨重，“灵州之役，关西之民死者十五余万”。[③] 至道三年，李继迁再次进攻灵州，未能得逞。宋朝戍守灵州，远距离粮食输送往往成为一大负担，于是，朝廷内开始出现弃守灵州的议论。

陕西转运副使刘综持反对意见，他指出灵州作为西北屏藩，地位重要，弃守灵州将导致宋朝镇戎军戍守更加困难，“原、渭等州益须设备，较其劳费，十倍而多”，且将弃守灵州的行为视为中“贼之奸计”。[④] 咸平三年（1000）李继迁集结大军，急攻灵州，并围之，“饷道断绝，孤城危急，（裴）济刺指血染奏求救，大军讫不至，城遂陷”。[⑤] 李继迁占领灵州后迁都于此，发展经济，先后攻占了东面的绥州、银州，后又攻占凉州。元丰四年（1081），乘西夏内部动荡之际，宋朝兵分五路，一举进攻西夏，灵州是主战场。“大军径趋灵州，会合两路兵至城下，自丁

---

① 脱脱等：《宋史》卷486《夏国传》，中华书局，1985，第14028页。

② 李焘：《续资治通鉴长编》卷24，太平兴国八年十一月壬申条，中华书局，2004，第559页。

③ 李焘：《续资治通鉴长编》卷43，咸平元年二月乙未条，中华书局，2004，第910页。（杨仲良撰《皇宋通鉴长编纪事本末》卷10，第一册，2006，第117页。）

④ 李焘：《续资治通鉴长编》卷50，咸平四年十二月丁卯条，中华书局，2004，第1009页。

⑤ 李焘：《续资治通鉴长编》卷51，咸平五年三月甲辰条，中华书局，2004，第1118页。

亥并力攻击。缘灵州城广阔，守御备具，近城贼兵万数不少，日夕与诸将分头竭力，且攻且战，虽屡获首级，然独坚城未下。至庚子，贼决黄河水浸营，难以驻留。"[①] 宋朝此次军事行动，以失败告终。西夏占据灵州后，给宋朝造成巨大困扰，"朝廷倾天下之力，竭四方财用，以供馈饷，尚日夜惴惴然，唯恐其盗边也"。[②] 究其原因，正如刘平上仁宗书中指出，"当时若止弃灵、夏、绥、银四州，限山为界，使德明远遁漠北，则无今日之患"，[③] 认为西夏长期为宋朝患，与灵州的失守有着直接关系。

李继迁攻占灵州后，截断了宋朝通往西域的道路，西域诸国进贡宋朝并不顺畅，与宋关系渐疏远；同时，宋朝失去了对西域诸族的控制力，导致其联合西域诸族夹攻西夏的战略失效。

4. 河套

位于蒙古高原，辖地面积较大，是为可耕可牧之地。"地可二千里。大河三面环之，所谓河套也。"[④] 而《明史纪事本末》则云："河套周围三面阻黄河，土肥饶，可耕桑。密迩陕西榆林堡（今陕西榆林），东至山西偏头关（今山西偏关县），西至宁夏镇（今银川），东西可二千里；南至边墙，北至黄河，远者八九百里，近者二三百里。"[⑤] 历史上，中原王朝对河套长期开发，使其成为适宜农业种植的重要区域。此外，河套平原还是漠北游牧民族的机动牧场，南下中原的前进基地，也是中原王朝移民实边垦田、屏蔽中原的必争之地。西夏占据河套这一战略要地，多次对宋西北边防发起侵扰。

5. 辽东半岛

相当于今辽宁省大部分地区，位于内地农耕社会和蒙古高原、东北地区交汇处，也是中原王朝和朝鲜半岛之间唯一的陆上交通要道。中原王朝要控制东北、蒙古高原东部和朝鲜半岛，以及东北的民族要夺取中原，都

---

① 李焘：《续资治通鉴长编》卷 321，元丰四年十二月戊午条，中华书局，2004，第 7738 页。

② 李焘：《续资治通鉴长编》卷 349，元丰七年十月癸巳条，中华书局，2004，第 8376 页。

③ 赵汝愚：《宋朝诸臣奏议》，上海古籍出版社，1999，第 1455 页。

④ 张廷玉：《明史》卷 42《地理志》，中华书局，1974，第 1012 页。

⑤ 谷应泰撰《明史纪事本末》（8）卷 58，万有文库，商务印书馆，1937，第 72 页。

必须争夺辽东地区。丧失了辽东半岛，就基本丧失了对蒙古高原及朝鲜半岛的控制权。比之汉唐，宋朝与朝鲜半岛的联系大为削弱，失去了对辽东半岛的控制权。南宋时联丽攻金战略未能成功，与这一地缘因素的丧失密切相关。

（二）丧失军事战略要地对南宋之影响

中国地处北纬3°51′至53°33′，东经73°33′至135°05′之间，位于东半球的亚热带和温带地区。就外部环境而言，东南为太平洋所环抱，西南有青藏高原和帕米尔高原作为天然屏障，而往北至北纬50°以外，则主要是高寒和荒漠地区，在古代相对低下和落后的生产力条件下，这些地理形势成为中国人对外开疆拓土难以逾越的地理障碍，于是形成了相对封闭而独立的地理环境。就内部地理环境而言，地域辽阔，气候宜人，地貌多样，包括高原、丘陵、平原、盆地等多种地貌形态，形成以农业经济为主、多种经济形态并存的特点。同时，中国境内丰富的江河资源，将东、西连接，历史上长期修筑各大运河，使南、北贯通。中国地理环境于是形成了外部相对封闭、内部通达性良好的特点。这一地缘环境，使中华民族在长期历史发展中未曾遭受外族入侵，成为中华文明得以长期延续的重要因素。因此，有学者研究认为西方资本主义入侵清朝前，中国历史上未有真正的“外患”，仅仅为边患，是中国地理范围内周边少数民族政权对以汉族为中心的中原王朝的侵扰。这一说法，无疑是符合中国地理环境特点和历史发展线索的。

中国内部地理形势，西高东低，北上南下。在地理上，长城成为历史上农、牧经济和农、牧民族的重要分界线。就军事战略而言，北方占绝对优势；就经济形态而言，南方农业经济更具优势。中国历史上古代边患多来自北方，多与地缘环境密切相关。北部地区游牧民族，骁勇善战，以骑兵见长，且占据有利战略要地，在与以步兵为主的农业汉民族对峙中，占较大优势。历史上，匈奴、党项、契丹、女真、蒙古等北方民族，皆给当时的中原王朝造成巨大地缘压力。防御北方民族的入侵，始终成为中国历史发展的主线之一。

宋朝立国，地域范围大大向南压缩，南宋疆域被压缩至长江一线。这样的地域范围，使宋朝丧失了与北方民族较量的资本。不仅在地缘上处于弧形包围之中，而且丧失了燕云十六州、灵州、河西走廊、辽东半岛等战略要地，导致宋朝对西域诸族、辽东半岛等控制力削弱，成为宋朝联系域外诸族包抄夹击西夏、辽、金、蒙古等政权失效的重要原因。地缘战略优势的丧失，还使南宋统治者丧失了对外开拓进取的积极性，进一步加剧其消极保守、苟且偷安的思想。

综观整个宋朝，在对外战略中多消极保守而缺乏开疆拓土的勇气。如果说北宋曾有过短暂的对外开拓之举，那么，随着地缘优势丧失，南宋则固境自守、消极防御。靖康二年（1127），赵构在应天府（今河南商丘）称帝，建立南宋，后移居临安（杭州），北方大片领土尽失。李纲等大臣反对南迁，“河东、河北，国之屏蔽也，朝廷岂忍轻弃？靖康间，特以金人凭陵，不得已割地赂之，将以保全宗社，而金人不道，攻破都城，易姓改号，劫銮舆以北，则两河之地，又何割哉？方命帅遣师，以为声援，应州县守臣，能竭力保有一方，及能力战破贼者，当授以节钺，应移用赋税，辟置将吏，并从便宜，其守臣皆迁官进职，余次第录之”。① 李纲建议坚守中原，暂幸南阳（今河南南阳），“以长安为西都，襄阳为南都，建康为东都”，“不置定都，使夷狄无所窥伺”。② 宗泽主张建都东京（今河南开封），力图恢复中原大计。但宋高宗软弱无能，暗中向金朝请求议和，同时迁都扬州。建炎三年（1129），宋高宗向金人表示“愿去尊号，用正朔，比于藩臣”。③ 南宋初年，面对金军的入侵，宗泽上书指出：“今四十日矣，未闻有所号令作新斯民”，高宗所作所为乃是“欲蹈西晋东迁既覆之辙耳”。④

宋高宗之苟安思想，在南宋颇具代表。面对金军的进攻，宋朝“将帅皆望风奔溃，未尝有敢抗之者”，⑤ “帅守之弃城者，习以成风”。⑥ 南宋多次

---

① 李心传：《建炎以来系年要录》卷6，建炎元年六月丁卯条，中华书局，2013，第175页。
② 李心传：《建炎以来系年要录》卷6，建炎元年六月庚申条，中华书局，2013，第163页。
③ 李心传：《建炎以来系年要录》卷23，建炎三年五月乙酉条，中华书局，2013，第562页。
④ 庄仲方辑《南宋文范·（宋泽）乞毋割地与金人疏》，任继愈主编《中华传世文选》（六），吉林人民出版社，1998，第177页。
⑤ 李心传：《建炎以来朝野杂记》甲集卷19《十三处战功》，中华书局，2000，第449页。
⑥ 李心传：《建炎以来系年要录》卷15，建炎二年夏四月丙寅条，中华书局，2013，第362页。

向金朝求和，双方关系也经历了由臣属向叔侄、伯侄关系的转变，南宋企图通过输送大量岁币的经济代价来换取政治和平，这一做法比之战争的成本，固然有一定可取之处，但宋人消极防御、苟且偷安的心理，则是深层原因。

三 重要马匹来源地的丢失及其影响

在冷兵器时代，战争成为骑兵和步兵的较量，骑兵在其中的优势明显。而马匹作为骑兵的重要装备，成为影响战争胜负的重要因素之一。中国历史上马匹产地主要有二：一是东北蓟北之野，二是在西北甘凉河套一带。西北产地马匹精良，宋高宗曾言“至如陕西五路，劲兵良将所出”。[①] 南宋虞允文谈及陕西地理优势，马匹便是其一，“恢复之时，而形势便利，莫如陕西，盖得兵得马得粮，可以壮国威，可以足军饷，欲守则有险可恃，欲战则有资可凭。自古进取天下，固有次序，而莫先于此”。[②] 骑兵成为战争取胜的重要因素。李纲曾言：“自古中兴之主，皆起于西北，则足以据中原而有东南；起于东南，则不足以复中原而有西北。盖天下之精兵、健马，皆出于西北。”[③] 南宋偏安东南，尽失其地。为此，南宋设置买马司，负责战马采购。宋朝每年从陕西采购战马约 4 万匹，以用于对外战争。

金军以骑兵为主，“金人野战，长于用骑”。[④] 金人用兵“专尚骑，间有步者，乃签差汉儿，悉非正军”。[⑤] 金朝军队以骑兵为主，战斗力强健，在战争中，“（金人）必以步军当先，精骑两翼之，或进或退，见可而前，弓矢亦不妄发，虏流有言曰：不能打一百余个回合，何以谓马军？盖骑善乎往来冲突而已。遇败亦不散去，则逐队徐徐而退”。[⑥] “拐子马”是金军骑兵中的精锐，战斗力强。“所将攻城，士卒号‘铁浮屠’，又曰

---

① 李心传：《建炎以来系年要录》卷 127，绍兴九年四月庚午条，中华书局，2013，第 2404 页。

② 傅增湘原辑，吴洪泽补辑《宋代蜀文辑存校补》卷 156《（虞允文）请用吴璘以图恢复疏》，重庆大学出版社，2014，第 1848 页。

③ 李心传：《建炎以来系年要录》卷 7，建炎元年七月乙巳条，中华书局，2013，第 209 页。

④ 黄淮、杨士奇编《历代名臣奏议》卷 334《章谊奏议》，上海古籍出版社，2012，第 4328 页。

⑤ 徐梦莘：《三朝北盟会编》卷 244，绍兴三十一年十一月二十八日丙申，上海古籍出版社，1987，第 1754 页。

⑥ 光绪《吉林通志》，台北文海出版社，1965，第 3585 页。

'铁塔兵'，被两重铁兜鍪，周匝皆缀长檐，其下乃有毡枕。三人为伍，以皮索相连。后用拐马子，人进一步，移马子一步，示不反顾，以铁骑为左右翼，号'拐子马'，皆是女真充之。自用兵以来，所不能攻之城，即勾集此军。"① 对于金人的"拐子马"，史书记载："兀术有劲军，皆重铠，贯以韦索，凡三人为联，号'拐子马'，又号'铁浮图'，堵墙而进，官军不能当，所至屡胜。"② 根据邓广铭先生的研究，拐子马就是金人的左右翼骑兵。③ 建炎四年（1130）金军发动富平之战，宋军大败，南宋丧失川陕五路等大片辖地，川蜀之地无险可守，暴露于金军铁骑之下，战马供应地也随之丧失。由于马匹缺乏，宋朝骑兵的战斗力大大削弱，在与金兵的军事竞争中处于不利地位，"金人入边以来，百战百败，非止百战百败，往往望风奔溃，不暇交锋者"。④

蒙古亦以骑兵强大著称。蒙古号称马背上的民族，"鞑人生长鞍马间，人自习战，自春徂冬，旦旦逐猎，乃其生涯，故无步卒，悉是骑军"。⑤ "元起朔方，俗尚骑射，因以弓马之利取天下，古或未有之。""其沙漠万里，牧养蕃息，太仆之马，殆不可以数计，亦一代之盛哉。"⑥ 蒙古铁骑骁勇善战，成吉思汗"灭国四十，遂平西夏。其奇勋伟绩甚众"，⑦ 除其雄才大略外，与强大骑兵也是分不开的。蒙古骑兵在对宋战争中具有先天优势，南宋降将刘整言："我精兵突骑，所当者破，惟水战不如宋耳。夺彼所长，造战舰，习水军，则事济矣。"⑧ 蒙古骑兵的战斗力强，在元朝的统一战争中发挥了重要作用，"元之有国，肇基朔漠。虽其兵制简略，然自太祖、太宗，灭夏剪金，霆轰风飞，奄有中土，兵力可谓雄劲者矣。及世祖即位，平川蜀，下荆襄，继命大将帅师渡江，尽取南

① 徐梦莘：《三朝北盟会编》卷202，绍兴十年六月十一日甲寅条，上海古籍出版社，1987，第1454页。

② 岳珂编，王曾瑜校《鄂国金佗稡编续编校注》卷8，2018，中华书局，第530页；冯其庸：《精忠旗笺证稿》，青岛出版社，2014，第132页。

③ 邓广铭：《岳飞传》，三联书店，2007，第451~453页。

④ 吕颐浩：《吕颐浩集》卷1《料彼己》，浙江古籍出版社，2012，第4页。

⑤ 《黑鞑事略》，载（明）揭暄《揭子战法》卷8《蒙古战》，军事科学出版社，2009，第151页。

⑥ 宋濂：《元史》卷100《兵志》，中华书局，1976，第2553页。

⑦ 宋濂：《元史》卷1《太祖纪》，中华书局，1976，第25页。

⑧ 宋濂：《元史》卷161《刘整传》，中华书局，1976，第3787页。

宋之地，天下遂定于一”。①

战马缺失，于宋朝影响甚大，在与金、蒙交战中，宋朝皆不占优势。时人曾言：“金人起燕、蓟，历赵、魏，绝大河，至汴宋，皆平原广野，骑兵驰突，四通八达，步人不能抗，此所以多败也。”总结战争失利原因，宋人言“边人之长实在骑兵”，② 与蒙古骑兵的较量中，亦是如此。“北人之长技，以鞍马素闲，而便于驰突，吾之马弗如也。风俗劲悍而勇于格斗，吾之卒弗及也”，③ 又言：“每岁深入，步骑不下三数万，而我军士马单弱，诸军虽各以万数，而能战者少，加以分屯遥远，首尾不能相救，多致失利。”④ 骑兵缺失造成宋朝国防上的弱势，马匹缺乏，还削弱了宋军的战斗力，“有百万之兵，无马以壮军势而用其胜力，于追奔逐北之际，与无兵同”，⑤ “夫兵家制胜莫如马，步兵虽多，十不当马军之一”。⑥ 南宋马匹质量低劣，“群牧司所给新马，百匹中可战者不过二三”，⑦ 成为影响南宋军队战斗力的重要因素之一。

战马的缺失，是导致南宋军队战斗力低下的致命因素。尽管宋朝设置买马提举司，负责战马采购，但顺利与否，取决于宋、金关系的发展。和平时，双方马匹交易顺利；战时，交易中断。南宋与金交战颇多，马匹时常处于紧缺状态。李纲曾言：“臣窃以马之于军旅，其用大矣。而马政之不修，未有如近年者。自监牧之法废，而为给地牧马，州县行文具以塞责，民间养羸瘠以充数，而茶马司惟以博易珠玉为事，无良马焉。燕山陷没，北边之马又皆为夷狄所得。夫金人专以铁骑取胜，而中国之马耗亡如此，何以御之？”⑧

---

① 宋濂：《元史》卷98《兵志》，中华书局，1976，第2507～2508页。

② 吕颐浩：《吕颐浩集》卷1《料彼己》，浙江古籍出版社，2012，第4页。

③ 吴泳：《鹤林集》卷33《江淮兵策问》，《景印文渊阁四库全书》第1176册，台湾商务印书馆，1986，第325页。

④ 胡昭曦、唐唯目编著《宋末四川战争史料选编》，四川人民出版社，1984，第251页。

⑤ 傅增湘原辑，吴洪泽补辑《宋代蜀文辑存校补》卷57《（虞允文）请损文黎马额尽力西边之马疏》，重庆大学出版社，2014，第1879页。

⑥ 赵汝愚：《宋朝诸臣奏议》卷125，上海古籍出版社，1999，第1386页。

⑦ 刘文戈：《宋金时期庆阳职官辑补及其他》，天津古籍出版社，2014，第297页。

⑧ 黄淮、杨士奇编《历代名臣奏议》卷242《马政》李纲奏议，上海古籍出版社，2012，第3185页。

为补充战马，南宋采取了两个措施。一是通过监牧养马和民间养马，但所获甚少，且质量低劣。“先是川路所置马，岁付镇江军中牧养。（绍兴）十九年春，上以未见孳生之数，遂分送江上诸军，仍立赏罚。后又置监于郢、鄂之间，牝牡千余，十有余年，才生三十驹，而又不可用。”① 到宋孝宗时，战马缺失更加严重。荆湖北路安抚使张孝祥上奏说，中兴以来，马政不修，“岁岁博买，其费巨亿，而诸军之马愈更乏少，此则牧养之道未得其宜故也”。究其原因，“荆襄非宜马之地”。② 二是向西南少数民族购买马匹，补充战马之需。南宋买马主要依赖于川秦、西南夷以及广西等地。川秦买马，效果不尽如人意：川秦西和、阶、文州买马，以岁计之凡七十五纲，为马三千七百五十匹，“十数年来，茶马司以茶绢博易珠犀等物，以致岁计匮乏，不免低价买马，不择驽骥，惟务足额，发纲之时，已有病者，况于陆行万里，经涉岁月，比其至此，大半瘦瘠，曾不旋踵，即有损毙，不惟押纲吏卒空靡俸赐，徒有买马之名，而无实效”；③ 西南买马，效果也并不理想。南宋后期，随着蒙古攻宋，四川地缘压力剧增，买马地点由四川转移至广西，横山寨成为南宋与西南诸族马匹贸易的重要据点。广西博易场买马的效果同样不佳。“官吏为奸，博马银多杂以铜，盐百斤为一畚，朘减至六十，所赢皆官吏共盗之。蛮觉知，不肯以良马来，所市率多老病驽下，且不能登数。”④ 广西博易之马，由于官吏的徇私舞弊，所得良马甚少，且不堪战斗。而且西南地区所产马匹矮小，不适于战场作战，时人形象地称之为“羁縻马”⑤。

南宋西南买马，质量低劣，不能胜战，且耗费大量财力加重国家财政负担。“国家所用之马，西取于蜀，南取于广，皆在数千里之外，博易之费、道里之费，一马之入动数百千，其所得甚艰，所费甚巨，一有缓急，

① 李心传：《建炎以来朝野杂记》甲集卷18《孳生监牧》，中华书局，2000，第32页。

② 黄淮、杨士奇编《历代名臣奏议》卷242《马政》张孝祥奏议，上海古籍出版社，2012，第3187页。

③ 黄淮、杨士奇编《历代名臣奏议》卷242《买马》洪遵奏议，上海古籍出版社，2012，第3185页。

④ 李心传：《建炎以来朝野杂记》甲集卷18《广马》，中华书局，2000，第427~428页。

⑤ 所谓“羁縻马”，乃是宋朝与西南少数民族进行马匹交易而得，其马体型矮小，不适于战场骑兵之需要，宋朝西南买马目的在于，羁縻西南少数民族，从而实现西南地区之稳定，故得名。

无马可用。”① 南宋马匹不足的现象，更为常见。“镇江军中马多老病，选锋一军，㿰者六百五十余匹。”② 尽管南宋川陕防区地缘战略地位重要，而马匹不足却时有发生。“蜀盛时，四戎司马万五千有奇，开禧后，安丙裁去三之一，嘉定损耗过半，比（崔）与之至，马仅五千。”③ 骑兵数量少，不能满足川陕防区防御之需，导致了战争失利的严重后果。

钱穆先生通过对宋朝的研究认为，地缘优势的丧失，导致了宋朝在国防上始终是防御性的，以防御来立国、保国导致了一系列制度上的失误，最终导致了整个宋朝的灭亡。④ 其评论，颇为中肯。

---

① 黄淮、杨士奇编《历代名臣奏议》卷 242《马政》黄乾奏议，上海古籍出版社，2012，第 3190 页。

② 李心传：《建炎以来系年要录》卷 187，绍兴三十年十二月丁卯条，中华书局，2013，第 3638 页。

③ 李贽：《藏书》卷 14《崔与之传》，中华书局，1959，第 828 页。

④ 钱穆：《中国历代政治得失》，生活 · 读书 · 新知三联书店，2000，第 93～101 页。

第二章

南宋与周边政权的地缘关系（上）

地缘关系的研究包括三个方面，政治关系、经济关系以及文化关系。政治关系指不同的政治实体因地缘上的邻接而产生的关系，这种关系有多种表现形式，可以是战争，也可以是结盟。

第一节　南宋与金的政治关系

一　北宋末期与金朝的政治关系

（一）金朝的建立

女真①族是中国东北古老民族之一，“本名朱理真，蕃语讹为女真”。② 女真之名始见于五代，广泛使用于辽朝之后，以契丹族为主建立的辽政权灭亡渤海政权后，黑水靺鞨隶属于辽，并改称女真，后来因避辽兴宗宗真讳，改为“女直”。女真在隋唐时称“靺鞨”，共七个部落，以松花江中下游的粟末靺鞨和黑龙江中下游黑水靺鞨实力最强。粟末靺鞨在唐时建立渤海政权，黑水靺鞨世居“白山黑水”（长白山、黑龙江）之

① 关于女真的族源，学术界有不同的看法。大多数学者认为，女真之族源来自肃慎，以东北著名学者金毓黻先生为代表（金毓黻：《东北通史》，乐天出版社，1971）。但近年来有学者认为肃慎、挹娄、勿吉并不是一个民族，他们实际上是同一个种族中的不同民族（孙进己：《东北民族源流》，黑龙江人民出版社，1987，第一节）。据近几年考古发掘，第一种观点更具有说服力，本书采用金毓黻先生的观点。

② 徐梦莘：《三朝北盟会编》卷3，重和二年正月十日条，上海古籍出版社，1987，第22页。

间，接受唐朝所设黑水都督府的羁縻统辖。女真族便由黑水靺鞨发展而来，“金之先，出靺鞨氏。靺鞨本号勿吉。勿吉，古肃慎地也。元魏时，勿吉有七部：曰粟末部，曰伯咄部，曰安车骨部，曰拂涅部，曰号室部，曰黑水部，曰白山部。隋称靺鞨，而七部并同。唐初，有黑水靺鞨、粟末靺鞨，其五部无闻”。①

北宋时，女真分为生女真和熟女真，“其在南者籍契丹，号熟女直；其在北者不在契丹籍，号生女直。生女直地有混同江、长白山，混同江亦号黑龙江，所谓‘白山、黑水’是也”。② 辽朝统辖下的女真，因与契丹和汉人杂处，接受汉文化和契丹文化，经济文化发展较快，故被称为“熟女真”，又称曷苏馆女真（意为篱笆内的女真）。而留居原地的女真，因发展缓慢，经济文化相对落后，故被称为“生女真”。生女真，“以部为氏”，③ 按照姓氏划分为完颜部、温都部、乌古伦部、纥石烈部、蒲察部、徒单部、乌林答部、加古部等。地处边远、接近东海这一部分被称为“东海女真”。生女真分布于“涑沫之北、宁江之东”，“地方千余里，户口十余万”，主要聚居于今黑龙江依兰县，以及松花江两岸、黑龙江中下游和乌苏里江流域，“无大君长，立首领，分主部落”，④ “小者千户，大者数千户”，⑤ 尚处在“无室庐，负山水坎地，梁木其上，覆以土”的穴居状态，过着“夏则出随水草以居，冬则入处其中，迁徙不（无）常”⑥ 的渔猎游牧生活。至献祖时，“徙居海古水，耕垦树艺，始筑室，有栋宇之制，人呼其地为纳葛里。‘纳葛里’者，汉语居室也。自此遂定居于安出虎水之侧矣”。⑦ 10世纪中叶后，女真掌握了烧炭炼铁技术，经济有较大进步，其中完颜部发展最快。11世纪中期，生女真形成了以完颜部为核心的部落联盟，完颜部首领乌古乃被推举为部落联盟首领。辽咸雍八

---

① 脱脱等：《金史》卷1《世纪》，中华书局，1975，第1页。
② 脱脱等：《金史》卷1《世纪》，中华书局，1975，第2页。
③ 脱脱等：《金史》卷59《宗室表》，中华书局，1975，第1359页。
④ 叶隆礼：《契丹国志》卷26《诸蕃记·女真国》，上海古籍出版社，1985，第246页。
⑤ 徐梦莘：《三朝北盟会编》卷3，重和二年正月十日条，上海古籍出版社，1987，第16页。
⑥ 脱脱等：《金史》卷1《世纪》，中华书局，1975，第3页。
⑦ 脱脱等：《金史》卷1《世纪》，中华书局，1975，第3页。

年（1072），乌古乃接受辽道宗授予的“生女真部族节度使”称号，又设有国相等官员管理部落联盟内部事务。其后，经过世祖劾里钵、肃宗颇剌淑、穆宗盈哥和康宗乌雅束等几代人的努力，女真地域不断扩大，占领了东临日本海、南抵朝鲜半岛北部、北至黑龙江下游一带的广大地区。

关于完颜部的来历，《金史·世纪》记述如下：

> 金之始祖讳函普，初从高丽来，年已六十余矣……始祖至完颜部，居久之，其部人尝杀它族之人，由是两族交恶，哄斗不能解。完颜部人谓始祖曰：“若能为部人解此怨，使两族不相杀，部有贤女，年六十而未嫁，当以相配，仍为同部。”始祖曰：“诺。”乃自往谕之曰：“杀一人而斗不解，损伤益多。曷若止诛首乱者一人，部内以物纳偿汝，可以无斗而且获利焉。”怨家从之。仍为约曰：“凡有杀伤人者，征其家人口一、马十偶、牸牛十、黄金六两，与所杀伤之家，即两解，不得私斗。”曰：“谨如约。”女真之俗，杀人偿马牛三十自此始。既备偿如约，部众信服之，谢以青牛一，并许归六十之妇。始祖乃以青牛为聘礼始纳之，并得其资产。后生二男，长曰乌鲁，次曰斡鲁，一女曰注思板，遂为完颜部人。①

从四世祖绥可到完颜阿骨打建国，大约一个世纪，女真完成了从原始氏族社会向奴隶制社会的迅速转化。自景祖乌古乃至穆宗盈歌时期，以完颜部为核心的部落联盟，借助辽朝支持武力统一了生女真诸部。“初，诸部各有信牌，穆宗用太祖议，擅置牌号者置于法，自是号令乃一，民听不疑矣。”诚如《金史·世纪》所云：“自景祖以来，两世四主，志业相因，卒定离析，一切治以本部法令，东南至于乙离骨、曷懒、耶懒、土骨论，东北至于五国、主隈、秃答，金盖盛于此。”② 辽天庆五年（1115），阿骨打继任皇帝，是为金太祖。

---

① 脱脱等：《金史》卷1《世纪》，中华书局，1975，第2页。

② 脱脱等：《金史》卷1《世纪》，中华书局，1975，第15页。

（二）北宋末期与金的地缘关系

1. 北宋末年宋、金联合灭辽

金朝建立初，因曾受辽欺压，抗辽斗争不断，虽获小胜，却未能灭辽。早在金朝建立之时，铁州人杨朴就向金太祖建议："愿大王册帝号，封诸蕃，传檄响应，千里而定，东接海隅，南连大宋，西通西夏，北安辽国之民，建万世之镃基，兴帝王之社稷。"① 基本确立了金朝初期的地缘战略，并成为金朝与北宋发生地缘联系的基础。

收复燕云，是北宋政治生活的主题之一，也是宋辽关系恶化的直接原因。北宋一朝，收复燕云的行动从未停止，宋太祖"讨平诸国，收其府藏贮之别府，曰封桩库，每岁国用之余，皆入焉。尝语近臣曰：'石晋割幽燕诸郡以归契丹，朕悯八州之民久陷夷虏，俟所蓄满五百万缗，遣使北虏，以赎山后诸郡；如不我从，即散府财募战士以图攻取'"。② 宋太宗两次雍熙北伐，终因地缘优势丧失，而以失败告终。宋神宗继位后，也有"取山后之志"，立志恢复之。一日"语及北虏事，曰：'太宗自燕京城下军溃，北虏追之，仅得脱。凡行在服御宝器尽为所夺，从人宫嫔尽陷没。股上中两箭，岁岁必发，其弃天下竟以箭疮发云。盖北虏乃不共戴天之仇，反捐金缯数十万以事之为叔父，为人子孙，当如是乎！'已而泣下久之，盖已有取北虏大志"。③ 宋神宗西北开边，收复部分领土，但向北疆大规模开拓，其能力仍然有限。宋徽宗时期，童贯经略西北，收复了宋神宗时故疆，宋朝内部开疆拓土的欲望开始膨胀，甚至认为"辽亦可图"，辽宋关系恶化已不可避免。至此，图辽的共同目标，成为宋金双方发生政治联系的基础。

宋政和七年（1117），辽朝苏州汉人高药师、曹孝才、僧即荣等人为了躲避辽金战祸，率亲属老幼200多人乘船至高丽避难，途中遇风浪，漂至宋朝登州（今山东蓬莱）、文登（今山东文登）一带，于是向宋人透露了北方局势："女真军马与辽人争战累年，争夺地土已过辽河之西，今海

---

① 徐梦莘：《三朝北盟会编》卷3，重和二年正月十日条，上海古籍出版社，1987，第22页。

② 王辟之撰，吕友仁点校《渑水燕谈录》卷1《帝德》，中华书局，1981，第3页。

③ 王铚撰，朱杰人点校《默记》卷中，中华书局，1981，第20页。

岸以北自苏、复至兴、渖同咸州，悉属女真矣。”[①] 宋朝听到消息后的反应，史载，“欲交女真图契丹，闻之甚喜”，[②] 即“联金复燕”之计。辽人李良嗣也向宋积极献策：“天祚皇帝，耽酒嗜音，禽色俱荒，斥逐忠良，任用群小，远近生灵，悉被苛政。比年以来，有女真阿骨打者，知天祚失德，用兵累年，攻陷州县。加之溃卒，寻为内患，万民罹苦，辽国必亡。愿陛下念旧民遭涂炭之苦，复中国往昔之疆，代天谴责，以顺伐逆，王师一出，必壶浆来迎，愿陛下速行薄伐。脱或后时，恐为女真得志，盖先动则制人，后动则制于人。”[③] 得此消息，宋朝派遣高药师等七名校将持“市马诏书”由登州泛海赴金，高药师等人“虽已到彼（指金朝）苏州（今辽宁金县）界”，但“望见岸上女真兵甲多，不敢近而回”。[④] 女真方面，早在立国初便有联宋灭辽计划。“国初时，女真常奉贡，而太宗皇帝屡市马女真，其后始绝。今不若降诏，遵故事，以市马为名，令人访其事体虚实。”[⑤] 此时，宋朝因对北方局势不了解，拒绝金人请求。政和八年（1118）八月，马政、呼延庆和高药师等再次赴金。金太祖和宗翰见宋朝突派使者颇为惊疑，“请问遣使之由”，马政等答曰：“先是贵朝（指金朝）在大宋太祖皇帝建隆二年时，尝遣使来买马，今来主上闻贵朝攻陷契丹五十余城，欲与贵朝复通前好。兼自契丹天怒人怨，本朝欲行吊伐，以救生灵涂炭之苦，愿与贵朝共伐大辽。虽本朝未有书来，特遣政等军前共议，若允许后，必有国使来也。”[⑥] 北宋“联金复燕之策”，与金人不谋而合，双方很快达成灭辽协议。“阿骨打遂与粘罕（宗翰）、阿忽、兀室共议数日”，[⑦] 于是决定“联宋攻辽”。马政等提出：“克辽之后，五代时陷入契丹汉地，愿界下

---

① 徐梦莘：《三朝北盟会编》卷1，政和七年七月四日条，上海古籍出版社，1987，第1页。

② 杨仲良：《通鉴长编纪事本末》卷142《金盟上》，广雅书局光绪十九年（1893）纪事本末汇刻本，第1页。

③ 徐梦莘：《三朝北盟会编》卷1引《封有功编年》，政和七年七月四日条，上海古籍出版社，1987，第2～3页。

④ 徐梦莘：《三朝北盟会编》卷1，政和八年正月三日条，上海古籍出版社，1987，第3页。

⑤ 徐梦莘：《三朝北盟会编》卷1，政和七年七月四日条，上海古籍出版社，1987，第1页。

⑥ 徐梦莘：《三朝北盟会编》卷2，政和八年闰九月二十七日条，上海古籍出版社，1987，第14页。

⑦ 徐梦莘：《三朝北盟会编》卷2，政和八年九月二十七日条，上海古籍出版社，1987，第14页。

邑”，金人只表示“所请之地，今当与宋夹攻，得者有之”。[①] 对联金攻辽，北宋有识之士颇感忧虑，“灭一弱国而与强国为邻，恐非中国之福，徒为女真之利耳”，[②]“若使女真入关，后必轻侮中国，为患甚大”。[③] 遗憾的是，这些忠告并未被宋徽宗采纳。

宣和二年（1120）三月，金朝兵分三路攻打辽上京（今内蒙古巴林左旗南波罗城）。（金）天辅五年（1121）正月，金再次邀约宋夹攻辽，北宋因童贯率领15万大军镇压方腊起义而未出兵。四月，金军再次向辽发起进攻，军事进展顺利。六年（1122），金军攻取了辽中京（今内蒙古宁城西大明城），辽天祚帝仓皇逃往西京，接着又狼狈逃往夹山（今内蒙古萨拉齐西北大青山中部）。金军一举攻下辽四京，灭辽已势不可当，看此情形，北宋派童贯率师北伐燕京。宋朝在伐辽战争中，被动且出力不多。《宋史》对宋、金伐辽经过记载甚详：

> 宣和三年（1121）九月戊午，朝散郎宋昭上书谏北伐，王黼大恶之，诏除、勒停，广南编管。己未，金人遣徒孤且乌歇等来议师期。……甲戌，遣赵良嗣报聘于金国。己卯，辽将郭药师等以涿、易二州来降。……冬十月庚寅，改燕京为燕山府，涿、易八州并赐名。癸巳，刘延庆与郭药师等统兵出雄州。……甲辰，师次涿州。己酉，郭药师与高世宣、杨可世等袭燕，萧干以兵入援，战于城中，药师等屡败，皆弃马缒城而出，死伤过半。癸丑，以蔡攸为少傅、判燕山府。甲寅，刘延庆自卢沟河烧营夜遁，众军遂溃，萧干追至涿水上乃还。……十二月丁亥，郭药师败萧干于永清县。戊子，遣赵良嗣报聘于金国。庚寅，以郭药师为武泰军节度使。辛卯，金人入燕，萧氏出奔。壬辰，使来献捷。……五年……夏四月癸巳，金人遣杨璞以誓书及燕京、涿易檀顺景蓟州来归。庚子，童贯、蔡攸入燕，时燕之职官、富民、金帛、子女先为金人尽掠而去。乙巳，童贯表奏抚定燕城。

---

① 脱脱等：《金史》卷2《太祖纪》，中华书局，1975，第30页。
② 赵汝愚：《宋朝诸臣奏议》，上海古籍出版社，1999，第1603页。
③ 李澍田主编《金史辑佚》，吉林文史出版社，1990，第117页。

灭辽后，宋、金瓜分辽朝疆域，签订海上之盟，宋朝获得了燕京一带土地，金朝获取大部分土地，国家疆域和势力大增。《金史·地理上》记载：

> 金之壤地封疆，东极吉里迷兀的改诸野人之境，北至蒲与路之北三千余里，火鲁火疃谋克地为边，右旋入泰州婆卢火所浚界壕而西，经临潢、金山，跨庆、桓、抚、昌、净州之北，出天山外，包东胜，接西夏，逾黄河，复西历葭州及米脂寨，出临洮府、会州、积石之外，与生羌地相错。复自积石诸山之南左折而东，逾洮州，越盐川堡，循渭至大散关北，并山入京兆，络商州，南以唐邓西南皆四十里，取淮之中流为界，而与宋为表里。
>
> 袭辽制，建五京，置十四总管府，是为十九路。其间散府九，节镇三十六，防御郡二十二，刺史郡七十三，军十有六，县六百三十二。后复尽升军为州，或升城堡寨镇为县，是以金之京府州凡百七十九，县加于旧五十一，城寨堡关百二十二，镇四百八十八。虽贞祐、兴定危亡之所废置，既归大元，或有因之者，故凡可考必尽著之，其所不载则阙之。①

2. 灭辽后宋、金地缘关系的变化

辽朝灭亡后，宋、辽、金并立的地缘局势转化为宋、金对峙关系，地缘局势的变化导致了双方政治关系的变化，宋、金盟友关系破裂，转为敌对关系。事实上，对北宋末期“联金复燕战略”，时人是有反对的，如郑居中言：“公（蔡京）为大臣，国之元老，不能守两国盟约，辄造事端，诚非妙算。”② 安尧臣也颇有忧虑，“今童贯深结蔡京，同纳赵良嗣以为谋主，故建平燕之议。臣恐异时唇亡齿寒，边境有可乘之衅”。③ 遗憾的是，这些言论并未得到重视。宋金灭辽战争中，宋人的软弱无能暴露

① 脱脱等：《金史》卷24《地理志》，中华书局，1975，第549～550页。
② 脱脱等：《宋史》卷351《郑居中传》，中华书局，1985，第11104页。
③ 脱脱等：《宋史》卷351《郑居中传》，中华书局，1985，第11105页。

无遗，且被金歧视，“南朝自来畏怯”，[①]“中国兵弱”等，于是金“有南牧之意矣”。[②]

金天会三年（1125），金人以宋朝招纳叛臣张觉、招诱燕京逃去人户、“岁交金币并不如期”[③]且“物货粗恶”[④]等为借口，发动侵宋战争。以移赉勃极烈宗翰兼左副元帅先锋，经略使完颜希尹为元帅右监军，左金吾上将军耶律余睹为元帅右都监，自西京入太原；以宗望为主帅自南京入燕山。十月，宗望攻檀州、蓟州，十二月，燕京守将郭药师降金，金兵进入燕京。西路军先后攻下朔州、代州，进围太原，东路军宗望攻下中山、真定、信德府。天会四年（1126），宗望大军渡河取宋之滑州，并围攻宋都城汴京。宋徽宗仓皇逃跑，钦宗即位，向金妥协求和。宋割让太原、中山和真定三镇，并许以岁币，金军撤围。

天会四年（1126）八月，金军再次兵分两路灭宋。金太宗诏左副元帅宗翰和右副元帅宗望伐宋。两路军分别自西京、保州南下，计划在开封会师。九月，宗翰军猛攻太原，宋太原知府张孝纯在城破后降金。十月，金兵攻下河东重镇平阳府。然后从泽、潞进兵，下太行山，破怀州，至河阳与宋军隔黄河对峙。渡河攻下西京（洛阳），分兵扼守住潼关，断绝西北援军来路，于是东向直指汴京。东路军宗望在十月攻克了河北重镇真定，从大名府方渡河南下。十二月，金两路军会合在开封城下，钦宗投降。天会五年（1127），金诏降宋徽宗、钦宗为庶人，并立张邦昌为大楚皇帝，北宋灭亡。

二　南宋与金的关系

通过战争，金朝先后占领辽、北宋大量领土后，实力陡增，并向南扩张，成为北方地区又一强国。在联宋灭辽战争中，宋人的软弱无能暴露无遗，金朝制定了消灭宋朝、统一全国的战略方针，并成为宋、金关系破裂

---

① 徐梦莘:《三朝北盟会编》卷14，宣和五年二月一日条，上海古籍出版社，1987，第97页。

② 徐梦莘:《三朝北盟会编》卷16，引《秀水闲居录》，上海古籍出版社，1987，第116页。

③ 佚名编，金少英校补，李庆善整理《大金吊伐录校补》第34篇《回札子》，中华书局，2017，第115页。

④ 佚名编，金少英校补，李庆善整理《大金吊伐录校补》第35篇《宋主书》，中华书局，2017，第125页。

的根本原因。于宋而言，高宗在金人的追击中仓皇立国，企图乞和自保以图苟安，但北宋半壁江山拱手让人及徽、钦宗被俘的亡国之耻，又成为宋人挥之不去的心理之痛，时时刺痛着宋人。因此，乞和自保以实现和平与收复失地统一疆土的矛盾，成为摆在宋人面前的两难抉择，并影响着宋朝对金的态度及宋、金关系的发展。

在与金对峙中，在军事上南宋显然不占优势，金朝居主导地位。天会五年（1127），金朝兵分三路伐宋：宗辅与宗弼统东路军向淄州、青州地区进兵，在淄州攻克宋李成军，六年（1128）正月，宗弼攻下青州，阇母攻下潍州，后还师；西路军统帅宗翰率兵向洛阳。银术可部攻下邓州，萨谋鲁部攻下襄阳，并连下均州、房州。二月，取当、蔡、陈，攻下颍昌府，又攻下郑州，同时娄室军又进攻陕西，攻下同、华、京兆、凤翔。七月，东、西两路军将领发生分歧：河北诸将主张停止用兵西北，并力南伐，河东诸将则反对，认为："陕西与西夏为邻，事体重大，兵不可罢。"① 并提出："河北不足虞，宜先事陕西，略定五路，既弱西夏，然后取宋。"② 而东路军主帅宗辅则主张，先定河北，然后南进攻宋。太宗两用其策，"康王构当穷其所往追之。……陕右之地，亦未可置而不取"，③ 于是命令娄室攻取陕西，宗翰与宗辅合力南下伐宋。

在陕西一线，八月，娄室、蒲察等败宋军于华州，攻取下邽。九月，绳果等破宋军于蒲城，同州，取丹州。十一月攻下延安府。天会七年（1129）二月，宋安抚使折可求以麟、府、丰三州降金。娄室进攻宋晋宁军，守将徐徽言城陷被俘，四月，娄室、蒲察攻占鄜、坊二州，娄室驻守延安，折可求屯兵绥德，蒲察还守蒲州。

在河北一线，天会六年（1128）十月，宗翰与宗辅会军濮阳（今河南濮阳），由河南进入山东，攻取濮州（今山东鄄城北）。宗翰自河北连下滑州、开德府、大名府，接着攻下东平府、徐州，宋济南知府刘豫降。七年（1129）五月，宗翰派遣拔离速领兵奔袭扬州。宋高宗渡江南逃，并派遣使者向金求和。金朝灭宋，势在必得，拒绝了南宋的求和。派挞

① 脱脱等：《金史》卷74《宗翰传》，中华书局，1975，第1698页。

② 脱脱等：《金史》卷74《宗翰传》，中华书局，1975，第1698页。

③ 脱脱等：《金史》卷74《宗翰传》，中华书局，1975，第1698页。

懒、宗弼、拔离速、马五等兵分五路南侵。十一月，宗弼在和州大败宋军，自和州渡江至建康，宋高宗逃往杭州、越州。十二月，宗弼军经湖州攻下杭州，并驻守在杭州，命阿里、蒲卢浑以精兵四千追击宋高宗。宋高宗则自越州逃往明州。阿里、蒲卢浑军渡曹娥江，在离明州二十五里处大败宋军，宋高宗仓皇入海，逃奔温州。阿里、蒲卢浑军"遂行海追三百余里"，① 后遇大风暴，被宋枢密院提领海船张公裕所率领的大战船打败。因找不到高宗去向，宗弼遂称"搜山检海"已毕，率军北返。

金军远距离作战，军队物资供应困难，久攻不下，有人提议"俟平宋，当立藩辅如张邦昌者"。② 天会八年（1130）二月，宗弼领军在杭州大掠北还时，在镇江、建康遭遇宋军阻击。金兵北还后，南宋又收复了建康。

此后，金朝调整战略方针，宗翰指出"前讨宋，故分西师合于东军，而陕西五路兵力雄劲，当并力攻取"③，即将东路军合于西路军，并力进攻陕西，再由陕入川，由川而下图宋。金太宗令完颜昌率军进逼江淮后，拥立刘豫伪齐政权，以牵制南宋、配合金军西线军事进攻，又令右副元帅宗辅代替陕西都统完颜娄室为攻陕主帅，同时将完颜宗弼率领的军队西调洛阳（今河南洛阳），令其八月前进入西北，与西路军合力进攻陕西。这一战略，看重川陕战区的重要地缘优势，避免先前军事力量分散，集中优势军力，全力攻宋。

宗辅负责陕西作战指挥。九月，宗辅至陕西洛水，以娄室军为左翼，宗弼军为右翼，两军并进，攻富平。宋川陕宣抚处置使张浚迎战败溃，耀州、凤翔府相继降金；十一月，宗辅军攻下泾州、渭州，败宋经略使刘倪于瓦亭，原州降，宋泾原路统制张忠孚等降金；十二月，宗辅攻宋熙河路副总管军，熙州降。娄室病死，以阿卢补为左翼都统，宗弼为右翼都统，分别招降尚未攻下州县。天会九年（1131）春，巩、洮、河、乐、西宁、兰、廓、积石等州与定远等城寨，先后降金。宋泾原、熙河两路被金军占领。陕西五路既定，宗辅班师回朝。

---

① 脱脱等：《金史》卷77《宗弼传》，中华书局，1975，第1753页。
② 脱脱等：《金史》卷74《宗翰传》，中华书局，1975，第1698页。
③ 脱脱等：《金史》卷19《世纪补》，中华书局，1975，第409页。

同年，宗弼自陕西进攻四川，侵入和尚原。和尚原战略地位重要，是渭水流域越秦岭进入汉中地区的重要关口之一，川陕的首要门户。和尚原西南紧靠大散关，其地势之险与大散关不相上下。“和尚原最为要冲，自原以南，则入川路，散失此原，是无蜀也。”① 和尚原的得失，于宋、金双方关系重大。金将完颜没立自凤翔，乌鲁折合自阶、成出大散关，两路并进，准备合攻和尚原。和尚原之战争夺激烈，乌鲁折合和完颜没立相继战败。天会十一年（1133），撒离喝经略川陕。撒离喝绕开和尚原，进逼川陕边界的饶凤关（今陕西石泉西），双方激战六昼夜，金军在宋朝叛徒的引导下出蝉溪岭，从背后夹击宋军，宋军大败，吴玠退守仙人关（在今陕西略阳北，甘肃徽县境内）。吴玠在仙人关右侧筑营垒“杀金坪”，作为阻金第一道防线，又在其后地势险要处修筑另一道阻隘，作为第二道防线。天会十二年（1134），宗弼与陕西经略使撒离喝、伪齐四川招抚使刘夔等率领十万大军猛攻仙人关。吴玠之弟吴璘从和尚原赶到仙人关，火速支援，大败金军。

在进攻川陕的同时，刘豫政权还不停骚扰宋朝边境，牵制宋军力量，配合金军西线进攻。因南宋忙于应付川陕战争，刘豫政权很快攻占襄阳府（今湖北襄阳）、郢州（今湖北钟祥）、湖北随州、唐州（今河南唐河）、邓州（今河南邓州市）、信阳军（今河南信阳）以及洮州（今甘肃临潭）、岷州（今甘肃岷县）等地，占领了南宋东至山东、中跨襄汉、西到陇中的大片土地。

面对金军的军事进攻，南宋军民积极组织起来抵抗，宋金形势开始由金强宋弱向宋强金弱转变。加之金军长期作战，金朝内部厌战思想开始蔓延，统治阶级内部矛盾重重。为此，金熙宗改变了对宋政策，积极与宋和谈停战。绍兴十一年（1141），宋金双方签订了“绍兴和议”，宋高宗向金称臣，重新勘划了两国边界，双方暂时和平相处。绍兴三十一年（1161），完颜亮灭宋一统中国之心再起，“朕举兵灭宋，远不过二三年，然后讨平高丽、西夏”，② 宋金战火复燃。南宋积极抵抗，其间金朝内部

① 李心传：《建炎以来系年要录》卷134，绍兴十年三月丙戌条，中华书局，2013，第2508页。

② 脱脱等：《金史》卷129《张仲轲传》，中华书局，1975，第2783页。

政权变动，完颜亮被杀，金世宗继位后与宋朝签订“隆兴和议”，宋金和平相处长达40余年。

金宣宗兴定元年（1217），蒙古势力在北方兴起，发起了对金朝北部边境的侵扰战争，金军节节败退，中都失守，金朝被迫南迁汴京。此时，金朝内部危机重重，金人试图将危机转嫁于宋，宋金战事再起。同年，金宣宗以宋“不纳岁币”为借口，入侵宋朝，金朝虽从战争中掠夺财富、获取了部分利益，但也使自身处于两面受敌的困境，削弱了对蒙古的战斗力。

面对金人转嫁危机的做法，宋朝内部联合蒙古灭金的言论高涨，血洗仇耻，收复疆土、实现统一的政治目标被提上日程。金天兴三年（1234），南宋联合蒙古共同灭金，金朝灭亡。

综上所述，在宋金关系中，南宋并不占主导。金朝以灭宋、统一中原为目标，多次对南宋发动战争，南宋多被动抵抗。战争的结果，金朝未能消灭南宋，双方处于均势。金朝在军事地缘上占据有利位置，而南宋则占据经济优越的江南地区，因此，双方签订的和约中，南宋向金输送大量岁币。南宋这一做法，维持了宋、金间的长期和平，弥补了南宋在军事地理上的缺陷，这与南宋定都临安、以经济为立国之本的国策是分不开的。

三　南宋对金的看法

（一）南宋屈辱立国与“宋金世仇”

金灭辽后，把矛头转向宋，天会三年（1125）十月，金军兵分两路，一举侵宋。“金人既得虏（契丹）地，因分两道，燕山之东平、营一带，斡里雅布（宗望）主之；云中之地西北，则粘罕（宗翰）主之。”① 金军很快占领河北、山西一带。天会四年（1126）春，宋徽宗让位于钦宗，宋朝遣使李邺至金求和，李邺回朝后描述了当时宋金实力对比，“（金人）人如虎，马如龙，上山如猿，入水如獭，其势如泰山，中国如累卵”②。面对宋朝求和，金人提出割让三镇的要求，即河北太原（今山

① 徐梦莘：《三朝北盟会编》卷24，宣和七年十二月十日条，引《北征纪实》，上海古籍出版社，1987，第179页。

② 徐梦莘：《三朝北盟会编》卷28，靖康元年正月七日条，上海古籍出版社，1987，第209页。

西太原）、中山（今河北定州）、河间（今河北河间）三镇。李纲等朝臣坚决反对，“所需金币，竭天下且不足，况都城乎？三镇，国之屏蔽，割之何以立国？至于遣质，即宰相当往，亲王不当往”。[①] 金朝以宋未割让三镇为由，同年八月再次南侵。金军很快逼近黄河，宋廷上下一片慌乱，宋钦宗召集朝臣商议对策：“朕屈意议和，无所不至，虽衮冕车辂名号之类，犹无所惜，盖欲保守祖宗之地土。而金人必欲得三镇。今欲与之，其利害如何？欲不与之，其利害如何？朕当从众而行之，不敢自任。”[②] 宋钦宗决意屈辱求和，但未得到金人同意。十一月，宗望率领东路军到达东京，随后宗翰西路军也抵达东京，形成合围之势，金军顺势攻破东京。十二月，宋钦宗颁诏奉表上降：

臣桓言：背恩致讨，远烦汗马之劳；请命求哀，敢废牵羊之礼。仰祈蠲贷，俯切凌兢，臣桓诚惶诚惧，顿首顿首。窃以契丹为邻，爰构百年之好；大金辟国，更图万世之欢。航使旌，绝海峤之遥；求故地，割燕云之境。太祖大圣皇帝，特垂大造，许复旧疆。未阅岁时，已渝信誓。方获版图于析木，遽连阴贼于平山，结构大臣，邀回户口。虽违恩义，尚贷罪愆。但追索其人民，犹夸大其土地。致烦帅府，远抵都畿。上皇引咎以播迁，微臣因时而受禅。惧孤城之失守，割三府以请和。屡致哀鸣，亟蒙矜许。

官军才退，信誓又渝：密谕土人，坚守不下，分遣兵将，救援为名；复间谍于使人，见包藏之异意。遂劳再伐，并兴问罪之师；又议画河，实作疑兵之计。果难逃于英察，卒自取于交攻。尚复婴城，岂非拒命？怒极将士，齐登三里之城；祸延祖宗，将隳七庙之祀。已蠲衔璧之举，更叨授馆之恩。自知获罪之深，敢有求生之理？

伏惟皇帝陛下，诞膺骏命，绍履鸿图。不杀之仁，既追踪于汤武；好生之德，终俪美于唐虞。所望惠顾大圣肇造之恩，庶以保全弊宋不绝之绪。虽死犹幸，受赐亦多。道里阻修，莫致吁天之请；精诚祈格，

① 脱脱：《宋史》卷 358《李纲传》，中华书局，1985，第 11244 页。

② 徐梦莘：《三朝北盟会编》卷 62，靖康元年十一月七日条，上海古籍出版社，1987，第 465～466 页。

徒深就日之思。谨与叔燕王俣、越王偲，弟郓王楷、景王杞、祈王模、莘王植、徐王棣、沂王㮙、和王栻，及宰相百僚、举国士民僧道耆寿军人，奉表出郊，望阙待罪以闻。臣桓诚惶诚惧，顿首顿首。谨言。

天会四年十二月日，大宋皇帝臣赵桓上表。①

降书中，宋钦宗尽显卑躬屈膝。天会五年（1127）二月，金下诏“降宋二帝为庶人”。② 五月，赵构在应天称帝，是为南宋。此时，金朝伐宋的军事行动并未结束，为躲避金军追捕，天会六年（1128）七月，宋高宗逃至扬州。建炎三年（1129）五月，宋高宗逃往镇江和建康，同时遣使向金求和，并表示愿“去尊号，用正朔，比于藩臣”。③ 八月，致书金左副元帅宗翰（粘罕），表示“愿削去旧号”，“天地之间，皆大金之国，而尊无二上”。④ 降书中多次出现愿意去尊号、甘自贬黜、请用正朔、比于藩臣等语，宋高宗的软弱无能及卑颜屈膝，暴露无遗。尽管如此，金朝并不理会。后宋高宗从杭州逃往越州（今浙江绍兴）、明州（今浙江宁波），又乘船入海驶入定海（今镇海）、昌国（今定海）、台州（今临海）一带，随后逃往温州，宗弼军队穷追不舍，所向披靡，先后攻下扬州、睢阳、杭州、明州、越州等地，且“行海追三百余里”。⑤ 江南地区发达的水路系统不利于金朝骑兵作战，后遇海上风暴被困，迫使金军停止军事行动。相反，南宋步兵在江浙一带，却有着天然优势，南宋军队使船如使马。天会八年（1130）二月，宗弼声称“搜山检海”完毕，率军北返。此次战争对宗弼打击甚大，史载“（宗弼）自江南回，初全江北，每遇亲识，必相持泣下，诉以过江艰危，几不免”。⑥

---

① 佚名编，金少英校补，李庆善整理《大金吊伐录校补》第130篇《宋主降表》，中华书局，2017，第351～352页。

② 脱脱等：《金史》卷3《太宗纪》，中华书局，1975，第56页。

③ 李心传：《建炎以来系年要录》卷23，建炎三年五月乙酉条，中华书局，2013，第562页。

④ 李心传：《建炎以来系年要录》卷26，建炎三年八月丁卯条，中华书局，2013，第608页。

⑤ 脱脱等：《金史》卷77《宗弼传》，中华书局，1975，第1753页。

⑥ 宇文懋昭撰，崔文印校证《大金国志校证》卷6《太宗文烈皇帝四》，中华书局，1986，第100页。

对北宋末年南宋初年的宋、金战事，时人作诗言："当时初结两朝欢，曾见军前捧血盘。本为万年依荫厚，那知一日遽盟寒。"① 当宋人听说蒙古在北方崛起并攻金时，常以"金有国难"而窃喜。甚至误传消息，"造作蒙古寇金之事，以示金人在北方常有后顾之忧"，② 以此来满足宋人对金的仇恨心理。因此，蒙古人用"宋金世仇"来概括二者关系，可谓恰当。"宋金世仇"后来还成为蒙古联宋灭金政策的依据。

（二）宋人对金的仇恨

宋、金不平等关系的加大，进一步加深了宋人对金的仇视。南宋最初以小国、属国看待金，后以敌国、大国对待金。金宋起初为君臣关系，而"隆兴和议"后则确立为叔侄关系，"嘉定和议"后，双方成为伯侄关系。宋金关系的变化，与宋金地缘关系变化及金强宋弱形势密切相关。为维持宋金和平关系，宋朝国书、诏书中对金的称呼多恭敬，然私底下宋人对金人的称呼，多不敬，甚至是丑化。

1. 宋朝对金的认识及关系的变化

起初，由于地缘上的隔绝，南宋对金并不了解，将金看成偏居一隅的小国，契丹之封臣，"夫金虏，女真一小丑耳。当国家全盛之际，所忧者在辽夏，岂知有所谓女真者"，③ "女真以蕞尔小国结我盟好，受我封建，是我徽宗有大造于金虏也"。④ 对此，女真并不买账，早在双方联合灭辽时，完颜阿骨打便对宋朝表现出不卑不亢的态度，坚决抵制宋朝的做法。灭辽后，宋、金地缘上接邻，南宋对金了解增多，看法亦随之改变。南宋统治者看到"虏强我弱，国势殊绝"⑤ 的情形后，主动向金称臣。建炎三年（1129），宋高宗被金将宗弼追至海上，高宗提出议和，称"天地之间，皆大金之国，而尊无二上"，⑥ 为表诚意又表示：愿"去尊号，用正

---

① 阎凤梧、康金声主编《全辽金诗》，山西古籍出版社，1999，第121页。

② 王国维著《观堂集林（外二种）》卷15《史林七》，河北教育出版社，2003，第377页。

③ 曾枣庄主编《宋代传状碑志集成》卷92《朝散大夫直秘阁主管亳州明道宫林公行状》，四川大学出版社，2012，第1405页。

④ 徐梦莘：《三朝北盟会编》卷193，绍兴九年二月二日条，上海古籍出版社，1987，第1391页。

⑤ 李心传：《建炎以来系年要录》卷120，绍兴八年六月辛未条，中华书局，2013，第2239页。

⑥ 李心传：《建炎以来系年要录》卷26，建炎三年八月丁卯条，中华书局，2013，第608页。

朔，比于藩臣”。[①] 绍兴五年（1135）宋高宗派遣使臣以“奉表通问二圣”为名，[②] 请求与金议和。金方值强盛之时，对宋朝的请求，态度傲慢。史载金使入宋情景，便可为证，“经过州郡，傲慢自尊，略无平日礼数，接伴使欲一见而不可得。官司供账，至打造金盏。轻侮肆志，略无忌惮”。[③] 实力悬殊之下，议和结果必然不平等。金称宋为“江南”，称出使宋朝者为“诏谕江南使”，给宋朝的国书称为诏书。正如官员所言：“所历州县，必欲使官吏具礼迎其书，如吾中国迎天子诏书之礼。”[④] 宋高宗向金称臣之举，朝臣多反对，如秘书省正字兼史馆校勘范如圭言：“今女真之使，以诏谕江南为名，要陛下以稽首之礼，自公卿大夫以至六军、万姓，莫不扼腕忿怒，岂有听陛下北面而为仇贼之臣哉。”[⑤] 同时又言：“诚使一旦拜受女真之诏册，则将行女真之命令，颁女真之正朔。普天之下，莫非女真之土；率土之滨，莫非女真之臣；我宋君臣上下，虽欲求措身之所，且不可得；徽宗、显肃之梓宫，遂无地可葬；母后、渊圣之辇辂，遂无家可归矣。”[⑥] 枢密院编修官胡铨也反对：“（金人）以诏谕江南为名，是欲臣妾我也，是欲刘豫我也……夫天下者，祖宗之天下也，陛下所居之位，祖宗之位也，奈何以祖宗之天下，为犬戎之天下，以祖宗之位，为犬戎藩臣之位。陛下一屈膝，则祖宗庙社之灵，尽污夷狄；祖宗数百年之赤子，尽为左衽；朝廷宰执，尽为陪臣。天下士大夫，皆当裂冠毁冕，变为胡服，异时豺狼无厌之求，安知不加我以无礼，如刘豫也哉？”[⑦] 尽管如此，宋高宗仍一意孤行，且以“若使百姓免于兵革之苦，得安其生，朕亦何爱一己之屈”[⑧] 为由，全盘接受金朝的屈辱条件。

---

① 李心传：《建炎以来系年要录》卷23，建炎三年五月乙酉条，中华书局，2013，第562页。
② 李心传：《建炎以来系年要录》卷89，绍兴五年五月辛巳条，中华书局，2013，第1715页。
③ 李心传：《建炎以来系年要录》卷120，绍兴八年六月癸酉条，中华书局，2013，第2241～2242页。
④ 李心传：《建炎以来系年要录》卷123，绍兴八年十一月戊申条，中华书局，2013，第2308页。
⑤ 李心传：《建炎以来系年要录》卷124，绍兴八年十二月癸酉条，中华书局，2013，第2339页。
⑥ 李心传：《建炎以来系年要录》卷123，绍兴八年十一月庚戌条，中华书局，2013，第2311页。
⑦ 李心传：《建炎以来系年要录》卷123，绍兴八年十一月丁未条，中华书局，2013，第2305～2306页。
⑧ 毕沅：《续资治通鉴》卷121，绍兴八年十一月戊申条，中华书局，1957，第3195页。

绍兴和议后，金宋确立了君臣关系，宋朝在给金朝的外交文书中，“大宋去大字，皇帝去皇字，书用君臣之礼，有再拜等语”。[①]“绍兴和议”誓书：“宋主遣端明殿学士何铸等进誓表，其表曰：‘臣构言……’”[②] 金皇统二年（1142）五月，“（金）遣使赐宋誓诏”。[③] 洪迈为使金接伴使，对宋金不平等礼仪提出异议，“自古以来，邻邦往来，并用敌礼”，[④] 希望改变宋金不平等关系，书中提出更改不平等接伴礼仪 14 事：

> 一旧于淮河中流取接，今于虹县北虞姬墓首。一旧接伴使、副先一日发远迎状，人使不答，今来不与。一旧只传帝名，而北方传庙讳、御名，今彼此不传。一旧接伴使问大金皇帝圣躬万福，北使只问宋帝清躬万福，今彼此不问。一旧相见之初，对立已定，接伴出班，就北使立位叙致，今彼此稍前。一旧上、中节公参时，接伴公服出笏，迎于幕外，与之揖，今只着紫衫，而彼冠服如仪；上节先作一番参，接伴梢起，不还揖；中节来，则受坐其礼。一旧北引接初传衔时，赂以金十两、银二十两，今不与。一旧与北使语，称上国、下国，今称贵朝、本朝。一旧北使口称本朝为宋国，今改为圣朝。一旧对使人称皇帝为主上，今称本朝皇帝。一旧赐御筵，中使读口宣，低称“有旨”，今抗声言“有敕”。一旧中使与北引相揖，北引接请中使稍前，今只依平揖。一旧御筵劝酒，传语称“帝恩隆厚”，今称“圣恩隆厚”。一旧送私觌，接伴用衔位、姓名、申状，人使回状押字，不书名，今彼此用目子。[⑤]

隆兴元年（1163）九月，宋朝派使臣至金军议和，金世宗言：“若宋人

---

① 刘时举撰《续宋编年资治通鉴》卷 8，中华书局，1985，第 106 页。
② 脱脱等：《金史》卷 77《宗弼传》，中华书局，1975，第 1755 页。
③ 钱大昕著，方诗铭、周殿杰校点《二十二史考异》（下）卷 85《金史二》，上海古籍出版社，2014，第 1177 页。
④ 李心传：《建炎以来系年要录》卷 198，绍兴三十二年闰二月癸巳条，中华书局，2013，第 3890 页。
⑤ 李心传：《建炎以来系年要录》卷 198，绍兴三十二年三月壬寅条，中华书局，2013，第 3896 页。

归疆，岁币如昔，可免奉表称臣，许世为侄国。”① 金朝同意宋朝“奉表为国书，称臣为侄”② 的请求。隆兴二年，双方达成“隆兴和议”。“隆兴和议”后，宋朝对金国书言“侄宋皇帝眘，谨再拜致书于叔大金圣明仁孝皇帝阙下”，③ 金朝回书仅为“致书于侄宋皇帝”，对宋朝“不用尊号”，亦“不称阙下”，④ 尽显对宋朝的蔑视。《宋史》记载：“嗣岁，金使至，帝（孝宗）以德寿宫之命，为离席受国书，寻悔之。”⑤“逆亮渝平，孝皇以奉亲之故，与雍继定和好，虽易称叔侄为与国，而此仪尚因循未改，上常悔之。”⑥ 尽管宋孝宗对叔侄之礼不满，但抗议无果，也只能无奈接受。

开禧年间，宋宁宗在朝臣韩侂胄鼓动下，贸然发动对金战争，史称“开禧北伐”，战争以南宋失败告终，战后金宋签订“嘉定和议”，双方确定了伯侄关系。“（王）柟以宋主、侂胄情实为请，依靖康二年正月请和故事，世为伯侄国，增岁币为三十万两、匹，犒军钱三百万贯，苏师旦等俟和议定当函首以献。”⑦ 此后，双方国书格式为：“靖康元年正月十五日，侄大宋皇帝桓谨致书于伯大金皇帝阙下。”⑧ 宋高宗死后，金朝祭文云：“叔大金皇帝致祭于侄宋太上皇帝。”⑨ 南宋与金始终是不平等关系，从宋金交往中及双方国书称呼来看，金人对宋始终是歧视的，这也加深了宋人对金的仇恨。

2. 宋人私底下对金人的称呼和认识

宋朝国书中虽称金朝，用大国之礼待金，但私底下宋人对金人的称呼则不然，最能代表对金人的真实看法。

---

① 脱脱等：《金史》卷87《仆散忠义传》，中华书局，1975，第1938页。
② 脱脱等：《金史》卷84《张景仁传》，中华书局，1975，第1892页。
③ 脱脱等：《金史》卷87《仆散忠义传》，中华书局，1975，第1939页。
④ 脱脱等：《金史》卷87《仆散忠义传》，中华书局，1975，第1939页。
⑤ 脱脱等：《宋史》卷470《王抃传》，中华书局，1985，第13694页。
⑥ 岳珂撰，吴敏霞校注《桯史·乾道受书礼》，三秦出版社，2004，第104～105页。
⑦ 脱脱等：《金史》卷98《完颜匡传》，中华书局，1975，第2169页。
⑧ 佚名编，金少英校补，李庆善整理《大金吊伐录校补》第44篇《宋少主新立誓书》，中华书局，2017，第146页。
⑨ 周必大：《文忠集》卷172《思陵录》，引自董克昌主编《大金诏令释注·金国慰宋孝宗书》，黑龙江人民出版社，1993，第526页。

“（金）攻陷我都城，倾覆我社稷，劫迁我二圣，荼毒我蒸民，自开辟以来，夷狄之祸，未有若是之酷也。”① 金灭北宋，成为宋、金世仇的开端。宋朝左宣议郎王之道言，徽、钦二帝被掳后，“百姓堕于涂炭，迨今十有四年”，② 对金朝的暴行，宋人是痛恨的。“金人既灭契丹，遂与我为敌国”，③ 在宋人眼里，“虏（金人）性贪婪，吞噬不已”。④ 史书记载，“（绍兴三年）十一月十七日，三省言：北使非晚到来。除已将大金国讳旻、晟二字行下经由州军照会，如榜示、牌号内有此二字，并权行贴改外，所有见张挂应干文榜及民间卖物等见出牌榜，如金银匹帛铺之类，亦合指挥照应”。⑤ 绍兴十一年十一月，高余下诏说“大金国已遣使通和，自今官司文字并称大金，不得指斥”。⑥ 宋金通和，金朝要求宋朝对金太祖、太宗之名进行避讳。宋人不仅仇视金人，对金人的污蔑之语屡见不鲜，如“虏”“金虏”“丑虏”“金贼”等，有学者对四库全书检索系统检索统计，南宋建炎至德祐间，宋人称金“夷狄”，“夷狄”称呼多达267条。⑦ 金朝名目繁多的泛使活动，招致宋人反感。“养兵之外又增岁币，且少以十年计之，其费无虑数千亿，而岁币之外，又有私觌之费，私觌之外，又有贺正、生辰之使，贺正、生辰之外，又有泛使。一使未去，一使复来，生民疲于奔命，帑廪涸于将迎，瘠中国以肥虏，陛下何惮而为之？”⑧

宋人还丑化金人，将其与鸟兽相等同，如“阿骨打、粘罕之徒，崛兴穷海之滨，茹毛饮血，云合鸟散，用夷狄所长以凭陵诸夏，故所向莫能当”，⑨“蠢兹女真，秽我河洛逾百年矣，厥罪贯盈，天命剿之，则九庙神

① 真德秀：《西山先生真文忠公文集》卷5《江东奏论边事状》，商务印书馆，1937，第85页。

② 李心传：《建炎以来系年要录》卷119，绍兴八年五月辛亥条，中华书局，2013，第2226页。

③ 徐梦莘：《三朝北盟会编》卷20，宣和七年正月二十日条，引《宣和乙巳奉使行程录》，上海古籍出版社，1987，第141页。

④ 李心传：《建炎以来系年要录》卷87，绍兴三年五月癸卯条，中华书局，2013，第1674页。

⑤ 徐松辑，刘琳等校点《宋会要辑稿·职官36》，上海古籍出版社，2014，第3910页。

⑥ 李心传：《建炎以来系年要录》卷142，绍兴十一年十一月戊午条，中华书局，2013，第2685页。

⑦ 李辉：《宋金交聘制度研究（1127—1234）》，上海古籍出版社，2014，第14页。

⑧ 陈邦瞻纂辑《宋史纪事本末》卷77《隆兴和议》，中华书局，2015，第819～820页。

⑨ 真德秀：《西山先生真文忠公文集》卷2《辛未十二月上殿奏札二》，商务印书馆，1937，第32页。

灵所当慰安，八陵兆域所当省谒。偷安不振，是以弱示敌；抚机不发，是以权予敌，此陛下之本心也”。[①] 宋使的记载中，也多带污蔑之语：“山之南地，则五谷百果，良材美木，无所不有。出关未数十里，则幢水浊，地瘠卤。弥望黄茅白草，莫知其极，天设此限南北也?”[②] 朱熹甚至将金人等同于虎豹、禽兽：“论及北虏事，当初起时，如山林虎豹纵于原野，岂是人!”[③] 并常言“夷狄禽兽亦将不得久肆”，“夷狄愈盛而禽兽愈繁”。[④] 陈渊则言：“今虏邈在万里之外，豺狼狐兔之与居，非能为秦也。”[⑤] 宋人还从气理、阴阳角度论述宋金关系，对金人多加贬斥。如：

> 圣人贵中国贱夷狄，非私中国也。中国得天地中和之气，固礼义之所在。贵中国者，非贵中国也，贵礼义也。[⑥]

> 中国由正道，夷狄由诡道。中国以正胜，夷狄以奇胜。由正道者常不得志，由诡道者常得志。以正胜者常少，以奇胜者常多。此自古及今中国所以见凌于夷狄也。[⑦]

> 曷谓阳？曰君也，德也，中国也，君子也。曷谓阴？曰臣也，兵刑也，夷狄也，女谒近习也。[⑧]

---

① 真德秀：《西山先生真文忠公文集》卷13《召除户书内引札子二》，商务印书馆，1937，第227页。

② 宇文懋昭撰，崔文印校证《大金国志校证》卷40《许奏使行程录》，中华书局，1986，第563页。

③ 朱熹撰，朱杰人、严佐之、刘永翔主编《朱子全书》第18册《朱子语类》卷133《本朝七·夷狄》，上海古籍出版社，2002，第4161页。

④ 朱熹撰，朱杰人、严佐之、刘永翔主编《朱子全书》第20册《晦庵先生朱文公文集》卷13《垂拱奏札二》，上海古籍出版社，2002，第635页。

⑤ 陈渊：《默堂先生文集》卷13《正月十七日上殿札子》，四部丛刊三编本，高等教育出版社影印本，2016，第562页。

⑥ 陆九渊：《陆象山全集》卷23，中国书店，1992，第175页。

⑦ 庄仲方辑《南宋文范·上孝宗论兵书》，任继愈主编《中华传世文选》（六），吉林人民出版社，1998，第225页。

⑧ 《杨万里诗文集》（中册）卷62《书》，江西人民出版社，2006，第985页。

宋高宗被金人追入大海，东藏西躲，乃言："朕抚有方夏，敉宁万邦，蛮夷向风，稽首来享。蠢兹西域，昏迷不恭，敢仇大邦，诱逋逃之臣，率犬羊之旅，骚扰疆埸。"①

女真"于夷狄中，最微且贱"。②

宋人对金的仇视，并非战时，和平时期亦屡见不鲜。如宋臣将宋金议和等同为"引贼（金）入家"③ 之举。

绍兴三十年（1160），宋朝贺金使回报"金必败盟"，④ 为防金作准备，南宋政府发布了两篇榜文，内容如下。

《契丹通好榜》：

契丹与我为二百年兄弟之国，顷缘奸臣误国，招致女真，彼此皆被其毒，朕既移跸江南，而辽家亦远徙漠北，相去万里，音信不通。今天亡北虏，使自送死。朕提兵百万，收复中原，惟尔大辽豪杰忠义之士，亦宜协力乘势，歼厥渠魁，报耶律之深仇。将来事定，通好如初。⑤

《续榜措置招谕事件》：

今续措置招谕事件如后：一、渤海、奚、契丹诸国，与我本朝初无仇隙，止缘女真不道，劫以兵威，签卒从军，不能自脱。今朕亲行讨伐，本为完颜一族，仓卒之间，恐难分彼此。本榜到日，如能束身来归或擒杀酋首自效者，除依格给赏外，虽管军节钺，朕亦不惜。一、女真与我中国，虽为不共戴天之仇，然念国人劫于兵威，各为其主，今完颜亮弑君杀母，屠兄戮弟，暴兴工役，残虐生民，自古及

① 《李纲全集》卷36《诫谕帅臣修饬边备诏》，岳麓书社，2004，第458页。
② 李贽：《藏书》卷8《金》，中华书局，1959，第139页。
③ 李心传：《建炎以来系年要录》卷119，绍兴八年五月辛亥条，中华书局，2013，第2226页。
④ 脱脱等：《宋史》卷384《陈康伯传》，中华书局，1985，第11809页。
⑤ 徐松辑，刘琳等校点《宋会要辑稿·兵9》，上海古籍出版社，2014，第8783页。

今，无此凶逆。尔等各有知识，如见此榜文，能翻然改悔，束身来降者，从前过愆，一切不问，仍优加爵赏。①

两篇榜文历数金人的暴行，称金为“虏”，双方有“不共戴天之仇”。蒙古崛起后，宋朝不是为长治久安打算，而是开始盘算如何灭金。宋朝以“金有蒙古之难”，“罢金岁币”，② 先断绝金朝岁币，后联蒙攻金，宋朝此举尽管略显盲目，却与宋金仇恨有密切关系。

第二节　南宋与蒙古的政治关系

一　蒙古的建立及统一北方

13 世纪初，铁木真统一漠北高原，1206 年建立蒙古国。蒙古国控制了东起兴安岭、西至阿尔泰山的广大地域，东部与金朝接壤，西部与西辽及其控制下的畏兀儿相邻，南与金朝和西夏相连，北连贝加尔湖的广大地区。蒙古国的崛起给当时的政治格局带来了巨大冲击，标志着先行一度称霸中国的金朝在北方的统治出现了重大缺口，旧的地缘政治格局被打破，新的格局正在重组。

成吉思汗立国后，发起了对蒙古高原各部的兼并战争，1207 年，遣使降服谦河（今叶尼塞河上游）流域的吉利吉思部。1208 年，成吉思汗又遣兵攻打并臣服吉利吉思等林中百姓。与此同时，蒙古势力还向西面扩张。同年，成吉思汗遣兵越过金山，击溃乃蛮、蔑儿乞联军，从而鼓舞了西辽控制下的畏兀儿人。1209 年，畏兀儿人杀死西辽少监，投附蒙古，受到成吉思汗款待。同年，哈剌鲁人也乘机杀死西辽少监归降蒙古，受到优待。此后，畏兀儿人和哈剌鲁人在蒙古西征、蒙古攻西夏和蒙古攻宋战争中，皆拚死效力，发挥不小作用。乃蛮太阳汗之子屈出律夺取西辽政权后，继续倒行逆施，引起成吉思汗不满。1218 年，成吉思汗遣大将哲别率军征讨

① 徐梦莘：《三朝北盟会编》卷 234，绍兴三十一年十月九日条，上海古籍出版社，1987，第 1680 页。

② 陈邦瞻纂辑《宋史纪事本末》卷 86《金好之绝》，中华书局，2015，第 955 ~ 956 页。

屈出律，在当地军民协助下，哲别捕杀屈出律，灭西辽。从此，西辽领土尽归蒙古所有，此地也成了蒙古日后西征的跳板及重要基地。

完成上述军事行动后，蒙古开始了统一全国的步伐，首先是北方地区的统一。金朝理应成为蒙古首先攻击的目标，但由于此时金仍有一定实力，单凭蒙古一己之力，困难重重。另外，由于远隔大漠，蒙古对金朝情况不了解，故未敢“轻动”。[①] 为了分裂夏、金“交相援救”的联盟关系，铲除攻金的牵制力量，蒙古选择实力弱小的西夏作为攻击目标。1205年，蒙古第一次攻掠西夏，大掠人口、牲畜而还；1207 年，蒙古第二次围攻西夏；1209 年，蒙古第三次进攻西夏，围攻西夏都城中兴府，迫使夏襄宗纳女请和。1217 年，成吉思汗征调西夏出兵随从西征，遭西夏拒绝，蒙古军于次年春第四次进攻西夏，夏神宗逃离都城，遣使求和。1224年，蒙古忌恨西夏与金朝议和、结成“兄弟”联盟，[②] 再次伐夏。蒙古此次攻夏，杀死夏军数万人，掳掠人口及牲畜数十万计。1226 年，蒙古军第六次攻夏，夏献宗惊恐而死。次年六月，西夏末帝晛被迫投降，西夏亡国。西夏灭亡后，南宋和蒙古的地缘关系发生变化，由原先的地缘隔绝变为近邻，双方联系增多。事实上，蒙古在北方地区的迅速壮大，对宋朝来说并非好事。

成吉思汗立国时，便已制定了统一蒙古高原及全国的战略方针，蒙古臣服了吉利吉思、畏兀儿、哈剌鲁等部落，先后翦除西辽、西夏后，形成了宋、金、蒙古三者并立的地缘局势。打破均势，进行新的地缘关系重组，成为此时期地缘关系的主流。

二　南宋与蒙古的政治关系

在金、蒙古、南宋三者并立的地缘关系中，新兴蒙古正值上升期，而金朝处于衰落期。蒙古确立了灭金图宋、统一全国的战略方针。但此时蒙古刚在漠北站稳脚跟，单凭一己之力灭金，尚有困难。从地缘角度看，蒙古和南宋在地缘上对金形成南北合围之势。在金军追击中屈辱立国的南宋，

---

① 宋濂：《元史》卷 1《太祖纪》，中华书局，1976，第 13 页。

② 脱脱等：《金史》卷 17《哀宗纪》，中华书局，1975，第 376 页。

对金有严重的仇恨心理，时人用“宋金世仇”来概括二者关系，可谓恰当。血洗仇耻，成为宋金关系破裂的重要原因。宋、蒙基于各自立场，皆以金为敌，成为双方合作的基础。

金亡后，宋、蒙对金领土进行瓜分，宋、蒙由地缘上的隔绝关系变为邻近，对峙格局形成。蒙古灭金后，图宋便被提上日程，宋、蒙友好关系结束，敌对关系开始。宋、蒙战争持续近半个世纪，其间尽管也出现双方停火交好的局面，但由于蒙古灭宋的既定方针未变，双方的友好关系是在势均力敌下的暂时行为，并非双方关系的主流。根据宋、蒙地缘关系的变化及其特点，分阶段论述之。

（一）宋、蒙、金并立时期的宋、蒙政治关系

蒙古在北方兴起之初，受到女真统治和欺压，反抗女真暴行，成为金、蒙关系的主流。随着蒙古不断壮大，为解除灭金牵绊，蒙古剪灭西夏、西辽以及畏兀儿，但蒙古时值初兴，仅凭己身之力，无法灭金。就当时地缘形势而言，联合南宋，对金形成南北合围之势，乃为明智之选。蒙古看到了“宋金世仇”，确立了联宋抗金策略。元太祖九年（1214），成吉思汗派遣三名使者至宋通好请兵，宋边将以“不奉朝旨，不敢受”为由拒之。[①] 元太祖十三年（1218），成吉思汗又派遣葛不罕使宋，其结果不详。[②] 为探寻蒙古消息，宋嘉定十六年（1223），宋宁宗遣苟梦玉使蒙，至西域见到成吉思汗。嘉定十八年（1225），苟梦玉再度使蒙。[③] 宝庆三年（1227），成吉思汗死于六盘山下，临终遗言：“金精兵在潼关，南据连山，北限大河，难以遽破。若假道于宋，宋金世仇，必能许我，则下兵唐、邓，直捣大梁。金急，必征兵潼关。然以数万之众，千里赴援，人马疲弊，虽至弗能战，破之必矣。”[④] 蒙古确定了假道于宋灭金的地缘战略，并对后来的军事行动产生重要影响。绍定四年（1231），拖雷在进攻宝鸡的同时，再“遣搠不罕使宋假道”，[⑤] 因搠不罕被杀，蒙古军队大举入蜀，

① 李心传：《建炎以来朝野杂记》乙集卷19《鞑靼款塞》，中华书局，2000，第848页。
② 宋濂：《元史》卷193《石珪传》，中华书局，1976，第4379页。
③ 宋濂：《元史》卷1《太祖纪》，中华书局，1976，第21～23页。
④ 宋濂：《元史》卷1《太祖纪》，中华书局，1976，第25页。
⑤ 宋濂：《元史》卷2《太宗纪》，中华书局，1976，第31页。

蒙宋交聘宣告流产。[①] 蒙古“假道”不成后，改为“联宋攻金”。绍定五年（1232），蒙古派遣王楫使宋，“议攻金”，[②] 双方商定灭金后，蒙古“许以河南归本国（南宋）”。绍定六年（1233）八月，“鞑靼追逐女真至蔡州”，蒙古再遣王楫为使至襄阳与宋商议，宋人言“邀我夹攻”。[③] 此阶段，宋、蒙双方都有联合灭金的意向，但由于南宋对整个地缘形势不了解，而采取了观望态度。宝庆、绍定（1225～1233）期间，南宋始终未敢轻易出兵。

于南宋而言，北宋末年金军南侵，俘获宋徽、钦二帝及宗室数百人，高宗被金军四处追击逃窜等，均给南宋造成严重的仇恨心理。宋、金虽和平相处，却是以南宋屈辱求和为前提、以输纳岁币为代价。摆脱金人压迫，血洗仇耻，对南宋来说始终是一件大事。当听说“金国有难”，[④] 即蒙古侵扰金北部边境时，宋朝人心里是窃喜的，真德秀请求拒绝缴纳金人岁币。[⑤] 岁币不至，金朝陷入窘迫，多次催缴，宋人均未予理睬，史载“金有蒙古之难”，“罢金岁币”。[⑥] 南宋此举情有可原，伺机报复心理也是有的。但宋朝统治者却没有乘机发展自身军备，实则短视。

蒙古在联宋的同时，对金朝的军事进攻并未间断。绍定后蒙古对金发起了更大规模的军事进攻，金中都被围，“将帅皆不肯战”，[⑦] “既无靖难之谋，又无效死之节，外托持重之名，而内为自安之计”。[⑧] 蒙古乘金“不治戎备”，[⑨] 攻破北部防线，大败金兵于会河堡，史称金兵“僵尸百余里，金兵之精锐者咸尽”。[⑩] 破居庸关之战，金兵“积尸如烂木堆”。[⑪]

---

① 宋濂：《元史》卷115《睿宗传》，中华书局，1976，第2886页。

② 脱脱等：《宋史》卷41《理宗纪》，中华书局，1985，第797页。

③ 鲍廷博辑《知不足斋丛书（7）》第21集《古今纪要》卷20《逸编·本朝》，中华书局，1999，第673页。

④ 脱脱等：《宋史》卷39《宁宗纪》，中华书局，1985，第757页。

⑤ 陈邦瞻纂辑《宋史纪事本末》卷86《金好之绝》，中华书局，2015，第955页。

⑥ 陈邦瞻纂辑《宋史纪事本末》卷86《金好之绝》，中华书局，2015，第956页。

⑦ 脱脱等：《金史》卷101《耿端义传》，中华书局，1975，第2234页。

⑧ 脱脱等：《金史》卷106《刘炳传》，中华书局，1975，第2337页。

⑨ 宋濂：《元史》卷150《耶律阿海传》，中华书局，1976，第3549页。

⑩ 苏天爵辑撰《元朝名臣事略》，中华书局，1996，第2页。

⑪ 余大钧译注《蒙古秘史》续集卷1，河北人民出版社，2001，第423页。

争夺西京战争，“罄金虏百年兵力，销折溃散殆尽，其国遂衰”。[①] 中都被围，金朝只得“募市井无赖为兵，教阅进退跳掷，大概似童戏”。[②] 故完颜弼言：“今驱市人以应大敌，往则败矣。”[③] 中都被围，粮食缺乏，“贞祐二年春，中都乏粮……边源以兵万人护运通州积粟，军败死焉”。[④] 金朝沿边关寨城堡被毁，中都邻为敌境。蒙古军南下，尽毁长城沿线城邑关寨，“中国无古北之险，则燕为近边”，[⑤] 故时人言：“巍巍帝都邻为敌境，兵戈朝起夕已到京。”[⑥] 蒙古攻金战争节节胜利，使南宋统治者看到了希望，加速了与蒙古的联合攻金。

南宋绍定六年（1233）八月，蒙古派遣王檝出使南宋，“约共攻蔡，且求兵粮，请师期”。[⑦] 此时，南宋君臣被金人转嫁危机的军事行为激怒，报复金朝、血洗仇耻的怒火再次被点燃，遂答应了蒙古请求，宋、蒙联合灭金。之后，宋人以京湖制置使史嵩之之名派遣邹伸之出使蒙古报聘，邹伸之对蒙古统治者言，“本朝与贵国素无仇隙，前此宁宗常遣使臣苟梦玉通和，自后，山东为李全所据，河南又被残金阻隔。贵国今上顺天心，下顺人心，遣王宣抚（王檝）来通前好，所以伸之等前来”，[⑧] 表示愿意与蒙古联合，共同灭金。绍定六年（1233）十月，南宋派江陵府副都统制孟珙、襄阳府守将江海等率军2万，准备30多万石粮食，应蒙古之约合围金朝蔡州城。蒙古大将塔察儿大喜，与之（孟珙）约为兄弟。端平元年（1234）正月，被困的蔡州城已成为“无粮无食”的孤城。“城中绝粮已三月”，“老弱互食”，活人“以人畜骨和芹泥食之”。[⑨] 十日，孟珙率宋军攻破蔡州城门，随之，宋蒙两军入城，金

① 陆楫编《古今说海·蒙韃备录》，上海文艺出版社，1989，第8页。
② 脱脱等：《金史》卷104《完颜寓传》，中华书局，1975，第2301页。
③ 脱脱等：《金史》卷102《完颜弼传》，中华书局，1975，第2253页。
④ 脱脱等：《金史》卷100《张炜传》，中华书局，1975，第2216页。
⑤《赵秉文集》，黑龙江大学出版社，2014，第415页。
⑥ 宇文懋昭撰，崔文印校证《大金国志校证》卷24《宣宗皇帝上》，中华书局，1986，第326页。
⑦ 刘克庄：《后村先生大全集》卷143《孟少保神道碑》，四部丛刊初编本，高等教育出版社影印本，2016，第238页。
⑧ 宇文懋昭撰，崔文印校证《大金国志校证》卷26《义宗皇帝》，中华书局，1986，第367页。
⑨ 毕沅：《续资治通鉴》卷167，理宗端平元年正月丙午条，中华书局，1957，第4555页。

哀宗自缢而死，末帝承麟为乱兵所杀。

金亡后，宋、蒙瓜分了金领土，双方约定以“陈（今河南睢县）、蔡为界”。[①] 灭金后，两国的实际控制线“以陈、蔡西北地分属蒙古”，[②] 南宋在灭金中获取泗、宿（今属安徽）、涟、海、亳、蔡、息、唐、邓诸郡，领土北移了数十至百里不等，表面上获取好处不少。

可以说，在宋、蒙、金并立的地缘关系中，宋、蒙基于各自原因和利益，以金为仇敌，成为双方合作的基础。宋、蒙还在地缘上对金形成南北合围之势，这也成为蒙古主动联宋灭金的地缘基础。联宋灭金，尽管颇费周折，但蒙古最终还是实现了灭金的目标。

（二）金亡后的宋、蒙政治关系

金亡后，蒙古给南宋造成了严峻的地缘压力，“与大敌为邻，抱虎枕蛟，事变叵测”，[③] 蒙古正值方兴之时，“非金仇可比”。[④] 宋、蒙联合灭金后，地缘政治格局再次发生变化，在北方地区能够与蒙古相抗衡的政权已被消灭，相互牵制的均衡状态不复存在，宋、蒙对金朝领土进行重新划分后，双方形成了疆埸相望的政治态势。在以宋、蒙为主导的政治格局中，蒙古先后剪灭北方诸政权，取代西夏和金，占据北方地缘战略要地，成为北方地区又一强国，无论是疆域，还是军事实力，蒙古都远胜于南宋；南宋尽管获取金朝大片领土，但在与蒙古的军事较量中，始终处于弱势。

蒙古灭金，是为灭南宋、统一全国做准备的，从该角度来说，南宋助蒙古灭金之举无疑加速了自身灭亡的步伐。蒙古灭宋既定方针未变，宋、蒙的政治关系，也由之前的合作转为敌对。在宋、蒙对峙的政治关系中，蒙古以灭宋统一全国为目标，而南宋只想苟安自保，在二者的军事较量中，蒙古成为战争的主导者，南宋多被动防御。

蒙古初期攻宋战争以掠夺为主，破坏性极强，“生灵死者不知其几千

---

① 赵翼著，王树民校证《廿二史札记校证》，中华书局，1984，第 505 页。

② 李铭汉编撰，张兴武校对《续通鉴纪事本末》，第 8 册，甘肃人民出版社，2005，第 2312 页。

③ 脱脱等：《宋史》卷 406《洪咨夔传》，中华书局，1985，第 12266 页。

④ 胡昭曦、唐唯目编著《宋末四川战争史料选编》，四川人民出版社，1984，第 304 页。

万”，①“蜀口诸关，荡为平地，不可修复”。② 城市多焚毁，“溃军出没，残寇往来，城郭人民十无一二，虽隶王土，徒存郡名”。③ 魏了翁上奏言：“鞑人入蜀，溃卒乘之，所伤残者几二十余郡，延及房、均、安、黄、襄、邓之境，皆为寇区。”④ 宋蒙战争自 1234 年正式爆发，至 1279 年南宋灭亡，绵延近半个世纪。蒙哥制定了以川蜀战场为主，全力攻宋的战略方针，忽必烈则以荆襄为突破，进而图宋。1234 年，南宋收复河南的军事行动失败后，蒙古军队开始南伐，宋蒙战争在西起川蜀、东到淮水的数千里战线上全面展开。1251 年，蒙哥即汗位后，始谋大举攻宋，命其皇弟忽必烈与兀良合台远征大理，以实现“拊宋朝后背”的“斡腹”之谋。1258 年，蒙哥亲率蒙军主力攻宋，以四川为攻宋主战场，遭遇了南宋军队的殊死抵抗，蒙军在四川战场上“师久无功”，蒙哥也于宪宗九年（1259）病死于战争途中。蒙哥攻宋无果，表明在战略方向上的失误。蒙哥死后，蒙古内部汗位之争导致蒙军攻宋战争暂时停止。

宋景定四年（1263）七月，忽必烈下诏全力侵宋：

> 宋人不务远图，伺我小隙，反启边衅，东剽西掠，曾无宁日。朕今春还宫，诸大臣皆以举兵南伐为请。朕重以两国生灵之故，犹待信使还归，庶有悛心，以成和议，留而不至者，今又半载矣。往来之礼遽绝，侵扰之暴不已。彼尝以衣冠礼乐之国自居，理当如是乎？曲直之分，灼然可见。今遣王道贞往谕。卿等当整尔士卒，砺尔戈矛，矫尔弓矢，约会诸将，秋高马肥，水陆分道而进，以为问罪之举。⑤

忽必烈在诏书中已透露出时机成熟时必南侵宋朝之意。北方安定

---

① 魏了翁：《鹤山先生大全文集》卷 18《应诏封事》，四部丛刊初编本，高等教育出版社影印本，2016，第 60 页。

② 吴潜：《履斋遗稿》卷 4《上庙堂书》，《景印文渊阁四库全书》，第 1178 册，台湾商务印书馆，1986，第 438 页。

③ 魏了翁：《鹤山先生大全文集》卷 18《应诏封事》，四部丛刊初编本，高等教育出版社影印本，2016，第 60 页。

④ 魏了翁：《鹤山先生大全文集》卷 19《被召除礼部尚书内引奏事第二札》，四部丛刊初编本，高等教育出版社影印本，2016，第 73 页。

⑤ 宋濂：《元史》卷 4《世祖纪》，中华书局，1976，第 72 页。

后，忽必烈开始全力攻宋，并听取了南宋骁将郭侃、刘整的建议，改变战略，由原先的攻蜀转变为攻襄。中统元年（1260）郭侃提出攻襄平宋之策："宋据东南，以吴越为家，其要地，则荆襄而已。今日之计，当先取襄阳。既克襄阳，彼扬、庐诸城，弹丸之地，置之勿顾，而直趋临安，疾雷不及掩耳。江淮、巴蜀，不攻自平。"[①] 至元四年（1267），刘整对忽必烈言："攻蜀不若攻襄，无襄则无淮，无淮则江南可唾手下也。"[②] 至元五年（1268），忽必烈召集天下兵会战襄阳，十年（1273）攻占襄阳，取得了对南宋的战略性军事胜利。"襄阳破，则临安摇矣。若将所练水军，乘胜长驱，长江必皆非宋所有。"[③] "襄阳，自昔用武之地也，今天助顺而克之，宜乘胜顺流长驱，宋可必平。"[④] 襄阳失守，对宋影响甚大，宋度宗曾痛心疾首地说："襄阳六年之守，一旦而失，军民离散，痛切朕心！"[⑤] 忽必烈谋臣杜瑛亦言："若控襄樊之师，委戈下流，以捣其背，大业可定矣。"[⑥] 蒙古转变地缘战略，以襄阳作为攻宋的突破口，事实证明这是一种成功的战略。攻占襄阳后，蒙古军队士气大涨，加速了灭宋的步伐。随后，蒙古军挥师南下，仅用两年时间，就占领了南宋都城临安，蒙、宋政治关系结束。

第三节　南宋与西夏的政治关系

"（夏）立国二百余年，抗衡宋、金、辽三国，偭乡无常，视三国之势强弱以为异同焉。"[⑦] 西夏能长久立国，与其灵活的地缘外交不无关系，但这不是本书讨论的重点。南宋与西夏的政治关系，随着地缘局势的发展呈现不同特点。

---

① 宋濂：《元史》卷 149《郭宝玉附郭侃传》，中华书局，1976，第 3525 页。
② 周密：《癸辛杂识》别集下《襄阳始末》，上海古籍出版社，2012，第 306 页。
③ 宋濂：《元史》卷 161《刘整传》，中华书局，1976，第 3788 页。
④ 宋濂：《元史》卷 128《阿里海牙附阿术传》，中华书局，1976，第 3125 页。
⑤ 脱脱等：《宋史》卷 46《度宗纪》，中华书局，1985，第 912 页。
⑥ 宋濂：《元史》卷 199《杜瑛传》，中华书局，1976，第 4474 页。
⑦ 脱脱等：《金史》卷 134《西夏传》，中华书局，1975，第 2877 页。

一　西夏的地缘条件及其立国

（一）西夏立国

安史之乱后，中唐秩序崩塌，藩镇割据，战乱不已。党项族首领拓跋思恭趁机崛起，“镇夏州，统银、夏、绥、宥、静五州地”，又因助唐朝讨伐黄巢有功，赐李姓。[①]《辽史》记载：“西夏，本魏拓跋氏后，其地则赫连国也。远祖思恭，唐季受赐姓曰李，涉五代至宋，世有其地。至李继迁始大，据夏、银、绥、宥、静五州，缘境七镇，其东西二十五驿，南北十余驿。”[②]“夏州为缘边大镇，李氏世秉节旄，素自贵重。”[③]北宋太平兴国七年（982），李继捧献地归朝，“定难军留后李继捧朝，见于崇德殿。继捧之先，累四世未尝入觐，继捧至，上喜……继捧自陈诸父昆弟多相怨怼，愿留京，遂献其所管四州八县”。[④]但此事引起了李氏内部的分裂，“夏州留后李继捧始以银、夏、绥、宥四州来献，其族弟继迁复走地斤泽以叛，数寇边”。[⑤]后李继迁占领四州地，因此史书记载：“宋初有绥、银、灵、夏、静、盐、宥、胜、会诸州，至道以后渐没于西夏。”[⑥] 1038 年，李元昊建国，是为西夏。西夏“东临黄河，西至玉门，南控萧关，北抵大漠，方二万余里”。[⑦]

西夏立国后不断侵扰宋朝西北边境，双方摩擦不断，《宋史·地理志》记载：

> 由建隆初讫治平末，一百四年，州郡沿革无大增损。熙宁始务辟土，而种谔先取绥州，韩绛继取银州，王韶取熙河……迨元祐更张，葭芦等四寨给赐夏人，而分画久不能定。绍圣遂罢分画，督诸路各乘势攻讨进筑。自三年秋八月讫元符二年冬，凡陕西、河东建州一

① 脱脱等：《宋史》卷 485《夏国传》，中华书局，1985，第 13982 页。
② 脱脱等：《辽史》卷 115《西夏传》，中华书局，1974，第 1523 页。
③ 吴广成撰，龚世俊等校证《西夏书事校证》卷 2，甘肃文化出版社，1995，第 27 页。
④ 朱旃：《宁夏志笺证》卷上，宁夏人民出版社，1996，第 286 页。
⑤ 顾祖禹：《读史方舆纪要》卷 7，中华书局，2005，第 319 页。
⑥ 顾祖禹：《读史方舆纪要》卷 7，中华书局，2005，第 299 页。
⑦ 李昌宪：《中国行政区划通史·宋西夏卷》，复旦大学出版社，2007，第 690 页。

> (西安),军二(晋宁、绥德),关三(龙平、会宁、金城),城九(安西、平夏、威戎、兴平、定边、威羌、金汤、白豹、会川),寨二十八(平羌、平戎、殄羌、暖泉、米脂、克戎、安疆、横山、绥远、宁羌、灵平、高平、西平、新泉、荡羌、通峡、天都、临羌、定戎、龛谷、大和、通秦、宁河、弥川、宁远、神泉、乌龙),堡十(开光、通塞、石门、通会、大和、通秦、宁河、弥川、宁川、三交),又取青唐(鄯)、邈川(湟)、宁塞(廓)、龙支(宗哥)等城。建中靖国悉还吐蕃故壤,稍纾民力。崇宁亟变前议,专以绍述为事,蔡京始任童贯、王厚,更取湟、鄯、廓三州二十余垒。陶节夫、钟传、邢恕、胡宗回、曾孝序之徒,又相与凿空驾虚,驰骛于元符封域之表。讫于重和,既立靖夏(泾原)、制戎(鄜延)、制羌(西宁)三城,虽夏人浸衰,而民力亦弊。西事甫定,北衅旋起。盖自崇宁以来,益、梓、夔、黔、广西、荆湖南北迭相视效,斥大土宇,靡有宁岁,凡所建州、军、关、城、寨、堡,纷然莫可胜纪。厥后建燕山、云中两路,粗阅三岁,祸变旋作,中原版荡,故府沦没,职方所记,漫不可考。①

至李元昊时,西夏疆域不断扩张,“元昊既悉有夏、银、绥、宥、静、灵、盐、会、胜、甘、凉、瓜、沙、肃,而洪、定、威、龙皆即堡镇号州,仍居兴州,阻河依贺兰山为固”;②“夏之境土,方二万余里”。③

(二) 西夏的地缘条件

地缘条件是客观存在的,是国家得以生存发展及其对外关系形成的重要基础。考察西夏地缘条件,对解释西夏立国、壮大及其对外地缘关系的形成,具有重要意义。

西夏和宋朝边界纷争颇多,疆域时有变动。极盛时期的西夏,控制了西北大部分地域,位于农牧交错地带,地理环境复杂多样,《新唐书·地

① 脱脱等:《宋史》卷85《地理志》,中华书局,1985,第2095页。
② 脱脱等:《宋史》卷485《夏国传》,中华书局,1985,第13994页。
③ 脱脱等:《宋史》卷486《夏国传》,中华书局,1985,第14028页。

理志》记载，夏州境内有沙漠、荒原，还有绿洲等。[①] 党项以畜牧业为主，畜马、牛、羊、橐驼，地斤泽一带“善水草，便畜牧”，[②] 瓜、沙地区“素鲜耕稼，专以畜牧为生”。[③] 西夏境域内适宜耕种之地不多，“国人赖以为生者，河南膏腴之地，东则横山，西则天都、马衔山一带，其余多不堪耕牧”。[④] 综合以上零星记载不难发现，西夏境内有种稻、麦等从事农桑的区域，有适宜牲畜放牧的区域，还有流沙荒漠区，有湖泊点缀其中。因此，有学者认为西夏的经济类型并非传统观点的游牧型，而是半耕半牧型。[⑤] 这样的结论还是比较中肯的，西夏境内的洮河附近、灵州等地域是适合耕种的，而其余大部分地区则适宜放牧。

杨蕤对西夏地理环境进行研究后，将其划分为三大板块，“鄂尔多斯和阿拉善高原干草、荒漠区，河西走廊和宋夏边缘的河流灌溉区，宁夏绿洲平原区”，并进一步指出：“干草原、荒漠草原或温带荒漠区的面积占到西夏国土总面积的4/5强，但一些大大小小的绿洲、河谷阶地则是发展畜牧或农业的理想场所，也成为西夏政权能够在西北支撑近两个世纪的一个重要原因。”[⑥] 西夏地理环境形态复杂多样，多以荒漠、草原为主，农耕区域较少，且抵抗自然灾害能力低下。这样的自然生态环境，既成为西夏得以立国的重要基础，也是西夏多次南侵、给宋朝造成巨大地缘压力的重要原因之一。

（三）对西夏长久立国的思考

西夏是以党项族为主要民族的政权，1038年建国，至1227年灭亡，历时190年，传十主。正如史书所载，夏“虽未称国，而王其土久矣”。[⑦] 如果从拓跋思恭所建立的夏州政权算起，历时347年（881～1227），这比同它先后鼎立的辽、金、北宋和南宋，存在的时间长很多。西夏“以

---

① 欧阳修：《新唐书》卷43《地理志》，中华书局，1975，第1147页。
② 吴广成撰，龚世俊等校证《西夏书事校证》卷4，甘肃文化出版社，1995，第42页。
③ 吴广成撰，龚世俊等校证《西夏书事校证》卷32，甘肃文化出版社，1995，第370页。
④ 吴广成撰，龚世俊等校证《西夏书事校证》卷28，甘肃文化出版社，1995，第322页。
⑤ 杨蕤：《论地理环境与西夏的经济类型及其相关问题》，《宁夏社会科学》2003年第4期，第57页。
⑥ 杨蕤：《论地理环境与西夏的经济类型及其相关问题》，《宁夏社会科学》2003年第4期，第55页。
⑦ 脱脱等：《宋史》卷486《夏国传》，中华书局，1985，第14030页。

边鄙荒寒，一隅区域，撑柱宋、辽、金三大国，延二百五十八年，其立国纲纪，武功文治，盖有不可没者”，① 这是王秉恩在《西夏纪》序中对西夏的评价。从国家实力、军事力量而言，西夏远不及辽、金、北宋和南宋，西夏立国的地理环境并不理想，却能够长久立国，其原因值得深思。

关于西夏为何能立国长久，已经有不少学者进行了专门探讨。有人认为西夏所处的地缘环境具有战略优势，成为西夏能够长久立国的根本原因。西夏占据险要地形，“西虏之地亦多险隘”。② 西夏境内北有阴山和狼山，西有贺兰山，西南有祁连山，东南有六盘山，黄河自西南流向东北，直贯其中。首都兴庆府（今银川市）形势险要，依山带河，形势雄固。靠近宋朝边境有横山，“延袤千里……其城垒皆控险，足以守御”。③ 范仲淹总结西夏地形：“西戎居绝漠之外，长河之北，倚远恃险，未易可取。”④ 占据有利地缘战略要地，易守难攻，成为西夏长久立国的重要原因之一。就西夏客观地理条件而言，多种形态的经济类型为西夏立国及发展提供了必备物质条件，西夏运用灵活外交，长期斡旋于大国中，是其长久立国的根本所在。西夏的地缘外交不是本书探讨的重点，故不做展开分析。

二　北宋与西夏的政治关系

“夏小国也，自元昊以来服叛不常，而每为‘中国’（北宋）之患，虽有智者为之谋，而亦莫能以得志，何哉？大抵国大则有所恃而不戒，故其强易弱。国小则无所恃而常惧，军民之势犹一家也，相恤相救，谋虑日深，故其弱为难犯。”⑤ 西夏叛服不常，多次侵扰北宋边境，成为“中国之患”，给宋朝造成了不小地缘压力。

唐朝末年，藩镇割据，纲纪颓废，唐朝对边疆的控制力减弱。党项部

① 戴锡章编撰，罗矛昆点校《西夏纪》，宁夏人民出版社，1988，第13页。

② 蔡襄著，徐𤊹等编，吴以宁点校《蔡襄集》卷19《论不利攻战》，上海古籍出版社，1996，第344页。

③ 脱脱等：《宋史》卷335《种谔传》，中华书局，1985，第10747页。

④ 杨仲良撰，李之亮点校《皇宋通鉴长编纪事本末》（第二册）卷44《营田》，黑龙江人民出版社，2006，第774页。

⑤ 王称：《东都事略》附录6《西夏二》，齐鲁书社，2000，第1110页。

首领拓跋思恭被封为定难军节度使、夏国公，史书称："虽未称国，而王其土久矣。"① 982 年，定难军节度使李继捧聚族附宋，献银、夏、绥、宥、静等五州地，与其弟李继迁发生意见分歧，李继迁拒绝附宋，带领部下逃离，但其"部下携贰"，"亲离众散，殆不可支"。② 985 年，李继迁攻取银州，欲称定难军节度使、西平王，其谋臣张浦劝阻说："自夏州入觐，无复尺疆，今甫得一州，遽尔自尊，恐乖众志。"③ 可见，李继迁处境并不乐观。四月，宋朝发兵击李继迁，"由是麟、夏、银三州复背继迁，归宋者百二十五族，户万六千余"。④ 宋朝的袭击，使李继迁意识到单独与宋为敌的困境，于是，积极策划寻找靠山。

在宋、辽、西夏三者并立的格局中，辽成为西夏的不二之选。在辽、宋势均力敌的态势下，辽圣宗出于"以夏制宋"的需要，也积极拉拢西夏。辽朝授李继迁为定难军节度使和银、夏、绥、宥等州观察处置使，都督夏州诸军事。雍熙三年（986）十二月，李继迁"率五百骑款辽境，言愿婚大国，永作藩辅"。端拱二年（989）三月，辽圣宗诏令"以王子帐节度使耶律襄之女封义成公主，下嫁继迁，赐马三千匹"。⑤ 次年，义成公主来到银州。李继迁与辽和亲，成效颇佳。"初，继迁流离沙碛，虽臣事契丹，贡不成礼。及契丹妻以公主，羌部慑服，输牲畜者日众。继迁遣使如契丹谢，献良马二十匹、粗马二百匹、驼一百头，锦绮三百匹、织成锦被褥五合。苁蓉、硇石、井盐一千斤，沙狐皮一千张，兔鹘五只，犬子十只。自后，每岁八节贡献。"⑥ 据《契丹国志》记载，辽统和八年（990）三月，继迁"献良马二十匹，沙狐皮一千张"。《辽史·食货志下》记载："东丹国岁贡千匹（马）……西夏、室韦各三百匹。"《西夏书事》卷 9 记载，辽开泰元年（1012），西夏遣使入贡，"良马二百匹，凡马百匹"。⑦ 此后，李继迁假辽之威名，四处征讨，攻占了宋朝西

① 脱脱等：《宋史》卷 486《夏国传》，中华书局，1985，第 14030 页。
② 戴锡章编撰，罗矛昆点校《西夏纪》卷 1，宁夏人民出版社，1988，第 35 页。
③ 吴广成撰，龚世俊等校证《西夏书事校证》卷 4，甘肃文化出版社，1995，第 44 页。
④ 戴锡章编撰，罗矛昆点校《西夏纪》卷 1，宁夏人民出版社，1988，第 40 页。
⑤ 张鉴撰，龚世俊等校点《西夏纪事本末》，甘肃文化出版社，1998，第 190 页。
⑥ 吴广成撰，龚世俊等校证《西夏书事校证》卷 4，甘肃文化出版社，1995，第 51 页。
⑦ 吴广成撰，龚世俊等校证《西夏书事校证》卷 9，甘肃文化出版社，1995，第 111 页。

北重镇灵州及西凉府，为西夏立国奠定了基础。灵州因特殊的地理位置，兼具地缘军事战略地位和经济地位。西夏占领灵州后，农业经济获得快速发展，成为西夏长久立国的地缘基础。李继迁占领灵州后，“塞垣之下，逾三十年，有耕无战。禾黍云合，甲胄尘委，养生送死，各终天年”。[①] 李继迁取得了西进、北上、南侵的立足点和主动权，所谓“西取秦、成之群蕃，北掠回鹘之健马，长驱南牧”。[②] 西夏还占据河西走廊，“其地饶五谷，尤宜稻麦。甘、凉之间，则以诸河为溉。兴、灵则有古渠曰唐来、曰汉源，皆支引黄河。故灌溉之利，岁无旱涝之虞”。[③] 元昊时国家日益强盛，“自称西朝，谓契丹为北边”。[④]

经过前期的积累和成功的地缘外交，元昊时具备了立国的基础。1038年，元昊称帝建国，号大夏。元昊积极开展与北宋的地缘外交，并提出“许以西郊之地，册为南面之君”[⑤] 的“无理”要求，此举令北宋甚为恼怒，拟夺官削姓，发兵讨伐。但西夏“潜结契丹，互为掎角”，[⑥] 给宋朝造成极大困扰。宋朝深感“一身二疾，不可并治”。正如宋朝大臣富弼所言：“顷者，元昊援契丹为亲，私自相通，共谋寇难，缓则指为声势，急则假其师徒，至有掎角为奇，首尾相应。彼若多作牵制，我则困于分张。盖先已结大敌之援，方敢立中原之敌。”[⑦] 契丹与西夏交相援助，“西伐则北助，北静则西动”。[⑧] 这种局面使宋朝经常两面受敌，疲于应付。“二虏（辽、夏）之势所以难制者，有城国、有行国。古之夷狄能行而已，今兼中国之所有矣，上比汉唐，最为强盛。”[⑨] 西夏屡次侵扰宋朝北部边境，与其依附辽有很大关系。

北宋末期，西夏曾经约辽攻宋，但被辽拒绝，“（西夏）与辽国书，

---

① 李焘：《续资治通鉴长编》卷130，庆历元年正月戊寅条，中华书局，2004，第3086页。

② 脱脱等：《宋史》卷257《李处耘附李继和传》，中华书局，1985，第8971页。

③ 脱脱等：《宋史》卷486《夏国传》，中华书局，1985，第14028页。

④ 张鉴撰，龚世俊等校点《西夏纪事本末》，甘肃文化出版社，1998，第116页。

⑤ 脱脱等：《宋史》卷485《夏国传》，中华书局，1985，第13996页。

⑥ 脱脱等：《宋史》卷325《刘平传》，中华书局，1985，第10502页。

⑦ 李焘：《续资治通鉴长编》卷124，宝元二年九月丁巳条，中华书局，2004，第2927页。

⑧ 赵汝愚：《宋朝诸臣奏议》，上海古籍出版社，1999，第1502页。

⑨ 佚名：《道山清话》，商务印书馆，1939，第12页。

约夹攻中国，天祚不听”。[①] 相关文献亦有记载，“河西家（西夏）累次上表，欲兴兵夹攻南朝，本朝每将表章封与南朝，不肯见利忘义，听用间谍，贵朝才得女真一言，即便举兵”。[②] 西夏此举因未得到辽同意而作罢。

北宋时，西夏与北宋既有兵刃相见、相互厮杀的时候，也有友好相处、交流学习的时期。西夏对宋朝北部边境的侵扰，并未威胁到宋朝的生存。但由于西夏“叛服不常”的特性，以及对财富极强的掠夺性，这也给宋朝西北部边境造成不小的地缘压力。

三 西夏与南宋的政治关系的变化

南宋立国后，地缘格局再次重组，政治关系日趋复杂，宋、夏关系有了新变化。首先，金朝在松花江流域崛起后，宋、金联合灭辽，宋、金、西夏新的地缘格局形成。金与辽尽管都是北方游牧民族，但在民族性及处理政治关系方面，二者不同，从而导致了宋、夏关系出现新变化。其次，蒙古在北方兴起后，地缘格局的演化更加复杂。蒙、金、宋、夏格局不断重组，宋、夏关系亦受影响，呈现新的特点。下文根据宋、夏关系的特点，将宋、夏关系分为金朝兴起后、蒙古兴起后两个阶段进行论述。

（一）金朝兴起后的宋、夏地缘关系

南宋立国后，金朝确立了灭宋战略目标，南宋国家安全受到严重威胁。为躲避金军军事进攻，宋高宗与金军在海上周旋多日，最终以金军不适应水上作战北返而告终。南宋危机虽暂时解除，地缘压力却依旧存在。为缓解对外军事压力，南宋采取两项措施：对内，重新布置军事力量，加强防御；对外，寻找外援。就当时形势而言，西夏地处西北，高丽地处辽东半岛，在地缘上与宋形成对金的夹攻合围之势。联合西夏、高丽夹金，对缓解南宋地缘危机，不失为良计。

南宋在东南立国后，将“联夏灭金”作为“中兴”大策。同州知事唐重上书，提议联合西夏，形成掎角之势，夹攻金朝。[③] 为了讨好西夏，赵子崧提出：“熙河五路进筑州军堡寨，不系紧要控扼去处，并宜罢功，

① 王称：《东都事略》附录6《西夏二》，齐鲁书社，2000，第1109页。

② 李德辉校《晋唐两宋行记辑校》，辽海出版社，2009，第274页。

③ 脱脱等：《宋史》卷447《唐重传》，中华书局，1985，第13186页。

明谕夏人，示以德意。"[①] 建炎二年（1128）正月，宋朝派客员外郎谢亮、太常博士何洋持诏出使西夏，但西夏有金朝庇护，并不领情，夏人态度傲慢，用"均敌礼"对待宋使，谢亮逗留近月，双方初步达成和议。谢亮回，夏军紧随其后，袭取宋朝定边军。五月，东京留守宗泽再次提出联夏灭金策略，"知几辩博之士，西使夏，东使高丽，喻以祸福。两国素蒙我宋厚恩，必出助兵，同加扫荡"。[②] 建炎三年（1129）春，金朝出兵陕西，攻破长安、凤翔，"陕右大震"。西夏声称："大金割鄜延以隶本国，须当理索，敢违拒者，发兵诛讨之。"[③] 王庶发檄西夏晓以利害，西夏也意识到金军野心及潜在威胁，"自金得志中原，每见侵凌，且有吞并之心"，[④] 但并未发兵。四年（1130）五月，张浚遣使谢亮再次出使西夏，乾顺拒绝宋使入境，谢亮"不得要领而还"。[⑤] 宋使多次出使西夏，皆无果。多次联夏不成，宋高宗颇为灰心，宋金富平大战后，高宗下诏：西夏本敌国，从今停颁历日。此举意味着结束先前宋夏臣属关系。绍兴二年（1132），宰臣吕颐浩闻夏金交恶，建议再次通使西夏，高宗未允予。宋、夏间私下联系却未中断，吴玠与西夏还有联系，"贻书夏国，使背击金人"。[⑥] 后金朝以陕西地赐予刘豫政权，西夏求取环州、庆州地无果，夏金交恶。西夏数次致书四川，希望结交宋朝，终无果。

南宋绍兴十一年（1141），宋金签订了"绍兴和议"，重新划分了双方疆界，南宋疆域大大向南压缩，失去了黄河以南、淮河以北的大片领土。西段边界，宋朝将"商、秦之半"割予金朝，弃和尚、方山原，以大散关为界。"绍兴和议"后，宋金和平相处几十年。此后南宋和西夏在地缘上处于隔绝状态，宋夏交往受限，关系中断。

正隆三年（1158），完颜亮确立了统一全国的目标，"举兵灭宋，远

---

① 毕沅：《续资治通鉴》卷 98，高宗建炎元年五月辛卯条，中华书局，1957，第 2575 页。

② 宗泽：《宗泽集》卷 1《奏乞回銮仍以六月进兵渡河疏》，浙江古籍出版社，1984，第 30 页。

③ 脱脱等：《宋史》卷 486《夏国传》，中华书局，1985，第 14022 页。

④ 张鉴撰，龚世俊等校点《西夏纪事本末》，甘肃文化出版社，1998，第 218 页。

⑤ 吴广成撰，龚世俊等校证《西夏书事校证》卷 34，甘肃文化出版社，1995，第 394 页。

⑥ 吴广成撰，龚世俊等校证《西夏书事校证》卷 34，甘肃文化出版社，1995，第 396 页。

不过二三年，然后讨平高丽、西夏”。[①] 宋、夏成为金军攻击目标，面对金军威胁，宋、夏双方恢复了政治交往。绍兴三十一年（1161），宋朝大将刘锜向包括西夏在内的西域诸国发出了檄告，欲结成联盟共同抗金：“惟彼诸蕃之大国，久为巨宋之欢邻，玉帛交驰，尚忆百年信誓，封疆迥隔，顿疏两地之音邮，愿敦继好之规，共作侮亡之举。”[②] 西夏积极响应，并表达了对金朝的不满。隆兴元年（1163），宋臣陈康伯致书西夏：“夏二百年与国也，岂其不念旧好而忘齐盟哉？……以申固欢好者，同心协虑，义均一家，永为善邻，传之万世，岂不美欤！”[③] 乾道三年（1167），夏国丞相任得敬欲专国自立，后被夏国国主仁孝设计诛杀。淳熙年间，宋朝得知西辽大石欲假道伐金的消息后，宋孝宗欲再次联合西夏、西辽共同抗金，最终无果，此后，双方联系减少。

（二）蒙古兴起后宋、夏地缘关系的变化

蒙古在北方壮大后，开始了臣服高丽、剪除西夏、消灭金朝和南宋的统一全国战略方针。为解除攻金后顾之忧，1209 年，成吉思汗率军围攻西夏中兴府（今宁夏银川市），迫使西夏“纳女请和”，臣服蒙古。夏金间缔结“交相救援”[④] 的义务，当西夏生存受到威胁时，西夏向金朝求援，金主卫绍王以“敌人相攻，中国（金朝）之福”[⑤] 为由，不予发兵救援。为此，西夏对金怀恨在心，频频发兵攻掠金朝陕西沿边州郡，致使“平、凉、巩、会之间，无岁不扰”。求金无果后，西夏把希望寄托于南宋，一度中断的宋夏关系再度恢复。

于宋而言，金军在北部受到蒙古威胁后，将危机转嫁于宋，此举激怒了宋朝。宋宁宗嘉定七年（1214），宋朝停止向金缴纳岁币，双方关系破裂，宋金战事爆发。

于西夏而言，蒙古兴起后开始进攻西夏，西夏求救于盟友金却遭金冷

① 脱脱等：《金史》卷 129《张仲轲传》，中华书局，1975，第 2783 页。
② 李心传：《建炎以来系年要录》卷 193，绍兴三十一年十月庚子条，中华书局，2013，第 3748 页。
③ 陆游：《渭南文集》卷 13《代二府与夏国主书》，载《陆游集》，中华书局，1976，第 2084 页。
④ 张金吾：《金文最》卷 14《夏国誓表》，中华书局，1990，第 183 页。
⑤ 张鉴撰，龚世俊等校点《西夏纪事本末》，甘肃文化出版社，1998，第 232 页。

遇，金、夏关系恶化。面对蒙古咄咄逼人之势，西夏开始寻找新的盟友，南宋成为西夏交好的对象。

西夏曾派遣吐蕃僧人至宋，希望与宋朝形成“合纵掎角”之势，共同夹击金朝。南宋对此并无回应，由是“虏讯中绝”。① 嘉定十二年（1219），金宣宗准备西迁，在巩州设置元帅府，西夏李遵顼担心金朝进逼，于是全力攻巩州，“以为巩帅府所在，巩既下则临洮、积石、河、洮诸城不攻自破”。② 此时南宋与金关系恶化，双方在蜀口、荆襄、两淮激战。南宋同意与西夏联合攻金。事实上，由于宋朝四川境内爆发了“红巾之乱”，宋朝并未出兵。《宋史·张威传》记载：“兴元叛兵张福、莫简作乱，以红帕蒙首，号‘红巾队’，焚利州，杀总领杨九鼎，破阆、果，入遂宁，游骑在潼、汉界，将窥成都。”③

嘉定十三年（1220）二月，西夏再次遣使约宋攻金。同年八月，安丙致书西夏“定议夹攻金人”，双方约定“夏兵野战，宋师攻城”。④ 因金人早有戒备，宋、夏联军久攻不克，程信约夏将移师攻秦州，夏将不从，各自退兵。嘉定十四年（1221）十月，西夏又请宋合师攻金。四川宣抚使崔与之“饬边将不得轻纳”，予以拒绝。次年，西夏遣百骑入凤州，邀约宋将援助攻金。崔与之命都统李冲正告夏兵：“通问当遣介持书，不当遣兵径入。若边民不相悉，或有相伤，则失两国之好，宜敛兵退屯。”⑤ 当生存受到严重威胁时，西夏曾先后五次约宋攻金，四次无果，一次无功而还。宋、夏联合攻金，未取得实效，宋朝将其归咎为夏军“爽约不至”，“弃我先遁”。⑥ 宋、夏还一度联合抗蒙，均未能成功，至1227年西夏被蒙古铁骑所灭，宋、夏政治关系宣告结束。

宋、夏联盟终未成功，其原因值得深思。西夏奉行依附于强国、在夹缝中求生存的策略，而南宋则采取屈辱求和、偷安自保的对外方针。在与金、蒙并存的政治格局中，南宋军事实力式微，在其中并不占优势，因而

① 李心传：《建炎以来朝野杂记》乙集卷19《西夏扣关》，中华书局，2000，第847页。
② 脱脱等：《金史》卷113《赤盏合喜传》，中华书局，1975，第2493页。
③ 脱脱等：《宋史》卷403《张威传》，中华书局，1985，第12215页。
④ 脱脱等：《宋史》卷402《安丙传》，中华书局，1985，第12194页。
⑤ 脱脱等：《宋史》卷406《崔与之传》，中华书局，1985，第12260页。
⑥ 戴锡章编撰，罗矛昆点校《西夏纪》卷27，宁夏人民出版社，1988，第659页。

不能主导宋、夏关系。由于宋、夏以自求苟安为目的，且在当时的地缘格局中并不占优势，所以在各自利益不受威胁的情况下，宋、夏政治关系薄弱甚至一度中断。而当生存面临威胁时，宋、夏有各自打算，相互间没有信任的基础，导致盟友关系不稳固，其结盟，要么无果，要么失败。宋、夏各自心怀叵测，并非想结成长期盟友关系，而是想借助对方之力牵制敌人，暂时缓解地缘压力。其盟友关系，注定是失败的。宋人在总结经验时说，“金人尚强，夏人反覆，未可轻动”，① 一针见血地道出了宋、夏间的不信任关系。

四　宋人对西夏的认识

宋人对西夏的看法，主要来自以下两个方面。

一是在“汉唐旧疆”话语体系下对西夏的认识。

中唐以后，纲纪废弛，中原王朝对边疆控制力削弱，导致边疆各族陆续壮大。至宋朝立国，这些边疆民族政权已经形成了对宋王朝国家安全的严重威胁。汉唐以后以汉族为中心的秩序崩塌，给宋朝统治者心理造成了强烈冲击。史书中记载了赵匡胤踏雪夜谈的故事：

> 太祖即位之初，数出微行，以侦伺人情，或过功臣之家，不可测。赵普每退朝，不敢脱衣冠。一日大雪，向夜，普谓帝不复出矣。久之，闻叩门声，普出，帝立风雪中。普惶惧迎拜，帝曰：“已约晋王矣。”已而太宗至，共于普堂中设重裀地坐，炽炭烧肉。普妻行酒，帝以嫂呼之。普从容问曰：“夜久寒甚，陛下何以出？”帝曰：“吾睡不能着，一榻之外皆他人家也，故来见卿。”普曰：“陛下小天下耶？南征北伐，今其时也。愿闻成算所向。”帝曰：“吾欲下太原”。普嘿然久之，曰：“非臣所知也。”帝问其故。普曰：“太原当西北二边，使一举而下，则二边之患我独当之。何不姑留以俟削平诸国，则弹丸黑子之地，将无所逃？”帝笑曰：“吾意正如此，特试卿

① 脱脱等：《宋史》卷403《张威传》，中华书局，1985，第12215页。

耳。”遂定下江南之议。①

“一榻之外皆他人家”道出了宋朝立国时的窘境。对周边政权，宋朝采取了不同外交策略。西夏、交趾以及被契丹占领的燕云地区，被视为“汉唐旧疆”而予以积极对待，契丹和大理国则被视为外国，予以区别对待。

宋初积极接受西夏朝贡。太平兴国七年（982）五月，李继捧来朝归附。“定难军留后李继捧朝，见于崇德殿。继捧之先，累四世未尝入觐，继捧至，上喜……继捧自陈诸父昆弟多相怨怼，愿留京，遂献其所管四州八县。”②《宋史》言：“李继捧来朝，得州四、县八……至是，天下既一，疆理几复汉、唐之旧，其未入职方氏者，唯燕、云十六州而已。”③李继捧入朝引起部落内部分裂，“初，李继捧入朝，其弟夏州蕃落使继迁留居银州。及诏发继捧亲属赴阙，独继迁不乐内徙，时年十七，勇悍有智谋，伪称乳母死，出葬郊外，以兵甲置棺中，与其党数十人奔入蕃族地斤泽，距夏州东北三百里，出其祖彝兴像以示戎人，戎人皆拜泣，继迁自言：‘我李氏子孙，当复兴宗绪。’族帐稍稍归附，尝遣所部奉表诣麟州贡马及橐驼等。敕书招谕之，继迁不出”。④此时，宋朝对党项采取“姑务羁縻，以缓争战”⑤的态度，将党项作为属臣对待。“继迁复走地斤泽以叛，数寇边。”⑥宋朝边境诸州逐渐被其占领。“绥、银、灵、夏、静、盐、宥、胜、会诸州，至道以后渐没于西夏。”⑦“贼（李继迁）又言九州十三县是其故土，况灵、盐、绥、宥，皆朝廷旧地，若辨封域，犹当归之国家。”⑧李继迁叛宋，在宋朝引起轩然大波，史书记载：“继迁攻围诸堡寨，侵掠居民、焚积聚。宋帝闻之，怒曰：‘继迁叛涣砂碛中十年矣，

---

① 邵伯温、邵博撰，王根林点校《邵氏闻见录》，上海古籍出版社，2012，第11页。
② 朱旃：《宁夏志笺证》卷上，宁夏人民出版社，1996，第286页。
③ 脱脱等：《宋史》卷85《地理志》，中华书局，1985，第2094页。
④ 李焘：《续资治通鉴长编》卷142，雍熙六年九月条，中华书局，2004，第585～586页。
⑤ 戴锡章编撰，罗矛昆点校《西夏纪》卷4，宁夏人民出版社，1988，第105页。
⑥ 顾祖禹：《读史方舆纪要》卷7，中华书局，2005，第319页。
⑦ 顾祖禹：《读史方舆纪要》卷7，中华书局，2005，第299页。
⑧ 李焘：《续资治通鉴长编》卷142，庆历三年七月癸巳条，中华书局，2004，第3409页。

朝廷始务含容，赐以国姓，授以观察使，赐予加等，俸入优厚，仍通其关市，又以绥、宥州委其弟兄，可谓恩宠俱隆矣。乃敢如是！朕今决意讨之。'"① 宋朝发兵讨伐，战争中双方各有胜负，宋朝未达到出兵目的。于是，宋太宗自言："继迁负固不庭，啸聚边境，朕君临四海，须与含容，昨者赐以诏书，俾移镇守，而狂不奉诏，尚恣陆梁。朕哀此孽重，死亡之非久也。"② 由此可见，宋朝将李继迁视为属臣，其行为被视为叛宋。

继迁亡，赵德明立。为缓解地缘压力，赵德明一面向宋称臣，一面开始向周围扩张。时臣张齐贤建言："近知赵德明依前攻劫六谷，兼闻曾破却西凉府，所有节度使并副使，折逋游龙钵及在府户民，并录在部下。万一不谬，则德明之心又似不小。况其人悉是唐末陷蕃华人，兼折逋游龙钵等谙熟西南面入远蕃道路，六谷田牧之远近，川泽之险易，尽知之矣。若使胁制却六谷之后，即虑瓜、沙、甘、肃、于阗诸处，渐为控制。缘此以四蕃中州郡，旧属灵州总统，即今在夏州，画说者必以此为计。所以继迁在日，方欲吞灭六谷，今来德明又以父仇为名，志在通甘、伊、瓜、沙道路，必要统制。西夏，唐朝嘉木布破灭之后，便不相统一，所以五代以来，西蕃安静。今仪、渭、秦、陇山后，虽大段部族，苟或渐被侵扰，则他时边患非轻。将来圣驾东幸，臣必虑德明乘便去攻六谷。向使潘罗支尚在，则德明未足为虞，今潘罗支已亡，厮铎督恐非其敌。伏望委两府大臣谋议，早为经制。"③ 因赵德明与宋朝有藩臣之约，宋朝态度较为友好。景德四年（1007）三月，宋真宗言："德明屡言西凉府元属部内，见各纳质及人使往来，且继迁因攻西凉为其所毙。今德明意将阻绝六谷，使不得预缘边属户，朝廷若不绥抚，则德明足以复仇。近秦翰译六谷蕃书来上，但言为德明所侵，略无宁日，见搜兵警备。可以六谷书付张崇贵，令谕德明。"④ 宋真宗还曾对张崇贵言："西鄙别无经营，苟德明能守富贵，无虑朝廷失恩信也。"⑤ 大中祥符二年（1009），"诏河西诸蕃部，以夏州纳

① 戴锡章编撰，罗矛昆点校《西夏纪》卷2，宁夏人民出版社，1988，第52页。
② 戴锡章编撰，罗矛昆点校《西夏纪》卷2，宁夏人民出版社，1988，第58页。
③ 李焘：《续资治通鉴长编》卷68，大中祥符元年四月己未条，中华书局，2004，第1538页。
④ 李焘：《续资治通鉴长编》卷65，景德四年三月癸丑条，中华书局，2004，第1448页。
⑤ 脱脱等：《宋史》卷466《张崇贵传》，中华书局，1985，第13619页。

款，其素与为隙者，自今无相侵略，仍令缘边吏召集首领晓谕之”。[①] 大中祥符三年（1010）五月，针对赵德明称藩但不守契约，有朝臣议出兵克之，王旦曰：“止戈为武。佳兵者，不祥之器。祖宗平一宇内，每谓兴师动众，皆非获已。先帝时，颇已厌兵。今柔服异域，守在四夷，帝王之盛德也。”[②] 宋朝对赵德明的政策较为宽松，双方保持臣属关系。

1038 年，李元昊建国，宋朝对此表示出极大愤慨。“初，元昊反书闻，朝廷即议出兵，群臣争言小丑可即诛灭。”[③] 又言：“戎汉余妖，边关小种，性含虺毒，志负狼贪。昏顽表于稚年，傲悖成于壮齿……欺天罔畏，既张逆节。”[④] 面对元昊的僭越行径，宋朝出兵讨伐，最终无功而返，后规劝之，“守我西土”[⑤]，终而无果。面对“继迁一叛而复王封，元昊再叛而为国主”[⑥] 的局面，北宋始终未予承认。仁宗言：“今羌戎（西夏）乃汉唐郡县。”[⑦] 北宋内部恢复汉唐旧疆之议也从未停止，如“禽德明送阙下，复河西为郡县”，[⑧] 谋划“收复灵、夏、横山之地”，[⑨] “北取幽、蓟，西讨银、夏，恢复汉、唐之疆土，亦不足为难”。[⑩] 宋神宗时北宋有开边之举，“神宗继统，材雄气英，以幽、蓟、云、朔沦于契丹，灵武、河西专于拓跋，交趾、日南制于李氏，不得悉张置官吏，收籍赋役，比于汉、唐之境，犹有未全，深用为耻，遂慨然有征伐、开拓之志”。[⑪]

---

① 李焘：《续资治通鉴长编》卷 72，大中祥符二年十月丁未条，中华书局，2004，第 1637 页。

② 李焘：《续资治通鉴长编》卷 73，大中祥符三年五月癸卯条，中华书局，2004，第 1672 页。

③ 李焘：《续资治通鉴长编》卷 123，宝元二年二月丙午条，中华书局，2004，第 2898 页。

④ 司义祖整理《宋大诏令集》卷 233《削赵元昊官爵除去属籍诏》，中华书局，1962，第 908 页。

⑤ 宋庠撰《元宪集》卷 27《赐西平王赵元昊诏》，中华书局，1985，第 288 页。

⑥ 欧阳修著，李逸安校点《欧阳修全集》卷 114《言西边事宜第一状》，中华书局，2001，第 1721 页；李焘：《续资治通鉴长编》卷 204，治平二年春正月癸酉条，中华书局，2004，第 4936 页。

⑦ 张方平撰，郑涵点校《张方平集》卷 20《请因郊禋肆赦招怀西贼札子》，中州古籍出版社，1992，第 288 页。

⑧ 脱脱等：《宋史》卷 258《曹彬附玮传》，中华书局，1985，第 8985 页。

⑨ 朱熹撰，朱杰人、严佐之、刘永翔主编《朱子全书》第 12 册《五朝名臣言行录》卷 7《参政范文正公》，上海古籍出版社，2002，第 213 页。

⑩ 李焘：《续资治通鉴长编》卷 206，治平二年十二月甲辰条，中华书局，2004，第 5010 页。

⑪ 李焘：《续资治通鉴长编》卷 363，元丰八年十二月己丑条，中华书局，2004，第 8689 页；赵汝愚：《宋朝诸臣奏议》，上海古籍出版社，1999，第 1289 页。

西夏是宋神宗开边的重点区域，与其“汉唐旧疆”观念有较大关系。王夫之曾评价北宋对西夏政策：“李继迁死，德明嗣立，曹玮上言：‘国危子弱，愿假精兵擒德明送阙下，复河西为郡县。’此一时也，固宋室兴替之大机，而庸主具臣畏葸偷安，猥云德致，拒玮之谋，降诏招抚，悲夫！宋之自折入于西北，为千古憾，虽有虎臣，其将如之何哉。玮之为将，非徒言无勇，徒勇无谋。稽其后效，概可睹矣。世为勋臣，宋抑待以肺腑，睥睨孤豚，游其几俎，诚假以精兵，推心授钺，四州斗绝一隅，孺子植根未固，功之夙成在玮心目间，亦在天下后世心目间也。德明知其不敌，且敛手归朝，而听我之建置西陲，以掣契丹之右臂，百年逋寇，平以一朝，威震贺兰而声驰朔漠。固将曰：今之中国，非昔之中国也。”①

南宋立国后，不再有对外开拓之志。尽管宋、金疆界划定后，南宋和西夏在地缘上处于隔绝状态，宋朝仍以臣属国对待西夏，但未得到西夏认可。宋金富平之战后，宋高宗下诏：西夏本敌国，从今停颁历日。南宋此举放弃对西夏属国地位的看法，以敌国之礼对待西夏，双方关系发生了质的变化。

二是从地缘视角对西夏的认识。

李继迁叛宋后不断壮大发展，给宋朝西北地缘局势造成严重威胁，宋朝西北边境也承受了严峻地缘压力。强大后的西夏，“南败宋，东抗辽”，究其原因，除了“元昊、谅祚智勇过人”及外交出色外，还与其地理形胜分不开。灵州一带，“襟山带河”，且得“西北士马雄劲”，② 占据有利地缘条件，是西夏能够与宋朝长期抗衡的重要原因之一。西夏极盛时期的疆域包括了今宁夏、陕北、甘肃西北部、青海东北部、内蒙古西南部以及新疆部分地区。这样的地域范围，地理形态复杂多样，大部分处于游牧区域，少部分处于农耕种植区域，还有沙漠荒芜之地。西夏占据河套、灵州等地，使中原王朝失去防御西北诸族南下的重要屏藩，也失去了联系西域诸族实施远交近攻地缘战略的重要通道。西夏的地缘条件，对宋、夏关系产生重要影响。一方面，西夏占据有利地缘条件，易守难攻，成为对宋战

① 王夫之：《船山遗书》，北京出版社，1999，第3379页。

② 脱脱等：《辽史》卷36《兵卫志》，中华书局，1974，第433页。

争取得成功的重要原因之一，相反，宋朝却因地缘要地的丧失，在战争中多次失利；另一方面，西夏多荒漠贫瘠之地，又成为西夏侵扰宋朝边境的原因之一，宋夏关系表现为战争。

宝元二年（1039），富弼上书："西鄙地多带山，马能走险，瀚海弥远，水泉不生，王旅欲征，军需不给。穷讨则遁匿，退保则袭追，以逗挠为困人之谋，以迟久为匮财之计。元昊恃此艰险，得以猖狂。"① 西夏特殊的地缘形势是其立国的重要基础，同时也是导致宋朝在对西夏战争中经常失利的重要因素。太宗时张洎上言："今继迁以党项余孽，边方黠虏，据平夏全壤，扼瀚海要冲，倏忽往来，若居衽席之上。国家若兵车大出，则兽惊鸟散，莫见其踪由。若般运载驰，则蚁聚蜂屯，便行于劫夺。向来转般刍粟，既下失地利，又上违圣谟，致此奔冲，理甚明显，其事一也。甲马行役，粮草飞挽，军须所急，莫若井泉。自环抵灵瀚海七百里，斥卤枯泽，无溪涧川谷，荷戈甲而受渴乏，虽勇如贲、育，亦将投身于死地，又安能与贼群争锋哉，其事二也。"② 西夏据"汉界缘边山险之地三百余处，修筑堡寨"。③ 再往北走便是瀚海沙漠戈壁，步兵在此地形并不占优势。元丰五年（1082）五月，沈括、种谔上神宗书："臣等历观前世本路强敌与中国限隔者，利害全在沙幕。若彼率众度幕入寇，则彼先困；我度幕往攻，则我先困。然而先代常能为边患者，以幕南有山界之粟可食，山界之民可使，有山界之水草崄固可守，我师度幕而北，则须赢粮载水，野次穷幕，力疲粮窘，利于速战。不幸坚城未拔，大河未渡，食尽而退，必为所乘，此势之必然也。所以兴、灵之民常宴然高枕，而我缘边城寨未尝解严者，地利使然也。"④ 范仲淹曾言："西戎居绝漠之外，长河之北，倚远恃险，未易可取。"⑤ 宝元时，夏竦陈述边事指出："今之关塞，延安险阻，秦州地远，易为控扼，所最忧者泾原，次则环庆，泾原莫急于庆州。戎人狡猾，必不肯舍平易而趣险阻。"⑥ 庆历年间，泾源安

① 李焘：《续资治通鉴长编》卷124，宝元二年九月丁巳条，中华书局，2004，第2926页。
② 李焘：《续资治通鉴长编》卷39，至道二年五月壬子条，中华书局，2004，第835页。
③ 李焘：《续资治通鉴长编》卷132，庆历元年五月甲戌条，中华书局，2004，第3129页。
④ 李焘：《续资治通鉴长编》卷326，元丰五年五月丙午条，中华书局，2004，第7856页。
⑤ 李焘：《续资治通鉴长编》卷134，庆历元年十一月乙亥条，中华书局，2004，第3202页。
⑥ 祁承㸁编纂，杨志高校证《宋西事案》，宁夏人民出版社，2004，第91页。

抚使王尧臣上书："至陕西，见鄜延、环庆路其地皆险固而易以守，惟泾原则不然，自汉、唐以来，为戎马之冲。汉武时匈奴入寇，烧回中宫，唐则吐蕃、回纥再至渭水便桥，皆由此路。盖自镇戎军至渭州，沿泾河大川直抵泾、邠以来，略无险阻，虽有城寨，多居平地，贼径交属，难以捍防。"① 泾源和环庆地处陇东高原，这两个地方相对于宋朝边界来说，最无险阻，故而成为西夏骑兵经常入侵之地。

为防御西夏，宋朝调整军事戍守，加强北方军事防备，"分陕西为四路：曰鄜延，治延州；曰环庆，治庆州；曰泾原，治渭州；曰秦凤，治秦州。皆以重臣镇守"，后"又分河北为四路，曰定州，曰高阳，曰大名，曰真定，以厚边防"。② 北宋时曾多次征伐西夏，皆因地缘优势的丧失而未能成功。为牵制西夏，宋朝大多对其采取羁縻之策。"银、夏诸州，羌戎瘠壤，得其地不可耕，抚其众不可守，非若吴越、荆南近在肘腋，势所必争也。太祖有见于此，因其贡献，厚加赐赉，以服其心，而羁縻之。"③ 但由于宋朝本身在宋、辽、夏地缘格局中不占主导，宋朝对西夏的羁縻之策收效甚微，更多是获取一种心理上的安慰而已。

---

① 李焘：《续资治通鉴长编》卷139，庆历三年正月丙子条，中华书局，2004，第3338页。

② 顾祖禹：《读史方舆纪要》卷7，中华书局，2005，第318页。

③ 吴广成撰，龚世俊等校证《西夏书事校证》卷3，甘肃文化出版社，1995，第31页。

第三章
南宋与周边政权的地缘关系（下）

南宋与大理国、交趾的政治关系受北宋影响颇深，但随着地缘局势的变化，南宋与大理国、交趾的政治关系，出现新的变化。首先，继续承认大理国和交趾，但断绝与大理国的政治联系，终止册封大理国，拒绝朝贡，审慎处理与大理国的关系；优待交趾，保持北宋以来的宗藩关系，积极册封交趾。其次，南宋统治者猜忌加深，对大理国和交趾严加提防，却又通过互市贸易，对其进行怀柔羁縻；借助笼络西南各族，以及积极经营广西，来加强对大理国和交趾的防御。

第一节　南宋与大理国的政治关系

一　宋朝与大理国的政治关系

（一）大理国与北宋的政治关系

1. 大理国的建立

自五代十国到南宋灭亡的372年间，是古代中国历史分裂和局部统一时期。与此同时，今云南和川西南地区，先后被大长和国、大天兴国、大义宁国和大理国地方政权所统治。10世纪初，云南地区社会动荡，政权更迭频繁。唐天复二年（902），清平官郑买嗣起兵灭南诏，杀死南诏末代王舜化贞及蒙舍望族800余人，自立为王，改国号为大长和国，改元安国。郑买嗣在位8年，其政绩未见史载。后梁开平三年（909）郑买嗣卒，子郑仁旻继立。后梁乾化四年（914），郑仁旻遣军进攻黎州、雅州边境，蜀王王建遣将大破之，俘斩郑军数万人，后云南地方政权不复犯边。前蜀乾德中（919～924），大长和国遣布燮、判官赞卫等使蜀，与前蜀交好。后唐同光三年（925），郑仁旻遣使求婚于南汉，南汉以增城公主妻之，后唐天成元年（926）郑仁旻死，子郑隆亶继立。两年后郑隆亶被东川节度使杨干贞所杀，大长和国亡。杨干贞立清平官赵善政为王，建大天兴国，改元尊圣。次年，杨干贞诛赵善政自立为王，号大义宁国，改元先圣。史载杨干贞在位时“贪暴特甚，中外咸怨”。后晋天福二年（937），通海节度使段思平起兵灭大义宁国，废杨干贞为僧，建立大理国，改元文德。

大理国疆域与南诏相当，《元史》记载：“东至普安路之横山，西至缅地之江头城，凡三千九百里而远；南至临安路之鹿沧江，北至罗罗斯之大渡河，凡四千里而近。”大理国疆域包括了今云南全省、四川西南部，西部达今缅甸，南部达越南和老挝北部。

与南诏相比，大理国社会经济有了长足发展，今洱海、滇池周围等经济发达地区已经进入了封建领主制社会，大部分僻地和边疆地区，也先后进入了私有制经济阶段。宋熙宁七年（1074），商人杨佐奉宋成都路之命赴大理商议买马，杨佐一行进入滇中后，“见土田，生苗稼，其山川风物略如东蜀之资（资中）、荣（荣县）”。① 元初郭松年所著《大理行纪》记载，在品甸（今云南祥云县）“甸中有池，名曰‘青湖’。灌溉之利达于云南（指今云南祥云地区）之野”，又说赵州甸（今云南凤仪县）“神庄江贯于其中，溉田千顷，以故百姓富庶，少旱虐之灾”。

大理国重视发展交通，与域外保持联系。② 大理国的交通概况，里堠碑有记载：“东至戎州，西至身毒国，东南至交趾，东北至成都，北至大雪山，南至海上，悉著其道里之详，审询其里堠，多有完葺者。”“东至戎州”指唐代的石门关道。“东北至成都”指唐清溪关道，皆为秦汉以来云南与四川间的传统通道，北宋亦不例外。北宋在四川戎州（今四川宜宾）、黎州（今四川汉源）设置博易场，与大理国及西南诸族进行贸易，

① 李焘：《续资治通鉴长编》卷267引杨佐《买马记》，中华书局，2004，第6540页。

② 关于大理国交通，参见方铁《西南通史》，中州古籍出版社，2003。

所经道路便是石门关道和清溪关道。“西至身毒国”，指大理经今缅甸北部达印度的道路。史载益州僧光远“至自天竺，以其王没徙曩表来上”。①《南诏野史》也有记载说，宋崇宁二年（1103），“缅人、波斯、昆仑三国进白象及香物”。“南至海上”，则是进入缅甸后，沿伊洛瓦底江南下抵安达曼海的道路。《岭外代答》卷三说，西方诸国“凡数百国，最著名者王舍城、天竺国、中印度”，“余闻自大理国至王舍城，亦不过四十程”。《岭外代答·通道外夷》又说：“自大理国五程至蒲甘国（在今缅甸北部），去西天竺不远。”上述记载均表明，云南经今缅甸北部至印度的道路在宋代保持了畅通。“东南至交趾”，即指唐代“安南通天竺”道的前半段，从昆明南下，经通海、建水、蒙自、河口入今越南北部，沿红河两岸达今河内。“北至大雪山”，指由今丽江经滇西北入四川或者西藏，东经康定、天全、雅安达成都，或西至拉萨的道路。《明史》记载此道“为南诏咽喉，三十六番朝贡出入之路”。② 另据《宋史·兵志十二》“大理连西戎，故多马，虽互市于广南，其实犹西马也”的记载可知，“北至大雪山”道是大理国与吐蕃贸易往来的重要通道，而且大理国与南宋交易的马匹，有相当一部分来自丽江及其以北地区。绍定四年（1231），大理国请求南宋复开清溪关道以利入贡，南宋镇吏孟珙以“大理自通邕、广，不宜取道川蜀”为由拒绝。③ 杨佐赴大理是在北宋中期，当时大理国到达邕州（今广西南宁）的交通尚不兴盛，故云南里堠碑无记载。南宋建立后，政治形势发生变化，导致了南宋和大理国交通变化，南宋向西南诸蕃买马地点，由四川的黎州、戎州等地改为广西横山寨（今广西田东），宋朝在邕州置买马提举司。邕州道遂取代石门关与清溪关道，成为南宋联系大理国的主要通道。石门关道与清溪关道急剧衰落，大理国和四川的联系由是疏远。

买马地点的转移，促进了广西交通的发展。史载横山寨至大理国通道有三条：其一是自横山寨经古天县、归乐州（今广西百色以北）、唐兴州、睢殿州（今广西田林以南）、七源州、泗城州（今广西凌云）、古那

① 脱脱等：《宋史》卷490《天竺传》，中华书局，1985，第14104页。

② 张廷玉等：《明史》卷311《四川土司一》，中华书局，1974，第8033页。

③ 脱脱等：《宋史》卷412《孟珙传》，中华书局，1985，第12378页。

洞、龙安州、渡江至上展，又至博文岭、罗扶、磨巨（今贵州安龙西南）、自杞国（今贵州兴义）、古都郡，再行三日到善阐府，西进遂抵大理城。其二是由横山寨至七源州分道，经马乐县、恩化县、罗夺州、围慕州、阿姝蛮、朱砂蛮、顺唐府达罗殿国（在今贵州西部），再经善阐府达于大理。其三为由横山寨至上安县、安德州（在今广西那坡东南），罗博州、阳县、隘岸、那郎、西宁州、富州、罗拱县、历水铺、特磨道（经云南广南）、最宁府（今云南开远）遂达善阐。大理国与南宋间的马匹交易曾一度兴盛，据史料记载，在广西横山寨买马市场，大理国和西南诸族每年与南宋的马匹交易量达到1500匹，南宋付出的马值包括："黄金五镒，中金二百五十镒，锦四百，绝四千，廉州盐二百万斤。"[①]

2. 大理国和北宋的关系

大理国政治制度袭承南诏，但又有新的发展。大理国以分封制为基础，对辖区内的段、高、杨、董等封建领主大姓进行分封，来稳固辖区内的统治，并允许子孙承袭。对僻地和边疆诸族采取"远之来者，割地而封之；不归化者，兴兵而讨之，自是天下大化"[②] 的策略。大理国经济不断发展，实现了奴隶制经济向封建制经济的转化，大理国还摒弃了南诏为满足奴隶制发展需要而频繁对外征讨掠取人奴的做法，经济发展更加稳定。大理国积极发展对外关系，与北宋友好相处，在处理边界纠纷上不轻易诉诸武力。

北宋建立后，大理国积极开展与宋朝的对外关系。乾德三年（965），大将王全斌领兵统一四川，大理国怕宋军余威扫荡大理国，同时为打探军情，派遣建昌城（在今四川西昌）守吏至宋交好。开宝元年（968），大理国再次遣使至宋，并递交通好文书。为开展与大理国的友好关系，太平兴国七年（982）宋朝于大渡河畔造船，以"济西南蛮之朝贡者"。[③] 此后，双方往来密切。

此外，大理国还派遣邻近宋朝四川边界的邛部川蛮、两林蛮多次进贡，有史料明确记载，雍熙二年（985）、端拱二年（989）、淳化二年

---

① 脱脱等：《宋史》卷198《兵志》，中华书局，1985，第4956页。

② 大理国《护法明公德运碑》。

③ 徐松辑，刘琳等校点《宋会要辑稿·蕃夷5》，上海古籍出版社，2014，第9844页。

(991)、至道三年(997)、咸平二年(999)、景德二年(1005)、大中祥符二年(1009)和宝元元年(1038),大理国皆向宋朝贡。除一般朝贡外,大理国还多次请求北宋册封,多数情况下,北宋都予以不同程度的册封,但北宋与大理国的政治关系,受北方地缘形势的影响,并非一帆风顺。北宋后期,由于北方战事趋紧,宋约金攻辽,广州观察使黄璘又因曾引荐大理国入觐被罗织罪名并获罪,北宋遂有意冷淡与大理国的交往。神宗熙宁九年(1076)大理国遣使朝贡于宋,宋朝仅待之以礼而不予册封。[①] 为了改善与宋朝的政治关系,大理国将逃亡其境内的侬智高斩杀,并将其首级送至宋朝,但宋朝对此举仍不甚信任,[②] 急令成都府和广西慎作备御。值得一提的是,政和七年(1117),大理政权向宋进贡马匹、麝香、牛黄、细毡、碧玕山等物,宋廷册封大理国王段和誉为云南节度使、大理国王,赠金紫光禄大夫、检校司空、上柱国。[③] 此次册封是双方政治关系达到顶峰的体现。

综观北宋与大理国的政治关系,双方总体上保持朝贡—册封的友好关系,未有诉诸武力的情况。但北宋与大理国关系的开展并不顺利,受北方地缘局势的影响,呈现时好时坏的特点。当北方地缘局势缓和时,北宋与大理国的政治关系开展顺利;而当北宋北方战事吃紧、地缘危机加剧时,双方政治关系紧张甚至中断。当然,受"唐亡于黄巢,而祸基于桂林"教训的影响,北宋统治者对大理国猜忌、防范甚严,也是影响二者政治关系的重要原因。

(二)大理国与南宋的政治关系

大理国与南宋的政治关系,受北宋影响颇深。比之北宋,南宋与大理国的政治关系冷淡,经济关系却进一步加深。北宋末年南宋初,金人南侵宋朝,宋朝统治者对少数民族的偏见和仇恨加深,南宋与大理国关系由此受影响。在屈辱中仓皇立国的宋高宗,彻底丧失了对外开拓的勇气,在处理与大理国关系上,南宋承袭了北宋以大渡河为界、将大理国视为徼外的

---

① 脱脱等:《宋史》卷488《大理国传》,中华书局,1985,第14073页。

② 脱脱等:《宋史》卷495《广源州》称侬氏遁入大理之后,"其存亡无可知也",可见宋对大理国杀侬智高之事甚不放心,中华书局,1985,第14128页。

③ 脱脱等:《宋史》卷488《大理国传》,中华书局,1985,第14073页。

做法。《宋史·孝忠本纪》记载，自淳熙三年至十二年，关于“黎州蛮犯边”“黎州蛮投附”和加强黎州边防一类的记载多达十几次。在南宋统治者看来，大渡河以南已属徼外，“不复通于中国”。

相反，大理国积极发展与南宋的政治关系。绍兴三年（1133），大理国至广西入贡，高宗“止令买马，不许其进贡”。[①]《宋会要辑稿》详细记载了此事。绍兴六年（1136），广南官府再次上奏大理国进贡事，进马1000余匹，进象3头，已至富州。南宋统治者以“今春买马已足，别无买马钱物在寨”为由，予以拒绝，但又害怕此举引起大理国人的骚乱，后诏令广西官府收购大理国马匹，“令提举买马官多方措置收买”。尽管如此，宋朝对此事仍不放心，又令官府“暗做堤备，不许张惶，引惹生事”。[②]宋廷此举，乃为猜忌所致，有意中止与大理国的政治关系。在南宋统治者看来，减少与大理交往，能避免西南边疆纠纷，确保西南边境安全。遵循朝廷旨意，南宋广西任官均执行疏远大理国的做法，如在张栻任职期间，“大理不敢越善阐”。[③]南宋与大理国的政治交往，更加冷淡。在经济关系方面，南宋与大理国的经济联系密切。受宋金战争影响，北方战马来源缺失，大理国及西南诸蕃成为南宋买马的主要对象。为获取战马，南宋积极开展与包括大理国在内的西南诸族间的马匹贸易，且达一定规模，在广西形成了重要的马匹贸易市场。

总之，南宋处理与大理国关系的做法，多承袭北宋，但由于北方地缘局势发生变化，南宋中断了与大理国的政治联系，为补充北方战马来源缺失，南宋与大理国的经济联系比北宋更加密切。当然，大理国与南宋经济联系的加强，并非宋朝的主观愿望，而是为满足战时战马需求的权宜之计。

二 南宋与大理国政治关系的变化

南宋与大理国的政治关系受北方地缘局势的影响，呈现新的特点。

---

① 脱脱等：《宋史》卷186《食货志》，中华书局，1985，第4565页。

② 徐松辑，刘琳等校点《宋会要辑稿·兵22》，上海古籍出版社，2014，第9082页。

③ 脱脱等：《宋史》卷451《马塈传》，中华书局，1985，第13270页。

（一）从政治交往到政治隔绝

唐末至五代十国时期，中原王朝对边疆的控制力削弱，西南边疆地区的政治关系发生重要变化。云南地区经历短暂动荡和政权更迭，937 年段思平建立大理国，大理国疆域基本承袭南诏时的疆域，云南历史进入相对稳定时期。在中原地区，建隆元年（960），赵匡胤建立北宋，此时宋朝的统一战争尚未结束。乾德三年（965），王全斌统一四川地区，大理国成为北宋邻国。为求自保，大理国积极遣使至宋祝贺，宋朝予以积极回应。[①] 此后，大理国向宋朝贡不断。而宋朝也予以不同程度的册封。然而，宋朝与大理国关系的发展受北方地缘局势发展的影响。北宋后期，北方战事不断，宋朝面临严峻地缘压力，双方关系受到影响。广州观察使黄璘也因引荐大理国入觐而获罪，北宋对发展与大理国的关系持消极态度，有意减少与大理国的交往，双方关系趋于冷淡。神宗熙宁九年（1076）大理国朝贡，宋朝仅仅以礼遇待之，不予册封。表明宋朝在政治上有意疏远大理国。政和七年（1117），为获取战马，宋朝对大理国给予最高规格的册封，双方政治关系达到顶峰。

南宋建立后，北方地缘危机加剧，南宋无复经略西南之意，承袭了北宋末年与大理国的关系，史书记载，大理国由是“不复通于中国”。对于绍兴三年（1133）、六年（1136）大理国的主动进贡，南宋皆予以明确拒绝，终止与大理国政治关系的意图甚为明显。至南宋时，大渡河以南已经被视为徼外，于是史书出现了“黎州蛮犯边”“黎州蛮投附”以及加强黎州边防等记载。至南宋后期，“大理不敢越善阐”[②]。

总之，宋朝与大理国的关系不断变化，北宋前期积极开展与大理国的朝贡、册封关系，随着北方地缘局势的恶化，北宋后期有意冷淡与大理国的政治关系；至南宋时，宋朝统治者明确终止了双方间的政治联系。

（二）从经济交往到经济限制

宋朝和大理国经济交往频繁。宋初，统治者对与大理国的经济贸易，持积极态度。为增进双方经济交往，宋朝除建造大船外，在四川边境黎、

---

① 徐松辑，刘琳等校点《宋会要辑稿・方域 13》，上海古籍出版社，2014，第 9534 页。

② 脱脱等：《宋史》卷 451《马暨传》，中华书局，1985，第 13270 页。

雅等州开设博易场，大理国以马匹及各种土特产与宋朝交易，其中马匹交易规模最大、最具特色。随着四川边境贸易的扩大，西南诸族也积极参与其中，并对宋朝食盐形成严重依赖，“仰此为衣食”。[①] 除官方贸易外，宋朝与西南诸族间，还有着大量的民间贸易。但是，北宋后期辽宋关系恶化，北方战事吃紧，在北方严峻地缘压力下，宋朝君臣对大理国的防范和猜忌加深，双方间的经贸关系亦受到影响。熙宁年间，双方关系恶化，贸易萎缩，史载大理国“自后不常来，亦不领于鸿胪”，[②] “间一至黎州互市”。[③] 为缓解四川地缘压力，进一步加强对大理国的防御，宋朝人为隔断大理国和四川的经济联系，且将贸易据点转移至广西，“大理自通邕、广，不宜取道川蜀”。[④] “中国通道南蛮，必由邕州横山寨”。大理国和宋朝在广西的马匹贸易一度兴盛，“蛮马之来，他货亦至”。开市之时，“译者平价交市，招马官乃私置场于家，尽揽蛮市而轻其征。其入官场者，什才一二耳”，并形成了横山寨、钦州、廉州等重要博易场。在钦州博易场，富商从四川贩锦至钦由钦易香至蜀，“岁一往返，每博易动数千缗，各以其货互缄”。[⑤] 各地商人在博易场进行自由贸易，其中也包括大理国商人。博易场贸易的兴盛，与宋朝为获取马匹而采取的积极政策分不开，与官府的重视分不开。

宋室南渡，北方战马来源缺失，宋朝派遣守臣至大理国商讨买马事宜。双方间的马匹交易比之北宋时期规模更大，交易更加兴盛。南宋与大理国的经济联系比之北宋更加密切。绍兴二年（1132），又令“广西经略司以盐博马。其后，岁拨钦州盐二百万斤与之”。[⑥] 南宋与大理国的马匹交易以金、银、盐等博易。尽管大理国和南宋间的马匹贸易一度兴盛，但是在宋朝君臣的猜忌下，双方的贸易关系受到极大影响。南宋后期大理国和宋朝之间的经贸联系不见于史载。

---

① 李焘：《续资治通鉴长编》卷153，庆历四年十二月壬午条，中华书局，2004，第3721页。
② 脱脱等：《宋史》卷488《大理国传》，中华书局，1985，第14072页。
③ 脱脱等：《宋史》卷488《大理国传》，中华书局，1985，第14073页。
④ 脱脱等：《宋史》卷412《孟珙传》，中华书局，1985，第12378页。
⑤ 周去非著，杨武泉校注《岭外代答校注》卷5《财计门·钦州博易场》，中华书局，1999，第196页。
⑥ 李心传：《建炎以来系年要录》卷56，绍兴二年秋七月癸亥条，中华书局，2013，第1137页。

（三）文化封闭

为应对恶劣的地缘局势，宋朝在文化上加强对周边民族的防控，严格限制书籍对外流通。立国之初，宋朝统治者制定了严格的书禁政策。首先，对涉及国家政治、军事机密等相关信息的书籍一律禁卖，包括国家的刑典、律例等。开宝五年（972），官府下诏“禁玄象器物、天文、图谶、七曜历、太一雷公、六壬遁甲等不得藏于私家，有者并送官”。[①] 太平兴国二年（977）再申诏令：“禁天文、卜相等书，私习者斩。”[②] 真宗景德元年（1004），加大了书禁政策的力度，诏“图纬、推步之书，旧章所禁，私习尚多，其申严之。自今民间应有天象器物、谶候禁书，并令首纳，所在焚毁，匿而不言者论以死，募告者，赏钱十万”，[③] 且禁“民间私写编敕刑书，及毋得镂版”。[④] 其次，私人撰修与本朝相关的史书一律禁止售卖，收藏亦不被允许。涉及议论时政的书籍也在禁售之列，包括“朝廷大臣之奏议，台谏之章疏，内外之封事，士子之程文”[⑤] 等。“申严私藏天文、兵法之禁”，[⑥] 这些书禁政策旨在防止国家信息流失，加强国防建设。宋朝以上书禁政策最初是针对北方民族政权的。但整个宋朝期间，统治者对大理国的猜忌有增无减，在“唐亡于黄巢，而祸基于桂林”的偏见下，宋朝对大理国防范甚严。因此，宋朝的书禁政策自然不会对大理国网开一面。宋朝限制书籍流通的做法，对于地处边疆地区对汉文化有强烈需求的大理国来说，无疑阻碍了汉文化的发展。

三　政治关系变化对大理国的影响

南宋立国后面临更加严峻的地缘局势，为应对北方地缘危机，统治者调整了西南政治关系，对大理国自身发展及其对外关系产生了重要影响。

---

① 李焘：《续资治通鉴长编》卷 13，开宝五年九月戊寅条，中华书局，2004，第 290 页。
② 脱脱等：《宋史》卷 4《太宗纪》，中华书局，1985，第 57 页。
③ 李焘：《续资治通鉴长编》卷 56，景德元年正月辛丑条，中华书局，2004，第 1226 页。
④ 李焘：《续资治通鉴长编》卷 119，景祐三年七月丁亥条，中华书局，2004，第 2796 页。
⑤ 徐松辑，刘琳等校点《宋会要辑稿·刑法 2》，上海古籍出版社，2014，第 8353 页。
⑥ 李焘：《续资治通鉴长编》卷 62，景德三年四月己亥条，中华书局，2004，第 1396 页。

（一）对大理国经济发展的影响

1. 对大理国农业经济的影响

北宋前期，清溪关道成为大理国和宋朝联系的主要通道，大理国向宋朝贡及经济贸易皆通过四川地区，大理国与四川地区联系密切。大理国后期随着北方地缘压力剧增，宋廷关闭四川博易场，将贸易据点转移至广西地区，大理国入蜀的清溪关道废弃，邕州道成为宋朝和大理国联系的主要通道。此举导致云南和四川之间的传统联系削弱，这种变化对大理国经济发展至少造成两点影响。

第一，在宋朝的猜忌和隔绝下，大理国和四川的传统联系削弱，经济交往中断，人员流动减少。据杨佐《云南买马记》的记载，宋熙宁七年，北方战马来源短缺，宋廷派遣杨佐至大理国商议买马事宜，在大理国境内看到，有群蛮在地间劳作，与其夷语，有一老翁回答："我乃汉嘉之耕民也，皇祐中以岁饥，来活于兹，今发白齿落垂死矣！不图复见乡人也！"① 由此推测，在宋朝熙宁七年之前曾经有川民因饥荒进入大理国地区，而熙宁之后则不再有。可见，熙宁之后大理国和四川间的交通被切断，人员流动受限制，经济交往自然受到限制。

第二，大理国经济发展受影响。宋朝将买马地点转移至广西地区，大理国和中原的经济交往改由广西。与四川地区相比，宋朝广西地区的经济发展水平有限，农业发展落后。广西土地较多，"田家所耕，百之一尔",② 农业生产方式粗放，土地破种后，"旱不求水，涝不疏决，既无粪耕，又不耔耘，一任于天"，"生齿不蕃，土旷人稀",③ 广西地区落后的经济状况，对大理国经济发展是不利的。

2. 对大理国商品经济发展的影响

宋代大理国商品经济发展总体上落后，贝币在大理国时期普遍流

① 李焘：《续资治通鉴长编》卷 267 引杨佐《云南买马记》，中华书局，2004，第 6540 页。

② 周去非著，杨武泉校注《岭外代答校注》卷 3《□□门·惰农》，中华书局，1999，第 146 页。

③ 周去非著，杨武泉校注《岭外代答校注》卷 4《风土门·广右风气》，中华书局，1999，第 149 页。

通。贝子，主目翳，“云南极多，用为钱货易”。[①] 元初云南地区使用贝币频繁。“云南民以贝代钱。是时初行钞法，民不便之。赛典赤为闻于朝，许仍其俗。”[②] “云南贸易与中州不同，钞法实所未谙，莫若以交会、𧵳子公私通行，庶为民便。”[③] 马可·波罗游历至云南时，见到云南各个地区普遍使用贝币。如昆明地区“所用货币则以海中所出之白贝而用作狗项圈者为之”，大理地区也大量使用贝币，金齿州“其货币用金，然亦用海贝”，秃落蛮州“使用海贝，如前所述”，阿木州“亦惯用海贝、黄金”，等等。[④] 不难看出，贝币的流通领域较广，几乎囊括了整个云南地区。学术界研究一致认为，这些贝币来源于印度及南海诸国。此外，贝币与金银货币之间并行流通和交换。“交易用贝子，俗称为‘𧵳’，以一手为庄，四庄为手，四手为苗，五苗为索。”至元十九年（1282），“定云南赋税用金为则，以贝子折纳，每金一钱，直贝子二十索”。[⑤] “八十贝值银一量，等若物搦齐亚城钱二枚，或二十四里物，银八量值金一量。”[⑥] 海贝在大理国颇受欢迎，以贝“为甲胄之饰。且古以贝子为通货，又以为宝器，陈之庙朝”。[⑦] 贝币在大理国的大量流通，说明大理国海外贸易兴盛并达到一定规模。

大理国时期贝币与金、银货币同时流通，贝币在其中居主导地位。贝币、金、银货币形成了并存流通关系，“各种货币均有自己相对固定的流通领域，并存流通，而并不是形成了一种货币职能上的分工互补”。[⑧] 货币是商品经济发展的体现。云南地区多种货币的并存使用，一方面说明大理国境内使用的货币有多重来源，金银货币来自与宋朝的商品交换，大量

① 唐慎微撰，陆拯等校注《重修政和经史证类备用本草（下）》，中国中医药出版社，2013，第1242页。

② 宋濂等：《元史》卷125《赛典赤传》，中华书局，1976，第3065页。

③ 宋濂等：《元史》卷9《世祖纪》，中华书局，1976，第177页。

④ 〔意〕马可波罗著，冯承钧译《马可波罗行纪》第128章《秃落蛮州》，东方出版社，2007，第346页。

⑤ 宋濂等：《元史》卷12《世祖纪》，中华书局，1976，第246页。

⑥ 〔意〕马可波罗著，冯承钧译《马可波罗行纪》卷117《哈剌章州》，东方出版社，2007，第314页。

⑦ 周去非著，杨武泉校注《岭外代答校注》卷7《金石门·大贝》，中华书局，1999，第268页。

⑧ 林文勋：《大理国货币流通分析》，《云南民族学院学报》（社会科学版）1999年第3期。

贝币来自与南海诸国的贸易，且贸易达一定规模贝币才可能在流通领域占主导地位。另一方面，金银货币和贝币同时流通且贝币占主导，说明云南地区商品经济发展不平衡，广大地区的商品经济仍然十分落后。比之中原，大理国经济的发展明显滞后。

（二）对大理国文化发展的影响

1. 对文化交流的影响

南诏和大理国是唐宋时期云南的地方政权，二者皆与中原地区进行文化交流，但唐宋对南诏和大理国的政策不一样，导致其文化交流的方式及力度上呈现不同特点。

南诏和唐朝的关系既有友好时期，也有双方交恶时期。在双方关系友好时，唐朝注重对南诏文化的发展，双方文化交流频繁。对南诏学习汉文化的需求，唐朝积极回应，给予政策照顾，接收南诏大量汉族子弟至四川学习。南诏建立后，“俾附庸成都，名之以国，许子弟入太学，使习华风”。① 南诏统治者仰慕汉文化，“异牟寻每叹地卑夷杂，礼仪不通，隔越中华，杜绝声教。遂献书檄，寄西川节度使韦皋”。南诏归顺后，唐朝开通清溪关道以利南诏子弟至四川学习，“教以书数，欲以慰悦羁縻之。业成则去，复以他子弟继之”。南诏子弟源源不断至四川成都学习汉文化，此举为南诏培养了大量人才。据统计，南诏和唐交好的50多年间，唐朝为南诏培养人才多达数千人。②

唐朝和南诏的关系发展也并非一帆风顺，但即使在双方交恶时文化交流也未曾终止。太和三年（829）南诏军队进攻成都，“将行，乃大掠子女、百工数万人及珍货而去”，“自是南诏工巧埒于蜀中”，南诏在成都地区的战争掠夺性很强，大量士人、工匠、织女被俘获，当时成都传言：“（南诏）驱掠五万余人，音乐伎巧，无不荡尽。”③ 南诏入侵给唐朝造成严重破坏，“自咸通以来，蛮两陷安南、邕管，一入黔中，四犯西川，征兵运粮，天下疲弊，逾十五年。租赋太半不入京师，三使、内库由兹

① 欧阳修：《新唐书》卷222《南蛮中·南诏下》，中华书局，1975，第6289页。

② 司马光：《资治通鉴》卷249，大中十三年十二月条，中华书局，2011，第8078页。

③ 董诰等编《全唐文》卷703《（李德裕）第二状奉宣令更商量奏来者》第5册，山西教育出版社，2002，第4259页。

空竭，战士死于瘴疠，百姓因为盗贼，致中原榛杞，皆蛮故也”。[①] 南诏对外战争也给自身带来灾难，“（南诏）为边患殆二十年，中国为之虚耗，而其国中亦疲弊”。[②] 但不可否认的是，战争成为双方交恶时的另一种文化交流方式，大量被俘的人才对南诏文化及社会的发展起到了积极作用。

有宋一代，大理国和宋朝友好相处，未有兵戈相向，尽管大理国对汉文化向慕，在马匹贸易中不忘求取书籍，但在宋朝的无端猜忌及对文化限制政策下，大理国和宋朝间的文化交流是有限的。首先，大理国学习汉文化的方式不同于南诏，南诏直接选派子弟入川学习的情形不见于大理国。其次，大理国学习汉文化受到诸多限制。宋朝对书籍外流多有限制，对外流书籍种类有限制，涉及国史、地理、时政、朝议、刑法等方面书籍皆禁止外流。大理国与宋朝的书籍贸易中以佛书为最。比之南诏，大理国与宋朝汉文化的交流从方式、规模、数量及交流的深度来说，远远不如南诏时期。南宋后期随着北方地缘形势的加剧，统治者终止了与大理国的关系，官方间的文化交流也随之终止。

2. 对文化发展需求的影响

大理国文化是在南诏的基础上进一步发展的，大理国对汉文化的热情较高，在朝贡贸易中积极向宋求取书籍。乾道九年（1173），大理国人至广西横山寨市马，出具一购书清单，“大略所须《文选五臣注》、《五经广注》、《春秋后语》、《三史加注》、《都大本草广注》、《五藏论》、《大般若十六会序》及《初学记》、《张孟押韵》、《切韵》、《玉篇》、《集圣历百家书》之类，及须浮量钢器并碗、琉璃碗壶及紫檀、沉香木、甘草、石决明、井泉石、密陀僧、香蛤、海蛤等药”。[③] 崇宁二年（1103），“求经籍，得六十九家，药书六十二部”，嘉泰元年（1201），求取《大藏经》1465本。以上为大理国向宋求取书籍的明确记载。另据方国瑜先生的研究，传入大理国的书籍远不止这些，《帝范》《群公四六》《集圣历》以

① 司马光：《资治通鉴》卷253，广明元年五月条，中华书局，2011，第8227页。

② 司马光：《资治通鉴》卷253，乾符四年正月条，中华书局，2011，第8190页。

③ 范成大撰，胡起望、覃光广校注《桂海虞衡志辑佚校志》，四川民族出版社，1986，第257页。

及宋人诗文皆传入云南。[①] 此外，大理国和宋朝的民间文化交流应该存在，鉴于宋朝对大理国的猜疑，规模应该不会很大。

在广西横山寨博易场，大理国、西南各族进行商品交换，大理国商人带去的物品有麝香、长鸣鸡、胡羊、云南刀、披毡、药物等，四川商人则是锦缯、豹皮、文书以及“诸奇巧之物”，双方在博易场进行贸易，且达一定规模，其中便有书籍交换。但宋朝对书籍交换和外流有诸多限制，大理国求取书籍在种类和数量上有限。另外，就大理国求取的书籍来看，《五经广注》《文选五臣注》《玉篇》等早已不为宋人重视，所求取书籍在宋人看来已经滞后。这一现象，一方面反映出大理国汉文化发展水平低下，另一方面反映出，由于宋朝的隔绝政策，大理国对宋朝文化不甚明了，汉文化发展水平明显滞后。当然，大理国所求购书籍也反映出大理国自身文化发展的需要。

3. 对佛教发展的影响

宋朝对大理国的政策也对大理国佛教的发展造成影响。段思平“岁岁建寺，铸佛万尊”。在大理国历代帝王重视下，元初洱海地区已是“沿山寺宇极多，不可殚记”。[②] 大理国佛教发展不同于中原地区，“佛教甚盛。戒律精严者名得道，俗甚重之。有家室者名师僧，教童子，多读佛书，少知六经者；段氏而上，选官置吏皆出此。民俗，家有贫富皆有佛堂，旦夕击鼓恭礼，少长手不释念珠，一岁之中斋戒几半”。[③] 佛教对大理国影响至深，“（大理）其称呼国王曰缥信”。段正兴自称“皇帝骠信段政兴”，《张胜温画卷》则称“利贞皇帝骠信”“奉为皇帝骠信画”，“利贞皇帝”即段智兴。“骠信”，即“缥信”“瞟信”，此称呼系承袭南诏，且多认为与骠国有关。[④] “官渡市中有石碑，相传摩诃嵯与三十七部会盟时立。”“摩诃嵯”即摩诃罗嵯，起于南诏，据《僰古通纪浅述》载，隆顺即位，“远见巍山巅有白气，使李紫奴

---

① 方国瑜著《方国瑜文集》第1辑，云南教育出版社，2001，第541页。

② 郭松年撰，王叔武校注《大理行记》，云南民族出版社，1986，第23页。

③ 李京撰，王叔武校注《云南志略·诸夷风俗》，云南民族出版社，1986，第87页。

④ 李吉星：《南诏大理国政治与政治制度史》，云南大学博士学位论文，2014，第101页。

往，挖得铜钟一，重三百两，阿嵯耶观音一位，自号摩诃罗嵯耶”。①梵语中摩诃罗阇，乃印度及南海诸国对王的称呼。大理国佛教中的这些独特现象，不同于中原地区。为此，有学者指出：“由于大理地近印度，毗邻东南亚，同时与吐蕃和唐接壤，在佛教席卷亚洲的时代……其佛教密宗可能有一个多元的来源。”② 但是，大理国时期仍然沿用南诏佛教的称呼，说明佛教在大理国影响至深，且与南海诸国有着密切的联系和交往。至于哪个影响更深，则须进一步研究厘定。

（三）对大理国对外关系发展的影响

宋朝边疆政策还对大理国对外关系产生影响。宋朝划大渡河为界，有意与大理国疏远并减少联系，关闭清溪关道、将买马地点转移至广西地区等做法，使云南同四川的传统联系被隔断，邕州道成为云南联系中原的大通道，导致历史上云南地区地缘格局发生重大变化。宋朝时云南同中原地区的联系大为减少，南海诸国通过云南与中原的联系也急剧减少。翻阅《宋史・外国传》不难发现，宋朝时期中南半岛诸国交趾、蒲甘、真腊、占城诸国，与宋朝间的联系明显减少。这些国家朝贡宋朝大都经由海路，经广州港或者是经由交州到达中原地区，传统经云南达中原的道路不见通行。蒲甘曾向宋朝贡，但朝贡路线不明。这与前代蒲甘与中原王朝交往密切的现象大相径庭。《宋史》中关于蒲甘的记载甚少，寥寥90余字，说明宋朝对其不甚了解，双方关系疏薄。

宋朝尝试收复交趾的战争失败后，双方建立宗藩关系。南宋淳熙元年（1174）大瞿越国入贡，孝宗赐其国名“安南”，“安南”之名由此而来。安南独立，交州统辖权丧失，不仅对中国西南边疆地缘格局产生重大影响，而且影响了大理国与交趾间的关系。有宋一朝，大理国和交趾联系不多，见于史载的大中祥符八年（1015），大理国和交趾发生战争，交趾获胜。

历史上云南地区的社会发展对中原具有巨大的依赖性，中原王朝

① 尤中校注《僰古通纪浅述》，云南人民出版社，1989，第81页。

② 张海超：《南诏大理国佛教文化传入途径研究》，《青海民族大学学报》（社会科学版）2011年第4期。

的边疆治策对云南边疆社会的发展至关重要。大理国承袭南诏，向慕并积极发展汉文化，双方和平相处的稳定环境是促进大理国经济文化发展的一个重要因素。元初郭松年至大理地区看到这样一番景象："宫室、楼观、言语、书数，以至冠婚丧祭之礼，干戈战阵之法，虽不能尽善尽美，其规模、服色、动作、云为略本于汉。自今观之，犹有故国之遗风焉。"① 郭松年所见的大理乃当时云南经济发展水平最高的地区，不能代表当时云南经济整体发展水平，但大理国向慕并受汉文化影响，则是不争的事实。不可否认的是，在大理国经济和文化发展过程中，宋朝在政治、经济和文化上的诸多限制，阻碍了大理国经济、文化等的快速发展，大理国时期云南地区社会发展水平整体上仍十分落后。元、明、清统一云南后不遗余力发展云南地方社会，逐渐与内地趋近。

第二节　南宋与交趾的政治关系

一　交趾的建立

秦朝建立后，在岭南设置郡县，其中象郡统治范围已达到越南北部、中部一带。秦末汉初，中原大乱，南越国击并桂林、象郡，设置交趾、九真二郡。公元前 111 年，汉武帝灭南越国，设置郡县直接管辖，九郡中的交趾、九真、日南统辖越南。东汉在岭南地区设置交州，辖郡包括交趾、九真、日南三郡。桓帝时又分合浦郡置高兴郡，后改称高凉郡。三国孙吴时先是实行交、广分治，后又复交州如故。公元 263 年，交、广分治，形成定制。南朝刘宋割交州合浦隶属于越州，交州范围缩小，仅在越南地。此后，交州和广州分别走上了不同的发展道路。679 年，唐朝设置安南都护府钳制诸蛮，"安南"之名由此而来。唐朝中后期安史之乱后，中州板荡，唐朝已无力控制安南。唐灭后，中国历史进入动荡分裂时期，安南封建主曲承裕、杨延艺、矫公羡、吴权及丁部领五氏趁机崛起，纷争不断。

① 郭松年撰，王叔武校注《大理行记》，云南民族出版社，1986，第 20 页。

944～968年，安南境内形成了“十二使君之乱”。[①] 968年，丁部领平定叛乱，建立大瞿越国，成为地方割据政权。975年，丁部领向宋朝贡，宋朝封其为交趾郡王。丁部领建立自主的封建国家，在国内称皇帝，史称丁氏先皇，内政完全自理。而在政治制度方面，则多效仿中国。

交趾立国，是唐朝中后期以来长期对南方控制力削弱所致，交趾由中国管辖的郡县向独立政权转变，对中国历史发展产生重要影响。交趾独立，对宋朝南方地缘政治局势形成较大冲击，正确处理与交趾的政治关系，对宋朝至关重要。

二　交趾与宋朝的政治关系

有宋一代，宋朝与交趾保持着稳定的宗藩关系，宋朝接受交趾进贡，进行册封。开宝四年（971）北宋灭南汉刘鋹政权，交趾丁氏政权害怕宋军余威扫荡交州，主动“遣使贡方物，上表内附”，[②] 宋朝因忙于统一全国的战争以及应付北方强敌辽，无暇南顾，接受了交趾的朝贡，并册封交趾首领。[③] 开宝八年（975），宋朝又以丁琏远修职贡为由，封为交趾郡王。[④] 此后，交趾向宋朝贡的记载不绝于书，宋朝均给予册封。真宗景德四年（1007）九月，宋朝赐交趾郡王印及安南旌节。[⑤] 天禧元年（1017），宋朝进封交趾郡王李公蕴为南平王。[⑥] 乾兴元年（1022），李公蕴遣使来贡方物。[⑦] 熙宁六年（1073），李乾德遣使贡方物，宋朝封其为“静海军节度观察处置等使、安南都护、交趾郡王”。[⑧] 交趾的朝贡，史书中有记载：“交趾，开宝元年八月，来贡方物。太平兴国二年、五年、七

---

① 脱脱等：《宋史》卷488《交趾传》，中华书局，1985，第14058页。
② 脱脱等：《宋史》卷488《交趾传》，中华书局，1985，第14058页。
③ 〔越〕吴士连等撰，孙晓主编《大越史记全书》卷1《丁纪》，西南师范大学出版社，2015，第121页。
④ 〔越〕吴士连等撰，孙晓主编《大越史记全书》卷1《丁纪》，西南师范大学出版社，2015，第122页。
⑤ 脱脱等：《宋史》卷7《真宗纪》，中华书局，1985，第134页。
⑥ 〔越〕吴士连等撰，孙晓主编《大越史记全书》卷2《李纪》，西南师范大学出版社，2015，第153页。
⑦ 李焘：《续资治通鉴长编》卷98，乾兴六年四月丙寅条，中华书局，2004，第2280页。
⑧ 徐松辑，刘琳等校点《宋会要辑稿·蕃夷4》，上海古籍出版社，2014，第9792页。

年、八年，来贡方物。雍熙二年，贡方物。三年，贡金器、牙犀。端拱元年，贡方物。淳化元年，贡龙凤椅子、伞握子。五年，贡方物。至道三年，贡七宝交椅、方物。咸平元年，献驯象。四年，贡驯犀、象。景德元年，遣其子明提来贡。四年，遣其弟明昶来贡，乞赐九经、佛经。大中祥符二年，贡驯犀。三年、五年、七年，贡方物。天禧三年，遣弟鹤来贡方物。熙宁二年、六年，贡方物。元丰元年，贡方物。"①这一统计并不完备，但交趾向宋频繁朝贡，则是不争的事实。

对于交趾的进贡，南宋也给予不同程度的册封。绍兴二年（1132）三月，宋朝制授故越南王李乾德子阳焕为静海军节度使，特进检校太尉兼御史大夫、上柱国，封交趾郡王，仍赐推诚顺化功臣。自元丰后，大臣功号悉除之，独安南如故。②绍兴八年（1138），宋朝封李天祚为"静海军节度使观察处置等使，特进、检校太尉、兼御史大夫、安南都护、上柱国，特封交趾郡王"；③二十五年（1155），宋朝晋封李天祚为南平王，赏赐颇丰。④翌年，加天祚功号"归仁"，赐金银器币等。乾道九年（1173），"……以五象进，奉大礼，正使安南承议郎李邦正，副安南忠翊郎阮文献，又以十象贺登宝位。安南中卫大夫尹子思为使，自邕州右江永平寨入……是役也，贡象之外，附贡金银、洗盘、犀角、象齿、沉、笺之属，计所直不满二三万缗，似非绍兴入贡之盛，而其国扫府库仅能集事"。⑤淳熙元年1174年，宋朝赐交趾"安南国"，封李天祚为安南国王，此次宋朝对安南国赏赐最丰。⑥绍熙元年（1190）十一月安南入贡。⑦绍熙五年（1194）八月，光宗加安南国王李龙翰思忠功臣。⑧嘉定五年（1212）五月安南国王

① 李攸：《宋朝事实》卷12《仪注》，中华书局，1955，第201页。
② 李心传：《建炎以来系年要录》卷52，绍兴二年三月己亥条，中华书局，2013，第1073页。
③ 徐松辑，刘琳等校点《宋会要辑稿·蕃夷4》，上海古籍出版社，2014，第9796页。
④ 李心传：《建炎以来系年要录》卷169，绍兴二十五年秋七月甲戌条，中华书局，2013，第3205页。
⑤ 周去非著，杨武泉校注《岭外代答校注》卷2《外国门·安南国条》，中华书局，1999，第59页。
⑥〔越〕黎崱撰，武尚清点校《安南志略》，中华书局，1995，第306页。
⑦ 脱脱等：《宋史》卷36《光宗纪》，中华书局，1985，第699页。
⑧ 脱脱等：《宋史》卷37《宁宗纪》，中华书局，1985，第716页。

李龙翰卒，宋朝册封李昆为安南国王。[①] 咸淳二年（1266）八月，安南国遣使贺登位，献方物。[②] 对于交趾向南宋的朝贡，宋人周去非的《岭外代答》记述，“建炎南渡，李天祚乞入贡，朝廷嘉其诚，优诏答之”，[③] 咸淳十年（1274）十一月宋朝加安南国王陈日煚宁远功臣，其子威晃奉正功臣。[④]

对于交趾的进贡，宋朝多给以册封。但交趾的扰边行为，也给宋朝西南边疆造成不小地缘压力。

至道元年（995），广南西路转运使张观、钦州如洪寨兵马监押卫昭美等上言：“交州战船百余艘寇如洪镇，略居民，劫廪实而去。”太宗“志在抚宁荒服，不欲问罪”。[⑤] 大中祥符二年（1009），交趾“劫海口蜑户，如洪主李文著以轻兵袭逐，中流矢死”，宋朝仅“诏督安南捕贼”，轻率处理了此事。[⑥] 此后，交趾对宋朝的侵扰不绝于书，当然，这与宋朝的态度有较大关系。熙宁九年（1076），交趾发动更大规模的军事侵扰，宋朝不得已还击，收回了“广源州、门州、思浪州、苏茂州、桄榔县”。[⑦] 为维持与交趾的宗藩关系，在取得军事胜利的情况下，宋朝将一些边地割让给交趾。如广源州（顺州），神宗言：“乾德犯顺，故兴师讨罪。逵等不能讨灭，垂成而还。今顺州荒远瘴疠之地，朝廷得之未为利，岂可自驱戍兵，投之瘴土。一夫不获，朕尚闵之，况使十损五六邪！”转运副使苗时中亦言：“顺州所筑堡寨，深在贼境，馈运阻绝，戍卒死者十常八九，不如弃之。”[⑧] 元丰二年（1079），宋朝以“其地界交趾”为由，将邕管羁縻管辖的广源州划归交趾。[⑨] 后又把原本属于宋朝之

① 脱脱等：《宋史》卷39《宁宗纪》，中华书局，1985，第758页。
② 脱脱等：《宋史》卷46《度宗纪》，中华书局，1985，第896页。
③ 周去非著，杨武泉校注《岭外代答校注》卷2《外国门·安南国条》，中华书局，1999，第58页。
④ 脱脱等：《宋史》卷47《瀛国公纪》，中华书局，1985，第923~924页。
⑤ 脱脱等：《宋史》卷488《交趾传》，中华书局，1985，第14062页。
⑥ 脱脱等：《宋史》卷488《交趾传》，中华书局，1985，第14065页。
⑦ 陈邦瞻纂辑《宋史纪事本末》卷15《交州之变》，中华书局，2015，第104页。
⑧ 李焘：《续资治通鉴长编》卷300，元丰三年十月戊申条，中华书局，2004，第7249页。
⑨ 徐松辑，刘琳等校点《宋会要辑稿·蕃夷4》，上海古籍出版社，2014，第9794页。

地的“八隘之外集乐六县，宿桑二峒”割让给交趾。①

宋朝对交趾的侵扰行径一味姑息忍让，引发了侬智高起事。皇祐五年（1053），侬智高率众攻破横山寨，进围邕州，后又攻入横州、桂州、龚州、滕州、梧州、封州、康州、广州等地，声势浩大，给宋朝造成巨大震动，宋朝派陈曙、狄青等领军进行围剿，“叛乱”方才平息。交趾军事侵扰及侬智高起事，促使宋朝统治者意识到：朝廷之忧，不专在西北，“国朝以契丹、元昊为忧，不知侬贼猖獗”。宝元元年（1038），抚水州首领率众攻打融州、宜州，宋朝征调邵州、沣州、潭州戍兵数千人前往镇压。熙宁初，宜州知州钱师孟、通判曹觌“擅裁侵剥之”，引起当地民众的反宋斗争，宋朝“征发在京骁骑两营及江南、福建将兵3500人”准备镇压，后因起事首领率众投降而罢。②

宋朝与交趾的政治关系，既有兵锋相交的一面，又有友好相处的一面。但总体来说，和平相处时间长，战争时间短、规模小，战争并非双方关系的主流。南宋前期与交趾的关系还是密切的，但随着蒙古南侵，南宋已经无暇南顾，与交趾的政治关系亦随之疏远。

三　宋越政治关系的特点及其影响

（一）宋越关系的特点

宋越关系主要表现在三个方面：放弃统一，承认独立；建立宗藩关系，进行册封和朝贡；消极处理越南寇边事件。

1. 放弃统一，承认独立

后周显德七年（960），赵匡胤建立宋朝，确立了“先南后北”统一全国的战略方针。建隆三年（962），宋朝迈开了统一全国的步伐，挥师南下，先后并荆湖、讨西蜀、攻南汉、伐南唐、灭吴越。太平兴国四年（979）灭北汉，结束五代十国的割据局面。宋朝随后北伐，但遭遇辽朝大将耶律休哥的奋力抵抗，宋军大败。雍熙三年（986），宋军兵分三路再次北上，以失败告终。经过两次北伐，宋军士气削弱，信心全无。史载

① 脱脱等：《宋史》卷488《交趾传》，中华书局，1985，第14070页。

② 脱脱等：《宋史》卷495《抚水州蛮传》，中华书局，1985，第14208页。

宋军遭遇重创，锐气尽耗，此后“不敢北向”，在军事上转为防守。

中原地区分裂动荡之时，中原王朝对交州的控制力削弱。当地封建主曲承裕、杨延艺、矫公羡、吴权及丁部领先后崛起。吴权卒后，国内纷争不断，动荡不已，形成“十二使君之乱”，长达22年。至968年，丁部领平定叛乱，建立大瞿越国。975年，丁部领向宋朝贡，宋朝因忙于统一战争无暇南顾，顺势封丁部领为交趾郡王，承认独立。

随着北方局势稳定，宋朝开始留意南方地区。太平兴国五年（980），宋朝迎来了收复交趾的大好时机，“交趾内扰，此实天亡之秋”①，“舍今不图，恐失机会”，宋以“僭伪之邦”“未归舆地之图”为由发动了收复战争。战争以宋朝失败告终。景德三年（1006），宋朝朝臣收复交趾之心复燃，邵晔上献交州地图，但此时的宋朝，开疆拓土勇气尽失，最终以“交州瘴疠，宜州险绝，若兴兵攻取，死伤必多。且祖宗开疆广大若此，当慎守而已，何必劳民动众，贪无用之地？如照临之内，忽有叛乱，则须为民除害也”② 为由，放弃统一交趾，但“羁縻不绝而已”。

2. 建立宗藩关系，进行册封和朝贡

宋初的统一战争给交趾造成不小压力，为求自保，开宝四年（971），交趾主动“遣使贡方物，上表内附”，③ 宋朝顺势接受交趾朝贡，册封丁琏为检校太师、静海军节度使、安南都护。④ 开宝八年（975），宋朝封丁部领为交趾郡王。景德四年（1007）、天禧元年（1017）、乾兴元年（1022）、熙宁六年（1073），交趾皆向宋朝贡。

南宋与交趾的政治关系承袭北宋。绍兴七年（1137），南宋封李天祚为静海军节度使观察处置使，特进检校太尉兼御史大夫、安南都护、上柱国，并特进交趾郡王；绍兴二十五年（1155），南宋晋封李天祚为南平王。翌年，加天祚功号“归仁”。1174年，宋朝赐交趾为“安南国”，加封食邑。⑤ 绍熙元年（1190）十一月安南入贡。绍熙五年（1194）八月，

---

① 陈邦瞻纂辑《宋史纪事本末》卷15《交州之变》，中华书局，2015，第101页。

② 徐松辑，刘琳等校点《宋会要辑稿·蕃夷4》，上海古籍出版社，2014，第9786页。

③ 脱脱等：《宋史》卷488《交趾传》，中华书局，1985，第14058页。

④ 〔越〕吴士连等撰，孙晓主编《大越史记全书》卷1《丁纪》，西南师范大学出版社，2015，第125页。

⑤ 徐松辑，刘琳等校点《宋会要辑稿·蕃夷4》，上海古籍出版社，2014，第9800页。

光宗加安南国王李龙翰思忠功臣。嘉定五年（1212）五月，安南国王李龙翰卒，宋朝册封李昂为安南国王。绍兴二年、二十六年，乾道九年，咸淳二年、十年，皆有交趾向南宋朝贡的记载。对于交趾的朝贡，宋朝多予以不同程度的册封。

3. 消极处理越南寇边事件

在宋越关系中，交趾的寇边事件也是不容忽视的，广西边境成为交趾攻伐的目标。至道元年（995），“交州战船百余艘寇如洪镇，略居民，劫廪实而去”。[①] 宋朝仅以“抚宁荒服，不欲问罪”的消极态度处理。大中祥符二年（1009），交趾“劫海口蜑户，如洪主李文著以轻兵袭逐，中流矢死”，宋朝仅“诏督安南捕贼”，轻率处理了此事。[②] 天圣六年（1028），交趾李公蕴“令其子弟及其婿申承贵率众内寇”；景祐三年（1036），李朝“其甲峒及谅州、门州、苏茂州、广源州、大发峒、丹波县蛮寇邕州之思陵州、西平州、石门州及诸峒，略居人牛马，焚室庐而去”。[③] 嘉祐四年（1059）“寇钦州思禀管”，五年（1060）又“与甲峒贼寇邕州”；嘉祐八年（1063）交趾使臣命“内侍省押班李继和喻以申绍泰入寇”，“朝廷以绍泰一夫肆狂，又本道已遣使谢罪，故未欲兴兵”。[④]

对交趾的扰边行为，宋朝态度消极，多轻率处理，反而加剧了交趾更大规模的入侵。熙宁八年（1075），十余万交趾军队水陆并进，一举伐宋，很快攻陷了宋朝钦、廉州，并围攻邕州40余天，“（交趾）尽屠其民，凡五万八千余口”；“并钦、廉州死之者，凡十余万人。常杰等俘虏三州人而还”。[⑤] 宋朝被迫反击，收复了不少失地。为息事宁人，宋朝又以广源州等地近交趾不利于管理为由，割予交趾。

宋朝处理交趾寇边事件的消极态度和做法，给自身边疆防御造成困扰。韩国学者金成奎认为，宋人将契丹、西夏、交趾视为“三方之急”，

① 脱脱等：《宋史》卷488《交趾传》，中华书局，1985，第14062页。
② 脱脱等：《宋史》卷488《交趾传》，中华书局，1985，第14065页。
③ 脱脱等：《宋史》卷488《交趾传》，中华书局，1985，第14067页。
④ 脱脱等：《宋史》卷488《交趾传》，中华书局，1985，第14068页。
⑤ 〔越〕吴士连等撰，孙晓主编《大越史记全书》卷3《李纪二》，西南师范大学出版社，2015，第188页。

这种看法符合当时的实际情况。宋朝的消极应对，触发了境内的民族反抗。宝元元年（1038），抚水州首领率众攻打融州、宜州，宋朝征调邵州、沣州、潭州戍兵数千人前往镇压。皇祐五年（1053），侬智高起事，率众攻破横山寨，进围邕州，之后又攻入横州、桂州、龚州、滕州、梧州、封州、康州、广州等地，声势浩大，给宋朝造成巨大震动，宋朝派陈曙、狄青等领军进行围剿，方才平息。交趾军事侵扰及侬智高起事，促使宋朝统治者意识到：朝廷之忧，不专在于西北，“国朝以契丹、元昊为忧，不知侬贼猖獗”。

总之，宋朝立国，中南半岛地缘局势发生变化，中原王朝对边疆控制力削弱，交趾开始走上独立道路。独立后的交趾与宋朝建立宗藩关系，却又不时侵扰宋朝广西边境，宋朝多消极处理。宋朝的做法，既与宋朝所处的地缘局势有重要关系，也与宋朝对交趾的看法有莫大关系。

（二）宋朝地缘局势对宋越关系的影响

1. 宋朝“重北轻南”地缘战略对宋越关系的影响

宋初，地缘环境恶劣，辽、西夏、金、蒙古等政权军事力量强大，且占据有利地缘战略要地，给宋朝造成巨大威胁。“累世以来，夷狄人众地大未有如今契丹。”① “夏国自祖宗以来，为西方巨患，历八十年。朝廷倾天下之力，竭四方财用，以供馈饷，尚日夜惴惴然，唯恐其盗边也。”② 大理国、交趾及吐蕃等政权虽未能威胁宋朝生存，但造成的边境压力也不容小觑。“南夷敢杀天子之命吏，西夷敢有崛强之王，北夷敢有抗礼之帝者”，③ 可谓宋朝地缘局势的真实写照。

“宋兴，北有大敌，不暇远略”，④ 正是基于该地缘形势的判断，宋朝确立了“重北轻南”的地缘战略，即将防御的重点放在地缘压力较大的北方地区，对南方地区的防御和统治相对比较轻视，“重北轻南”战略贯穿两

---

① 李焘：《续资治通鉴长编》卷 236，熙宁五年闰七月戊申条，中华书局，2004，第 5726 页。

② 李焘：《续资治通鉴长编》卷 349，元丰七年十月癸巳条，中华书局，2004，第 8373 页。

③ 欧阳修撰，李逸安校点《欧阳修全集》卷 60《辩论 · 本论》，中华书局，2001，第 861 页。

④ 郭松年撰，王叔武校注《大理行记》，云南民族出版社，1986，第 20 页。

宋。这一地缘战略对中越关系的发展产生重要影响。其表现主要有二。

第一，放弃统一，划分疆界。与辽相比，大理国和交趾给宋朝造成的地缘压力小得多。因此，宋朝的态度相对保守。宋初两次伐辽失败，宋廷锐气尽挫，在对待大理国和交趾方面勇气尽失。平蜀后，大将王全斌献地图，有统一大理国之意，赵匡胤“鉴唐天宝之祸起于南诏，以玉斧画大渡河以西曰：‘此外非吾有也’”,[①] 以大渡河为界，实现对大理国的防御。对于此举，宋朝统治者引以为傲，认为避免了边患的发生。对统一交趾，宋朝的态度并无两样。景德三年（1006），邵晔上邕州至交州水路交通图，真宗以“交州瘴疠，宜州险绝，若兴兵攻取，死伤必多”为由，放弃对交趾的统一战争，且认为此举是“劳民动众，贪无用之地”。[②] 不仅如此，宋朝在处理与中南半岛国家关系中也多持消极态度，“交趾、占城、真腊、蒲甘、大理滨海诸蕃，自刘鋹、陈洪进来归，接踵修贡。……来则不拒，去则不追，边圉相接，时有侵轶，命将致讨，服则舍之，不黩以武”。[③] 宋朝放弃统一的做法，使中越关系发生质的变化，同时也对宋朝西南疆域的形成产生重要影响。独立后的交趾不断蚕食宋朝边境，双方发生边界纠纷，重新划定边界，钦州所辖如洪、咄步、如昔镇，邕州下辖思平州、思陵州、石西州、禄州及诸峒，与交趾潮阳镇、谅州、甲峒、门州、苏茂州、广源州、大发峒、丹波县交界。史书中常有交趾亡命之徒隐匿钦州的记载。熙宁年间，宋朝收复了“广源州、门州、思浪州、苏茂州、桄榔县”[④] 等。后将广源州划归交趾，又将“八隘之外保乐六县，宿桑二峒”割予交趾。[⑤] 双方边界基本确定。元丰七年（1084），宋越双方再次确定边界。宋朝与交趾边界逐渐明晰，宋朝西南边疆逐步形成。

第二，在“重北轻南”地缘战略影响下，宋朝南方军事防御松懈。缘于北方强大的地缘压力，宋朝军事防御重点在北方，主力军队亦布防

---

① 毕沅：《续资治通鉴》卷4，乾德三年正月丁酉条，中华书局，1957，第89页。

② 徐松辑，刘琳等校点《宋会要辑稿·蕃夷4》，上海古籍出版社，2014，第9786页。

③ 脱脱等：《宋史》卷485《夏国传》，中华书局，1985，第13982页。

④ 陈邦瞻纂辑《宋史纪事本末》卷15《交州之变》，中华书局，2015，第105页。

⑤ 脱脱等：《宋史》卷488《交趾传》，中华书局，1985，第14070页。

在北部边境，南方地区的防御相对薄弱。宋初以大渡河天堑实现对大理国的防御，随着北方地缘压力陡增，宋朝关闭四川边境，广西成为防止大理国和交趾入侵的前沿阵地，边防战略地位提升。宋朝加强广西防御，布防军队有禁军、厢军以及乡兵，乡兵又有峒丁、寨丁、土丁、保丁等种类。厢军在数量上及地域上成为广南西路防御的主力军，根据广南西路的实际情况，宋朝还依赖大量乡兵作为边境防御的重要力量。禁军并非广西防守军队的主力，这与广西作为边疆防御重地的战略地位远远不符。正是这种军事防御上的松懈，广西边患不断。西南地区“盗贼一年多如一年，一伙强如一伙”，朝廷却未予以重视，仅仅视之为“疥癣之疾”。“今国家知备西北而不知备蛮寇。视蛮寇如已絷之囚，而不与南方为战攻之计，岂其心有所取舍哉？盖蛮鬼久不作梗，朝廷不以为意，议事之臣平时未尝道及，因此忽而不顾。遣长吏往焉，则不择而次署，命之曰远官。发军戍往焉，则不以精强充数，指之曰闲地。又以犯法之民流置于彼，致使桀黠之党聚类而兴，蹂躏数州，平民被祸。郡邑之吏，懦者逃匿，强者死于一斗，此势之所以然也。非祸起于不测，实患生于无备也。”① 此话可谓一语中的。

边备松弛，交趾开始觊觎广西边境，发动了多次寇边事件。对于交趾频繁侵扰广西边境的原因，时臣指出，“国家比以西北二边为意，而鲜复留意南方，故有今日之患，诚不可不虑也。臣顷从事宜州，粗知蛮本末。安化地幅员数百里，持兵之众，不过三四千人，然而敢肆侵扰者，非特恃其险绝，亦由往者守将失计，而国家姑息之太过也”，② 一语道出了交趾侵宋的缘由。

2. 交州统辖权丧失对宋越关系的影响

宋朝立国不仅地缘局势差，而且丧失地缘战略要地，如北方的燕云十六州、灵州，西南地区的交州等，这些地缘要地的丧失对宋朝对外关系影响重大。交州统辖权的丧失，对宋朝的西南局势及宋越关系的发展皆产生重要影响。

---

① 韦骧撰《钱塘韦先生文集》之《议岭寇》，《杭州文献集成》第 14 册，杭州出版社，2014，第 511 页。

② 李焘：《续资治通鉴长编》卷 122，宝元元年十一月甲辰条，中华书局，2004，第 2884 页。

（1）西南地缘优势不复存在，交趾频繁寇边

历史上，交州地缘战略地位重要，曾是中原王朝统辖西南地区以及实现对中南半岛经营的战略要地。交州的战略地位，在唐朝已经凸显。交州是唐朝有效经营云南、遏制南诏外扩的地缘战略要地。天宝年间，唐朝三次讨伐南诏的军事行动无一例外地从安南发兵来实现对南诏的南北夹击。如天宝八载（749），唐玄宗命鲜于仲通为剑南节度使率兵南下，何履光率领十道兵从安南沿步头路北进，意图实现对南诏的南北夹击。天宝十二载、十三载征伐南诏，皆采取从安南发兵实现南北夹击的策略。

不仅如此，于邕州而言，交州的地缘战略同样重要。交州既失，邕州便赤裸裸地暴露在交趾眼皮底下。“伏缘本路外接西广六蕃，南连交趾九道，沿边溪峒，一百余州，苟失抚绥，立生患难。”① 缘于此，宋朝加强对广西地区的边防建设。广西地区的兵制参照陕西、河东，“不轮戍他路”。② 邕州“内宿全将五千人以镇之”。③ 宋朝加强对广西的军事部署，在邕州设经略安抚使，宜州、融州设兵马都监，钦州、廉州设溪峒巡检使，形成了以桂州为后盾，以邕州、融州、宜州、钦州和廉州为外缘的严密的军事防御体系，以实现对交趾及西南诸蕃的军事防御。尽管如此，邕州的地缘战略优势仍不如交州明显。唐朝咸通年间，南诏两次攻陷安南后北上攻陷邕州，正是利用了交州有利的地缘战略地位。因此，整个宋朝，交趾的频繁寇边以及宋朝的消极处理态度，皆与交州统辖权的丧失有密切关系。

（2）对中南半岛国家控制力削弱

交州是中原王朝经营中南半岛国家的重要据点。唐朝末年，随着唐朝对交州控制权的削弱，朝廷任命的安南都护多不能到任。907 年，朱温灭唐，安南社会剧变，当地土豪乘机崛起，曲承裕、曲承美、杨廷艺、矫公羡先后崛起并控制安南地区，南汉政权已无力控制，安南局势失控。939

---

① 汪森：《粤西文载》卷 4《免户部侍郎状》，《景印文渊阁四库全书》第 1465 册，台湾商务印书馆，1986，第 484 页。

② 脱脱等：《宋史》卷 196《兵志》，中华书局，1985，第 4900 页。

③ 周去非著，杨武泉校注《岭外代答校注》卷 1《边帅门·邕州兼广西路安抚都监》，中华书局，1999，第 47 页。

年，安南军将吴权杀死矫公羡，自立为王。944 年吴权死，越南历史进入了“十二使君之乱”，连年混战，安南局势已不为中原王朝所掌控，这些情况在中原王朝有效控制交州时未曾出现。

随着交趾的独立，宋朝对中南半岛的优势丧失。交趾不断对外用兵，占城最受其苦。981 年，黎桓即位后率军南伐占城，斩其王，毁宗庙，占城被迫迁都，此后占城向交趾朝贡。明道二年（1033），李太宗亲自督军，占城王战死，占城军民被斩首 30000 余人，被俘 5000 余人。交趾频繁侵扰占城的这段历史，被史学家称为交占战争史。面对交趾的蚕食，占城向宋求助。雍熙二年（985），占城献方物，且诉为交州所侵，宋朝仅仅“诏答令保国睦邻”。① 端拱、淳化、至道年间，占城皆向宋求助，均未得到宋朝的积极回应。元祐七年（1092），占城国王奉表宋哲宗，表示愿意出兵助宋朝讨伐交趾，而宋朝仅以“交趾数入贡，不绝臣节，难以兴师”为由，婉言拒绝。② 宋朝的消极态度与中南半岛地缘优势的丧失有较大关系。熙宁战争后，交趾在东南亚国家的强国地位进一步巩固，占城与宋朝关系疏远，最终断绝朝贡关系。

交州统辖权的丧失，导致宋朝与中南半岛国家间的联系明显减少。据历史记载，宋代以前中南半岛国家联系中原王朝主要行经云南陆路，经广西的情况不多见。由于宋朝对大理国的疏远，经四川北上的道路关闭。安南与宋朝的联系一般经由邕州、北上桂州直达京城。但是整个宋朝期间宋交关系时好时恶，宋朝对交趾防范甚严，交州至宋朝的道路亦受阻碍。不仅如此，中南半岛商人至交州往往受欺压和盘剥。因此，与唐朝不同的是，中南半岛国家朝贡宋朝多选择海路，由占城航行至广州北上。占城地理位置特殊，“占城，东海路通广州，西接云南，南至真腊，北抵交趾，通邕州；自泉州至本国顺风舟行二十余程”，③“岭以南，广为一都会。大贾自占城、真腊、三佛齐、阇婆涉海而至”。④ 正是由于中南半岛国家多

---

① 脱脱等：《宋史》卷 489《占城传》，中华书局，1985，第 14080 页。
② 脱脱等：《宋史》卷 489《占城传》，中华书局，1985，第 14085 页。
③ 赵汝适原著，杨博文校释《诸蕃志校释》卷上，中华书局，1996，第 8 页。
④ 洪适：《盘洲文集》卷 31《师吴堂记》，《景印文渊阁四库全书》第 1158 册，台湾商务印书馆，1986，第 457 页。

选择海路，占城发展为重要港口。“占城国，立国于海滨。中国商舟泛海往来外藩者，皆聚于此，以积新水，为南方第一码头。”① 即便如此，由于交州的丧失，宋朝与中南半岛国家交趾、占城、真腊、蒲甘诸国联系减少，却是不争的事实。

可以说，交州于宋朝西南地缘格局至关重要，交州丧失使宋朝丧失了在西南的统辖权。交州是唐代以前王朝经营云南、广西与中南半岛的桥头堡，亦是海外诸国赴番禺交易的中转站。宋朝放弃统一交趾和大理国的做法，使宋朝丧失了在西南地区的统辖权。与唐朝前期精心构筑的西南边疆防御体系相比，宋朝的西南边疆防御体系有很大缺陷。邕州成为宋朝防御大理国和越南的前沿重地，赤裸裸地暴露在交趾眼皮底下。这种地缘战略上的失当，使宋朝失去对外开拓的勇气，在西南地区采取守势。面对交趾的侵扰寇边事件，宋廷大多息事宁人，隐忍克制，这给越南的向外扩张提供了可乘之机。

总之，承认交趾独立，意味着放弃交州统辖权。这一决策对宋朝西南治策及中越关系的发展产生重要影响。第一，历史上交州于中南半岛及西南地区具有重要战略地位。丧失交州，使宋朝西南地缘优势尽失，西南地缘局势失控，大理国和交趾游离于宋朝版图之外。“宋朝承认安南的独立，不仅丧失经营今云南、广西与中南半岛的桥头堡和交通枢纽地位，前代以云南、交趾为基地经营中南半岛的有利形势亦不复存在，宋朝还被迫加强广西边防，以抵御其侵扰，此举可谓是得不偿失。”② 第二，于中越关系而言，交州的丧失使宋朝失去对中南半岛的地缘优势。从地缘政治的角度来讲，实现对岭南地区的管控，邕州的地缘优势远远不如交州明显。宋朝时，越南屡次侵扰广西边境，这与宋朝地缘优势的丧失，以及“重北轻南”地缘战略下对广西防守薄弱有较大关系。交州地缘优势的丧失，历代控制中南半岛局势的优势不复存在，中南半岛国家与宋朝之间的联系明显减弱。

---

① 〔越〕黎崱撰，武尚清点校《安南志略》卷1《边境服役》，中华书局，1995，第43页。

② 方铁：《宋朝的“守内虚外”方略》，载《方略与施治：历朝对西南边疆的经营》，社会科学文献出版社，2015，第189页。

第三节　南宋四川、广西地缘战略地位的提升

为应对日益加剧的北方地缘危机，南宋统治者改变西南地缘战略，调整西南地缘关系，使西南政治格局发生变化。南宋在金军追击中屈辱立国，至绍兴年间宋金双方划定边界后，南宋形成对金作战的三大防区，川陕防区地位增强，保卫川陕防区安全，有效防御金军进攻，关乎整个南宋安危。四川一跃成为前沿重地，地缘压力陡增，为减轻四川地缘压力，避免陷入腹背受敌的困境，南宋除了加强四川防御外，还调整西南地缘关系，关闭四川至云南的传统交通路线，将买马地点由四川转移至广西。这一做法，导致广西的地缘战略地位增强，不仅成为大理国及西南诸番、交趾联系南宋的重要中转站，而且成为南宋防御大理国和交趾的前沿战略要地。

一　四川地缘战略地位的变化

北宋以大渡河为界，与大理国划分疆界，四川成为与大理国及西南诸蕃接壤的边境地区，是北宋防御大理国及西南民族入侵的前沿阵地，四川地缘战略地位增强。建隆元年（960），赵匡胤代后周称帝，建立北宋。乾德三年（965），宋遣大将王全斌进军成都，统一四川。大理政权即遣建昌城守吏经清溪关道至宋祝贺。开宝元年（968），大理政权再次遣建昌城守吏至黎州（今四川汉源）递交文书，希望与宋朝通好。太平兴国七年（982），太宗诏黎州守将于大渡河畔打造大船，“以济西南蛮之朝贡者”。[①] 为购置战马，熙宁六年（1073），北宋在黎州、雅州等地设置博易场，向大理国和西南诸族购买马匹，大理国与宋朝的马匹交易曾达到一定规模。直至北宋宣和二年（1120），宋约金攻辽，北部战事偏紧，北宋遂有意冷淡与大理国的关系，自是“大理复不通于中国，间一至黎州互市”。宋人这一做法，旨在减轻四川地缘压力。据《宋史·孝宗本纪》记载，自淳熙三年至十二年，关于“黎州蛮犯边”、“黎州蛮投附”和加强黎州边防一

① 徐松辑，刘琳等校点《宋会要辑稿·蕃夷5》，上海古籍出版社，2014，第9844页。

类的记载多达十几次。缘于四川的战略地位，宋朝加强四川军队戍守的做法，是合乎时宜的。当然，宋人此举也有来自对历史经验的错误认识，如“唐亡于黄巢，而祸基于桂林”,① “蛮夷桀黠，从古而然”,② 等等。

南宋立国后，宋金两国以东起淮水中流、西至大散关为界划分疆界，北部疆域大大向南压缩，南部无大变化。南宋以长江为天险与金朝对峙，四川地处长江上游，成为防御金兵南下的重要军事阵地，其地缘战略地位进一步提升。金军多次以四川为攻宋主战场，使四川面临严峻地缘压力。蒙哥以四川为主战场的攻宋策略，也足以说明四川的重要地缘战略地位。宋朝人为切断云南和四川的联系，关闭了云南联系四川的传统交通要道——清溪关道和石门关道，目的是减轻四川南部的地缘压力，更好地应对北部地缘危机。同时，又将买马地点转移至广西，宋人此举，可谓用心良苦。

二　南宋广西地缘战略地位的加强

宋代的广南西路位于西南边陲，包括现在的广西大部、广东一部分及海南岛。广南西路旧为南汉旧地，开宝四年（971），宋太祖平定广南。至道三年（997）置广南西路，治所桂州。根据《宋史·地理志》记载，广南西路划为二十五州，有桂、连、邕、宜等州。③ 南宋绍兴十二年（1142），宋金勘定界线，以淮河—大散关为界，南宋共有十六路。“广西西南一方，皆迫化外。令甲邕、宜、钦、廉、融、琼州，吉阳、万安、昌化军，静江府，系沿边。柳、宾、贵、横、郁林、化、雷，系次边。总广西二十五州，而边州十七。静江属县半抵瑶峒。”④ 广南西路在历史上有化外之称。明代杨芳《广西总图说》曰：“粤之西，三江环抱，错编户于蛮僚，不当十四五，警时闻左右二江，土蛮最为桀黠，时治兵相攻，窥及内地。”清朝《粤西偶记》：“粤地外连交趾，内杂獞猺，古来安置迁客之

---

① 欧阳修：《新唐书》卷222《南蛮传·南诏传赞》，中华书局，1975，第6295页。

② 徐松辑，刘琳等校点《宋会要辑稿·方域20》，上海古籍出版社，2014，第9692页。

③ 周振鹤：《中国历代行政区划的变迁》，商务印书馆，1998，第104页。

④ 周去非著，杨武泉校注《岭外代答校注》卷1《地理门·并边》，中华书局，1999，第3页。

地，向闻盗贼充斥地方，无日不失事，无日不杀人。”①

广西境内地理形势复杂，山脉众多，河流遍布，形成不同的地理单元。“凡广西诸水，无不自蛮夷中来。静江水曰漓水，其源虽自湘水来，然湘本北行，秦史禄决为支渠，南注之融江，而融江实自徭峒来。汉武帝平南越，发零陵，下漓水，盖溯湘而上，沿支渠而下，入融江而南也。漓水自桂历昭而至苍梧。融州之水，牂牁江是也，其源自西南夷中来。武帝发夜郎，下牂牁，即出此也。宜州之水，自南丹州合集诸蛮溪谷而来。东合于牂牁，历柳历象而至浔。邕州之水，其源有二，一为左江，自交趾来。一为右江，自大理国威楚府大盘水来。江合于邕，历横历贵，与牂牁合于浔而东行，历藤而与漓水合于苍梧。苍梧者，诸水之所会，名曰三江口，实南越之上流也。水自是安行入于南海矣。”② 广西境内地理形势未能形成对外防御的天然屏障，且民族众多，难于管理。南宋在广西的防御，充分考虑地理条件的限制，在要冲重地设立关卡隘寨，严加防守。

南宋加强在广西的防御，融、宜、邕、钦、廉五州环绕于广南西路及西南方与南方的沿边外缘地带，③ 其中以邕州战略地位最为重要。邕州“外控蛮荒，南服有事，此为噤喉重地。唐置邕管于此，为广南唇齿之势”，④“备边之郡九，而邕管为最重。邕之所管幅员数千里，而左右两江为重。自邕之西北，有牂牁、罗甸、自杞。西南有白衣、九道、安南诸国，皆其所当备者”。正是由于广南西路的重要地缘战略地位，宋人才提出了“欲制大理，当自邕管始”的兵防对策。⑤ 邕州控管左右江四十余溪峒羁縻州，是宋代西南边防的重镇，地缘战略地位极为重要。

皇祐四年（1052），广西发生“侬智高之乱”，给朝廷造成很大震动，以至宋人有了“朝廷之忧，不专在西北也”的感叹。此后，宋廷加强了

① 陆祚蕃：《粤西偶记》，中华书局，1985，第1页。

② 周去非著，杨武泉校注《岭外代答校注》卷1《地理门·广西水经》，中华书局，1999，第24页。

③ 周去非著，杨武泉校注《岭外代答校注》卷1《地理门·并边》，中华书局，1999，第3页。

④ 顾祖禹：《读史方舆纪要》卷110，中华书局，2005，第4935页。

⑤ 脱脱等：《宋史》卷488《大理国传》，中华书局，1985，第14073页。

对广西的控管。随着北方地缘危机的加剧，南宋调整西南地缘关系，广南西路地缘战略地位显著增强，成为南宋的西南门户，以及对外防御的战略要地。可以说，广南西路的地缘战略地位发生实质性变化是在南宋，由北宋“控引蛮夷”的战略地位向南宋边防战略要地转变。广南西路地缘战略地位的变化，是南宋统治者在北方严峻地缘危机下，对西南政治格局进行重新调整的结果。

第四节 南宋对周边政权地缘关系的划分

北宋对周边政权地缘关系的划分非常明确，以大国地位平等待辽，以“汉唐旧疆”话语体系看待西夏和交趾，建立臣属关系，立志开拓之，把大理国则划之徼外，不予统一，但有政治、经济、文化方面的交往。南宋立国后面临着新的地缘格局，重新划分地缘关系：以大国之礼对待金朝，却未能取得平等地位；与西夏的关系由宗藩关系向敌国关系转换；对大理国和交趾，基本沿袭北宋做法，与交趾继续建立宗藩朝贡关系，将大理国划为徼外，不予统一，断绝政治交往。

一 以大国之礼待金

南宋在金军追击中立国，面对金军铁骑，宋朝多屈辱求和。由于军事实力悬殊，宋朝未能取得与金朝的平等地位，在处理宋金关系中，宋朝多卑躬屈膝、苟且偷安，更被金人看不起。“（金军）攻陷我都城，倾覆我社稷，劫迁我二圣，荼毒我蒸民，自开辟以来，夷狄之祸，未有若是之酷也。”[①] 对宋、金间的不平等关系，宋朝多持仇恨态度，时臣真德秀强调“国耻不可忘”，[②] 认为“国家之于金虏，盖万世必报之仇，高宗、孝宗值其方强，不得已以太王自处，而以勾践望后人”，[③] “金人与本朝结怨至深”。[④] 在宋朝看

① 真德秀：《西山先生真文忠公文集》卷5《丙子十二月江东奏论边事状》，商务印书馆，1937，第85页。

② 脱脱等：《宋史》卷437《真德秀传》，中华书局，1985，第12958页。

③ 吴乘权等辑，施意周点校《纲鉴易知录》卷85，中华书局，1960，第2350页。

④ 李心传：《建炎以来系年要录》卷123，绍兴八年十一月甲午条，中华书局，2013，第2294页。

来，“金人于我有不共戴天之仇”,[①] 只因“力不足”,[②] “故未敢轻举”。[③] 宋朝因政治、军事实力悬殊而复仇无望的无奈心理，表露无遗。

南宋初年，当统治者看到“虏强我弱，国势殊绝”[④] 时，主动向金称臣。建炎三年（1129）宋高宗被金将宗弼追至海上，高宗提出议和，称“是天地之间，皆大金之国，而尊无二上”,[⑤] 为表示诚意，“愿去尊号，用正朔，比于藩臣”。[⑥] 绍兴和议后，金宋形成君臣关系，“宋主遣端明殿学士何铸等进誓表，其表曰：‘臣构言……’”,[⑦] 绍兴年间双方议和，签订协议，划分疆界：“契勘：今来画疆，合以淮水中流为界，西有唐、邓二州，割属上国，自邓州南四十里，西南四十里为界，属邓州；其四十里外，南并西南，尽属光化军，为敝邑沿边州军。”[⑧] 除划界外金人还提出遣使、贺正旦、岁币、人口流动等要求。

宋高宗不仅全盘接受金朝提出的条件，而且文书中尽显卑躬屈膝。绍兴十二年（1142）三月，金熙宗以左宣徽使刘筈为江南封册使，册文直呼“宋康王赵构”，并提出“世服臣职，永为屏翰”“恭听朕命”的要求。[⑨]

隆兴年间，宋金双方议和。隆兴元年（1163）九月，宋朝派遣淮西安抚司干办公事卢仲贤等出使金朝，卢仲贤到达宿州金军前，金世宗言：“若宋人归疆，岁币如昔，可免奉表称臣，许世为侄国。”[⑩] “嘉定和议”后，双方间的国书格式改为“靖康元年五月，侄大宋皇帝致书于伯大金皇帝阙下……”,[⑪] 双方成为伯侄关系。

---

① 脱脱等：《宋史》卷429《朱熹传》，中华书局，1985，第12752页。
② 脱脱等：《宋史》卷93《独吉思忠传》，中华书局，1985，第2064页。
③ 脱脱等：《金史》卷108《胥鼎传》，中华书局，1975，第2379页。
④ 李心传：《建炎以来系年要录》卷120，绍兴八年六月辛未条，中华书局，2013，第2239页。
⑤ 李心传：《建炎以来系年要录》卷26，建炎三年八月丁卯条，中华书局，2013，第608页。
⑥ 李心传：《建炎以来系年要录》卷23，建炎三年五月乙酉条，中华书局，2013，第562页。
⑦ 脱脱等：《金史》卷77《完颜宗弼传》，中华书局，1975，第1755页。
⑧ 李心传：《建炎以来系年要录》卷142，绍兴十一年十一月庚申条，注引《绍兴讲和录》，中华书局，2013，第2686页。
⑨ 脱脱等：《金史》卷77《完颜宗弼传》，中华书局，1975，第1756页。
⑩ 脱脱等：《金史》卷87《仆散忠义传》，中华书局，1975，第1938页。
⑪ 《李纲全集》卷33《与大金国书》，岳麓书社，2004，第438页。

在南宋与金关系中，由于实力悬殊，南宋不可能取得与金朝的平等地位。金宋间叔侄、伯侄关系的确立，是宋朝希望以屈辱求和获得苟安，其做法更被金朝轻视。南宋未能建立强大的朝贡体系，比之北宋，向南宋朝贡的国家减少。这与南宋在地缘政治格局中不占优势、无法重建新的秩序有较大关系。

二　承认西夏“敌国”的地位

南宋立国后，面临严峻生存危机，为缓解危机，南宋制定了“西使夏，东使高丽”共同夹击金朝的地缘战略，在南宋统治者看来，“两国素蒙我宋厚恩，必出助兵，同加扫荡”。[①] 此时，南宋统治者仍以臣属国来看待西夏，但未得到西夏认可。建炎三年（1129），张浚欲联络西夏北伐，欲通夏国为援，奏请国书二封，“一如常式，一用敌国礼”。[②] 所谓常式便是继承宋朝以来的臣属关系，而敌国礼则是以大国、敌国之身份来对待西夏。显然，此时宋朝已经意识到与西夏关系的微妙变化，对如何处理与西夏的关系，宋朝已失去主导权，完全依西夏态度而定。宋朝此行并不顺利，谢亮回朝称，“乾顺已称制”，“不得要领而还”，[③] 后宋朝下诏：“夏本敌国，毋复班日历”，[④] 建议宋朝不再颁日历给西夏，后宋朝果如是，此举标志着北宋先前与西夏建立的臣属关系结束，南宋承认西夏大国地位。南宋此举合乎时宜，首先，南宋和西夏在地缘上处于隔绝状态，且南宋在夏、金、宋政治格局中并不占主导地位，无法支配和掌控西夏。其次，早在北宋后期，与西夏的关系就已经发生了微妙变化。“庆历后，夏国主尝以宾礼见使者，（谢）亮至，乾顺乃倨然见之，留居几月，始与约合罢兵。亮归，而夏之兵蹑其后，袭取定边军。”[⑤] 可以说，北宋后期，宋朝和西夏的关系已经名存实亡，南宋只不过采取了更加务实的态度。就南宋自身所处的地缘形势来说，承认西夏敌国的身份，虽有无奈之举，却是对地缘局势的清醒认识。

---

① 宗泽：《宗泽集》卷1《奏乞回銮仍以六月进兵渡河疏》，浙江古籍出版社，1984，第30页。

② 李心传：《建炎以来系年要录》卷25，建炎三年七月癸未条，中华书局，2013，第588页。

③ 戴锡章编撰，罗矛昆点校《西夏纪》，宁夏人民出版社，1988，第1050页。

④ 脱脱等：《宋史》卷486，《夏国传》，中华书局，1985，第14022页。

⑤ 脱脱等：《宋史》卷486，《夏国传》，中华书局，1985，第14023页。

三　南宋对大理国和交趾的地缘关系划分

（一）与交趾宗藩关系的建立

太平兴国五年（980），宋朝迎来了收复交趾的大好时机，“交趾内扰，此实天亡之秋”①，“舍今不图，恐失机会”，宋朝以“僭伪之邦”“未归舆地之图”为由发动了收复战争，宋朝战败。景德三年（1006），宋朝臣再次燃起收复交趾之心，邵晔上献交州地图，但此时的宋朝势气全无，对外开拓勇气尽失，最终以“交州瘴疠，宜州险绝，若兴兵攻取，死伤必多。且祖宗开疆广大若此，当慎守而已，何必劳民动众，贪无用之地？如照临之内，忽有叛乱，则须为民除害也”② 为由，打消了统一交趾的念头，但“羁縻不绝而已”。

宋初的统一战争给交趾造成不小压力，为求自保，开宝四年（971），交趾主动“遣使贡方物，上表内附”，③ 宋朝顺势接受其朝贡，并册封丁琏为检校太师、静海军节度使、安南都护。④ 开宝八年（975），封丁部领为交趾郡王。景德四年（1007）、天禧元年（1017）、乾兴元年（1022）、熙宁六年（1073）等交趾皆向宋朝贡。此后，交趾朝贡不绝。

南宋对交趾进行册封。绍兴七年（1137），宋朝封李天祚为静海军节度使观察处置使，特进检校太尉兼御史大夫、安南都护、上柱国，并特进交趾郡王；绍兴二十五年（1155），南宋又晋封李天祚为南平王。翌年，南宋加天祚功号“归仁”。淳熙元年（1174），南宋“进封天祚安南国王，加号守谦功臣”。⑤ 绍熙元年（1190）十一月安南入贡。绍熙五年（1194）八月，光宗加安南国王李龙翰思忠功臣。嘉定五年（1212）五月，安南国王李龙翰卒，南宋册封李昆为安南国王。

据日本学者山本达郎《越南中国关系史》一书中的统计，自北宋开宝六年（973）到南宋淳祐元年（1241）间，交趾共向宋朝朝贡多达 57

---

① 陈邦瞻纂辑《宋史纪事本末》卷 15《交州之变》，中华书局，2015，第 101 页。

② 徐松辑，刘琳等校点《宋会要辑稿·蕃夷 4》，上海古籍出版社，2014，第 9786 页。

③ 脱脱等：《宋史》卷 488《交趾传》，中华书局，1985，第 14058 页。

④ 〔越〕吴士连等撰，孙晓主编《大越史记全书》卷 1《丁纪》，西南师范大学出版社，2015，第 125 页。

⑤ 脱脱等：《宋史》卷 488《交趾传》，中华书局，1985，第 14071 页。

次。对于交趾的朝贡，宋朝多予以不同程度的册封。总之，在对待交趾的政治关系中，南宋承袭北宋的做法，继续承认和册封交趾为藩属国，保持与交趾的政治联系。尽管交趾曾对宋朝发动了多次寇边事件，也曾给宋朝造成一定的边防压力，但宋朝始终对其进行册封、保持联系，究其原因，与宋朝“汉唐旧疆”观念有重要关系。

（二）划大理国为徼外，断绝政治交往

960年，赵匡胤立宋，确立了“先南后北”统一战略方针。宋朝消灭南方政权，结束五代十国的割据局面。宋朝随后两次伐辽，均遭重创，锐气尽挫。此后，宋朝在军事上改为防守，对外开拓的勇气尽失。此时南方地区大理国和交趾尚未统一，王全斌取蜀后进献地图，意取大理，宋朝以唐亡教训为戒，放弃统一，且以大渡河为界，① 实现对大理国的防御。对于交趾，宋朝态度并无两样。景德三年（1006），邵晔上邕州至交州水路交通图，真宗以“交州瘴疠，宜州险绝，若兴兵攻取，死伤必多”为由，并认为是“劳民动众，贪无用之地”，② 放弃对交趾的统一战争。以上举措，暴露了宋朝统治者在对外开拓方面的消极态度。北宋中后期曾有两次“开边”行动，但最终引起朝野动荡，宋理宗在端平三年（1236），“诏悔开边，责己”。③ 宋朝统治者的消极态度还体现在处理与南海诸国关系上。“交趾、占城、真腊、蒲甘、大理滨海诸蕃，自刘𬬮、陈洪进来归，接踵修贡。……来则不拒，去则不追，边圉相接，时有侵轶，命将致讨，服则舍之，不黩以武。”④

对西南羁縻民族进行分类，实行不同治策。其中大理国被视为大蛮，成为重点防御对象。“蛮人熟知险易，商贾囊橐为奸，审我之利害，伺我之虚实，安知无大中、咸通之事？愿密谕广西帅臣，凡市马之所，皆用谨信可任之士，勿任轻狷生事之人，务使羁縻而已。”⑤ 宋朝对大理国的这一认知，还来自对唐朝历史经验的总结，即所谓“唐亡于黄巢，而祸基

① 毕沅：《续资治通鉴》，乾德三年正月丁酉条，中华书局，1957，第89页。
② 徐松辑，刘琳等校点《宋会要辑稿·蕃夷4》，上海古籍出版社，2014，第9786页。
③ 脱脱等：《宋史》卷42《理宗纪》，中华书局，1985，第810页。
④ 脱脱等：《宋史》卷485《夏国传》，中华书局，1985，第13981～13982页。
⑤ 李心传：《建炎以来系年要录》卷105引朱震《为大理国买马事陈方略奏》，中华书局，2013，第1978页。

于桂林”。[①] 宋初赵匡胤“鉴唐天宝之祸起于南诏，以玉斧画大渡河以西曰：‘此外非吾有也’”，[②] 认为使大理国“欲寇不能，欲臣不得”，乃为御戎之上策。[③] 在宋朝统治者看来，南诏是造成唐亡的罪魁祸首，大理国同样不能小觑。因此，大理国被划为徼外，《宋史》也将其列为外国。

整个宋朝期间对大理国的认知并未改变，当北方地缘压力陡增，统治者不断重申加强对大理国的防御。政和末，有人请于大渡河外置城邑以利互市，黎州知州宇文常言：“自孟氏入朝，艺祖取蜀舆地图观之，画大渡河为境，历百五十年无西南夷之患。今若于河外建城立邑，虏情携贰，边隙浸开，非中国之福也。”[④] 绍兴六年（1136），翰林学士朱震言：“按：大理国本唐南诏，大中、咸通间入成都、犯邕管，召兵东方，天下骚动。艺祖皇帝鉴唐之祸，乃弃越嶲诸郡，以大渡河为界，欲寇不能，欲臣不得，最得御戎之上策。”[⑤] 又说：“蛮夷桀黠，从古而然。唐以前屡被侵扰，入川蜀。自太祖兵威抚定，以大渡河为界，由是不敢猖獗。然沿边控御兵官，岂可非人？”[⑥] 在宋朝统治者看来，大理国不仅是西南大蛮，文化落后的代表，而且是造成西南边疆不安定的重要因素。隔绝与大理国的交往，可防患于未然，杜绝边患。

由此可见，宋朝对大理国心有余悸，与宋朝君臣对大理国的仇视心理和无端猜忌有必然联系，宋朝所处的北方严峻地缘局势是造成这种仇视心理的主要原因。“累世以来，夷狄人众地大，未有如今契丹”；[⑦] “夏国自祖宗以来，为西方巨患，历八十年。朝廷倾天下之力，竭四方财用，以供馈饷，尚日夜惴惴然，唯恐其盗边也”；[⑧] “南夷敢杀天子之命吏，西夷敢

---

① 欧阳修：《新唐书》卷222《南蛮传·南诏传赞》，中华书局，1975，第6295页。
② 毕沅：《续资治通鉴》卷4，乾德三年正月丁酉条，中华书局，1957，第89页。
③ 李心传：《建炎以来系年要录》卷105引朱震《为大理国买马事陈方略奏》，中华书局，2013，第1978页。
④ 脱脱等：《宋史》卷353《宇文昌龄传》附《宇文常传》，中华书局，1985，第11149页。
⑤ 李心传：《建炎以来系年要录》卷105引朱震《为大理国买马事陈方略奏》，中华书局，2013，第1978页。
⑥ 徐松辑，刘琳等校点《宋会要辑稿·方域19》，上海古籍出版社，2014，第9663页。
⑦ 李焘：《续资治通鉴长编》卷236，熙宁五年闰七月戊申条，中华书局，2004，第5726页。
⑧ 李焘：《续资治通鉴长编》卷349，元丰七年十月癸巳条，中华书局，2004，第8376页。

有崛强之王，北夷敢有抗礼之帝者”;① 可谓宋朝地缘局势的真实写照。“宋兴，北有大敌，不暇远略”,② 正是基于这一地缘形势的判断，大理国虽未给宋造成大的威胁，但对北方民族的仇视心理已成为宋朝统治者挥之不去的阴影，在处理西南地缘关系中，大理国成为受害者。

---

① 欧阳修撰，李逸安点校《欧阳修全集》卷60《辩论·本论》，中华书局，2001，第861页。

② 郭松年撰，王叔武校注《大理行记》，云南民族出版社，1986，第20页。

第四章

南宋统治者对局势的判断及对外思想的形成

第一节　南宋统治者对局势的判断

一　对南、北方地缘局势的判断

西方资本主义列强入侵前，中国历史上的所谓“外患”，来自周边少数民族的侵扰。这种“外患”历史有之，从先秦一直持续到封建社会结束。如西汉有匈奴、鲜卑之扰，东晋有高车、柔然之患，隋唐有突厥之忧，等等。唐人崔融总结唐以前的情形——“北地之为中国患者久矣。唐虞以上为獯鬻，殷周之际曰玁狁，西京东国有匈奴冒顿焉，当涂典午有乌丸鲜卑焉，拓跋世有蠕蠕猖狂，宇文朝有突厥睢盱。斯皆名号，因时而改，种落与运而迁，五帝不能臣，三王不能制。兵连祸结，无代不有；长策远算，旷古莫闻。夫胡者，北狄之总名。其地南接燕赵，北穷沙漠，东连九夷，西界六戎。天性骄骜，觇伺便隙；鸟飞兽走，草转水移。自言天地所生，日月所置。”① 崔融认为中国历史上的“边患”，主要来自北方地区。

这一现象的出现，与中国特殊的地缘环境有着莫大关系。中国历史地缘关系特殊，早在先秦时期就形成了华夏居中、四夷居外的地缘格局，华、夷在地缘上的区别不是绝对的，还兼具文化上的差异，先秦时期的

① 王溥：《唐会要》卷 73，丛书集成初编本，中华书局，1985，第 1327 页。

"五服""九服"制便是处理华、夷关系的理想模式。在四夷当中，北方夷狄居草原、高山、荒漠之地，以游牧和半牧半农经济为主，以骑兵称雄，具有较强掠夺性。而南方民族则多居平原、山地、丘陵地带，属于复合型多元经济，具有较强稳定性和自给性，较少对外掠夺和扩张。在与周边民族的较量中，北方民族不仅占尽地利形胜，骑兵也具有先天优势，造成了历史上北方严峻的地缘压力。中国历史由此形成了北方民族关系紧张、地缘压力巨大，而南方民族关系相对缓和的特点。

赵匡胤立宋后，根据地缘形势的特点，制定了"先弱后强""先南后北"的统一战略方针，即避开矛头，先攻打南方几个较弱的割据政权，后灭北汉，最后集中精力攻打强敌契丹，目的在于避免统一南方之前与契丹发生正面冲突而腹背受敌。按照以上方针，北宋先后并荆湘、讨西蜀、攻南汉、伐南唐、灭吴越，统一了南方诸国。太平兴国四年（979），北宋一举灭北汉，五代十国割据局面宣告结束。此后，宋朝全力以赴两次攻讨契丹，最终以失败告终。经过宋初的统一战争，北宋与周边民族政权并立的地缘格局基本形成，西北有党项，北方有强大的辽，西南有吐蕃、大理国和交趾。南宋在北方与西夏、金、蒙古并立，在南方与吐蕃、大理国和交趾并存。

对所处地缘形势，宋朝统治者形成自己的认识，地处北方地区的党项和辽，是造成北宋严峻地缘压力的主要对象，而南方地区的吐蕃、大理国和交趾，尽管也造成地缘压力，但比之北方，则相对较小。党项给宋朝造成不小地缘压力，李元昊虽"名为藩臣"，却"叛服无常"，且"外倚北戎，内凌中国"。① 西夏的侵扰，让宋朝统治者甚为忧虑，"夏国自祖宗以来，为西方巨患，历八十年。朝廷倾天下之力，竭四方财用，以供馈饷，尚日夜惴惴然，唯恐其盗边也"。② 相比党项，契丹造成的地缘压力更加严峻。契丹"自太祖肇基，太宗继烈，征服诸部，雄视艮方，天骄踔厉，前史罕见"，③ "汉、唐以前……盖当时中国据全燕之

① 范能濬编，薛正舆校点《范仲淹全集》（上册），《范正文公政府奏议卷下・陕西和策》，凤凰出版社，2004，第531页。

② 李焘：《续资治通鉴长编》卷349，元丰七年十月癸巳条，中华书局，2004，第8376页。

③ 张亮采编《补辽史交聘表》卷1，中华书局，1958，第1页。

地，有险可守，匈奴不敢由此路而来也。自石晋割燕、蓟入契丹，无险可守，由是虏骑直出燕”。[①] 在与契丹的军事较量中，宋朝并不占优势，“惟是北狄强盛，十倍羌人……今契丹尽吞诸蕃，事力雄盛，独与中原为敌国，又常有凭陵之心”。[②] 宋朝时常受到契丹的凌辱，“今乃称契丹母为叔祖母，称契丹为叔父。更岁与数十万钱帛，此乃臣之所耻。然陛下所以屈己如此者，量时故也”。[③] 对契丹造成的地缘压力，世人感叹：“累世以来，夷狄人众地大，未有如今契丹。”[④] 不仅如此，契丹和党项还联合侵宋，“西伐则北助，北静则西动”，[⑤] 使宋朝的北方地缘线承受了严峻压力。

南宋立国后，兴起于北方的金、蒙古，军事实力强劲，使南宋的北方地缘线承受了前所未有的压力。“金方强盛，天下莫不畏服”的局势，一度让宋朝担忧。面对金朝造成的地缘压力，宋朝常言“（金军）攻陷我都城，倾覆我社稷，劫迁我二圣，荼毒我蒸民，自开辟以来，夷狄之祸，未有若是之酷也”，[⑥] 因而发出了“自古夷狄为中国患，世皆有之，然未有若今日之甚者”[⑦] 的感叹。为缓解地缘压力，南宋多次屈辱求和。蒙古崛起后，地缘压力并未减弱。“鞑囚崛起……万一得志中土，与我为邻，视景德之契丹、建炎之女真，亦奚以异?”[⑧] 故袁燮建议：“朝廷所当熟虑者，非金人，乃鞑靼也。方兴之势，精锐无敌，岂可不豫为之备。”[⑨] 对于北方的地缘形势，时人概括：“今为边患者三：有垂亡之金，有新造之鞑，有归附之忠义。”这些边患全部来自北方地区。南宋后期，蒙古与南宋征战四十余年，最终以宋亡告终。

---

① 赵汝愚：《宋朝诸臣奏议》，上海古籍出版社，1999，第1508页。

② 李焘：《续资治通鉴长编》卷50，庆历四年六月戊午条，中华书局，2004，第3650～3652页。

③ 李焘：《续资治通鉴长编》卷237，熙宁五年八月甲申条，中华书局，2004，第5762页。

④ 李焘：《续资治通鉴长编》卷236，熙宁五年闰七月戊申条，中华书局，2004，第5726页。

⑤ 李焘：《续资治通鉴长编》卷150，庆历四年六月戊午条，中华书局，2004，第3640页。

⑥ 真德秀：《西山先生真文忠公文集》卷5《江东奏论边事状丙子十二月二十三日上》，商务印书馆，1937，第85页。

⑦ 李心传：《建炎以来系年要录》卷123，绍兴八年十一月壬寅条，中华书局，2013，第2300页。

⑧ 傅增湘原辑，吴洪泽补辑《宋代蜀文辑存校补》卷81《（李鸣复）论可虑者三可幸者二当勉者一疏》，重庆大学出版社，2014，第2669页。

⑨ 袁燮：《絜斋集》卷2《论对绍兴十一年高宗料敌札子》，中华书局，1985，第21页。

南方地区地缘压力相对较小。乾德三年（965），宋军平蜀后，王全斌主张“欲乘势取云南”，太祖“鉴唐天宝之祸起于南诏，挥玉斧划大渡河以西曰：‘此非吾有也’”,[①] 凭借大渡河为天险，以兵设防，加强对大理国防备，后又以“德化所及，蛮夷自服，何在用兵”为由放弃对大理国的开拓和经营。此后双方积极开展朝贡贸易。南宋立国后承袭北宋与大理国的关系，但由于北方地缘压力剧增，南宋断绝与大理国的政治关系，而经济联系一度比北宋密切。整个宋朝，双方和平相处，守境相安。在处理与交趾的关系上，宋朝持积极态度，开宝四年（971），交趾主动“遣使贡方物，上表内附”,[②] 宋朝顺势接受其朝贡，并册封丁琏为检校太师、静海军节度使、安南都护。[③] 此后，双方建立宗藩朝贡关系，积极开展对外交往。正处于新兴封建时期的交趾，向宋朝发动了多次寇边事件，给宋朝造成一定的地缘压力，但未成为朝廷之忧。总的来说，南方的大理国和交趾，虽给宋朝造成地缘压力，但不能与北方相提并论。

中国历史上地缘压力主要来自北方且远远超过南方的特点，是中国特殊地缘关系所造成的。宋朝立国，情况并未有根本改变，反而更加严峻。对此，宋朝统治者是有清晰认识的：“西北有二敌，南有交趾，故九夷八蛮，罕所通道。”[④] 宋朝“外则不能无惧于夷狄”,[⑤] 且“兵多而战未胜”,[⑥] 因此，时人感叹“天下之弱势，历数古人之为国，无甚于本朝者”。[⑦] 基于以上地缘关系的认识，宋朝统治者形成了重北轻南、御北安南的地缘战略思想，符合地缘局势的客观情况。

---

① 方国瑜主编《云南史料丛刊》，云南大学出版社，1998，第518页。

② 脱脱等：《宋史》卷488《交趾传》，中华书局，1985，第14058页。

③〔越〕吴士连等撰，孙晓主编《大越史记全书》卷1《丁纪》，西南师范大学出版社，2015，第125页。

④ 蔡絛撰，沈锡麟、冯惠民点校《铁围山丛谈》卷5，中华书局，2005，第175页。

⑤ 王安石著，宁波等校点《王安石全集》卷39《上仁宗皇帝言事书》，吉林人民出版社，1996，第399页。

⑥ 傅增湘原辑，吴洪泽补辑《宋代蜀文辑存校补》卷3《应诏陈彗星旱灾疏》，重庆大学出版社，2014，第114页。

⑦ 庄仲方辑《南宋文范·（叶适）论纪纲疏三》，任继愈主编《中华传世文选》（六），吉林人民出版社，1998，第299页。

二　对内、外地缘关系的认识

中国地缘关系特殊，外部被高山、大漠等难以逾越的自然形态所阻隔，形成相对封闭的外部地缘环境；内部则有大江、大河贯通东西南北，具有良好的内部通达性。在这样的地缘环境中，中国历史上没有真正的“外患”。华、夷共处的地理格局，往往是华居中，夷处四野、僻地。“夫天处乎上，地处乎下，居天地之中者曰中国，居天地之偏者曰四夷。四夷外也，中国内也。天地为之乎，内外所以限也。……其俗皆自安也，相易则乱。”① 华、夷不仅代表着民族、文化的区别，同时还是一种地域上的差异。就地缘关系而言，华、夷往往代表了中心和边缘的区别，华是处于中心的汉民族，而夷则是处于边远地区的少数民族。从这一角度来说，历史上关于华、夷关系的处理，便是统治者关于内—外、中心—边缘关系的考虑，具有地缘政治学的意义。华、夷并非绝对意义上的地理范畴，汉族政权无论身居何处（中心或边缘），却总是以自身为中心来构建中心—边缘关系的，因此，从地缘关系的视角来考察华、夷关系仍是可行的。中国历史上关于华、夷关系的处理，出现了比较理想的“五服”“九服”等学说。但在具体的历史发展中，由于华、夷关系的复杂性，每个王朝在处理华、夷地缘关系时，又有各自的考虑和做法，并对政治关系的形成产生重要影响。

关于处理华、夷政治关系，历朝历代政治家有着自己的看法，其中唐代政治家陆贽的言论较具代表性。

> 盖以中夏之盛衰异势，夷狄之强弱异时，事机之利害异情，措置之安危异便。知其事而不度其时则败，附其时而不失其称则成，形变不同，胡可专一？夫以中国强盛，夷狄衰微，而能屈膝称臣，归心受制，拒之则阻其向化，灭之则类于杀降，安得不存而抚之，即而序之也。又如中国强盛，夷狄衰微，而尚弃信忤盟，蔑恩肆毒，谕之不变，责之不惩，安得不取乱推亡，息人固境也？其有遇中国丧乱之

① 石介著，陈植锷点校《徂徕石先生文集》，中华书局，1984，第116页。

> 弊，当夷狄强盛之时，图之则彼衅未萌，御之则我力不足，安得不卑词降礼，约好通和，啖之以利，以引其欢心，结之以亲，以纾其交祸。纵不必信，且无大侵，虽非御戎之善经，盖时事亦有不得已而然也。倘或夷夏之势，强弱适同，抚之不宁，威之不靖，力足以自保，势不足以出攻，安得不设险以固军，训师以待寇，来则薄伐以遏其深入，去则攘斥而戒于远追。虽非安边之令图，盖势力亦有不得已而然也。……故曰：知其事而不度其时则败；附其时而不失其称其成。是无必定之规，亦无长胜之法。得失著效，不其然欤?①

上述言论详细论述了华、夷不同格局下，地缘关系的处理办法。至宋朝立国，汉唐以来以汉族为中心的华、夷地缘关系格局发生变化。宋朝在地域上并非处于中心地位，而夷狄占据传统中原之地，给宋朝造成严重威胁。但在看待华、夷关系上，宋朝仍以自身为中心来构建华、夷体系。宋朝在政治、军事实力不占优势的情况下，在处理华、夷地缘关系中，统治者主要形成了两个认识，一是内修德政，谨守疆土，反对对外开拓；二是在对待夷狄的态度上，采取“来则不拒，去则勿追”的谨慎原则和保守态度。

（一）谨守疆土，反对对外开拓

宋朝立国后地缘环境恶劣，丧失了对外开疆拓土的勇气，在处理对外关系中，也多采取守势。宋太宗曾两次北伐收复燕云，终未成功，神宗曾开边收复部分失地，但这些举措在北宋并不具代表性，且事后还进行了检讨。总的说来，宋朝在内、外关系的认识和处理上，反对对外的开拓和掠夺，持保守态度。其中，关于处理夷、狄的关系，范祖禹的看法颇具代表性：

> 昔之有天下者，莫不以冠带四夷为盛德大业，何哉？故尝试论之曰：中国之有夷狄，如昼之有夜，阳之有阴，君子之有小人也。中国

① 陆贽：《陆贽集》卷19《中书奏议三·论缘边守备事宜状》，浙江古籍出版社，2013，第206～207页。

> 失政，则四夷交侵。先王所以御之者，亦可得而略闻矣。舜曰：而难任人蛮夷率服。又曰：无怠无荒，四夷来王。然则欲其率服，莫若难任人；欲其来王，莫若无怠荒。柔远能迩，治内安外，而殊俗之民响风慕义，不以利诱，不以威胁，而自至矣。欲附者则抚之，不欲者不强致也。故不劳民，不费财。至于后世之君，或仇疾而欲殄灭之，或爱悦而欲招来之，是二者皆非也。何则？彼虽夷狄，亦犹中国之民也。趋利避害，欲生恶死，岂有异于人乎？王者于天地之间无不养也，鸟兽草木犹当爱之，况人类而欲残之乎？残之固不可，况不能胜而自残其民乎？仁人之所不为也。为之者，秦始皇是也，山川之所限，风气之所移，言语不通，嗜欲不同，得其地不可居，得其名不可使也。列为州县，是崇虚名而受实弊也。且得之既以为功，则失之必以为耻，其失不在于己，则在于子孙，故有征讨之劳，馈饷之烦，民不堪命，而继之以亡，隋炀帝是也。且中国地非不广也，民非不众也，曷若无得无失，修其礼乐政刑，以惠养吾民，使男有余粟，女有余布，兵革不试，以致太平，不亦帝王之盛美乎？故有求于外，如彼其难也；无求于外，如此其易也。然而人君常舍所易而行所难。何哉？忽近而喜远，厌故而谋新。不入于秦，则入于隋，虽不至于亡，而常与之同事，其累德岂细哉？太宗矜其功能，好大无穷，华夷中外欲其为一，非所以遗后嗣安中国之道。此当以为戒而不可慕也。①

范祖禹承认华、夷共处的事实，并将之比喻为阴阳、昼夜的关系，且认为二者有和平相处的基础，只要政治得当，夷狄自然来服，而夷狄交侵的原因在于“中国”失政。反对对外开拓，并将之视为好大喜功的行为，不利于与夷狄关系的相处。这一看法在宋代较具代表性。

北宋虽有过短暂的对外开拓，但大多采取守势。太平兴国五年（980）左拾遗、直史馆张齐贤上书：“圣人举事，动在万全，百战百胜，不若不战而胜。若重之慎之，戎虏不足吞，燕蓟不足取……家六合者，以天下为心，岂止争尺寸之事，角戎狄之势而已。是故圣人先本而后末，安

① 范祖禹撰，白林鹏、陆三强校注《唐鉴》卷3《太宗下》，三秦出版社，2003，第81~82页。

内以养外。”① 淳化二年（991）八月丁亥，太宗对大臣言：“国家若无外忧，必有内患。外忧不过边事，皆可预防。惟奸邪无状，若为内患，深可惧也。帝王用心，常须谨此。”② 这就是后来学者总结的“守内虚外”对策，主张内修政事，反对对外开拓。咸平二年（999）十二月，知制诰杨亿奏疏言：“且如尧、舜、夏禹，圣之盛者也，地不过数千里，而明德格天，四门穆穆。武丁、成王，商、周之明主也，地东不过江、淮，西不过氐、羌，南不过荆蛮，北不过太原。而颂声并作，号为至治。及秦汉拓土，穷兵远略，虽疆理益广，而干戈日寻，府库之资屡空，生灵肝脑涂地，校功比德，岂可同年而语哉。”③ 以上言论在宋朝颇具代表性，反对经略边疆，主张将精力放在对内政的治理上，认为对外开拓于国家不利。对外开拓还被认为是争尺寸之地，为宋朝君臣所不齿。夷狄所占之土地穷荒僻壤，也不足以征讨，“汉家自古有夷狄，付与穷荒何足惜”。④

基于上述认识，整个宋朝在处理汉、夷关系上持保守态度，反对对外开拓。“前代圣帝明王，无不置（夷狄）于化外，任其随逐水草，皆以鸟兽畜之。”⑤ 太平兴国八年（983），吐蕃以马来献，太宗对宰臣言，“吐蕃言语不通，衣服异制，朕常以禽兽畜之。自唐室以来，颇为边患，以国家兵力雄盛，聊举偏师，便可驱逐数千里外。但念其种类蕃息，安土重迁，倘因攘除，必致杀戮，所以置于度外，存而勿论也”，⑥ 主动放弃对西域的经营。在处理与外夷的关系上，还主张以德来感化，马知节言：“西北二方，久为外患。今契丹求盟，夏台清吏，皆陛下威德所致。”⑦ 颇具代表性的论断还有：“自古夷狄之于中国，

---

① 赵汝愚编《宋朝诸臣奏议》卷129《（张齐贤）上太宗论幽燕未下当先固根本》，上海古籍出版社，1999，第1417页。

② 李焘：《续资治通鉴长编》卷32，淳化二年八月丁亥条，中华书局，2004，第719页。

③ 赵汝愚：《宋朝诸臣奏议》卷130《（杨亿）上真宗论弃灵州为便》，上海古籍出版社，1999，第1440页。

④ 《陆游集》第1册《明河篇》，中华书局，1976，第428页。

⑤ 赵汝愚：《宋朝诸臣奏议》卷129《（赵普）上太宗请班师》，上海古籍出版社，1999，第1420页。

⑥ 脱脱等：《宋史》卷492《吐蕃传》，中华书局，1985，第14154页。

⑦ 李焘：《续资治通鉴长编》卷67，景德四年十一月戊寅条，中华书局，2004，第1505～1506页，第585页。

有道未必服，无道未必不来。盖自因其衰盛。虽尝置之治外，而羁縻制驭，恩威之际不可失也。其得之，未必为利，失之，有足为患，可不慎哉！"①

在处理与西夏关系上，宋朝态度消极，错失灵州，丧失了对西北的经略。至道三年（997），户部使张鉴上书："况灵州一方，僻居绝塞，虽西陲之旧地，实中夏之蠹区，竭物力以供须，困兵甲而援送，萧然空垒，只益外虞，不若以赐继迁，使怀恩奉籍，稍息飞挽之役。"② 正是对灵州的消极经营，使宋朝无力经营西北、抵御西夏。"李继迁久叛，兵众日盛，有图取朔方之意。朝廷困于飞挽，中外咸以为灵州乃必争之地，苟失之，则缘边诸郡皆不可保。帝颇惑之，因访沆。沆曰：'继迁不死，灵州非朝廷有也。莫若遣使密召州将，使部分军民空垒而归。如此，则关右之民息肩矣。'方众议各异，未即从沆言。未几而灵州陷，帝由是益重之。"③ 宋朝反对对外开拓，虽减少了边境战争，却也使宋朝错失战略要地，对对外关系产生不利影响。

（二）"来则不拒，去则勿追"

面对周边民族政权众多，且契丹、女真实力强大的事实，宋朝君臣态度略显消极。"臣闻中国夷狄相为盛衰，非徒人为，殆亦天数"，④ "中原夷狄相衰盛，圣哲从来只自强"。⑤ 至道三年太宗对真宗言："治国在乎修德，四夷当置之度外。"⑥ 对于契丹日益强大的事实，宋朝言："北狄为患，自古而然。不足致怒，唯在御之得其道尔。若绥之以德，则其用功也逸，其经费也约，其见效也速，其保安也久，而无炫耀彰灼之名，但有安乐富寿之实。"⑦ 认为契丹侵宋，乃"自古而然"，主张采取"绥之以德"的不切实际的做法。"兵书曰'顿兵挫锐'。臣闻圣人不务广于边鄙，唯

① 欧阳修：《新五代史》卷72《四夷附录第一》，中华书局，1974，第885页。

② 脱脱等：《宋史》卷277《张鉴传》，中华书局，1985，第9417页。

③ 李蕊撰，王治来等校点《兵镜类编》卷37《远虑上》，岳麓书社，2007，第687页。

④ 《李纲全集》卷44《上道君太上皇帝札子》，岳麓书社，2004，第521页。

⑤ 《李纲全集》卷23《诗十九·伏读三月六日内禅诏》，岳麓书社，2004，第309页。

⑥ 李焘：《续资治通鉴长编》卷34，淳化四年十一月甲寅朔，中华书局，2004，第758页。

⑦ 赵汝愚：《宋朝诸臣奏议》卷130《（李至）上太宗乞怀柔北狄》，上海古籍出版社，1999，第1430页。

务广于德业。武有七德，陛下何不广之？天生四夷，陛下何须收之？必若圣德日新，皇风日远，远夷自然入贡，外域自然来降。苟不来降，又不入贡，彼国自有灾疠，彼人自罹凶荒。《尚书》曰‘惟德动天’，又曰‘四夷来王’。”① 反对对外开拓。

基于华夷关系的复杂性和现实性，在处理与夷狄的关系上，宋朝统治者有自身处理之道。990 年，张洎言：“御戎之道有三策焉，前代圣贤论之详矣。缮修城垒，依凭险阻，训戎聚谷，分屯塞下，来则备御，去则勿追，策之上也。偃革櫜弓，卑辞厚礼，降王姬而通其好，输国货以结其心，虽屈万乘之尊，暂息三边之戍，策之次也。练兵选将，长驱深入，拥戈铤而肆战，决胜负于一时，策之下也。”② “来则备御，去则勿追”的消极抵御，被认为是处理与周边少数民族关系之上策，“练兵选将，长驱深入”积极主动出击的对策，被认为是下策。又言：“《传》曰：天子守在四夷，又曰：荒服者王，不王则修德……来则逐之，去而勿追，御戎之善策也。”③ 在宋人看来，处理夷狄关系，不必刻意强求，来则逐之，去则勿追，各自相安，最得要领，且论述了原因。“为国，以义、以名、以权。中国不治夷狄，义也。中国为中国，夷狄为夷狄，名也。二者为我用，故其来寇也，斯与之战，其来服也，斯与之接，视其所以来而治之者，权也。中国虽贵，夷狄虽贱，然而不得其义，则不可以治，不得其名，则不可以守，不得其权，则不可以应。”④ 那么，如何使边境安定？宋朝君臣认为治内服外，内政既修，外夷自服。宋神宗和王安石的君臣对话，最具代表性。“（宋神宗）曰：‘方今国财民力皆困匮，纪纲政事正宜修理，卿等更勉图其宜。’王安石曰：‘昔魏征有言：“中国既安，远人自服。”此实至理。自古未有政事修而财用不足、远人不

---

① 赵汝愚：《宋朝诸臣奏议》卷 145《（田锡）上太宗论军国要机朝廷大体》，上海古籍出版社，1999，第 1645 页。

② 徐松辑，刘琳等校点《宋会要辑稿·蕃夷 1》，中华书局，2014，第 9722 页。

③ 苏舜钦撰，沈文倬校点《苏舜钦集》卷 11《论西事状》，上海古籍出版社，1981，第 134 页。

④ 叶适：《水心先生文集》卷 4《外论一》，四部丛刊初编本，高等教育出版社影印本，2016，第 390 ~ 391 页。

服者，吴充曰："诗有之：'惠此中国，以绥四方。'"盖先于治内尔。'"①"治国之要，在内修政事，则远人来归，自致安静。"②不仅如此，如何制夷、待夷，宋朝统治者也颇有心得。"治天下犹植木也，所患根本未固。根本固，则枝干不足忧。今朝廷治，则边鄙何患乎不安？"③田锡也言："自古制御蕃戎，但在示之以威德。示之以威者不穷兵黩武，不劳人费财。示之以德者比之如犬羊，容之若天地。或来朝贡，亦不阻其归怀；或背欢盟，亦不怒其侵叛。"④范仲淹甚至将华夷关系比喻为本末，并认为本末不能倒置。"自古王者，外防夷狄，内防奸邪。夷狄侵国，奸邪败德。国侵则害加黎庶，德败则祸起萧墙。乃知奸邪之凶甚于夷狄之患。伏惟圣明常好正直，以杜奸邪，此致理之本也"，⑤等等。治内御外成为御敌要领，治内是首要的，是根本，御外则是次要的，是末位，治内先于、重于御外。以上经验，使宋朝在处理夷狄关系上，多消极被动。

有宋一朝，统治者多被动处理夷狄关系，即使有过主动开拓，在当时也得不到认可。如宋太宗曾两次北伐，到后期进行了检讨。淳化四年（993）十一月甲寅朔，"上谓侍臣曰：'朕自即位以来，用师讨伐，盖救民于涂炭，若好张皇夸耀，穷极威武，则天下之民几乎磨灭矣！'宰相吕蒙正对曰：'前代征辽，人不堪命。隋炀帝全军陷没，唐太宗躬率群臣运土填堑，身先士卒，终无所济。'上曰：'炀帝昏暗，诚不足语。唐太宗犹如此，何失策之甚也。且治国在乎修德尔，四夷当置之度外。朕往岁既克并、汾，观兵蓟北，方年少气锐，至桑干河，绝流而过，不由桥梁。往则奋锐居先，还乃勒兵殿后，静而思之，亦可为戒。'蒙正曰：'兵者伤人匮财，不可屡动。汉武帝及唐太宗俱英主，然用兵皆不免于

① 李焘：《续资治通鉴长编》卷220，熙宁四年二月辛未条，中华书局，2004，第5351~5352页。

② 脱脱等：《宋史》卷265《吕蒙正传》，中华书局，1985，第9147页。

③ 王称：《东都事略》卷37，齐鲁书社，2000，第295页。

④ 田锡著，罗国威校点《咸平集》卷1《上太宗论军国要机朝廷大体》，巴蜀书社，2008，第11页。

⑤ 赵汝愚：《宋朝诸臣奏议》卷146《（范仲淹）上仁宗论时务十一事》，上海古籍出版社，1999，第1662页。

悔，为后世非笑。陛下及其未有悔也，而早辩之，较二王岂不远哉。’上曰：‘朕每议兴兵，皆不得已，古所谓王师如时雨，盖其义也，今亭障无事，但常修德以怀远，此则清静致治之道也。’蒙正曰：‘古者以简易治国者，享祚长久。陛下崇尚清静，实宗社无疆之休也。’”① 在处理西夏问题上，宋朝也略显保守。宝元二年（1039），右正言、直集贤院吴育言：“元昊虽名藩臣，其尺赋斗租不入县官，穷漠之外，服叛不常，宜外置之，以示不足责。且彼已僭舆服，夸示酋豪，势必不能自削，宜援国初江南故事，稍易其名，可以顺抚而收之。”② 且建议：“宜先以文诰告谕之，尚不宾，姑严守御，不得同中国叛臣，亟加征讨……第严约束，明烽候，坚壁清野，以挫其锋”。③ 庆历元年（1041）十月，张方平上疏曰：“自元昊叛命以来，王师数出无功，济其凶谋，气焰益盛。今自陕西四路、河东麟府，远近输挽供给，天下为之劳弊，而解严息甲，未可以日月期也。臣尝就自边来者询贼中事，多云贼为寇三年，虽常得逞，然重于举众，故必岁年乃能一入，连陷城寨，未能有我尺寸之地也。而绝其俸赐，禁诸关市，今贼中尺布，可直钱数百。以此揣贼情，安得不困？夫夷狄得志则骄逆，稍困则卑顺。然其业已与大国为仇，傥有悔心，势未能自通诚款，朝廷虽欲招来，而非时无名，事亦难举。今因南郊大礼，宜特推旷恩，以示绥怀之意。……今边事之费，岁课千万，用兵以来，系累杀戮不啻十万人。故自古以来，论边事者莫不以和戎为利，征戍为害，盖深念此也。愿陛下延召二府大臣，商愚计而施行之。”④ 北宋处理西夏关系，有过出兵征讨，但成效不明显，最终采取和戎之策。

南宋继立后，在屈辱求和中立国的统治者，只求苟且偷安，开疆拓土的勇气已丧失殆尽。宋高宗尝对大臣言：“夷狄不可责以中国之礼。朕观三代以后，惟汉文帝待匈奴最为得体。彼书辞倨傲，则受而弗较；彼军旅侵犯，则御而弗逐。谨守吾中国之礼，而不以责夷狄，

① 李焘：《续资治通鉴长编》卷34，淳化四年十一月甲寅条，中华书局，2004，第758～759页。

② 李焘：《续资治通鉴长编》卷123，宝元二年三月丙午条，中华书局，2004，第2899页。

③ 李蕊撰，王治来等点校《兵镜类编》，岳麓书社，2007，第503页。

④ 李焘：《续资治通鉴长编》卷134，庆历元年十月壬寅条，中华书局，2004，第3192～3194页。

此最为得体也。"[①] 北宋尚未承认西夏"国"的地位，南宋已认同西夏为"敌国"。

宋朝统治者基于对内、外关系的认识，形成守内御外的地缘战略思想，缺乏对外的积极开拓和经营，在处理对外关系上，多持消极态度。

第二节　南宋对外战略思想的形成

一　战略、地缘战略等相关概念

战略、地缘战略、地缘战略思想是一系列密切相关的概念，是地缘政治学的重要研究内容之一。18 世纪，欧洲开始使用"战略"一词，在希腊文里将其解释为军事领导的艺术。德国战略学家克劳塞维茨将战略看作"实现战争目的而运用战斗的学问",[②] 是将战争事件进行总结并形成模式，最终借此来实现战争的目的。中华人民共和国成立后，我国对地缘战略展开了系列研究，辞书及相关军事著作，将战略解释为"对战争全局的筹划和指导"。《辞海》对战略的解释分狭义和广义，广义上的战略泛指"对全局性、高层次的重大问题的筹划与指导，如大战略、国家战略、国防战略、经济发展战略"等；狭义的"战略"则专指军事战略。2016 年修订的第 7 版《现代汉语词典》对战略一词做了两种解释："指导战争全局的计划和策略"，如"战略部署""战略防御"；"泛指决定全局的策略"，如"革命战略""全球战略"。现代学者对战略的研究，视野较广，认为战略应该是对全局性、持久性、根本性、重要性事务和问题的解决具有指导性作用的计划与方案。[③]

综上所述，一个国家的地缘战略，就是该国从地缘的角度出发，为保护国家安全所制定的计划和方案。统治者须考虑诸多因素，如地缘、

---

① 李心传:《建炎以来系年要录》卷 140，绍兴十一年六月辛未条，中华书局，2013，第 2642 页。

② 金应忠、倪世雄著《国际关系理论比较研究》(修订本)，中国社会科学出版社，2003，第 244～245 页。

③ 刘跃进:《国家安全学》，中国政法大学出版社，2004，第 311 页。

历史、空间、政治、经济、文化、军事等，制定出既符合国家安全及国家利益所需，又能有效抵御外来挑战和威胁的战略和构想。“地缘战略就是利用地缘关系及其作用、法则，谋取和维护国家利益的方略。”① 总之，地缘战略学就是在全球空间中对国家权力的展开进行研究，并在政治实践中不断发展和完善的学说。地缘战略思想是以地缘为出发点，要求在广阔的地缘空间中制定出具有全局指导意义的战略及构想。

南宋立国后，对地缘形势有自身的考虑，形成了相应的地缘战略思想。摒弃四川、襄阳等理想建都之所，行在临安的决定，表明南宋放弃主动进攻、对北方政权采取消极防御的地缘战略思想。面对北方严峻的地缘形势，驻扎重兵来保卫南宋的安全，出现了“重北轻南”的驻军格局，并由此形成御北安南的地缘战略思想。

二 定都之争与消极防御的地缘战略思想

（一）定都之争

都城的选择，是对综合因素考量的结果，既有对地理形势的考虑，也有对政治、军事、经济等因素的考量。都城的选择不可能兼顾所有条件，但其中某些因素会成为统治者考虑的重点。因此，从都城的选择上，多能看出统治者对国家局势的整体思考，以及对外关系的决策、地缘战略的部署等。同时，都城的地理位置，还涉及国家的对外防御，从而影响地理政治格局的形成。

1127 年，赵构在应天府（今河南商丘）称帝，在金军追击下，赵构一路东逃至东南沿海。金军北撤后，南宋稳定下来，定都问题被提上日程。南宋君臣对定都何处争议较大，归纳起来，主要有以下几种意见：

其一，定都长安，谋划复兴。长安拥有先天的地理优势，是宋朝谋划复兴之业的战略要地，“汉中，实天下形势之地，号令中原，必基于此”。长安“前控六路之师，后据两川之粟，左通荆、襄之财，右出秦、陇之

① 程广中：《地缘战略论》，国防大学出版社，1999，第 16 页。

马，天下大计，斯可定矣”。[①]“汉中之胜，背负巴蜀，左控关陇，西连氐羌，兵劲用饶，形利势便，进可以据上流之阻，退可以待四方之变。”[②]主战派主张定都长安，认为利用长安“控制陕西六路，捍蔽川峡四路”[③]的地理优势，可抵御金军进攻，“金贼必不能西向潼关，中原豪杰尽乐为陛下用，内外之患皆可消弭”。[④]此外，定都长安还能够实现“镇抚关中以固根本”[⑤]的全局目标。不仅如此，为说服宋高宗定都长安，朝臣还列举秦、汉都关中成就兴盛之业的事例。定都长安，还可以利用关中强兵猛将，“速谋幸蜀，据其形胜，用其壮勇，则恢复可图”。[⑥]在实现宋朝的复兴大业中，除了“巴蜀恃三峡之天险”的地理形胜外，“陆路之壮士”[⑦]也是不容忽视的力量。

此外，陕西是历史上重要产马地之一，精锐良马，是战争获胜的重要条件之一。“秦地形胜，精卒良马之所自出，实军国之根本。”[⑧]获取优良战马是宋朝在对外战争中不得不考虑的重要因素，虞允文在谈及陕西地理形胜时特意指出战马在整个国家战略中的重要作用，认为占据陕西，可以“得兵得马得粮，可以壮国威，可以足军饷，欲守则有险可恃，欲战则有资可凭。自古进取天下，固有次序，而莫先于此”。[⑨]占据陕西进而获取战马的优势，宋高宗也并非不知，他曾对朝臣言：“至如陕西五路，劲兵良将所出。”[⑩]因此，定都长安，占据“四塞之国”北控关陇、南连巴蜀的地理形胜，获取关中强兵良将及精良马匹，凭借四川天府之国的优越农

---

① 李心传：《建炎以来系年要录》卷28，建炎三年十月戊戌条，中华书局，2013，第658页。

② 庄仲方辑《南宋文范·（朱松）上胡察院书》，任继愈主编《中华传世文选》（六），吉林人民出版社，1998，第440页。

③ 脱脱等：《宋史》卷447《唐重传》，中华书局，1985，第13187页。

④ 庄仲方辑《南宋文范·（宗泽）乞都长安疏》，任继愈主编《中华传世文选》（六），吉林人民出版社，1998，第177页。

⑤ 脱脱等：《宋史》卷447《唐重传》，中华书局，1985，第13186页。

⑥ 徐梦莘：《三朝北盟会编》卷123，建炎三年三月二日条，上海古籍出版社，1987，第903页。

⑦ 徐梦莘：《三朝北盟会编》卷123，建炎三年三月二日条，上海古籍出版社，1987，第903页。

⑧ 李心传：《建炎以来系年要录》卷131，绍兴九年八月庚午条，中华书局，2013，第2455页。

⑨ 傅增湘原辑，吴洪泽补辑《宋代蜀文辑存校补》卷56《论用吴璘以图恢复疏》，重庆大学出版社，2014，第1848页。

⑩ 李心传：《建炎以来系年要录》卷127，绍兴九年四月庚午条，中华书局，2013，第2404页。

业条件，可以实现“据中原而有东南”① 的伟大蓝图。可见，定都长安从战略上来说是积极对外开拓，从而实现宋朝中兴之举。建炎四年（1130）金军发动富平之战，宋军溃败，此次战争对宋朝影响甚大，除丧失了大量马匹及军事物资，以及陕西五路大部分辖地外，还丧失了重要战略基地和良马供应地。

其二，入据四川，凭借四川险要形势，可攻可守。其中以马扩的言论最具代表性，他将宋朝的定都之举“画为三策”，即上策、中策和下策。他认为：“幸巴蜀之地，用陕右之兵，留重臣以镇江南，委健吏以抚淮甸，破敌人之计，回天下之心，是为上策。”② 定都巴蜀还可以实现战略上的可攻可守，正如绍兴时布伸所言，“处川陇、据上流，则江左自可保守安危，强弱利害不啻万万也”，③ 而当四川告急时，则可以“顺流而下，水陆并进”。④ 但此建议并未被高宗采纳，其理由有二。首先，“汉中止可备万人粮，恐太少。两浙若委付得人，钱帛犹可溯流而西，至于粮斛，岂可漕运?”高宗认为四川目前的粮食储备无法供养太多人口，而大量粮食的漕运并不现实。其次，“若第携万兵入蜀，则淮、浙、江、湖以至闽、广，将为盗区，皆非国家之有矣”。认为蜀地偏居一隅，从战略上无法实现对两淮、两广等广大区域的有效控制。高宗最终认为四川非理想之所，“若便入蜀，恐两失之”。⑤

其三，定都襄阳。李纲高度看重襄阳的战略地位，认为襄阳在地理上具有先天优势，“西邻川、陕，可以召兵；北近京畿，可以进援；南通巴蜀，可以取货财；东达江淮，可以运谷粟”；⑥ 反对高宗定都临安，“江之险不如河，而南人轻脆，遇敌则溃，南方城壁，又非北方之比，陛下必以建康为安，臣窃以为过矣。为今之计，纵未能行上策，当适襄、邓，以系

① 毕沅：《续资治通鉴》卷99，建炎元年七月乙巳条，中华书局，1957，第2610页。

② 毕沅：《续资治通鉴》卷104，建炎三年三月庚辰条，中华书局，1957，第2727页。

③ 徐梦莘：《三朝北盟会编》卷123，建炎三年三月二日条，上海古籍出版社，1987，第903页。

④ 徐梦莘：《三朝北盟会编》卷154，绍兴二年十二月一日条，上海古籍出版社，1987，第1112页。

⑤ 毕沅：《续资治通鉴》卷107，建炎四年三月乙丑条，中华书局，1957，第2826页。

⑥ 李心传：《建炎以来系年要录》卷7，建炎元年七月乙巳条，中华书局，2013，第210页。

天下之心”。① 右迪功郎刘嵘与李纲持相同意见，认为“欲强进取之资而无形势之失，惟荆襄为胜”。②

其四，在高宗执意定都东南的情况下，定都建康也为不少朝臣所主张。卫尉少卿卫肤敏就南宋所处形势进行分析，指出汴京遭受金人蹂躏，不可复出，③ 建康乃历朝古都，为东南形胜之地，“外连江淮，内控湖海，负山带海，为东南要会之地”，是建都的理想之所。④ 建康具有地理优势，财力充足，交通便利，所谓“控引二浙，襟带江湖，漕运财谷，无不便利，使淮南有藩篱形势之固”。⑤ 建康不仅具有“控引二浙、襟带江湖”，形成强固“藩篱形势”的天然地理优势，而且能获取充足物资，实现对东南地区的有效控制。迪功郎张邵也建议定都建康，“非保东南无以为陛下之资，非据建康无以镇东南之势”，故建康乃镇抚东南之重镇。⑥ 相反，钱塘则“僻在海隅，其地狭”。资政殿大学士王绹认为，“驻跸之地，未有过于建康者”。⑦ 由于时局的变化，李纲此时也建议定都建康，“驻跸建康，料理荆、襄，以为藩篱，葺理淮南，以为家计”，⑧ 并进一步指出，比之临安，建康更具定都优势，“形势胜于临安”，“建康正诸方水道所凑，一望则诸要害地都在面前，有相应处。临安如入屋角房中，坐视外面，殊不相应”，⑨ 并且指出临安作为都城的先天不足，“褊迫偏霸之地，非用武之国，又有海道不测之虞”，而建康则“襟带江湖，控引淮浙，龙

① 李心传:《建炎以来系年要录》卷7，建炎元年七月乙巳条，中华书局，2013，第209～210页。

② 徐梦莘:《三朝北盟会编》卷152，绍兴二年十月六日条，上海古籍出版社，1987，第1102页。

③ 李心传:《建炎以来系年要录》卷7，建炎元年七月癸丑条，中华书局，2013，第214页。

④ 李心传:《建炎以来系年要录》卷7，建炎元年七月癸丑条，中华书局，2013，第214页。

⑤ 李心传:《建炎以来系年要录》卷87，绍兴五年三月癸卯条，中华书局，2013，第1677页。

⑥ 李心传:《建炎以来系年要录》卷21，建炎三年三月丁未条，中华书局，2013，第532页。

⑦ 李心传:《建炎以来系年要录》卷87，绍兴五年三月癸卯条，中华书局，2013，第1681页。

⑧ 李心传:《建炎以来系年要录》卷87，绍兴五年三月癸卯条，中华书局，2013，第1677页。

⑨ 黎靖德编，杨绳其、周娴君校点《朱子语类》卷127《本朝一·高宗朝》，岳麓书社，1997，第2755页。

蹯虎踞”。①

以上是南宋初年关于定都的几种建议，定都至关重要，关乎统治者对时局的整体考虑，以及地缘战略的谋划。李纲所言“自古中兴之主，皆起于西北，则足以据中原而有东南；起东南，则不足以复中原而有西北”,② 便是此意。

（二）定都临安与南宋消极防御地缘战略思想

绍兴八年（1138）三月，高宗下诏“复还临安，内修政事，缮治甲兵，以安基业”，并且强调此举“非厌霜露之苦，而图宫室之安也”。③ 对定都临安，朝廷下令：“有敢妄议惑众沮巡幸者，许告而罪之。不告者斩。”④ 高宗此举说明反对之人不少。对于定都临安，刘子健先生分析：把南宋地图往右扭转九十度，“从海上往内陆看，杭州是中心。一面有海上的退路，一面有长江下游和太湖区域的富庶，还有一面是浙东山区的屏障，它的确具备最优越的条件”。⑤ 临安既占据了江南经济富庶区，同时又形成能守能退的防御形势，正符合高宗守境自保的心理。

临安作为都城，具有自身的地理优势。临安一带，水道密布，河网纵横交错，有利于遏制金朝骑兵的进攻，正如高宗所言：“金人所恃者，骑众耳，浙西水乡，骑虽众，不得聘也。且人心一摇，虽至川、广，恐所至皆敌国尔。”⑥《四朝见闻录》记载：“高宗六龙未知所驻，尝幸楚，幸吴，幸越，俱不契圣虑。暨观钱塘表里江湖之胜，则叹曰：‘吾舍此何适？’”⑦ 尚书考功员外郎楼照进言：“今日之计，当思古人量力之言，察兵家知己之计。力可以保淮南，则以淮南为屏蔽，权都建康，渐图恢复。力未可以保淮南，则因长江为险阻，权都吴会，以养国力。”其他备选方

① 《李纲全集》卷89《应诏条陈七事奏状》，岳麓书社，2004，第877页。

② 毕沅：《续资治通鉴》卷99，建炎元年七月乙巳条，中华书局，1957，第2610页。

③ 徐梦莘：《三朝北盟会编》卷183，绍兴八年三月二日条，上海古籍出版社，1987，第1325页。

④ 陈邦瞻纂辑《宋史纪事本末》卷63《南迁定都》，中华书局，2015，第643页。

⑤ 刘子健：《背海立国与半壁江山的长期稳定》，载《两宋史研究汇编》，台北联经出版事业公司，1987，第25页。

⑥ 李心传：《建炎以来系年要录》卷27，建炎三年闰八月丁亥条，中华书局，2013，第616页。

⑦ 叶绍翁撰，符均注《四朝闻见录》乙集《高宗驻跸》，三秦出版社，2004，第66页。

案地理位置与临安相比，“不如钱塘有重江之险”，于是“移跸临安”。[①]史载“帝一意还临安，不复防淮矣”。[②]定都临安除依长江、淮河地理屏障形成天然防御线外，还在基本地带根据地理形势的不同，形成淮河、襄阳和川陕区域的联动防御体系，这样的防御体系，不仅保证了南宋的中兴，还实现了南宋的长期稳定。[③]因此，有学者研究认为，定都临安，给南宋最高统治者增加了安全感。[④]

都城与国防密切相关，都城不仅是国防保卫的中心，而且对国家防御体系的构建及对外关系皆产生重要影响。在主战派李纲看来，“关中为上，襄、邓次之，建康又次之”。[⑤]时人汪若海对南宋定都临安，也有自己的看法：“天下者，常山蛇势也。秦、蜀为首，东南为尾，中原为脊。今以东南为首，安能起天下之脊哉。将图恢复，必在川、陕。”[⑥]尽管根据刘子健先生的分析，南宋都城临安在军事防守和经济地利上有明显的优势，但从南宋以半壁江山立国、大半疆土为金所占的事实来看，南宋统治者背海立国形势，表明已不具恢复、开拓之意。正如杭州提举洞霄宫卫肤敏所言，“余杭地狭人稠，区区一隅，终非可都之地。自古帝王未有作都者，惟钱氏节度二浙而窃居之，盖不得已也。今陛下巡幸，乃欲居之，其地深远狭隘，欲以号令四方，恢复中原，难矣”。[⑦]张浚也指出临安的局限性，“临安僻在一隅，内则易生玩肆，外则不足以号召远近，系中原之心”。[⑧]高宗定都临安以图苟安，注定其在地缘战略上实行消极防御政策。高宗这一心思，朝臣又怎会不明白呢？侍御史张致远评价其举措“甚失兴复大计”，殿中侍御史张绚亦言：“不复有意中原”，[⑨]“无复经制两河之

① 脱脱等：《宋史》卷380《楼照传》，中华书局，1985，第11715页。
② 陈邦瞻纂辑《宋史纪事本末》卷63《南迁定都》，中华书局，2015，第649页。
③ 刘子健：《背海立国与半壁江山的长期稳定》，载《两宋史研究汇编》，台北联经出版事业公司，1987，第24～27页。
④ 林正秋：《南宋定都临安初探》，《杭州师范学院学报》（社会科学版）1982年第1期。
⑤ 李心传：《建炎以来系年要录》卷6，建炎元年六月庚申条，中华书局，2013，第163页。
⑥ 顾祖禹：《读史方舆纪要》卷8，中华书局，2005，第328页。
⑦ 李心传：《建炎以来系年要录》卷20，建炎三年六月丁巳条，中华书局，2013，第460页。
⑧ 陈邦瞻纂辑《宋史纪事本末》卷63《南迁定都》，中华书局，2015，第652页。
⑨ 吴乘权等辑，施意周点校《纲鉴易知录》卷80，中华书局，1960，第2182页。

意”。[①] 高宗苟且偷安、消极防御的地缘战略思想，使南宋在地缘战略上持消极保守态度，在对外关系中常以屈辱换取和平。定都临安后，南宋偏安江南一隅，其军事行动始终未能超越长江一线。高宗这一思想，还被南宋历任统治者所继承，屈辱求和成为惯用伎俩。正如黄宽重先生所言："乞和图存为宋历代相承的国策，高宗既囿于偏安据守的主意，尽管他启用李纲作宰相，却没有认真作过抗击金人的打算。"[②] 史书中也有如是评价："李纲、宗泽，揣摩形势，当日若预见之。而构贪小安，愚愎坐削，质本豚犊，责以龙虎，宜弗任也。咸淳、德祐之祸，事虽发于理宗，基实成于赵构。"[③] 宋朝此举，还导致军队士气削弱，战斗力严重下降，每遇金兵追击，宋朝军队常弃城而逃，"帅守之弃城者，习以成风"，[④] 影响极为恶劣。

三 南宋定都临安对大理国的影响

南宋定都临安，政治中心东移，对西南地缘格局产生重要影响。南宋加强了对大理国的防御，调整地缘关系，顺势将买马地点转移至广西。上述做法，使西南交通线随之转移，对大理国对外交通、对外关系及对外贸易皆产生重要影响。

（一）对大理国对外交通的影响

南宋定都临安，政治重心东移，云南经四川联系中原的传统交通线，并非最佳选择。在此情况下，云南地缘战略地位急剧衰落，作为唐朝以前中南半岛国家赴中原朝贡的交通大通道地位受到严重挑战，云南不再是中南半岛国家入贡宋朝的必经之路。而广西则成为大理国联系南宋的重要通道，不仅地缘战略地位增强，交通也有了迅速发展。

隋唐以前，交州是中原王朝的重要门户和贸易港口，还是中南半岛国家朝贡的必经之地。"南海、交趾，各一都会也，并所处近海，多犀

---

① 毕沅：《续资治通鉴》卷100，建炎元年九月辛卯条，中华书局，1957，第2626页。

② 黄宽重：《晚宋朝臣对国是的争议——理宗时代的和战、边防与流民》，台湾大学出版中心，1978，第9页。

③ 陈邦瞻纂辑《宋史纪事本末》卷63《南迁定都》，中华书局，2015，第652页。

④ 李心传：《建炎以来系年要录》卷15，建炎二年四月丙寅条，中华书局，2013，第362页。

象玳瑁珠玑，奇异珍玮，故商贾至者，多取富焉。”① 南海和交趾分别指广州港和交州港。“隋平陈，置交州，炀帝改为交趾，刺史治龙编，交州都护制诸蛮，其海南诸国，大抵在交州南及西南，居大海中洲上，相去或三五百里、三五千里，远者二三万里。乘舶举帆，道里不可详知，自汉武已来，朝贡必由交趾之道。”② 唐朝以前，中南半岛国家至中原地区朝贡必由交趾，经云南达四川的清溪关道和石门关道，再北上达中原。北宋末年受北方严峻地缘危机的影响，宋朝统治者人为关闭清溪关道和石门关道，大理国和宋朝关系受到严重影响，广西成为双方联系的重要通道。南宋定都东南后，地缘重心东移，进一步加剧了清溪关道和石门关道的衰落，云南和四川的传统联系断绝，广西成为大理国联系南宋的唯一通道，广西交通因此获得迅速发展。史书记载宋朝大理国至广西的邕州道主要有三条：

> 中国通道南蛮，必由邕州横山寨。自横山一程至古天县，一程至归乐州，一程至唐兴州，一程至睢殿州，一程至七源州，一程至泗城州，一程至古那洞，一程至龙安州，一程至凤村山獠渡江，一程至上展，一程至博文岭，一程至罗扶，一程至自杞之境名曰磨巨，又三程至自杞国，自杞四程至古城郡，三程至大理国之境名曰善阐府，六程至大理国矣。自大理国五程至蒲甘国，去西天竺不远，限以淤泥河不通，亦或可通，但绝险耳。凡三十二程。
>
> 若欲至罗殿国，亦自横山寨如初行程，至七源州而分道，一程至马乐县，一程至恩化县，一程至罗夺州，一程至围慕州，一程至阿姝蛮，一程至䂢砂蛮，一程至顺唐府，二程至罗殿国矣。凡十九程。
>
> 若欲至特磨道，亦自横山，一程至上安县，一程至安德州，一程至罗博州，一程至阳县，一程至隘岸，一程至那郎，一程至西宁州，一程至富州，一程至罗拱县，一程至历水铺，一程至特磨道矣。自特

① 魏征：《隋书》卷31《地理志》，中华书局，1973，第887～888页。
② 刘昫：《旧唐书》卷41《地理志》，中华书局，1975，第1750页。

磨一程至结也蛮，一程至大理界虚，一程至最宁府，六程而至大理国矣。凡二十程。①

学术界将以上所述三条道路称为北路自杞道、中路罗殿道、南路特磨道。除自杞、罗殿、特磨外，还有不少羁縻民族的存在，它们处于大理国和宋朝的缓冲地带，要么同时羁縻于二者，要么依违于二者之间，关系不稳定。这些部族的存在，对大理国和南宋交通也产生了重要影响，甚至是阻碍作用。史书记载："大理欲以马至中国，而北阻自杞，南阻特磨者，其道里固相若也。闻自杞、特磨之间，有新路直指横山，不涉二国。今马既岁至，亦不必由他道也。"同时又说："马产于大理国。大理国去宜州十五程，中有险阻，不得而通，故自杞、罗殿皆贩马于大理，而转卖于我者也。"② 这些中间部族人为阻断交通，对大理国与南宋的马匹贸易产生消极影响。

（二）对大理国对外关系的影响

宋朝与东南亚国家间的联系，有学者研究后指出："在与南海诸国交往方面，两宋以大渡河为界疏远大理国，使云南徼外诸邦通过云南地区赴中原朝贡极为困难，汉代以来云南徼外诸邦与中原的传统联系，明显削弱。"③ 又进一步指出："据《宋史・外国传》：宋代中南半岛之交趾、占城、真腊、蒲甘诸国，与宋朝的联系显著减少，且朝贡大都走海路经广州或交趾以达中原，而无一例经由云南陆路。"当然，这种联系的减少，与宋朝的消极对外政策也是有关系的。《宋史》记载："交趾、占城、真腊、蒲耳（缅甸）、大理滨海诸蕃，自刘铱、陈洪进来归，接踵修贡。宋之待遇亦得其道，厚其委积而不计其贡输，假之荣名而不责以烦缛；来则不拒，去则不追；边圉相接，时有侵轶，命将致讨，服则舍之，不黩以武。"④ 北宋时期与宋朝有关系的国家为："东方有四"，即高

---

① 周去非著，杨武泉校注《岭外代答校注》卷3《外国门下・通道外夷》，中华书局，1999，第122～123页。

② 周去非著，杨武泉校注《岭外代答校注》卷5《财计门・宜州买马》，中华书局，1999，第189页。

③ 方铁：《西南通史》，中州古籍出版社，2003，第281页。

④ 脱脱等：《宋史》卷485《夏国传》，中华书局，1985，第13981～13982页。

丽、日本、渤海靺鞨、女真；“西方有九”，即夏国、龟兹、天竺等国；“南方十有五”，即交趾、真腊、大食、占城、三佛齐等；北方有契丹等国。①《宋会要辑稿·蕃夷》对外蕃来华朝贡情况进行了详细记述，来华朝贡的国家以东南亚为主，其中对交趾、占城和三佛齐的记载最多，在《宋史》中专门为其立传，周去非《岭外代答》一书中也有相关记载，说明这些国家与宋朝关系密切。史料记载蒲甘曾与大理国一同向宋朝朝贡，后来由于宋朝与大理国关系冷淡，史书中不见蒲甘进贡宋朝的记载。

蒲甘曾在唐代与中原王朝交往密切，至宋代，交往明显减少。《宋史·蒲甘传》对蒲甘记载甚少，寥寥九十余字，反映出宋朝对其了解不多以及双方关系疏远之情形。宋时，蒲甘和宋朝交往，见记录的仅四次。宋真宗景德元年（1004），赵汝适《诸番志·蒲甘传》记载：“（蒲甘）遣使同三佛齐、大食国来贡，获与上元观灯。”据陆韧教授考证，此次入贡是从海路航海至宋的。② 宋徽宗崇宁五年（1106）“二月曾入贡”。③ 高宗绍兴六年（1136），“绍兴丙辰夏，大理国遣使杨贤时彦贲、副使王兴诚，蒲甘国遣使俄托乘摩诃菩进表两匣，及金藤织两个，并系大理国王封号，金银书《金刚经》三卷，金书《大威德经》三卷”。④《宋会要辑稿》记载甚详：“高宗绍兴六年七月二十日，大理、蒲甘国表贡方物，是日，诏：大理、蒲甘国所进（方）物除更不收受外，余令广西经略使差人押赴行在，其回赐令本路转运、提刑司于应管钱内取拨付本司，依自来体例计价，优与回赐。内章表等先次入递投进，令学士院降敕书回答。”⑤“宋宁宗时，缅甸、波斯等国进贡白象。”⑥ 此后，不见蒲甘进贡宋朝的记载。以蒲甘为主的中南半岛北部国家，与

① 庞元英：《文昌杂录》卷1，中华书局，1958，第2页。

② 陆韧：《云南对外交通史》，云南人民出版社、云南大学出版社，2011，第142页。

③ 周去非著，杨武泉校注《岭外代答校注》卷2《外国门上·蒲甘国》，中华书局，1999，第84页。

④ 周钟岳等编纂，刘景毛等点校《新纂云南通志》卷102《宗教考二·佛经流通》，云南人民出版社，2007，第495页。

⑤ 徐松辑，刘琳等校点《宋会要辑稿·蕃夷7》，上海古籍出版社，2014，第9965页。

⑥ 谢圣纶辑，古永继点校《滇黔志略点校》，贵州人民出版社，2008，第162页。

宋朝联系明显削弱，其原因亦是受交通线影响。如在唐朝，当南诏和唐朝交恶时，蒲甘等中南半岛国家与唐联系减少；而当关系恢复时，双方联系紧密。“贞元十年南诏恢复与唐朝的友好关系之后，因受南诏与骠国睦唐的影响，中南半岛一些古国与唐朝的联系也有所增强。”① 弥臣与骠国关系密切，推测是骠国的属国，骠国与唐朝友好的做法，也影响了弥臣。唐人说：“骠国之与弥臣，伏联踪而叠轨。臣制乐以奉圣，载文以叙美。”② 天宝十二载（753）文单国王子率其属26人来朝，唐授以属果毅都尉，赐紫金鱼袋，诏其“随何履光云南征讨，事讫听还蕃”。大历六年（771），文单国再次入觐。南诏归唐以后，文单国又再次入贡。贞元二十一年（805），唐朝封弥臣国嗣王乐道勿礼为弥臣国王。

综上所述，南宋定都临安后，政治重心东移，大理国与宋朝地缘关系疏远。南宋人为关闭清溪关道和石门关道后，蒲甘等中南半岛北部国家经由大理国进贡南宋，更加艰辛，中南半岛北部国家与南宋关系疏远。当然，随着北方地缘危机的加剧，南宋对大理国等南方民族猜忌加深，也是影响二者交往的重要原因。

南宋定都临安，四川通道关闭，对大理国对外交通也产生影响。宋时，中南半岛国家联系大理国的道路有三：一是蒲甘等中南半岛北部国家沿滇缅道由腾冲进入云南，与大理国发生联系；二是由今交州沿红河水系北上直达大理国都城；三是由广州或交趾沿海路进入宋朝境内，经广西与大理国发生联系。第一条道路，历史悠久，是蒲甘等中南半岛北部国家联系云南的主要通道，一直畅通。第二条道路主要针对以交趾为主的中南半岛南部国家，此路途经交州，受大理国和交趾关系的影响。大理国与交趾曾发生两次为争夺中南半岛霸主地位的战争，交趾对途经交州的中南半岛商人，欺压甚重，严重影响了道路的通畅。当然，这条道路部分路段交通险阻，严重影响通行。随着南宋航海业的兴盛，大多数国家至宋多选择海路。由于大理国和交趾关系疏远，此路后期被罗孔部阻隔而不得通行。第三条道路，则为大多数中南半岛国家入宋所选，且一度兴盛。这条道路须

① 方铁：《西南通史》，中州古籍出版社，2003，第287页。

② 董诰等编《全唐文》卷691《为西川幕府祭韦太尉文》，山西教育出版社，2002，第4181页。

经广西，才能与大理国发生关系。

总之，南宋定都临安后，大理国与南宋政治关系疏远。为寻求发展，大理国积极开展与东南亚国家间的关系，与蒲甘等中南半岛北部国家联系进一步密切。但大理国与交趾及其南部国家，由于受交通线影响较大，关系疏远。

（三）对大理国对外贸易的影响

唐朝以前，大理国对外贸易，以交州为重要贸易出海口，来实现与东南亚国家间的密切交往。历史上，交州地缘战略地位重要，是中原王朝经略云南及中南半岛的重要战略基地，同时还是中原王朝及云南对外贸易重要港口。唐朝在此设置安南都护府，有效经营中南半岛、维护西南疆域、遏制南诏对外扩张。天宝年间，唐朝三次讨伐南诏的军事行动，无一例外地从安南发兵实现对南诏的南北夹击，便是最好的例证。

历史上，交州还是中原王朝对外贸易的重要港口。宋以前，交趾受中原王朝控制，成为中南半岛诸国赴中原朝贡的重要通道。史书记载，自汉武以后东南朝贡，必由交趾之道。唐朝设置安南都护府统辖西南边疆事务，“交州都护制诸蛮”，且负责与海外诸国贸易，交州港曾一度兴盛。据记载，中天竺与交趾、大秦、扶南国曾在此贸易，[①] 交州已经成为重要的贸易港口。贞元年间，曾有外商由广州改由交州贸易的记载，后经官府调查，认为是广州官吏对外商“侵刻过深”[②] 所致。唐朝岭南节度使李勉管理交州事务，因管理得当、交易公平，西南诸族争相至交州贸易，兴盛时商船达四十余艘。[③] 交州港在宋朝以前作为重要的大港口，其贸易地位非常重要。

交趾独立后，北宋对东南亚地区控制力削弱。南宋定都临安，西南地区新的交通格局形成，地缘关系亦随之改变，广西不仅成为南宋防御大理国和交趾的前沿重地，而且是西南地区交通要道，大理国和交趾入贡南宋，必经广西。北宋中后期交州港地位衰落后，南宋积极开辟广西贸易市场，形成了以广西为主的、包括中南半岛南部国家及大理国在内

① 欧阳修：《新唐书》卷 221《西域上·天竺国传》，中华书局，1975，第 6237 页。
② 司马光：《资治通鉴》卷 234，贞元八年六月条，中华书局，2011，第 7532 页。
③ 欧阳修：《新唐书》卷 131《李勉传》，中华书局，1975，第 4508 页。

的市场。云南至交趾交通要道的阻碍，促使大理国积极寻求新的对外贸易出海口及开拓新的对外贸易市场，积极参与广西市场贸易，促进了广西新的贸易格局形成。与先前大理国商人直接参与交州贸易形式不同的是，广西的贸易，涵盖了大理国商人、西南诸族、四川、广西及东南亚商人在内的商品贸易，且由于受广西官府的严格控制，各国商人均在宋朝设定的固定的市场贸易，通过中间商人实现不同商品在广西市场上的互通有无，新的贸易形式和贸易格局形成。广西贸易市场在南宋曾一度兴盛，成为大理国与交趾等东南亚国家、四川商人、广西商人及西南诸番贸易的重要场所，广西亦成为大理国对外贸易新的出海口，俨然是西南地区又一大市场。

第三节　“北强南弱”的驻军格局与御北安南思想的形成

关于我国古代的民族关系，郭沫若先生指出，总体上是“北方防御，南方侵润”，并解释“侵润”主要是指文化侵润。[①] 笔者认为“北方防御”主要是基于严峻地缘压力，北方少数民族频繁南下，民族关系紧张，而南方民族关系相对和缓。基于南、北方民族关系的不同特点，中原王朝形成了防御北方少数民族南下、稳定南方少数民族统治来解除北方后顾之忧的御北安南地缘战略思想。为防御北方民族，南宋驻兵主要在北方，正如王象之说：“朝廷御边，重西北而轻东南。”[②]

一　北方地区重兵驻守

比之北宋，南宋疆域向南压缩，地缘优势进一步丧失，南宋统治者重新调整了兵力部署，在长江沿线驻守重兵防御北方强大的金与蒙古。南宋初年屯驻大军主要由三部分组成：一是高宗身边御营司直辖的御营

---

① 邸永君：《陈连开先生访谈录》，《中国民族研究年鉴（2001 年卷）》，民族出版社，2002，第 446 页。

② 王象之撰，赵一生点校《舆地纪胜》卷 89《广州》，浙江古籍出版社，2012，第 2181 页。

五军，二是东京留守宗泽创建的军队，三是北宋遗留下来的陕西六路之兵。[①] 绍兴五年（1135）以后，宋朝将包括川陕在内的五支大军，统一改名为行营护军，严格意义上的屯驻大军宣告形成。根据时局的变化，南宋军队经过分化、改组，最终形成十支屯驻大军，驻守沿江一带及京畿。

南宋军队的规模和数量变动较大，未有系统统计数据，仅见零星记载。如绍兴二年（1132），吕颐浩介绍当时兵力状况："自维扬之变，兵械十亡八九。未几虏分三路入寇，江、浙兵皆散而为盗。自陛下专意军政，拣汰其冗，修饬器甲，今张浚军三万，有全装甲万副，刀枪弓箭皆备。韩世忠军四万，岳飞军二万三千，王𤫉军一万三千，虽不如浚之军，亦皆精锐。刘光世军四万，老弱颇众，然选之亦可得其半，又神武中军杨沂中、后军巨师古皆不下万人，而御前忠锐如崔增、姚端、张守忠等军亦二万。臣上考太祖之取天下，正兵不过十万，况今有兵十六七万，何惮不为？"[②] 绍兴三年（1133），高宗言："今有兵仅三十万，当更精择，得胜兵二十万，器械悉备，训而用之，可以复中原、威夷狄，岂独捍防险阻哉！"[③] 绍兴四年（1134），南宋施行大礼赏赐之际，对东南各军数量进行统计，"三卫班直宿卫，忠佐、忠锐将兵，神武右军、中军"为"七万二千八百余人"，其中主要是张俊的神武右军，其次是杨沂中的神武中军，而"刘光世、韩世忠、岳飞、王𤫉四军十二万一千六百余人"，[④] 加上川陕战区，军队数量应该更多。总括以上数据，绍兴五年以前南宋正规军当不下三十万人，发展情况不错。乾道三年（1167）南宋总兵力达四十一万八千人，主要分布在四川战区以及长江沿线，其分配情况如下："殿前司七万三千人，马军司三万人，步军司二万一千人，建康都统司五万人，池州都统司一万二千人，镇江府都统司四万七千人，江州都统司一万人，楚州武锋军一万一千人，平江府许浦水军七

① 王曾瑜：《宋朝兵制初探》，中华书局，1983，第127～132页。

② 李心传：《建炎以来系年要录》卷60，绍兴二年十一月己巳条，中华书局，2013，第1198页。

③ 李心传：《建炎以来系年要录》卷68，绍兴三年九月庚午条，中华书局，2013，第1336页。

④ 李心传：《建炎以来系年要录》卷80，绍兴四年九月辛酉条，中华书局，2013，第1510页。

千人，鄂州都统司四万九千人，荆南都统司二万人，兴州都统司六万人，兴元都统司一万七千人，金州都统司一万一千人”，这个数额虽略有增减，但通常“不减四十余万”。①

在宋蒙对峙阶段，为应付北方严峻地缘压力，南宋军队数量亦不少。端平二年（1235），王迈曾上书说：“总今日之数，较之嘉定巳卯间，增至二十八万八千有奇。”② 淳祐年间，方岳上书朝廷言“今内外兵籍不下七十余万”，但军中老弱病残较多，“是七十余万之兵，不得七八万人之用，无怪乎愈增而愈少，常战而常负也”。③ 咸淳九年（1273），贾似道上奏说，自“景定元年（1260）迄今，节次招军凡二十三万有奇，除填额创招者九万五千，近又招五万”。④ 南宋军队数量并不少，即使到了南宋灭亡时，“算兵帐见兵可七十余万人，老弱柔脆，十分汰二，为选兵五十余万人”。⑤ 尽管南宋军队人数不断增长，但驻军格局并未发生根本改变，仍然主要驻守在沿江一带及京畿，保卫南宋国防安全。

总之，南宋后期文献中军队数量记载虚高，因战争减损严重，加之军队建设废弛，实际可用驻兵数量有限。

二　南方驻军远远少于北方

南宋军队北方驻军多、南方驻军少，形成北方驻军数量远远超过南方的格局。就地方驻军禁军和厢军而言，与屯驻大军一样，越靠近政治中心，驻军越多。南宋北方地缘形势严峻，大量驻军驻守北方，相较之下，西南地缘局势不如北方恶劣，故驻军减少。常德府在庆历年间，“兵籍三千，仅存十一。君（新任知府）增至五百人，诏减磨勘二年”。⑥ 原额三千，仅存三百，最多时也仅达五百。南方偏远边区，南宋驻军更少。两广

① 李心传：《建炎以来朝野杂记》甲集卷18《乾道内外大军数》，中华书局，2000，第405页。

② 王迈：《臞轩集》卷1《乙未馆职策》，《景印文渊阁四库全书》第1178册，台湾商务印书馆，1986，第459页。

③ 方岳：《秋崖集》卷18《代范丞相》，《景印文渊阁四库全书》第1182册，台湾商务印书馆，1986，第340页。

④ 脱脱等：《宋史》卷193《兵志》，中华书局，1985，第4822页。

⑤ 脱脱等：《宋史》卷416《汪立信传》，中华书局，1985，第12475页。

⑥ 周必大：《文忠集》卷73《朝议大夫直秘阁广西转运判官彭府君（汉老）墓志铭》，《景印文渊阁四库全书》第1147册，台湾商务印书馆，1986，第774页。

地区，“甲兵仅足自保，至于小州，城低池浅，兵或不及百人”。[①] 广西驻军原有9850人，[②] 至宝祐时增至25000人，[③] 究其原因，与南宋西南地缘局势恶化有关。

南宋南方驻军数量虽少，但西南地区的军队管控较严，军队轮戍有特别规定。据《宋史·兵志十》记载，右谏议大夫孙觉言：“循祖宗之法，使屯驻三边及川、广、福建诸道州军，往来道路，足以服习劳苦，南北番戍，足以均其劳役。”由于路途遥远，陕西、河东、广南驻守军队，“不轮戍他路”。[④] 因两广瘴疠严重，崇宁四年（1105）又规定：“广南瘴疠之乡，东西虽殊，气候无异。西路戍兵二年一代，而东路独限三年，代不如期，有陨于瘴疠者，朕甚恻然。”[⑤] 北宋后期，加强对西南地区的控御，禁军第十三将驻守邕州，防御大理国、交趾以及西南诸族。南宋持续加强对西南及邕州地区的军事防御，还采取精兵补员等措施强化。随着北方地缘形势恶化，张栻经略广南西路期间，加强对广西的防御，“申严保伍之禁，又以邕管戍兵不能千人，左、右江峒丁十余万，每恃以为藩蔽，其邕州提举，巡检官宜精其选，以抚峒丁”。[⑥]

无论是北宋还是南宋，在兵力部署上皆呈现出重北轻南特点，北方成为军队戍守的重点，兵力集中戍守于北方边界线，南方地区兵力较少。但南、北宋在兵力布置上又略有不同，北宋的兵力戍守越过黄河天险，以兵戍守是其重要特点。南宋以江淮为重要防御线，对长江天险的依赖性增强，在具体防御中，南宋基本上放弃淮河天险，而以长江为主，将大量重兵布防于长江沿线。但整个南宋期间军队几乎未越过长江，这样的驻军格局与南宋“守内虚外”国策有较大关系。南宋的驻军特点，时臣王之道剖析其弊端：“自古边防，未尝不戍重兵，以备敌

---

① 刘克庄：《后村先生大全集》卷82《玉牒初草·宁宗皇帝》，四部丛刊初编本，高等教育出版社影印本，2016，第244页。

② 李曾伯：《可斋续稿》后卷5《回宣谕关阁长二月六日两次圣旨奏》，《景印文渊阁四库全书》第1179册，台湾商务印书馆，1986，第655页。

③ 李曾伯：《可斋续稿》后卷7《再辞免漕寄》，《景印文渊阁四库全书》第1179册，台湾商务印书馆，1986，第718页。

④ 脱脱等：《宋史》卷196《兵志》，中华书局，1985，第4900页。

⑤ 脱脱等：《宋史》卷196《兵志》，中华书局，1985，第4902页。

⑥ 脱脱等：《宋史》卷488《大理国传》，中华书局，1985，第14073页。

人。今国家既都江浙，必藉淮汉以为屏蔽，自合戍重兵于沿边，控扼去处。今诸大将并屯江南，去边动五七百里，沿边州郡所戍，多者不过三二百人，少者才百有余人。万一敌人窻夜以铁骑兼程入寇，则数百里之地不过朝发夕至。所谓沿边戍兵，何能为哉?”① 南宋驻军过度依赖长江，大多驻守在长江以南，目的是保障京师安全，却大大削弱了军队的对外作战能力。

“重北轻南”的驻军格局，与宋朝地缘局势，以及御北安南的地缘战略思想是相符合的。基于北方地缘形势严峻，南方地缘形势相对缓和的特点，南宋军队主力部署在北部长江沿线以及临安一带，来实现对北方民族的防御；南部边防广西一带驻兵远远少于北部边防，对南方地区则实行以安定为主的策略。

三　御北安南地缘战略思想形成的原因

南宋御北安南地缘战略思想的选择，既有对历史经验的总结，也有来自对当下时局的考虑和权衡。就中国历史传统而言，居住于北方的游牧民族时常南下，给中原王朝造成巨大地缘压力，北方成为中原王朝防御的重点。相较而言，南方少数民族北上侵扰中原王朝的情况较少，造成的地缘压力较小。历代中原王朝由此形成了对北方民族防御，对南方民族安定的传统策略。当中原王朝衰微时，往往对北方民族采取防御之势，且属历史常态，当然，当中原王朝实力强大时，也会采取主动出击、安定北方之举，但这种情况在历史上较少见，且不成为主流。“天生北狄，为患中国。汉高祖以三十万之众，困于平城，卒用奉春之言，以定和亲之策。以至文帝，奉之弥优。外示羁縻，内深抑损，而边城晏闭，黎庶息肩，所伤匪多，其利甚溥矣。况獯鬻之性，惟利是求，傥陛下深念比屋之罄县，稍减千金之日费，密谕边将，微露事机，彼亦素蓄此心，固乃乐闻其事，不烦兵力，可弭边尘。此所谓屈于一人之下，伸于万人之上者也。”② 中原王朝征讨北方民族的行为或主张，往往受到贬斥。无论是主动出击，还是

① 王之道著，沈怀玉、凌波点校《相山集点校》卷 20《申三省枢密利害札子》，北京图书馆出版社，2006，第 261 页。

② 李焘：《续资治通鉴长编》卷 27，雍熙三年六月戊戌条，中华书局，2004，第 618 页。

处于防守之势，都是缘于北方民族严峻的地缘压力。于是，中原王朝便形成了重北轻南的治边倾向，以及御北安南的地缘战略思想。宋朝立国后，面临的地缘局势更加恶劣。在北方地区，北宋面对强大的契丹和党项，南宋面对的则是更加强大的女真和蒙古；在南方地区则有吐蕃、大理和交趾。北方民族政权给宋朝造成的压力巨大，严重威胁到宋朝安全，相较之下，交趾虽给宋造成地缘压力，但对宋朝安全不构成威胁。因此，宋朝立国继承了御北安南的地缘战略思想，这一思想本身符合宋朝所处的地缘环境。

（一）历史原因

就中国历史发展进程而言，北部边疆地区曾出现众多少数民族及其建立的政权，且对中国历史发展进程产生深远影响。如西汉时期的匈奴、鲜卑，东汉时的鲜卑，三国两晋时期的鲜卑、胡羌，东晋时的高车、柔然，隋唐时的突厥，宋代的辽、金、西夏、蒙古，明代的瓦剌、鞑靼等。南部边疆地区，主要有两汉时期的西南夷、百越与濮，三国两晋有夷、大姓与山越，隋唐有南诏，宋朝有大理等。北方民族及其政权，都曾给当时的中原王朝造成一定的困扰，在中国历史上产生过深远影响。与北方民族相比，南方民族除南诏给唐朝造成严峻地缘压力外，其余皆未能造成较大影响。因此，北患成为中国古代历史的一大特点。

北方严峻的地缘危机，成为历代中原王朝防御的重点。东汉尚书陈忠言："臣闻八蛮之寇，莫甚北虏。"匈奴曾给西汉造成严重困扰，"高祖窘平城之围，太宗屈供奉之耻"，汉武帝出兵征讨，却造成了"府库单竭，杼柚空虚"的困境。[①] 直至唐朝，北方民族造成的严峻地缘压力并未减弱，北方仍成为防御的重点。唐朝设置大量节度使守边，对此王夫之言："天宝元年，置十节度使，其九皆西北边徼也。唯河东一镇治太原，较居内地。别有岭南经略，长乐、东莱、东牟三守捉，亦皆边也，而权抑轻。"[②] 唐朝重北轻南的驻军局面，与当时北方严峻的地缘局势密切相关。

防御北方民族南下，成为历朝政治生活的主题之一，关于探讨汉、夷

① 范晔：《后汉书》卷88《西域传》，中华书局，1965，第2911页。
② 王夫之：《读通鉴论》卷22《玄宗》，中华书局，2013，第685页。

关系及防御北方民族南下的言论记载，不绝于书。如汉灵帝时，北方鲜卑犯边，朝廷召百官商议，议郎蔡邕曰："边垂之患，手足之蚧搔；中国之困，胸背之瘭疽。方今郡县盗贼尚不能禁，况此丑虏而可伏乎！昔高祖忍平城之耻，吕后弃慢书之诟，方之于今，何者为甚？天设山河，秦筑长城，汉起塞垣，所以别内外，异殊俗也。"① 唐朝凉州都督李大亮指出："中国百姓，天下根本；四夷之人，犹于枝叶。扰其根本以厚枝叶，而求久安，未之有也。"② 为防止北方少数民族的侵扰，中原王朝各有不同策略。"秦灭六国，而始皇帝使蒙恬将数十万之众北击胡，悉收河南地，因河为塞，筑四十四县城临河，徙適戍以充之。而通直道，自九原至云阳，因边山险，堑溪谷，可缮者缮之，起临洮至辽东万余里。又度河据阳山北假中。"③ 秦朝修筑长城限制匈奴南下，西汉在国力强盛时，曾与匈奴奋战几十年，其结果，不但消耗自身物力、财力，而且造成国内经济疲敝，十余年无暇顾及对西南边疆的经略，汉武帝为此还下了"罪己诏"。匈奴扰边是秦汉最棘手的问题，如何解决匈奴问题，在秦汉颇有争议。王莽部将严尤言："臣闻匈奴为害，所从来久矣，未闻上世有必征之者也。后世三家周、秦、汉征之，然皆未有得上策者也。周得中策，汉得下策，秦无策焉。当周宣王时，猃允内侵，至于泾阳，命将征之，尽境而还。其视戎狄之侵，譬犹蚊虻之螫，驱之而已。故天下称明，是为中策。汉武帝选将练兵，约赍轻粮，深入远戍，虽有克获之功，胡辄报之，兵连祸结三十余年，中国罢耗，匈奴亦创艾，而天下称武，是为下策。秦始皇不忍小耻而轻民力，筑长城之固，延袤万里，转输之行，起于负海，疆境既完，中国内竭，以丧社稷，是为无策。"④ 北部边防关乎国家安危，解除危机，于国于民至关重要。唐朝尽管国力强大，突厥、吐蕃和南诏问题，却也不容小觑。唐朝除使用武力外，还多次将少数民族人口及其首领内迁，但终究未能从根源上解决问题。正如司马光所言，唐天宝年间，"时承平日久，议者多谓中国兵可销，于是民间挟兵器者有禁；子弟为武官，父兄摈不

① 范晔：《后汉书》卷90《鲜卑传》，中华书局，1965，第2992页。
② 吴兢撰，谢保成集校《贞观政要》卷9《议征伐》，中华书局，2003，第503页。
③ 班固：《汉书》卷94《匈奴传》，中华书局，1962，第3748页。
④ 班固：《汉书》卷94《匈奴传》，中华书局，1962，第3824页。

齿。猛将精兵，皆聚于西北，中国无武备矣”。① 明朝深受蒙古鞑靼和瓦剌的困扰，“夷狄之为中国患，其来久矣！自古英君谊辟谋臣勇将，罔不疲志经画，然未有得上策者，诚哉难也！三代而上姑置勿论。三代而下，以汉言之，雁门、云中以备北狄，陇西诸郡以备羌，巴、蜀以备西南夷，辽东诸郡以备朝鲜，会稽诸郡以备南越，其为边患固广也。自是厥后，唐则北备突厥，西备吐蕃。宋则北备契丹，西备宁夏。惟二边之患为最著，而东南之患则稀少矣！及至本朝，北则达贼，西则回贼，常为二边之患。南则两广猺獞，不见帖戈。朝廷于是三方尝画经界，置封关，宿重兵以镇之，固国家长久之计也”。② 鞑靼给明朝造成严峻地缘压力，“鞑靼地，东至兀良哈，西至瓦剌。当洪、永、宣世，国家全盛，颇受戎索，然畔服亦靡常。正统后，边备废弛，声灵不振。诸部长多以雄杰之姿，恃其暴强，迭出与中夏抗。边境之祸，遂与明始终云”。③ 为解除北部边患，朱元璋对 24 个儿子和 1 个重孙进行了分封，大部分驻守在北部边防，其良苦用心，与北部边患相关。清朝满族立国，北部边患仍不可忽。时臣左宗棠言，“窃维时事之宜筹、谟谋之宜定者，东则海防，西则塞防，二者并重”，同时建议，“论塞防者，以俄人狡焉思逞，宜以全力注重西征；西北无虞，东南自固”。④ 北部边患成为影响国家安定的主要因素。

对北部边防，统治者从来不敢掉以轻心。晋御史郭钦说：“戎狄强犷，历古为患。魏初人寡，西北诸郡皆为戎居。今虽服从，若百年之后有风尘之警，胡骑自平阳、上党不三日而至孟津，北地、西河、太原、冯翊、安定、上郡尽为狄庭矣。”⑤ 关于安史之乱的缘起，司马光认为，“唐自武德以来，开拓边境，地连西域，皆置都督、府、州、县。开元中，置朔方、陇右、河西、安西、北庭诸节度使以统之，岁发山东丁壮为戍卒，缯帛为军资，开屯田，供糗粮，设监牧，畜马牛，军城戍逻，万里相望。

① 司马光：《资治通鉴》卷 216，天宝八载四月条，中华书局，2011，第 6895 页。

② 林希元著，林海权点校《林次崖先生文集》卷 2《应诏陈言边患疏》，商务印书馆，2018，第 59 页。

③ 张廷玉等：《明史》卷 327《鞑靼》，中华书局，1974，第 8494 页。

④ 左宗棠撰，刘泱泱注释《左宗棠全集（奏稿六）》《复陈海防塞防及关外剿抚粮运情形折（三月初七日）》，岳麓书社，2014，第 176 页。

⑤ 房玄龄等：《晋书》卷 97《北狄传》，中华书局，1974，第 2549 页。

及安禄山反，边兵精锐者皆征发入援，谓之行营，所留兵单弱，胡虏稍蚕食之。数年间，西北数十州相继沦没，自凤翔以西，邠州以北，皆为左衽矣”。[①] 唐朝将驻守北部的大量戍军南调，造成了北部边防空虚、疆土失守的后果。可见，北部边防的疏忽和失职，都将给当时的中原王朝造成不小麻烦。

总之，北方地区地缘环境恶劣，地缘压力大，边疆危机重重，能否成功解决北方地缘危机，关乎中原王朝存亡。有鉴于此，中原王朝往往把较多精力、物力、财力等投入北方，对南方相对忽视，由此形成了中国历史上重北轻南的驻军格局和御北安南的地缘战略思想。

（二）地理环境与民族性

民族性与地理环境密切相关，不同的地理环境造就了不同的民族性格。正如王夫之所言：“天气殊而生质异，地气殊而习尚异。故滇、黔、西粤之民，自足以捍蛮、苗，而无逾岭以窥内地之患。非果蛮、苗弱而北狄强也，土著者制其吭，则深入而畏边民之捣其虚也。”[②] “南蛮之悍，虽不及控弦介马之猛，然其凶顽奰发而不畏死，亦何惮而不为。乃间尝窃发，终不出于其域。非其欲有所厌也，得滇、黔、邕、桂而于中国无损，天子遥制于数千里之外，养不测之威，则据非所安，而梦魂早为之震叠。中国之人心亦恬然，俟其懈以制之，而不告劳，亦不失守以土崩。”[③] 北方地理环境严酷，地形复杂多样，有高原、山地、丘陵、草原与沙漠等，游牧经济成为主要经济形态。游牧经济及其特有的地理环境，对北方民族产生重要影响。如《史记·匈奴列传》记载，西汉时，匈奴有控弦之士三十余万，“左右贤王以下至当户，大者万骑，小者数千，凡二十四长，立号曰‘万骑’。诸大臣皆世官。……诸二十四长亦各自置千长、百长、什长、裨小王、相、封、都尉、当户、且渠之属。……其攻战，斩首虏赐一卮酒，而所得卤获因以予之，得人以为奴婢。故其战，人人自为趣利，善为诱兵以冒敌。故其见敌则逐利，如鸟之集；其困败，则瓦解云散

① 司马光：《资治通鉴》卷 223，广德元年七月条，中华书局，2011，第 7146 页。

② 王夫之：《读通鉴论》卷 2《文帝》，中华书局，2013，第 40 页。

③ 王夫之：《读通鉴论》卷 3《武帝》，中华书局，2013，第 59 页。

矣”。[①] 北方游牧经济和南方农业经济具有不同特点，游牧经济具有不稳定性，抵御自然灾害能力低下，对农业经济形成较强依赖性，遇到自然灾害常通过南侵获取食物，此举给中原王朝造成巨大压力。游牧民族流动性较强，“狄散居野泽，随逐水草，战则与家产并至，奔则与畜牧俱逃，不赍资粮而饮食足。是以古人伐北方，攘其侵掠而已。历代为边患者，良以倏忽无常故也”。[②] 南方地区以农业经济形态为主，西南地区的复合型经济形态具有较强稳定性，民族流动不如北方频繁，给中原王朝造成的地缘危机亦不能与北方相比。

综上所述，南、北方地理环境的差异，导致南、北方民族性格迥异。北方民族流动频繁，形成了掠夺性强、好战斗、骁勇善战等特点；而南方民族流动不如北方频繁，形成了相对稳定的性格特点。南、北方民族在处理与中原王朝关系上有很大差别，与南方民族相比，北方民族与中原王朝关系时常紧张，多有战争发生，甚至威胁到中原王朝的生存；而南方民族往往以朝贡的形式与中原王朝形成和平共处局面。这也成为中原王朝对待南、北方民族政策差异的重要原因。

（三）南宋自身的现实性

南宋在金军追击中屈辱立国，为求自保，宋高宗一面应战，一面屈辱求和，疆域被压缩至长江以南。自立国始，南宋承受了严峻地缘压力。纵观中国历史，南宋是历代中原王朝地缘环境最恶劣、地缘压力最大、地缘危机最严峻的时代。就政治军事实力而言，金、蒙古强于南宋，且金和蒙古皆以灭南宋、统一全国为既定目标。南宋立国后，能否防御金、蒙古南下，关乎自身存亡。元初郭松年言，“宋兴，北有大敌，不暇远略”，[③] 既准确地指出了宋朝地缘环境的恶劣，又道出了宋朝实行御北安南地缘战略思想的重要缘由。

为应对北方严峻地缘危机，南宋将经营重点放在北方，导致了对南方地区的忽视。绍兴六年（1136），翰林学士朱震说：“大理国本唐南诏，大中、咸通间入成都、犯邕管，召兵东方，天下骚动。艺祖皇帝鉴唐之祸，

① 司马迁：《史记》卷110《匈奴列传》，中华书局，1982，第2890～2892页。

② 魏收：《魏书》卷54《高闾传》，中华书局，1974，第1201页。

③ 郭松年撰，王叔武校注《大理行记》，云南民族出版社，1986，第20页。

乃弃越巂诸郡，以大渡河为界，（使大理国）欲寇不能，欲臣不得，最得御戎之上策。”① 南宋继承了北宋放弃经营大理国的做法，认为减少甚至断绝与大理国的联系，可以减轻西南国防压力，避免腹背受敌。正如宋黎州官吏唐秬所言：“自太祖皇帝即位之初，指舆地图，弃越巂不毛之地，画大渡河为界，边民不识兵革，垂二百年。”② 在宋朝看来，放弃对西南地区的经营，避免了兵革之争，能够把精力投入北方。当然，此举值得商榷。蒙古灭宋，便是以大理国为突破点，实现了对宋朝的斡腹之举，进而消灭南宋。但御北安南的地缘战略思想，反映了宋朝对地缘形势的判断。

第四节　南宋苟且偷安思想的形成

北宋曾有过积极对外开拓之举，例如宋太宗两次北伐，后又发动收复西夏、交趾的战争；宋神宗时，宋朝积极向外开边；宋徽宗时，童贯经略西北收复部分土地；等等。此外，北宋还积极处理与周边政权及域外关系，构建起一个庞大的朝贡体系。这些都与北宋的积极经营分不开。金灭北宋战争，给宋人造成巨大心理创伤，再无北伐之志。南宋立国后，苟且偷安思想开始蔓延，严重影响南宋对外关系。这种思想在都城选择、对金关系中皆有体现。

一　宋初立国与消极防御

灭辽战争中，宋人的软弱成为金人大规模南侵的直接原因。天会四年（1126），金军将领宗望和宗翰率领大军先后直抵东京，对北宋形成了合围之势。十二月，宋钦宗上表投降：

> 臣桓言：背恩致讨，远烦汗马之劳；请命求哀，敢废牵羊之礼。仰祈蠲贷，俯切凌兢，臣桓诚惶诚惧，顿首顿首。窃以契丹为邻，爰构百年之好；大金辟国，更图万世之欢。航使旌，绝海峤之遥；求故

---

① 李心传：《建炎以来系年要录》卷105，绍兴六年九月癸巳条，中华书局，2013，第1978页。

② 傅增湘原辑，吴洪泽补辑《宋代蜀文辑存校补》卷61《乞降招抚渝川蜀疏》，重庆大学出版社，2014，第200页。

地，割燕云之境。太祖大圣皇帝，特垂大造，许复旧疆。未阅岁时，已渝信誓。方获版图于析木，遽连阴贼于平山，结构大臣，邀回户口。虽违恩义，尚贷罪愆。但追索其人民，犹夸大其土地。致烦帅府，远抵都畿。上皇引咎以播迁，微臣因时而受禅。惧孤城之失守，割三府以请和。屡致哀鸣，亟蒙矜许。

官军才退，信誓又渝：密谕土人，坚守不下，分遣兵将，救援为名；复间谍于使人，见包藏之异意。遂劳再伐，并兴问罪之师；又议画河，实作疑兵之计。果难逃于英察，卒自取于交攻。尚复婴城，岂非拒命？怒极将士，齐登三里之城；祸延祖宗，将隳七庙之祀。已蠲衔璧之举，更叨授馆之恩。自知获罪之深，敢有求生之理？

伏惟皇帝陛下，诞膺骏命，绍履鸿图。不杀之仁，既追踪于汤武；好生之德，终俪美于唐虞。所望惠顾大圣肇造之恩，庶以保全弊宋不绝之绪。虽死犹幸，受赐亦多。道里阻修，莫致吁天之请；精诚祈格，徒深就日之思。谨与叔燕王俣、越王偲，弟郓王楷、景王杞、祈王模、莘王植、徐王棣、沂王樗、和王栻，及宰相百僚、举国士民僧道耆寿军人，奉表出郊，望阙待罪以闻。臣桓诚惶诚惧，顿首顿首。谨言。

天会四年十二月日，大宋皇帝臣赵桓上表。①

宋人在向金求和的誓表中，卑躬屈膝之态尽显无遗。次年，金朝下诏，“降宋二帝为庶人”。② 在得知金人欲立傀儡皇帝后，宋朝多次上表请求，“嗣君已废复立”，“所有称呼位号，一听指挥”，③ 但未得到金人同意，后金军俘获徽宗、钦宗及宗室几百人北返。

靖康二年（1127）五月，赵构在应天府（今河南商丘）称帝，金朝灭宋战争仍在持续，宋高宗被金兵追逼逃至镇江一带，高宗一边应战，一

① 佚名编，金少英校补，李庆善整理《大金吊伐录校补》第130篇《宋主降表》，中华书局，2017，第351~352页。

② 脱脱等：《金史》卷3《太宗纪》，中华书局，1975，第56页。

③ 佚名编，金少英校补，李庆善整理《大金吊伐录校补》第142篇《孙傅等状乞复立废主》（第一状），中华书局，2017，第393页。

边上表求和，表示愿意“去尊号，用正朔，比于藩臣”,① “天地之间，皆大金之国，而尊无二上”,② 宋高宗此举，与其在金为人质的经历有一定关系。金兵曾在江浙一带追击高宗多日，“在最危急的时候，高宗从宁波逃到海上。在宁波和温州之间的海面，躲了四十天”。这些经历使高宗意识到，“最安全的办法就是背海建都”。③ 建炎元年（1127）七月，高宗下诏，“京师未可往，当巡幸东南”,④ 绍兴八年（1138）三月，高宗下诏“复还临安”。⑤ 至此，南宋形成背海定都、立国的形势，此举表明南宋固境自守，已不具对外开拓之志。

都城的选择，通常是对政治、经济、文化、军事等因素综合考虑的结果，定都何处，代表一个国家对地缘战略的选择。对于定都，李纲的意见最具代表性：“自古中兴之主，起于西北，则足以据中原而有东南；起于东南，则不足以复中原而有西北。盖天下之精兵、健马，皆出于西北。”⑥ 定都西北和东南分别代表了两种不同的地缘战略思想。定都西北，以居高临下之势，可以据中原而坐拥东南，实现国家中兴，是一种积极对外开拓之举；而定都东南则无法借助西北精兵健马实现对全局的有效控御，只能僻居一隅，是一种消极自守思想。正如汪若海言，“今以东南为首，安能起天下之脊哉”。⑦

就东南形势而言，建康形势更胜临安，“东南论都，所以必要都建康者，以建康正诸方水道所凑，一望则诸要害地都在面前，有相应处。临安如入屋角房中，坐视外面，殊不相应”。⑧ 定都建康方可镇守东南，临安僻居一隅，

---

① 李心传：《建炎以来系年要录》卷 23，建炎三年五月乙酉条，中华书局，2013，第 562 页。

② 李心传：《建炎以来系年要录》卷 26，建炎三年八月丁卯条，中华书局，2013，第 608 页。

③ 刘子健：《背海立国与半壁江山的长期稳定》，载《两宋史研究汇编》，台北联经出版事业公司，1987，第 24 页。

④ 脱脱等：《宋史》卷 24《高宗纪》，中华书局，1985，第 447 页。

⑤ 徐梦莘：《三朝北盟会编》卷 183，绍兴八年三月二日条，上海古籍出版社，1987，第 1325 页。

⑥ 李心传：《建炎以来系年要录》卷 7，建炎元年七月乙巳条，中华书局，2013，第 209 页。

⑦ 脱脱等：《宋史》卷 404《汪若海传》，中华书局，1985，第 12218 页。

⑧ 黎靖德编，杨绳其、周娴君校点《朱子语类》卷 127《本朝一·高宗朝》，岳麓书社，1997，第 2755 页。

则无法相比。但高宗早期的经历，使其认为南京并非安全之所，正如刘子健先生所言，“经过这次惊险，高宗是不敢确信能守住南京的”。① 对于高宗定都临安之举，时人评价高宗“无复经制两河之意”，② 可谓一针见血。

二 对金屈辱求和

南宋在金军追击中屈辱立国，为换取苟安，宋朝多次向金屈辱求和。绍兴四年（1134）九月，宋朝派遣魏良臣等使金议和，临行，高宗对使臣言：“卿等此行，不须与虏人计较言语，卑辞厚礼，朕且不惮，如岁币岁贡之类不须较。”③ 为达到议和目的，宋朝已不计代价。绍兴八年（1138），宋金议和，双方就划界、名分、岁贡等问题进行了交涉，除南宋向金称臣、输送大量岁币外，金朝国书中还将宋朝贬称为“江南”，且在礼仪方面，要求宋朝州县长官以“迎天子诏书之礼”④ 接待金使。金朝这一做法，在宋朝内部引起轩然大波，“今女真之使，以诏谕江南为名，要陛下以稽首之礼，自公卿大夫以至六军、万姓，莫不扼腕忿怒，岂有听陛下北面而为仇贼之臣哉”，⑤ 宋朝有臣僚认为金人此举于宋朝国体、皇帝权威不利，于人心亦不利。“敌使以诏谕江南为名，是欲臣妾于我也，是欲刘豫我也”，“举国士大夫尽为陪臣，深虑人心离散，士气凋沮”，⑥“祖宗庙社之灵，尽污夷狄；祖宗数百年之赤子，尽为左衽；朝廷宰执，尽为陪臣。天下士大夫，皆当裂冠毁冕，变为胡服。异时豺狼无厌之求，安知不加我以无礼如刘豫者哉？”⑦ 但宋高宗不顾朝臣反对，依旧向金称

---

① 刘子健：《背海立国与半壁江山的长期稳定》，载《两宋史研究汇编》，台北联经出版事业公司，1987，第24页。

② 李心传，《建炎以来系年要录》卷9，建炎元年九月壬辰条，中华书局，2013，第241页。

③ 李心传：《建炎以来系年要录》卷80，绍兴四年九月乙丑条，中华书局，2013，第1512页。

④ 李心传：《建炎以来系年要录》卷123，绍兴八年十一月戊申条，中华书局，2013，第2308页。

⑤ 李心传：《建炎以来系年要录》卷124，绍兴八年十二月癸酉条，中华书局，2013，第2339页。

⑥ 李心传：《建炎以来系年要录》卷123，绍兴八年十一月壬辰条，中华书局，2013，第2292页。

⑦ 庄仲方辑《南宋文范·（胡铨）戊午上高宗封事》，任继愈主编《中华传世文选》（六），吉林人民出版社，1998，第224页。

臣求和。

南宋和金的关系始终是不平等的，由最先的臣属关系发展至叔侄关系，再到伯侄关系。高宗以后，南宋一直向金称臣纳贡，其意图是避免战争的爆发来换取政治上的和平，这一做法固然避免了战争，却暴露出统治者不思进取的苟且偷安心理。南宋屈辱求和的做法，还被金人轻视，"止以已与契丹银绢，坐邀汉地"，[1] "若我（金）将来灭契丹，尽有其地，则南朝何敢不奉我币帛，不厚我欢盟。设若我欲南拓土疆，彼以何力拒我，又何必跨海讲好。在我俟平契丹，仍据燕地，与宋为邻，至时以兵压境，更展提封，有何不可?"[2] 南宋输纳岁币虽然换来了暂时安定，却造成了国家内部财政紧张、国库空虚，军备建设受到影响。

在宋朝统治者看来，向金屈辱求和，换取了南宋的和平安定，殊不知，金人制定了灭宋、统一全国的方针。金人多次侵宋未果，其根本原因在于双方实力均衡，并非南宋输纳岁币之故，这也是金人愿意与宋盟和的重要原因。

三　消极处理对外关系

南宋的苟且偷安思想还表现在消极处理对外关系上。与南宋有朝贡关系的国家，比北宋大为减少，这与南宋政治军事实力软弱、对外影响力削弱有关。如果说在对外关系上，北宋采取的是"来则不拒，去则勿追"的消极原则，那么，南宋则更加消极，为减少地缘压力，主动减少或隔绝对外交往。表现最为明显的便是断绝与大理国的关系。随着北方地缘压力的增加，南宋终止与大理国的政治关系，后期还阻断经济交往。尽管整个宋朝期间，双方并未发生军事冲突，但宋朝以"防患于未然"为由，断绝与大理国的交往，充分反映其消极的地缘战略思想。

---

① 徐梦莘：《三朝北盟会编》卷4，宣和二年十一月二十九日条，上海古籍出版社，1987，第29页。

② 徐梦莘：《三朝北盟会编》卷4，宣和二年十一月二十九日条，上海古籍出版社，1987，第29页。

第五章 南宋军事防御体系的构建

刘子健先生指出，南宋与北宋在经济地理和军事地理上具有明显的差别，而这些差别对其政治具有重要影响，甚至是决定性的。南宋定都临安，形成背海立国之势，“以整个东南地区靠海作根本，来控制长江北岸以南，一直到广东广西”。这一形势，对南宋的对外军事防御产生重要影响。从国都临安来看，现今江苏和安徽南部、浙江、福建是其基本地带，在其外围形成了一圈辅助地区。第一是靠北的淮河地区，因地势起伏、河流交错，对骑兵作战不利，形成了南宋北方防区的前卫地区。第二是襄阳地区，“其军事作用是策应。一方面和淮河形成犄角之势，可以从侧面牵制北敌的攻势。另一方面，又可西连陕西四川的外卫，所以襄阳可以叫联卫地区”。第三是川陕边卫地区。① 这种军事地理格局的形成，有学者将其称为“分块式”格局，② 即以长江天险为屏障，自西向东形成川蜀、荆襄、两淮三大防区。这三大防区既各自具有独立政治军事功能，同时又形成对京畿的整体防卫。对三大防区的功能，时人有自己的认识。

第一节 南宋军事防御体系的构建及对三大防区的认识

一 宋朝对三大防区的认识

南宋定都临安，借助长江天险形成御金的天然屏障，自西向东形

① 刘子健：《背海立国与半壁江山的长期稳定》，载《两宋史研究汇编》，台北联经出版事业公司，1987，第24~28页。

② 余蔚：《两宋政治地理格局比较研究》，《中国社会科学》2006年第6期。

成川蜀、荆襄、两淮三大防区，共同承担防御外敌的任务。但三大防区因地理位置存在差异，承担不同防御任务。两淮防区，因地处长江下游，离都城临安最近，江河密布，河流纵横，具有优越农业生产条件，是宋朝国家物资、税收获取的重要区域，同时还肩负掩护南宋行在临安的重任。为加强防御，宋朝在长江沿岸修筑大量沟渠，限制金人骑兵南下。“淮甸者，国家所必争，不可失之地”，① 两淮由于距离临安最近，拱卫京师的任务最重，史书将其与临安的关系形象地比喻为唇齿关系，“淮甸者国之唇，江南者国之齿”。② 荆襄防区，地处长江中游，丘陵众多，地形复杂，在战略上连接川蜀和两淮两大防区，地缘战略地位重要，“控引京洛，侧睨淮蔡；包括荆楚，襟带吴蜀”。③荆襄防区地缘关系特殊，一旦失守，将切断三大防区间的联系，使号令无法到达川蜀；顺江而下，还可一举攻占临安。“自古南北之分，北兵南下，由两淮而绝江，不败则死；由上流而下江，其事必成，故荆襄上流为东南重地，必然之势也”。④川蜀防区的地缘战略地位亦不容忽视，因地处长江上游，控扼荆襄、两淮防区，川蜀防区一旦被占领，如金兵顺江而下，则临安不保。

关于三大防区的地缘战略地位，宋人有自己的认识。建炎三年（1129），汪若海上奏高宗，从地缘角度论述了择都东南和川陕对宋朝地缘战略的影响，在奏疏中他将三大防区形象地比喻为首、脊、尾。“天下者，常山蛇势也，秦、蜀为首，东南为尾，中原为脊。今以东南为首，安能起天下之脊哉？将图恢复，必在川陕。”⑤ 洪咨夔的论述与之相似，“天下大事，首蜀尾淮，而腰膂荆襄，自昔所甚重也”，⑥ “东南立国

---

① 李心传：《建炎以来系年要录》卷 87，绍兴五年三月癸卯条，中华书局，2013，第 1681 页。

② 顾祖禹：《读史方舆纪要》卷 19，中华书局，2005，第 917 页。

③ 陈亮撰，邓广铭点校《陈亮集》（增订本）卷 2《中兴论》，河北教育出版社，2003，第 19 页。

④ 辛启泰原辑，邓广铭辑校《稼轩诗文钞存》之《稼轩词编年笺注》附编《论荆襄上流为东南重地疏》，商务印书馆，1947，第 38 页。

⑤ 脱脱等：《宋史》卷 404《汪若海传》，中华书局，1985，第 12218 页。

⑥ 庄仲方辑《南宋文范·（洪咨夔）召试馆职策问》，任继愈主编《中华传世文选》（六），吉林人民出版社，1998，第 567 页。

之势，腹心江浙，腰膂荆襄，维蜀道之山川，如人身之头目”。[①] 三大防区的地缘关系，真德秀认为，“今之边面控连要害者，近则两淮荆襄，远则蜀之关外，然以地形考之，蜀居上流，实东南之首，荆襄其吭，而两淮其左臂也”。[②] 李焘对三大防区的地缘战略地位也有相关论述，“四川，天下之根本；荆州，襟带之上流；两淮，形胜之要地”，并且他认为三大防区间可相互配合，协同作战，“四川严守关之师，荆州附鄂渚之军，两淮成掎角之势，截然四固，南纪以安”。[③] 以上言论基本代表了时人对三大防区的认识，既看到了三大防区作为一个整体的统一性，同时又对各个防区地缘战略功能有明确认识，颇有见地。

三大防区具有各自的战略功能及军事部署，“设险之地不同，而守险之术亦异。盖难守莫如淮，易守莫如蜀，守蜀当以守为守，守淮当以战为守，守襄阳如守淮，守荆湖如守蜀”。但三大防区又是一个整体，不能偏废，否则将产生不利后果，“长淮可以窥河南也，川陕可以捣关中，而荆襄可以图宛洛也”。[④] 宋朝既要注重各个防区的军事力量设置，又要保证各个防区间协调作战的整体性。绍兴五年（1135）三月，资政殿大学士知福州张守上言，“神武中军当专卫行在，而以余军队分成三路，一军驻于淮东，一军驻于淮西，一军驻于鄂、岳或荆南，择其要害以处之，使北至关辅，西抵川陕，血脉相通，号令相闻，有唇齿辅车之势，则自江而南，可以奠枕而卧也。”[⑤] 三大防区联合防御，形成坚固的防御线。“吴为天下之首，蜀为天下之尾，而荆楚为天下之中，击其首则尾至，击其尾则首至，击其中则首尾俱至。是常山之蛇，不独论兵为然，而因地势以行兵者，盖亦似之。”[⑥] 三大防区协同作战的整体性一旦被打破，军事上的失利将在所难免。南宋初年，金兵对宋军步步紧逼，就在于其防区间协同作

---

① 洪咨夔著，侯体健点校《洪咨夔集》之《上安宣抚》，浙江古籍出版社，2015，第945页。

② 真德秀：《西山先生真文忠公文集》卷3《直前奏札二》，商务印书馆，1937，第45页。

③ 曹勋：《松隐集》卷25《论畏天》，《景印文渊阁四库全书》第1129册，台湾商务印书馆，1986，第476页。

④ 林駉：《古今源流至论》续集卷1《形势·淮甸陇蜀荆襄》，《景印文渊阁四库全书》第942册，台湾商务印书馆，1986，第342页。

⑤ 李心传：《建炎以来系年要录》卷87，绍兴五年三月癸卯条，中华书局，2013，第1682页。

⑥ 李焘撰《六朝通鉴博议》卷3《桓温伐汉遂定巴蜀之地》，南京出版社，2007，第186页。

战功能未得到很好发挥，刘子翚提出对策认为“二方一统，力不应分”，应相互配合，“击首则尾应，击尾则首应，击中则首尾俱应”，“金、房、荆、襄，境壤相望，乃西南之交，吴蜀之会也。若虏迫近江淮，陕蜀之兵当稍循金、房而南，若窥全蜀，则江淮之兵当稍循荆、襄而北，批亢捣虚，互为声援，以分虏势”。[①] 宋人这些认识非常重要，在战争中三大防区联合作战，形成坚固堡垒。三大防区相互应援、整体作战，是南宋能与蒙古长期对峙的重要原因之一。“吴、荆、蜀连衡之势可全而不可亏，可合而不可散也。”[②]

宋朝的军事防御体系，便是按照三大防区一体来设防的。范浚提出据蜀的中兴大计，“吴蜀地皆我有，人无异心，势无不合”，设想三大防区联合作战，从而实现“取胜之资”。[③] 章如愚对南宋复兴大业的谋划，也是依赖三大防区联合作战的考虑，“自淮泗以捣青徐，自寿春以取汝颍，取财于蜀，合军于陕，以遏河陇，出师襄阳，因粮唐邓，以趋京洛，则天下之大势一矣”。[④] 陈良翰强调了三大防区一体化的重要性，“三者之势，互为掎角，不容有偏”。[⑤] 绍兴三十一年（1161）宋金战事即将爆发时，宋朝对防守战略的设想，同样是三大战区联合防御，“刘锜在维扬，则令分万人自楚、泗入山东，成闵、吴拱在荆襄，则分万人自襄、汉入京西，吴璘在兴州，则分万人自仙人关抵关陕”。[⑥]

对宋朝三大防区的整体性特点，蒙古人也是有清醒认识的。蒙哥攻宋把主力投入四川，以期占领四川后沿江而下，一举捣毁临安。蒙哥攻川图宋战略并未成功，且他在返回途中病死。忽必烈即位后，改变攻宋战略，

---

① 《北京图书馆藏家谱丛刊·闽粤侨乡卷》第 40 册《刘氏传忠录》，北京图书馆出版社，2001，第 489 页。

② 庄仲方辑《南宋文范·（程公许）试阁职策问》，任继愈主编《中华传世文选》（六），吉林人民出版社，1998，第 572 页。

③ 范浚著，范国梁点校《范浚集》卷 7《形势上》，浙江古籍出版社，2015，第 80 页。

④ 章如愚：《群书考索》前集卷 58《地理门·江淮襄阳巴蜀》，书目文献出版社，1992，第 393 页。

⑤ 朱熹撰，郭齐、尹波点校《朱熹集》卷 97《敷文阁直学士陈公行状》，四川教育出版社，1996，第 5003 页。

⑥ 李心传：《建炎以来系年要录》卷 192，绍兴三十一年九月癸未条，中华书局，2013，第 3733 页。

切断三大防区联合作战功能，一举灭南宋。忽必烈即位以后，郭侃上平宋之策，“宋据东南，以吴越为家，其要地，则荆襄而已。今日之计，当先取襄阳。既克襄阳，彼扬、庐诸城，弹丸地耳，置之勿顾，而直趋临安，疾雷不及掩耳，江淮、巴蜀不攻自平”。[①] 此时忽必烈忙于巩固自己的汗位，无暇南顾，但《元史·郭侃传》言“后皆如其策”。至元四年（1267）十一月刘整向忽必烈献平宋之策，认为攻宋“宜先从事襄阳”，[②]“攻蜀不若攻襄，无襄则无淮，无淮则江南可唾手下也”。[③] 刘整还抓住了南宋“主弱臣悖”的特点，建议忽必烈灭宋，以谋统一。忽必烈攻宋战略以荆襄战场为突破点，蒙军铁骑主攻襄阳，切断三大防区间相互支持、联合防守的地缘关系，川蜀和临安则分别处于孤立无援的境地，军事抵御能力大为削弱。如此一来，蒙古军队沿江而上，一方面对川蜀形成合围之势；另一方面沿江而下，取宋都城，三大防区孤立作战，蒙古军队一一击破，南宋由此而亡。忽必烈先取荆襄而后图宋的地缘战略，是基于对三大防区整体功能联合作战的认识，蒙古军队分化、瓦解三大防区的整体功能，切断三大防区间的整体联系，从而使各个防区孤立无援，一举灭宋。

二　南宋三大防区的地位和作用

南宋川蜀、荆襄、两淮三大防区，共同拱卫京师的安全，各防区于京师而言，其地位和作用各有不同，宋朝对此有清醒认识。

（一）川蜀防区

主要是宋之川峡四路，即利（今陕西汉中，后移至四川广元）、益（后改为成都路，今四川成都）、梓（后改为潼川路，今四川三台）、夔（今重庆奉节）四路。“国朝分蜀为四路，以利、益及梓、夔比路置兵马钤辖为率。建炎用兵，枢臣宣威蜀门，始并四门而统之，又创安抚使于成都，仍兼本路钤辖，以总一路军民之寄。绍兴初，又罢宣威，命成都率为四路安抚制置使，其事权如宣威等。是后两大司更为兴废，治所亦异。至

---

① 宋濂：《元史》卷149《郭侃传》，中华书局，1976，第3525页。

② 宋濂：《元史》卷6《世祖纪》，中华书局，1976，第116页。

③ 周密：《癸辛杂识》别集下《襄阳始末》，上海古籍出版社，2012，第173页。

其控御广，藩寄专，上分天子西顾之忧，则一也。”① 四川，居长江上游，路有剑门之障，水有三峡之险；东扼长江，为吴楚咽喉；北走秦岭，沟通秦陇肘腋；西南为高原环绕，是滇藏必经之道。川峡特殊的地理环境，既可凭险据守，又能形成高屋建瓴、席卷东南之势。自古以来取中原者必资以蜀，历来北方王朝争霸江南，“必先从事于蜀”。南宋偏安东南，中原尽失，川峡四路居于上游，以秦岭与金对峙，故能在军事上起到屏障南宋的作用。

1. 宋人对川蜀地缘战略地位的认识

四川对临安形成高屋建瓴之势，占据四川，便可沿江而下，一举进取襄鄂，牵制临安，如此一来，南宋将在战略上失去反击机会。缘此，宋人尤为看重四川的地缘战略地位，“护蜀如头目，保蜀如元气”。② 金和蒙古前期攻宋皆以四川为突破口的做法，证明了四川在南宋地缘局势中的重要地位。“取吴必先取蜀”，③“先取全蜀，蜀平，江南可定”，④“恢复之举，当自西陲始”，⑤“有蜀则吴强，无蜀则吴弱”，等等。坐拥长江上游，四川对荆襄拥有同样地缘战略优势。“蜀之在吴，犹心腹之有咽喉，门庭之有堂奥也。咽喉闭塞，则心腹不能以自存，堂奥有盗，则门庭不能以自立。”⑥

早在定都之时，时臣提出定都四川以图复兴之议，便是看中了四川重要地缘战略地位。“论天下形势，必资之秦；论秦雍军须，必资之蜀。秦与蜀，壤界之国也。拥四川之饶，据五路之强，而中兴之大势定矣。”⑦ 占据川陕地带，借助精壮之秦兵，得蜀地之物资，都将对战争产生重要影响。于是有时臣提出先“出秦甲，下蜀货，而气血周流矣”，⑧ 后“一举

① 傅增湘原辑，吴洪泽补辑《宋代蜀文辑存校补》卷67《（吕商隐）新建制置使司佥厅记》，重庆大学出版社，2014，第2204页。

② 郭允蹈撰，赵炳清校注《蜀鉴》，国家图书馆出版社，2010，第1页。

③ 宋濂：《元史》卷161《杨大渊传》，中华书局，1976，第2778页。

④ 毕沅：《续资治通鉴》卷180，咸淳九年三月庚申条，中华书局，1957，第4917页。

⑤ 史浩撰，俞信芳点校《史浩集》（上），《鄮峰真隐漫录》卷6《赐四川制置使沈介诫谕诏》，浙江古籍出版社，2016，第134页。

⑥ 朱黼：《永嘉朱先生三国六朝五代纪年总辨》卷13《梁·高祖武皇帝上》，《四库全书》存目丛书本。

⑦ 傅增湘原辑，吴洪泽补辑《宋代蜀文辑存校补》卷47《（喻汝砺）上裕蜀策》，重庆大学出版社，2014，第1546页。

⑧ 李心传：《建炎以来系年要录》卷53，绍兴二年四月甲申条，中华书局，2013，第1091页。

而复中原”的构想。川峡防区不仅具有重要地缘战略优势，而且四川天府物资也成为重要立足之资。“将图恢复，必在川、陕”;① “欲图中兴，当先守关中，据形胜以固根本”,② 川峡之地“前控六路之师，后据两川之粟，左通荆、襄之财，右出秦、陇之马，天下大计，斯可定矣”。川峡于整个战争形势意义重大，可进可退，可攻可守，“进可以据上流之阻，退可以待四方之变”。③ 监登闻检院汪若海非常看重川峡的地缘战略地位，认为定都川峡，方能实现宋朝复兴大业，“秦、蜀为首，东南为尾，中原为脊。今以东南为首，安能起天下之脊哉。将图恢复，必在川、陕”。④ 和州防御史马扩也认为川峡地缘战略地位重要，在其谋划的国家“三策”中，将定都川峡视为上策，“幸巴蜀之地，用陕右之兵，留重臣以镇江南，委健吏以抚淮甸，破敌人之计，回天下之心，是为上策”；将定都武昌视为“中策”，“都守武昌，襟带荆湖，控引川、广，招集义兵，屯布上流，扼据形势，密约河南诸路豪杰，许以得地世守，用为屏翰，是为中策”；定都临安在马扩看来乃最下策，“驻跸金陵，备御江口，通达漕运，亟制战舰，精习水军，厚激将士，以幸一胜，观敌事势，预备迁徙，是为下策”。他还进一步指出，定都金陵，完全依赖长江天险的做法是极为愚蠢的，将导致严重后果，“若贪顾江湖陂泽之险，纳探报之虚言，缓经营之实绩，倚长江为可恃，幸敌人之不来，犹豫迁延，候至秋冬，使敌人再举，驱集舟楫，江、淮千里，数道并进，然后悔其已晚，是为无策”。⑤ 可见，川峡在整个国家战略中地位极为重要，遗憾的是，南宋恰恰选择了马扩所认为的“无策”之举，最终导致整个南宋在战略上的被动。

此外，宋朝还重视四川官吏的选举。宋朝认为担任四川官吏应该具备“付之以众人所不敢当之事，期之以众人所不能成之功”⑥ 的素质，因而

① 脱脱等：《宋史》卷 404《汪若海传》，中华书局，1985，第 12218 页。
② 李心传：《建炎以来系年要录》卷 24，建炎三年六月庚申条，中华书局，2013，第 577 页。
③ 庄仲方辑《南宋文范·（朱松）上胡察院书》，任继愈主编《中华传世文选》（六），吉林人民出版社，1998，第 440 页。
④ 陈邦瞻纂辑《宋史纪事本末》卷 68《张浚经略关陕》，中华书局，2015，第 699 页。
⑤ 毕沅：《续资治通鉴》卷 104，高宗建炎三年三月庚辰条，中华书局，1957，第 2727 页。
⑥ 袁燮：《絜斋集》卷 4《论备边札子一》，中华书局，1985，第 46 页。

“有才而无识者”，以及“有勇而无谋者”，皆不能够身任蜀帅之职。[①] 兴州大将吴挺卒，朝廷任选之官吏久不到任，吴端礼言：“若无大将，是无蜀也；无蜀，是无东南也。军中请帅而迟迟不报，人将生心。六朝、后唐，皆以有蜀而存，无蜀而亡，此大验也。”[②] 优秀的蜀帅，于蜀、于宋至关重要。张浚任川陕宣抚处置使期间，加强对四川的军事建设和防守，时人对其评价颇高，“张浚之在陕右，实东南之扞蔽，西川之喉衿。虽未能攘除敌类，尽收关中之土疆，而可以控扼河山，牵制南侵之夷虏，其为朝廷屏翰，盖亦匪轻矣”。[③] 可见，宋人对四川之地缘战略地位，是有清醒认识的，金、蒙又何尝不是呢？

2. 金、蒙对川蜀地缘战略地位的认识

“宋室南渡后，以四川为上游重镇”，[④] “蜀居吴、楚上流，而吴视楚为西门，楚视蜀为巨蔽，蜀一动摇，而吴、楚皆不帖席矣”，[⑤] “四蜀可守而后东南始可立矣”，[⑥] 等等，关于川蜀重要地缘战略的言论较多。对此，蒙古人也是有深刻认识的。早在窝阔台时期，李寔“献策北朝，劝其先谋犯蜀，顺流下窥江南”。[⑦] 川蜀地理环境复杂，除川西平原外，大多是山高坡陡，林深草密，河溪交错，隘路难行的地形，时人度正就说：“蜀之山川，最为险阻，所谓车不得方轨，马不得成列，一夫当关，万夫莫向。”[⑧] 四川行军作战及粮饷运输困难。“及帝（蒙哥）自将伐宋，谋由蜀入，兵及散关，公（游显）谏：‘巴蜀水则江流悍急，陆则陟降山巘，

① 袁燮：《絜斋集》卷4《论备边札子一》，中华书局，1985，第46页。

② 《杨万里诗文集》（下册）卷124《宋故少保左丞相观文殿大学士赠少师郇国余公墓志铭》，江西人民出版社，2006，第2034页。

③ 黄淮、杨士奇编《历代名臣奏议》卷239《（章谊）论张浚在陕右宜除副贰往助（高宗时）》，上海古籍出版社，2012，第3144页。

④ 钱大昕：《十驾斋养新录》卷8“四川制置”条，王云五主编万有书库第二集，商务印书馆，1935，第172页。

⑤ 傅增湘原辑，吴洪泽补辑《宋代蜀文辑存校补》卷48《（黄源）上制置使书》，重庆大学出版社，2014，第1604页。

⑥ 吕午：《左史谏草》“戊戌年正月二十三日奏”，《景印文渊阁四库全书》第427册，台湾商务印书馆，1986，第392页。

⑦ 真德秀著，徐德明、余奎元点校《大学衍义》，福建教育出版社，2005，第545页。

⑧ 度正：《性善堂稿》卷6《条奏便民五事》，《景印文渊阁四库全书》第1170册，台湾商务印书馆，1986，第191页。

舟车皆不可施利，馈继甚艰。六军出此，恐非万全之策，不若取道关东夷途，直捣江汉。世祖时方渊龙’。帝曰：‘左方之帅，朕已付之，业已至此’。”①

川蜀的重要地缘战略，金、蒙与宋有同样认识，金、蒙攻宋，无一例外地以川蜀作为主战场。蒙古在久攻不下之后，改变战略方针，由主攻川蜀变为攻荆襄，一举灭南宋。

（二）荆襄防区

南宋在荆襄防区设置“京西湖北路安抚制置使司”（时人简称为“京湖制司”）统一指挥对金、蒙（元）的防御战争，“京湖战场”的称谓由此而来。又因京西南路和荆湖北路的首府分别为襄阳和江陵（荆州），因此又有“荆襄战场”之称。荆襄战场分为南、北两路，包括湖北省及湖南省部分区域。荆襄战场位于长江中游，南带长江，汉江自西北斜贯其间；北扼唐、邓，与河南相邻；西北溯汉江而上，直抵汉中盆地；西锁长江三峡，号称门户；东通江淮，为吴越屏障；南控荆楚；兼护两广，战略地位重要。此外，襄阳自古以来有“水陆交会第一冲”和“天下咽喉”之称，“生聚繁庶，城高池深，甲于西陲”，② 是宋蒙（元）战争（1234～1279）的重要战场之一。

荆襄防区“控引京洛，侧睨淮蔡；包括荆楚，襟带吴蜀。沃野千里，可耕可守；地形四通，可左可右”，③ 地缘战略地位重要。刘子翚也认为“若今日国家暂保江左形势之地，若缓而甚急者，荆襄是已。荆襄西通秦蜀，东连吴会，北据汉沔，昔人以为用武之地。故三国战争，皆出于此，得之者强，失之者弱”，并提出，“宜将荆襄合为一路，增重帅权”，加强防守，“一者贯通秦蜀，无断绝之虞，二者控扼上流，如首尾相应，三者窥阚中原，有卷席之势，是一举而获三利也”。④ 荆襄在地缘上与各个防

① 姚燧：《牧庵集·附录》卷22《游公［显］神道碑》，四部丛刊初编本，高等教育出版社影印本，2016，第276页。

② 脱脱等：《宋史》卷417《赵范传》，中华书局，1985，第12509页。

③ 陈亮撰，邓广铭点校《陈亮集》（增订本）卷2《中兴论》，河北教育出版社，2003，第19页。

④ 《北京图书馆家谱丛刊·闽粤侨乡卷》第40册《刘氏传忠录》，北京图书馆出版社，2001，第482～483页。

区相连，既可北上达川陕，又可顺江而下至两淮，且在地缘战略上，“进可以蹙敌，而退可以保境”。① 荆襄防区以鄂州、荆州、襄阳地缘战略地位较为重要，湖广之形势，以东南言之则重在鄂州（武昌），以湖广言之则重在荆州（江陵），以天下言之则重在襄阳。② 有鉴于此，南宋绍兴时，宋室在长江中游的江州、鄂州和荆南府屯驻三支大军，共8.4万人，其中鄂州为5.2万人。宋元战争爆发前，荆襄防区的防务，主要围绕襄阳、江陵、鄂州来部署，唐、邓一带是其外围防线。宋朝大将孟忠政“招唐、邓、蔡壮士二万余人，号忠顺军”。先以江海总之，后由孟珙统率，“分其军为三”，驻扎枣阳军（今湖北枣阳）。③

就整个形势而言，荆襄防区又以襄阳的战略地位最重要。襄阳居汉水上游，扼南北要冲，军事战略地位重要，历来为兵家所争之地。南宋初年，李纲就全国的地缘战略形势论及襄阳的重要性，“四方地势，正犹棋局，今车驾驻跸于吴越，是置子于东南隅也；宣抚处置司聚兵于川陕，是置子于西北隅也；湖湘屯重兵以控制，是置子于西南隅也。吴越由湖湘以趋川陕，如行曲尺之上，相去万有余里，号令未易达，首尾不相应，一有缓急，何以为援？惟襄阳地接中原，西通川陕，东引吴越，如行于弓弦之上，地理省半，而又前临京畿，密迩故都，后负归峡，蔽障上流。遣大帅率师以镇之，如置子于局心。真所谓欲近四旁，莫如中央者也”。④ 后人顾祖禹亦言：“夫襄阳者，天下之腰膂也。中原有之可以并东南，东南得之亦可以图西北者也。”⑤ 襄阳关乎国家安危，时人感叹道：“襄阳天下之脊，古今重地。”⑥

对襄阳的重要战略地位，蒙古人最初是缺乏认识的。宋端平三年（1236），南宋襄阳北军叛乱，主将王旻、李伯渊焚城郭仓库，相继降蒙。

---

① 徐梦莘：《三朝北盟会编》卷213，绍兴十三年九月条，引《（朱胜飞）行状》，上海古籍出版社，1987，第1533页。

② 顾祖禹：《读史方舆纪要》卷75，中华书局，2005，第3484页。

③ 脱脱等：《宋史》卷412《孟珙传》，中华书局，1985，第12370页。

④ 《李纲全集》卷81《论襄阳形胜札子》，岳麓书社，2004，第820页。

⑤ 顾祖禹：《读史方舆纪要》卷75，中华书局，2005，第3484页。

⑥ 黄淮、杨士奇编《历代名臣奏议》卷388《（李曾伯）奏襄阳经久五事》，上海古籍出版社，2012，第4383页。

南军主将李虎平叛，并趁火纵掠，襄阳被焚荡一空。蒙古人唾手得到襄阳后，将襄阳居民移徙至洛阳，却未屯驻重兵。宋嘉熙二年（1238），襄阳别将刘义执、游显等降宋，襄阳复为宋所有。① 宋淳祐十一年（1251），李曾伯为江南制帅时，高度重视襄阳，派遣高达等修复襄阳，且屯驻重兵防守。因蒙古对襄阳的忽视，宋朝失而复得，故后来刘整对忽必烈说，“襄阳，吾故物，由弃弗戍，使宋得窃为强藩”。②

蒙古贵由汗在位时（1246～1248），李桢进言：“襄阳乃吴、蜀之要冲，宋之喉襟，得之则可为他日取宋之基本”③，但未被采纳。早在平宋之时，就有人指出，“宋据东南，以吴越为家，其要地，则荆襄而已。今日之计，当先取襄阳。既克襄阳，彼扬、庐诸城，弹丸地耳，置之勿顾，而直趋临安，疾雷不及掩耳，江淮、巴蜀不攻自平”。④ 可见，襄阳不仅在荆襄防区中具有重要地位，而且在整个南宋防区中，其重要性也是不言而喻的。刘整还指出：“攻蜀不若攻襄，无襄则无淮，无淮则江南可唾手下也。”⑤ 他表示：“臣愿效犬马劳，先攻襄阳，撤其捍弊。”⑥ 襄阳失陷，为忽必烈灭宋奠定基础。刘整在襄樊陷落以后，对整个战争形势进行了分析，“襄阳破，则临安摇矣。若将所练水军，乘胜长驱，长江必皆非宋所有”。⑦ 阿里海牙亦言，“襄阳，自昔用武之地也，今天助顺而克之，宜乘胜顺流长驱，宋可必平”。平章阿术亦赞其说。⑧ 宋度宗在襄阳失守以后，曾痛心疾首地说：“襄阳六年之守，一旦而失，军民离散，痛切朕心！”⑨ 忽必烈灭宋后，曾问南宋降将管如德：“宋何以亡？”管如德回答说：“襄樊，宋咽喉也，咽喉被塞，不亡何恃！”⑩

荆襄战场在整个宋蒙（元）战争中具有重要地位，襄樊之战于宋、

---

① 宋濂：《元史》卷2《太宗纪》，中华书局，1976，第36页。
② 吴乘权等辑，施意周点校《纲鉴易知录》，中华书局，1960，第1979页。
③ 宋濂：《元史》卷124《李桢传》，中华书局，1976，第3051页。
④ 宋濂：《元史》卷149《郭侃传》，中华书局，1976，第3525页。
⑤ 周密：《癸辛杂识》别集下《襄阳始末》，上海古籍出版社，2012，第173页。
⑥ 宋濂：《元史》卷161《刘整传》，中华书局，1976，第3786页。
⑦ 宋濂：《元史》卷161《刘整传》，中华书局，1976，第3788页。
⑧ 宋濂：《元史》卷128《阿里海牙附阿术传》，中华书局，1976，第3125页。
⑨ 脱脱等：《宋史》卷46《度宗纪》，中华书局，1985，第912页。
⑩ 宋濂：《元史》卷165《管如德传》，中华书局，1976，第3871页。

于蒙关系重大，是整个战争的转折点。襄樊失守，宋朝的京西边面陷于瘫痪，失去了捍卫江面的作用。京湖防区因失去襄樊的拱卫作用，在蒙古军队的连续打击下迅速土崩瓦解，进而导致江陵等地不战而降，南宋彻底失去了整个京湖地区。元军将领阿里海牙在孤军戍鄂的情况下，主动出击，占领京湖上游，解除了后顾之忧，挥师攻陷潭州、静江，檄定湖南、广右，取得了“图地籍民，半宋疆里”的成功。

（三）两淮防区

广义上的两淮防区应该包括淮河南北地区，即今河南省东南部、山东省南部、江苏省北部及安徽省全境，宋蒙战场多为蒙古进攻、南宋防守，战争主要发生于南宋境内，因而，这里所论述的两淮防区是指南宋境内的淮南东路和淮南西路，即“东至于海，西抵滩、涣，南滨大江，北界清、淮”的地区，分别下辖扬、楚、海、泰、泗、滁、淮安、真、通州及高邮、招信、淮安、清河军；寿春府、安庆府、庐、蕲、和、濠、光、黄诸州及六安、安丰、镇巢、怀远军，以及所谓“淮南”地区。两淮地区，淮河阻其北，大江限其南，东有大海之限，西有群山之险，优越的地理环境“足以自固”，又“西有铁冶，东富鱼稻”，尤其“淮东煮盐之利，本居天下半”，为军国所资；① 淮民“天性健斗”，可用其力“方行天下”，② 两淮优越的自然条件，也是南宋定都临安的重要因素。

在三大防区中，两淮因离临安最近，肩负拱卫京师的重任。南宋定都临安，便是借助长江天险和两淮藩篱，实现对京畿的守卫，“两淮藩篱也，大江门户也，三辅堂奥也”。③ 江、淮唇齿相依，江南赖两淮遮蔽，两淮固则无戎马饮江之忧。故两淮被宋人视作“大江之屏障”。真德秀认为若失两淮而欲保长江，“犹咽喉见扼于人，而欲与之角藩墙，扃鐍为盗所有，而欲保堂奥之安，亡是理也”。④ 鉴于两淮防区对临安的重要性，南宋苦心经营。事实证明，两淮作为“藩篱重寄”，其得失关系全局。

---

① 脱脱等：《宋史》卷408《汪纲传》，中华书局，1985，第12307页。

② 真德秀：《西山先生真文忠公文集》卷3《直前奏事札子》，商务印书馆，1937，第47页。

③ 脱脱等：《宋史》卷408《王霆传》，中华书局，1985，第12315页。

④ 真德秀：《西山先生真文忠公文集》卷3《使还上殿札子》，商务印书馆，1937，第48页。

淮南东路和淮南西路地理形势略有不同，设防不一。“最难守者，固莫如淮，而最急守者，亦莫如淮，何者？盖两淮乃吾国之藩篱，依山为险，则淮之西也；恃水为险，则淮之东也；淮甸坦夷，如盱眙、安丰、钟离、淮阴、天长、六合等处，我之拒敌直一衣带水之限尔。使藩篱不固，盗贼闯吾之门户，则堂奥且露立矣。徒以孤江与敌对垒，岂不岌岌乎？”① 淮南东路，凭恃山水险要，可瓦解金、蒙骑兵作战的优势。蒙古骑兵适宜平原旷野作战，而宋之步兵则擅长奇险地形，于是，在与蒙古骑兵的对峙中，“惟扼险用奇，乃可掩击”，② 淮南东路复杂的地形恰好适合此种作战方式。淮河以南的长江天险，关系临安安危。长江沿线关口众多，在紧要关口设关阻敌，也很关键，“上流最急者三，荆南之公安、石首，岳之北津，中流最紧者二，鄂之武昌，太平之采石，下流最紧者二，建康之宣化，镇江之瓜洲是也”。③ 早在绍兴初年，知建康府吕祉就曾指出，“当谨守封疆，如沿江一带，自襄阳、江陵、武昌、九江而下，淮甸诸郡，如合肥、寿春、盱眙、广陵等处，各屯军马，西与四川形势联接，使上下有备，表里如一，庶几可以抗御，虽未剪去凶逆，南北之势成矣”。④ 如此一来，南宋都城临安便有了两道防御线，长江和两淮成为拱卫京师的坚固屏障。但事实上，南宋放弃了对淮河一线的戍守，基本依赖长江天险设险防御。

第二节　南宋山城防御体系与两淮军事防御体系

一　四川山城防御体系

“夫地形者，兵之助也。”⑤ 地形成为军事设防的先天条件，这一点

---

① 林駉：《古今源流至论》续集卷 1《形势·淮甸陇蜀荆襄》，《景印文渊阁四库全书》第 942 册，台湾商务印书馆，1986，第 342 页。

② 李心传：《建炎以来系年要录》卷 19，建炎三年正月戊戌条，中华书局，2013，第 446 页。

③ 李心传：《建炎以来系年要录》卷 57，绍兴二年八月辛丑条，中华书局，2013，第 1155 页。

④ 李心传：《建炎以来系年要录》卷 77，绍兴四年六月丙午条，中华书局，2013，第 1467 页。

⑤ 孙武著，骈宇骞等点校《孙子兵法》第 10 篇《地形》，收入《武经七书》，中华书局，2007，第 57 页。

宋人是有清楚认识的。就宋朝所处地理环境而言，“西北以关塞为险，东南以江湖为险”，① 西北和东南由于地貌形态的差异，形成不同的军事防御体系。

（一）四川地理环境与山城防御体系

“宋南渡后，以四川为上游重镇”，② “四蜀可守，而后东南始可立矣”，③ 等等。以上言论反映了宋人对四川地缘战略重要性的认识。基于以上认识，南宋重视对四川的战略建设。“国朝分蜀为四路，以利、益及梓、夔比路置兵马钤辖为率。建炎用兵，枢臣宣威蜀门，始并四路而统之，又创安抚使于成都，仍兼本路钤辖，以总一路军民之寄。绍兴初，又罢宣威，命成都率为四路安抚制置使，其事权如宣威等。是后两大司更为兴废，治所亦异。至其控御广，藩寄专，上分天子西顾之忧，则一也。”④ 在与金交战中，南宋对四川实行特殊化政策，加大宣抚使权置。时人黄源指出南宋对四川实行特殊化政策的原因，“蜀视中原最险远、最僻陋，自古用天下无以蜀为也。然秦汉不得蜀则不能东向与天下争衡。而吴、晋以来立国于江左者，每每倚蜀为重。盖汉资蜀富饶以自给，山西之形，蜀之力势相半焉。当此之时，蜀得十二。蜀居吴、楚上流，而吴视楚为西门，楚视蜀为巨蔽，蜀一动摇，而吴、楚皆不帖席矣。当此之时，蜀得百二。顾今有秦汉规画天下之权，有江左凭借江淮之势，资于蜀而恃之以为守，其势与力二者兼取之，则蜀在今不翅天下重也。天子往尝以执事镇泸，又总戎于蜀口，今又举全蜀而畀之执事者总制焉，此非天子以蜀重，而蜀以执事重故欤？”⑤ 不仅如此，南宋对四川政策的特殊化，还体现在对四川官吏的选拔上，南宋四川官吏选拔严苛，目的是确保四川的安稳，解除东南后顾之忧。嘉定年间（1208～1224），袁燮指出：“是故国事之可忧者，

---

① 吕祉：《东南防守利便》卷中《江淮表里论》，丛书集成初编本，商务印书馆，1937，第32页。

② 钱大昕：《十驾斋养新录》卷8“四川制置”条，商务印书馆，1935，第172页。

③ 吕午：《左史谏草》“戊戌年正月二十三日奏”，《景印文渊阁四库全书》第427册，台湾商务印书馆，1986，第392页。

④ 傅增湘原辑，吴洪泽补辑《宋代蜀文辑存校补》卷67《新建制置使司佥厅记》，重庆大学出版社，2014，第2204页。

⑤ 傅增湘原辑，吴洪泽补辑《宋代蜀文辑存校补》卷48《（黄源）上制置使书》，重庆大学出版社，2014，第1604页。

莫如蜀，外障之难防者，亦莫如蜀，何者？其地至远也。有才而无识者，不足以为蜀帅；有勇而无谋者，亦不足以为蜀帅。何者？其任至重也。”[①] 建炎三年（1129）五月，张浚建言：“中兴当自关、陕始，虑金人或先入陕窥蜀，则东南不可保”，并“请身任陕、蜀之事”。[②]

此外，南宋还利用四川地形进行军事设防。为有效抵御金、蒙进攻，四川军民因地制宜，采取“因山为垒”，结寨筑城，搬迁府州治所等形式，抵御蒙古骑兵。四川官吏如彭大雅派人到播州（遵义）地区联络土兵屯守江南，使“通蜀声势，北兵不敢犯”。[③] 淳祐三年（1243）春，四川安抚制置使兼知重庆府余玠入蜀主政，“集众思，广忠益”，“蜀口形胜之地莫若钓鱼山，请徙诸此，若任得其人，积粟以守之，贤于十万师远矣”。[④] 余玠采纳建议，利用川蜀险要的地理特点，以重庆为中心，在嘉陵江、渠江、涪江、沱江、岷江和长江等大河两岸的高山台地及要冲之地筑城防守，“凡地险势胜，尽起而筑之”，[⑤] 余玠在四川戍守时，有计划地构筑了大量山城，形成了历史上有名的山城防御体系。

所谓山城防御体系，就是利用四川特殊的地理形势，依山筑城，恃险据守。该防御体系兼具“屯兵、积粮、保民、战守”的特点和功能，据点之间“相互声援，又以各通航河流或官道为联络线，点线结合”，从而形成有效的防御体系。[⑥] 余玠任职四川期间，设险筑城，“云顶、运山、大获、得汉、白帝、钓鱼、青居、苦竹筑垒，移成都、蓬、阆、洋、夔、合、顺庆、隆庆八府州治其上，号为八柱，不战而自守矣”。[⑦] 山城的修筑依据地理山势，“凡地险势胜，尽起而筑之，大获、大梁、运山、梁山、钓鱼，峙莫逾之势于前；古渝、凌云、神臂、天生、白帝，隆不拔之

① 袁燮：《絜斋集》卷 4《论备边札子一》，中华书局，1985，第 46 页。

② 陈邦瞻纂辑《宋史纪事本末》卷 68《张浚经略关陕》，中华书局，2015，第 699 页。

③ 罗月霞主编《宋濂全集》之《翰苑别集》卷第一，浙江古籍出版社，1999，第 963 页。

④ 李贽：《史纲评要》卷 35《南宋纪》，中华书局，1974，第 1987 页。

⑤ 阳枋：《字溪集》卷 8《余大使祠堂记》，《景印文渊阁四库全书》第 1183 册，台湾商务印书馆，1986，第 361 页。

⑥ 胡昭曦、邹重华主编《宋蒙（元）关系研究》，四川大学出版社，1989，第 20 页。

⑦ 苏天爵辑撰《元朝名臣事略》，中华书局，1996，第 212 页。

基于后”。[①] 其中钓鱼台的建设占据险要，颇具代表性。

> 城在州治之东北，渡江十里至其下。其山高千仞，峰峦岌岌，耸然可观，其东南北三面据江，皆峭壁悬崖，陡然阻绝。修城之后，凿山通道，路曲之次，方可登临。其西南山稍低，于此筑城，高十仞。城之门有八，曰护国、青华、正西、东新、出奇、奇胜、小东、始关。其山脚周回四十余里。峰顶有寺，曰护国，堂殿廊庑，百有余间。宋绍兴间思南宣慰田少卿所建。至元戊戌，为兵火焚熄灰烬，寺门之外，突然一台，曰钓鱼台。其上平正，可坐十余人，上有巨人足迹，年代虽久远，风雨不能磨灭，岸边插竿之目犹存焉。此台乃在山之巅，俯视大江，悬崖千仞，相去险远，钓可施乎？名为钓台，似不侔矣。窃尝稽之，古之洪水为患，荡荡怀山襄陵。此山三面据岩，渠、嘉陵二江自西北而来，冲于山之西，流至合州城下则与涪江会同。皆浩浩荡荡，环绕山足而东下，往古水患之际，势必怀抱此山，则钓鱼之名必自始矣乎。后有石庵，凡二十四片石斫成，乃开山祖僧石头和尚自造也。[②]

在 1243～1251 年的八年间，按照余玠的命令，四川军民陆续修建、扩建了各种类型的山城 20 余座：重庆城；嘉定城及其附近的三龟、九顶（又名凌云城）、紫云等城寨（今乐山市）；钓鱼城（今重庆市合川区东 10 里）；大获城（今苍溪县东南四十里）；白帝城（今奉节县东 13 里）；苦竹隘（今剑阁县西北）；赤牛城（今梁平区西 20 里），神臂城（俗称老泸城，今合江县西北 60 里）；大良、小良城（今广安市东北 60 里）；普州据险置治；运山城（又名云山城、营山城，俗称燕山寨，今蓬安县东南三十里）；云顶城（今金堂县南 50 里）；瞿塘城（今奉节县白帝城下）；多功城（今重庆渝北区西南 20 里）；紫云城（今犍为县东南三十里）；天生城（今重庆万州区西五里）；小宁城（今四川巴中市东 130 里）；青居

---

① 阳枋：《字溪集》卷 8《余大使祠堂记》，《景印文渊阁四库全书》第 1183 册，台湾商务印书馆，1986，第 361 页。

② 《古今图书集成》第 1 册《方舆汇编·职方典》第 601 卷《重庆府都·合州钓鱼城记》，中华书局影印本，第 13238 页。

城（今南充市南 30 里）；得汉城（今巴中通江县东北 140 里）；平梁城（今巴中市西 15 里）。[①] 这些山城“皆因山为垒，棋布星分，为诸郡治所，屯兵聚粮，为必守计”。[②]

目前，就南宋在四川修筑的山城数量，史书没有系统统计。元至元十五年（1278），安西王相府在给元朝廷的奏疏中说：“川蜀既平，城邑山寨洞穴凡八十三所，其渠州礼义城等处凡三十三所，宜以兵镇守，余悉撤去。”[③] 不过，有学者研究后认为，此数字并不准确，且认为应为四十三个，沿岷江流域四处，沿沱江流域两处，沿涪江流域六处，沿嘉陵江流域十处，沿通江、南江、巴河、渠江流域七处，沿长江流域一十四处，另举出见于记载而尚不清楚的四十多处；[④] 又有学者认为有处可查的山城为七十二处，且明显留存遗址的有二十处。[⑤]

南宋在四川修筑的山城防御系统，特点明显：山城地处险恶要冲，大多建在悬崖峭壁上，山势险要，因山为垒，依山势而建，利用悬崖峭壁作为天然屏障；山城还根据江河形势，在两江或三江交汇处，依山傍水，既可借水势增强山险，又能依赖水运与外界联系，便于发挥南宋舟楫之长；各城往往在附近的山顶上设有子城（寨）与主城相互策应，既可分散敌人进攻兵力，又利于平时的散居生活。[⑥] “宋兵屯两川，堡栅相望，矢石交击”，[⑦] 机动性和灵活性较强，既能分散防守，又能联合作战。

南宋在川蜀建立的山城，不仅是军事要塞，往往又是诸郡治所。山城成为当地政治、军事和经济支撑要地。事实证明，四川山城防御体系是成功的军事防御体系，在抗击蒙古军进攻中发挥了重要作用。余玠的山城防

---

① 陈世松：《余玠传》，第六章“山城防御体系的建立”，重庆出版社，1982。

② 脱脱等：《宋史》卷 416《余玠传》，中华书局，1985，第 12470 页。

③ 宋濂：《元史》卷 99《兵志》，中华书局，1976，第 2540 页。

④ 胡昭曦：《略论南宋末年四川军民抗击蒙古贵族的斗争》，载胡昭曦主编《宋蒙（元）关系研究》，四川大学出版社，1989。

⑤ 薛玉树：《宋元战争中四川的宋军山城及现状》，《四川文物》1993 年第 1 期。

⑥ 有关这方面的论述较多，以上论点根据以下论述总结写成：胡昭曦《略论南宋末年四川军民抗击蒙古贵族的斗争》，载胡昭曦主编《宋蒙（元）关系研究》，四川大学出版社，1989；《中国军事史》编写组编《中国军事史》第 6 卷《兵垒》（后改题《中国历代军事工程》），解放军出版社，1991。

⑦ 宋濂：《元史》卷 123《赵阿哥潘传》，中华书局，1976，第 3029 页。

御体系，打破了蒙古军“兵分四道入蜀”的构想，蒙哥也在攻宋战争中丧命，从而延缓了蒙古攻宋步伐。时人赵范、赵葵评价道：“蜀地残破之后，幸而得一余玠，因山筑垒，训兵积粮，屹如长城，敌人不敢犯。”① 四川战场在整个蒙宋战争中发挥了重要作用，因此史书称：“（四川）大小三十六战，多有劳效。”② 四川山城防御体系在中国军事史上，是一个成功的军事范例，后人对此评价甚高。明人何乔新评价道：“宋自奎腾入蜀，雄踞上流，国势盖岌岌乎不可为矣。幸而得一余玠，招英贤之士而用之，择要害之地而城之，抚凋瘵，驯兵戎，兴学以养士，薄敛以通商。财赋既充，守御益固，京湖少转饷之劳，东南免更戍之用，使敌人逡巡却避，而宋祚得以少延者，繄谁之力耶？”③ 明人邹智也评价颇高：“向使无钓鱼城，则无蜀久矣，无蜀，则无江南久矣。宋之宗社，岂待崖山而后亡哉？呜呼！当兹城之成也，宋无西顾之忧，元无东下之路。”④

（二）蒙哥攻宋战略的失误

宋、蒙对峙后，蒙古开始攻宋。蒙古攻宋可分为三个阶段。金亡后，窝阔台言：“今中原、西夏、高丽、回鹘诸国皆已臣附，惟东南一隅尚阻声教”，“欲躬行天讨”。⑤ 时臣李寔提出：“献策北朝，劝其先谋犯蜀，顺流下窥江南”之计。⑥ 此时蒙古攻宋强度不大、时间短，尚属剽掠性质，此为第一个阶段。“惟利剽杀，未拓土地，抄掠以后，即弃之而去。”⑦ 1251年，蒙哥即位后全力攻宋，以四川为攻宋的突破口和主战场，属于第二个阶段，“及帝（蒙哥）自将伐宋，谋由蜀入，兵及散关，公（游显）谏：‘巴蜀水则江流悍急，陆则陟降山巘，舟车皆不可施利，馈继甚艰。六军出此，恐非万全之策，不若取道关东夷途，直捣江汉。世

① 何乔新撰《椒邱文集》卷7《赵范赵葵请复三京诏全子才会师趋汴》，《景印文渊阁四库全书》第1249册，台湾商务印书馆，1986，第110页。

② 脱脱等：《宋史》卷43《理宗纪》，中华书局，1985，第829页。

③ 何乔新撰《椒邱文集》卷7《资政殿学士余玠卒》，《景印文渊阁四库全书》第1249册，台湾商务印书馆，1986，第112页。

④ 郑珍、莫友之编纂，遵义市地方志编纂委员会办公室整理点校《遵义府志》卷33，巴蜀书社，2014，第642页。

⑤ 宋濂：《元史》卷119《木华黎传》，中华书局，1976，第2939页。

⑥ 真德秀著，徐德明、余奎元点校《大学衍义》，福建教育出版社，2005，第545页。

⑦〔瑞典〕多桑著，冯承钧译《多桑蒙古史》，内蒙古人民出版社，2014，第306页。

祖时方渊龙'。帝曰：'左方之帅，朕已付之，业已至此'。"① 蒙哥攻宋改变战略，放弃了窝阔台时兵力分散而难以突破江淮防线的攻宋方针，采取了"据有上游，弋船东下，一举可定也"的方针，即将川峡作为攻宋重点。"戊午秋，扈宪宗西征。明年夏，驻合州之钓鱼山，秋，疫作，方议回銮"，② 久攻不下后，蒙哥班师回銮，病死途中。蒙哥攻宋并未取得预期效果，最终以失败告终。清人魏源对此战的评价甚低："元代用兵，未有如攻蜀之拙者也。"③

地理环境复杂是蒙哥攻宋失败的主要原因之一。盆地四周被大山及高原环绕，山高坡陡，林深草密，河溪交错，道路狭隘难行，交通艰险。史书记载："蜀之山川，最为险阻，所谓车不得方轨，马不得成列，一夫当关，万夫莫向。"④ 这种地理环境，有利于军事防守和步兵防御，对于适宜平原作战的蒙古骑兵来说，极为不利。在攻宋过程中，蒙哥部将术速忽里曾言，"蜀地岩险，重庆、合州又其藩屏，皆新筑之城，依险为固，今顿兵坚城之下，未见其利"，⑤ 道出了四川山城防御体系在蒙古攻宋战争中的艰巨。时人郝经的分析颇为精辟："其（蒙哥）初以奇胜也，关陇，江淮之北，平原旷野之多，而吾长于骑，故所向不能御。……是以用其奇而骤胜。今限以大山深谷，扼以重险荐阻，迂以危途缭径，我之乘险以用奇则难，彼之因险以制奇则易。况于客主势悬，蕴蓄情露，无虏掠以为资，无俘获以备役，以有限之力，冒无限之险，虽有奇谋秘略，无所用之。力无所用与无力同，勇无所施与不勇同，计不能行与无计同。泰山压卵之势，河海濯爇之举，拥遏顿滞，盘桓而不得进，所谓强弩之末不能射鲁缟者也。"⑥ 四川的特殊地理形势及山城防御体系，易守难攻，限制了骑兵的优势，削弱了战斗力。屠寄也对蒙哥攻宋进行了研究，并认为是

---

① 姚燧：《牧庵集·附录》卷22《游公［显］神道碑》，四部丛刊初编本，高等教育出版社影印本，2016，第276页。

② 苏天爵辑撰《元朝名臣事略》，中华书局，1996，第119页。

③ 《魏源全集》第9册《元史新编》卷28《平蜀功臣序》，岳麓书社，2004，第663页。

④ 度正：《性善堂稿》卷6《条奏便民五事》，《景印文渊阁四库全书》第1170册，台湾商务印书馆，1986，第191页。

⑤ 宋濂：《元史》卷129《来阿八赤传》，中华书局，1976，第3141页。

⑥ 宋濂：《元史》卷157《郝经传》，中华书局，1976，第3701页。

"不知兵"所致。"蒙格汗之世，夏、金已平，西域大定，思缵祖宗未竟之绪，成一统之业，惟有并吞南宋，可享一己大名，其志壮哉！向使当日分兵之议，命一将入蜀，牵制上游，一将渡江淮，直捣宋临安行在；自帅大军向荆、鄂，居中制驭。虽成功与否不可知，其于庙算，庶几校详乎？顾乃计不出此，车驾舍中道而西取四川，弃野战之长，违北族之性，聚数十万众，冒盛暑而攻合州。顿兵坚城，累月不下，情见势绌，以身殉之。所谓千金之弩为鼷鼠而发。甚矣！其不知兵也。"①

四川特殊的气候，也是蒙古军攻宋失败的重要原因。蒙古人素来畏暑恶湿，四川地区气候复杂，夏季酷暑炎热，气候潮湿，疫疾流行，对蒙古军作战极为不利。蒙哥在攻宋期间遇上天气暑热，疫疾流行。蒙哥曾言："今在宋境，夏暑且至，汝等其谓可居否乎？"部将札剌亦儿部人脱欢建议："南土瘴疠，上（蒙哥）宜北还。所获人民，委吏治之便。"② 但蒙哥一意孤行，并未听取。"戊午秋，扈宪宗西征。明年夏，驻合州之钓鱼山，秋，疫作，方议回銮。"③ 此时军中已经感染疫疾，"且诸军疾疫已十四五，又延引日月，冬春之交，疫必大作，恐欲迁不能"。④ 瘴疠流行严重削弱了蒙古军战斗力，迫使蒙哥班师回銮。

忽必烈攻宋是第三个阶段。谋臣商挺分析了蒙古攻蜀的局限性，"蜀道险远，瘴疠时作，难必有功，万乘岂宜轻动"，⑤ 且导致了"宪宗在蜀，师久无功"⑥ 的结果。中统元年（1260）郭侃提出攻襄平宋之策，"宋据东南，以吴越为家，其要地，则荆襄而已。今日之计，当先取襄阳。既克襄阳，彼扬、庐诸城，弹丸地耳，置之勿顾，而直驱临安，疾雷不及掩耳。江淮、巴蜀，不攻自平"。⑦ 至元四年（1267），刘整对忽必烈言："攻蜀不若攻襄，无襄则无淮，无淮则江南可唾手下也。"⑧ 忽必烈接受骁

---

① 屠寄：《蒙兀儿史记》卷6《蒙格可汗本纪》，世界书局，1962，第13页。
② 〔瑞典〕多桑著，冯承钧译《多桑蒙古史》，内蒙古人民出版社，2014，第325页。
③ 苏天爵辑撰《元朝名臣事略》，中华书局，1996，第119页。
④ 郝经：《郝文忠公陵川文集》卷32《班师议》，山西人民出版社，2006，第442页。
⑤ 苏天爵辑撰《元朝名臣事略》，中华书局，1996，第219页。
⑥ 《魏源全集》第9册《元史新编》卷31《郝经传》，岳麓书社，2004，第801页。
⑦ 宋濂：《元史》卷149《郭侃传》，中华书局，1976，第3525页。
⑧ 周密：《癸辛杂识》别集下《襄阳始末》，上海古籍出版社，2012，第173页。

将郭侃、刘整的建议，改变攻宋战略。至元五年（1268），忽必烈召集天下兵会战于襄阳，十年，攻下襄阳，取得对宋战争的重要胜利。蒙古此举，绕开了川蜀及两淮防区复杂的地理环境和军事防御，将三大防区拦腰截断，川蜀和两淮防区孤立无援，被一一击破。

二　两淮军事防御体系的构建

南宋“无百二山河，唯曰长江为户庭，两淮为藩篱”，南宋定都临安，借助长江天险，形成对都城的两道防御线。南宋人吴泳言：“北人之长技，以鞍马素闲而便于驰突，吾之马弗如也。风俗劲悍，而勇于格斗，吾之卒弗及也。”① 在与金朝铁骑的对决中，宋朝军队不占优势，“步兵利险阻，骑兵利平旷”。②“夫地形者，兵之助也”，③ 骑兵和步兵分别适应不同的地理地形。“西北以关塞为险，东南以江湖为险。”④ 借助江河湖泊之力南宋定都临安，防御金人骑兵，“骑兵，虏之长技，而不习水战。金陵天险，前据大江，可以固守东南，久安财力，富盛足以待敌”。⑤“夫彼之所长者骑，而我以步兵抗之，故不宜于平原旷野，惟扼险用奇，乃可掩击。”⑥ 东南天然的湖泊是遏制金人骑兵的重要地理屏障。

南宋与金划定边界后，双方以淮河、大散关一线为界，南宋依凭长江天险防御金军。长江以北为平原地区，如此一来，长江天险的地位愈显重要。“据长江之险，择要害之地，置战舰水军，使形势相接，金鼓之声相闻，敌人虽有百万之师，岂敢轻犯哉！何则？彼为济渡之谋，而我有攻击之具，主客之势既不相侔，北人所习，又非其利，真东南形胜保国之要术也。”⑦“吾之所长，以水为固，必在于舟楫，兵乘战舰，利则登岸，否则

① 吴泳：《鹤林集》卷33《江淮兵策问》，《景印文渊阁四库全书》第1176册，台湾商务印书馆，1986，第325页。
② 脱脱等：《宋史》卷365《岳飞传》，中华书局，1985，第11382页。
③ 孙武著，骈宇骞等点校《孙子兵法》第10篇《地形》，收入《武经七书》，中华书局，2007，第57页。
④ 吕祉：《东南防守利便》卷中《江淮表里论》，丛书集成初编本，商务印书馆，1937，第32页。
⑤ 李心传：《建炎以来系年要录》卷7，建炎元年七月癸丑条，中华书局，2013，第214页。
⑥ 李心传：《建炎以来系年要录》卷19，建炎三年正月戊戌条，中华书局，2013，第446页。
⑦ 《李纲全集》卷130《与宰相论捍贼札子》，岳麓书社，2004，第984～985页。

据水，无令敌人有船，则是万全之计。”① 对此，蒙古人也有深刻认识，“宋之所恃者江，无江则国亦无矣”。② 为固守长江防线，南宋设置大量水军。“今之所守，沿江屯重兵，沿淮列城屯，皆得控要害而据之。明之定海，平江之许浦，皆驻舟师，通之料角，平江之与江阴，皆有屯戍，是今守海道之说也。国家江海要害，制置水军，皆习水战。战又多造舟舰，精致坚稳。夫防淮及江，不足为今日道。自淮及泗，则汴水湮塞已久，独不可自通泰入海，捣登莱高密以摇山东？往者敌兵失利，海上之捷与有力焉。”③ 在两淮防区，南宋创建的著名水军有许浦水军、澉浦水军和定海水军，作为京师防御的重要力量。“创许浦水军于平江，创澉浦水军于嘉兴，创定海水军于庆元，无非为京师左右前后门户之防。”④ 定海水军，防区范围“西接许浦，南接福建，北接高丽，东接日本，广袤且逾万里”，屯驻明州（今浙江宁波）。“（明州）为东南大邦，海匝三垂，北通海岱，东控高丽、日本诸国，高皇南巡，驻跸临安，尤为控扼要地。”⑤ “州濒于海，鳄波吐吞，渺无津涯。商舶之往来于日本、高丽，虏舟之出没于山东、淮北，撑表拓里，此为重镇。”⑥ 宋朝在长江沿线创建水军加强长江防线防御，进而拱卫京师安全。

淮河也是两淮防区的重要防御线之一。“无淮则江单，无江则淮寒，唇齿相资。”淮河处于外围，长江处于内缘，二者互为表里，形成国都临安的两道天然屏障。“有淮则有江”，“失淮则失江”，⑦ “淮水浅而易涉”，“淮狭而难守，江阔而易守”，⑧ “防淮难，防江易”，⑨ “最难守者，固莫

① 黄淮、杨士奇编纂《历代名臣奏议》卷336《（李椿奏议）御边》，上海古籍出版社，2012，第4364页。

② 何秋涛校正《校正元亲征录·平宋录（序）》，商务印书馆，1939，第2页。

③ 章如愚：《群书考索》后集卷50《兵制门·舟战》，书目文献出版社，1992，第782页。

④ 吴潜：《许国公奏议》卷4《条奏海道备御六事》，中华书局，1985，第94页。

⑤ 楼钥：《攻媿集》卷58《沿海制置司参议厅壁记》，四部丛刊初编本，高等教育出版社影印本，2016，第45页。

⑥ 浙江省地方志编纂委员会编著《宋元浙江方志集成》第8册，《（开庆）四明续志》卷第6《三郡隘船》，杭州出版社，2009，第3689页。

⑦ 脱脱等：《宋史》卷417《赵范传》，中华书局，1985，第12507页。

⑧ 叶梦得：《奏应诏大询状建炎三年一月》，《全宋文》（147册）卷3173，安徽教育出版社，2006，第174页。

⑨ 李心传：《建炎以来系年要录》卷19，建炎三年正月戊戌条，中华书局，2013，第446页。

如淮；最急守者，亦莫如淮”。[①] 比之长江，淮河更难防守，长江的防御愈显重要。但长江的天险地位，又不能单独而立，需以两淮防区为重要屏障。“两淮固则长江可守”,[②] “淮者，江之蔽也，弃淮不守，是谓唇亡齿寒也”。[③] “自古中兴以来，驻跸临安，阻江为险。然江之为险，须藉两淮。自古南北分离之际，盖未有无淮而能保江者。”[④] “两淮藩篱也，大江门户也，三辅堂奥也。藩篱不固则门户且危，门户既危则堂奥岂能久安乎?”[⑤] 两淮和长江被比作藩篱和门户，一起拱卫着临安的安全。

南宋两淮地区分东、西两路，总领十二州、四军。“两淮膏腴千里，表护江、浙而不可失者也。”[⑥] 淮东和淮西两路地理形势稍微不同。“盖两淮乃吾国之藩篱，依山为险，则淮之西也；恃水为险，则淮之东也；淮甸坦夷，如盱眙、安丰、钟离、淮阴、天长、六合等处，我之拒敌直一衣带水之限尔。使藩篱不固，盗贼闯吾之门户，则堂奥且露立矣。徒以孤江与敌对垒，岂不岌岌乎?”[⑦] 缘于两淮和长江对于临安的重要性，南宋注重两淮防区建设，实施屯重兵守淮保江的策略。“莫若命大将以守淮，屯重兵以保江。”[⑧] 对于两淮防区的军事防御，绍兴五年（1135）李纲上奏言:“夫淮甸、荆襄者，东南之屏蔽也，六朝之所以能保有江左者，以强兵巨镇尽在淮南、荆襄间……今朝廷欲为守备，则当于淮南东、西及荆襄置三大帅，屯重兵以临之。东路以扬州，西路以庐州，荆襄以襄阳为帅府……如淮东则以江东路财用给之，淮西则以江西路财用给之，荆襄则以湖南北路财用给之。徐议营田，使自赡养；遇有贼马，则大帅遣兵应援；稍能自守，商旅必通，乃可召人归业，渐次葺理，假以岁月，

① 林駉:《古今源流至论》续集卷1《形势·淮甸陇蜀荆襄》,《景印文渊阁四库全书》第942册，台湾商务印书馆，1986，第342页。

② 脱脱等:《宋史》卷389《袁枢传》，中华书局，1985，第11935页。

③ 脱脱等:《宋史》卷368《王德传》，中华书局，1985，第11450页。

④ 辛弃疾著，徐汉明校勘《辛弃疾全集》之《论阻江为险须藉两淮疏》，崇文书局，2013，第283页。

⑤ 脱脱等:《宋史》卷408《王霆传》，中华书局，1985，第12315页。

⑥ 李心传:《建炎以来系年要录》卷78，绍兴四年七月丁丑条，中华书局，2013，第1483页。

⑦ 林駉:《古今源流至论》续集卷1《形势·淮甸陇蜀荆襄》,《景印文渊阁四库全书》第942册，台湾商务印书馆，1986，第342页。

⑧ 吕祉:《东南防守利便》卷中《江淮表里论》，丛书集成初编本，商务印书馆，1937，第47页。

则藩篱成矣。前有藩篱之固，后有长江之险，加以战舰水军，使沿江一带帅府、要郡，上连下接，自为防守，则贼马虽多，岂敢轻犯？近年以来，大将握重兵于江南，官吏守空城于江北，虽有天险，初无战舰水军之制，故敌人得以侵扰窥伺。”① 李纲建议在淮东、淮西和荆襄防区设置三大帅，东路驻扎扬州，西路驻扎庐州，配合水军，共同保障长江天险，加强对东南的防守。三大帅的设置后期有所变化，但基本是按照步兵驻扎重要城市据点、配合水军的防御体系来构建的。地缘战略要地驻扎重兵屯守的做法，早在建炎元年李纲上书中已有陈述：“淮西路寿春为帅府，庐、舒、蕲为要郡，光、黄、濠、和为次要郡；淮东路扬州为帅府，宿、亳、楚、泗为要郡，真、海、通、泰为次要郡。”② “城楚、城扬于东，城庐、城和于西，金汤屹然，所以为守者，具矣。”③ 南宋也是照此来设防的，这些屯驻重兵的重要据点，在守卫京师安全中发挥着重要作用，“控扼边防，为国屏翰”。④

---

① 《李纲全集》卷78《奏诏条具边防利害奏状》，岳麓书社，2004，第794页。

② 徐松辑，刘琳等校点《宋会要辑稿·方域5》，上海古籍出版社，2014，第9356页。

③ 辛弃疾著，徐汉明校勘《辛弃疾全集》之《论阻江为险须藉两淮疏》，崇文书局，2013，第283页。

④ 王之道：《论庐帅久任状》，载《全宋文》（第185册），安徽教育出版社，2006，第60页。

第六章
南宋处理与诸政权关系的经验和教训

第一节　南宋处理与诸政权关系的经验

一　御北安南战略思想符合地缘形势的需要

宋朝对地缘局势的看法，既有来自历史经验的总结，也有对自身所处现状的判断。南宋做法多承袭北宋，但又有新的变化。纵观中国历史，地缘压力往往来自北方地区，且地缘压力大，政治关系紧张；而南方地区地缘压力较小，地缘关系相对缓和。史书中对边患的记载也多来自北方，如《三国志》记载："秦、汉以来，匈奴久为边害。孝武虽外事四夷，东平两越、朝鲜，西讨贰师、大宛，开邛笮、夜郎之道，然皆在荒服之外，不能为中国轻重。而匈奴最逼于诸夏，胡骑南侵则三边受敌。"①《隋书》言："四夷之为中国患也久矣，北狄尤甚焉。"②到了唐朝时期则说："详观古今，为中国患害，无过突厥。"③这些北部边患，对中原王朝生存构成严重威胁。如何防止北方民族南下，解除北部危机，成为历朝统治者政治生活的重心之一。有鉴于此，历代中原王朝基本上形成了对北方民族防御和对南方民族安抚的策略。根据中原王朝政治势力的强弱，对北方民族防御的形式又有所不同。当中原王朝强大时，往往主动出击，解除北部边

① 陈寿：《三国志》卷30《乌丸鲜卑东夷传》，中华书局，1979，第831页。
② 魏征：《隋书》卷84《北狄传》，中华书局，1973，第1883页。
③ 吴兢撰，谢保成集校《贞观政要》卷9《议征伐》，中华书局，2003，第486页。

患，或者以军事实力为后盾实现对北方民族的有效羁縻；而当中原王朝式微时，只能实行消极防御。

宋朝立国，地缘环境不容乐观。北方民族契丹、金、蒙古以强大军事实力及骑兵称雄，在与它们的对抗中，宋朝并不占优势。历代王朝赖以防御北方民族南下的地缘战略要地的丧失，使宋朝处境更加被动。宋朝立国后燕云丧失，长城防御体系被打破，河西走廊控制权丧失，使宋朝“无险可守”，皆成为宋朝在对外战争中失利的重要原因。为此，宋朝以重兵驻守的方式来弥补地缘战略上的缺失，如在河朔“岁屯重兵”。①宋太祖颁布系列诏书，又“暂幸边陲，亲抚士卒”,② 加强北部边防的意图甚为明显。

1127 年，南宋立国东南，疆域缩小，仅限于秦岭淮河以南，岷山、邛崃山以东地区。立国于东南的南宋，地缘战略优势全无，仅靠长江和两淮防御线屏卫临安安全，“无百二山河，唯曰长江为户庭，两淮为藩篱”，“无淮则江单，无江则淮寒，唇齿相资”。骑兵所需的马匹产地——东北和甘凉河套一带，被北方民族占领。时值“金国方强盛，天下莫不畏服”。③女真南侵，战火烧遍整个黄河中下游地区，“东及沂、密，西至曹、濮、兖、郓，南至陈、蔡、汝、颍，北至河朔，皆被其害，杀人如刈麻，臭闻数百里，淮泗之间亦荡然矣”，金军“自立刘豫之后，南犯淮，西犯蜀，生还者少，而得不偿费”。④ 这些皆给宋朝造成了严峻的地缘危机。

军事战略要地的丧失及南宋自身军事上的软弱，导致在与金朝的军事对抗中，南宋始终处于劣势。南宋中后期，蒙古在北方草原崛起后，开始四处征讨。南宋面临北部边防危机，为应付北部边患，南宋耗费了大量人力、物力和财力。尽管如此，效果却不尽如人意。翻阅史书不难发现，如何解除北部边患、应对北部边防危机的奏章和言论，数宋朝最多。此外，

---

① 司义祖整理《宋大诏令集》卷 187《谕河北诸州诏》，中华书局，1962，第 1098 册，第 757 页。

② 徐松辑，刘琳等校点《宋会要辑稿·兵 7》，上海古籍出版社，2014，第 8738 页。

③ 徐梦莘:《三朝北盟会编》卷 15，宣和五年四月十四日条，上海古籍出版社，1989，第 109 页。

④ 李心传:《建炎以来系年要录》卷 43，绍兴元年三月丙寅条，中华书局，2013，第 924 页。

立国于北方的金、蒙古皆制定了灭宋、统一全国的战略方针，金宋、蒙宋战争比辽宋战争更加残酷，给南宋造成了前所未有的地缘压力。为解除危机，宋朝君臣积极谋划和应对，由此形成了有关地缘战略的思想，值得总结和挖掘。

与北方严峻的地缘危机相比，南方的地缘政治形势相对缓和。基于此，南宋重视对北方的经营，而对南部边疆相对疏忽。宋朝对西南边疆的治理，多来自对唐朝后期经验教训的总结，事实上，宋朝立国后，地缘形势发生了变化，宋人的做法显得有些不合时宜。如宋朝面对唐时南诏多次入侵四川的事实，总结出“唐亡于黄巢，而祸基于桂林”的教训，从而对大理国采取消极策略。

在宋初的兼并战争中，宋朝放弃对云南的统一，承认交趾独立。在处理西南地缘政治关系中，北宋开国者赵匡胤主观认为，以大渡河设险防御大理国入侵，最为妥当。南宋还针对当时地缘局势的变化，对西南地缘做出适时调整，把北宋与大理国及西南诸族买马场所从四川转移至广西，以广西作为防御大理国和交趾入侵的前沿阵地,加强对广西的控制和经营。有宋一朝，尽管大理国与宋朝并未发生战事，但南宋统治者对大理国仍是不信任的。交趾侵扰广西，规模小，属抄掠性质，且不对宋朝国家安全构成威胁。因此，宋朝对南部边疆政权主要采取安抚政策。

宋朝将更多的精力投入政治关系紧张、地缘压力严峻的北方地区，对北方地区重在防御、南方地区旨在安抚，即“御北安南”。“北有大敌，不暇远略”是宋朝“御北安南”战略思想形成的基础，对宋朝对外关系产生重要影响。

“御北安南”地缘战略思想，一方面，避免了南宋陷入西南纠纷而精力分散，从而能够投入较多的人力、物力应付北方严峻地缘危机；另一方面，宋朝对西南边疆的经营忽略，导致边疆不稳定，依智高起事促使宋朝统治者意识到朝廷之忧，不专在于西北也，“国朝以契丹、元昊为忧，不知侬贼猖獗”。[①] 鉴于此，南宋加强了对广西的经营，进一步提高了广西的军事防御能力。

---

① 徐松辑，刘琳等校点《宋会要辑稿·蕃夷5》，上海古籍出版社，2014，第9904页。

二　联弱事强、远交近攻战略

（一）联弱事强、远交近攻战略的出台

就地缘政治而言，联弱事强、远交近攻地缘战略符合地缘政治学的内在要求。中国历史上联弱事强、远交近攻的事例多不胜数。南宋建立后，根据所处地缘形势需要，也曾尝试。

北宋末期，宋金联合灭辽后，金朝取代辽在北方迅速崛起，1127 年金军挥师南下一举灭北宋，同年，南宋建立，行在临安。金朝占领辽朝领土，实力大增，先后征服西夏、高丽，建立起以自身为主导的东亚朝贡体系。面对“金朝方强盛，天下莫不畏服”的局面，南宋面临前所未有的地缘危机。天会五年（1127），金军兵分三路伐宋：宗辅与宗弼统东路军向淄州、青州地区进兵，在淄州攻克宋李成军，六年（1128）正月，宗弼攻下青州，阇母攻下潍州，后还师；西路军统帅宗翰率兵向洛阳。与此同时，银术可部攻下邓州，萨谋鲁部攻下襄阳，连下均州、房州。二月，取当、蔡、陈，攻下颍昌府，又攻下郑州，同时娄室军又挺进陕西，攻下同、华、京兆、凤翔。七月，金军将领就兵伐南宋路线产生分歧：河北诸将主张停止西北用兵，并力南伐，河东诸将则认为，“陕西与西夏为邻，事体重大，兵不可罢”,① 又提出：“河北不足虞，宜先事陕西，略定五路，既弱西夏，然后取宋。”② 而东路军主帅宗辅则主张，先定河北，然后南进攻宋。金太宗两用其策，“康王当穷其所往追之。……陕右之地，亦未可置而不取”,③ 于是命令娄室攻取陕西，宗翰与宗辅合力南下伐宋。在陕西一线，娄室军队节节取胜，攻取下邽、蒲城、同州，取丹州，攻下延安府；七年（1129），宋安抚使折可求降金，娄室攻打晋宁军，并俘获其守将，四月，接连攻占鄜州、坊州，分别驻守延安、绥德和蒲州。在河北一线，天会六年十月，宗翰、宗辅军队会师于河南濮阳，进军山东，夺取濮州（今山东鄄城北）。宗翰军队还攻占了滑州、开德府、大名府、东

---

① 戴锡章编撰，罗矛昆点校《西夏纪》卷 23，宋靖康二年三月条，宁夏人民出版社，1988，第 545 页。

② 脱脱等：《金史》卷 74《宗翰传》，中华书局，1975，第 1698 页。

③ 脱脱等：《金史》卷 74《宗翰传》，中华书局，1975，第 1699 页。

平府、徐州，降宋朝济南知府刘豫。五月，宗翰派将领领兵奔袭扬州。宋高宗渡江南逃，派使者向金求和。金朝灭宋势在必行，拒绝宋朝求和，并派挞懒、宗弼、拔离速、马五等兵分五路南侵。十一月，宗弼在和州大败宋军，从和州渡江至建康，宋高宗逃亡杭州、越州。十二月，宗弼军经湖州攻下杭州，并驻守在杭州，阿里、蒲卢浑领精兵四千追击宋高宗。宋高宗自越州逃亡明州。阿里、蒲卢浑军接着渡曹娥江，离明州仅二十五里，大败宋军，宋高宗仓皇入海，逃奔温州。江浙一带水道密布，不利于金军骑兵发挥，金军遭遇挫折。阿里、蒲卢浑军“行海追三百余里”,① 后遇大风暴，被宋枢密院提领海船张公裕所率领的大战船打败，遂称“搜山检海”已毕，宗弼率军北返。

第一次伐宋受挫后，金军改变战略，策谋再次南伐。天会八年（1130）七月，娄室经略陕西，所下城邑“叛服不常”，元帅府召集诸将商议，一致主张讨宋，“兵威非不足，绥怀之道有所未尽。诚得位望隆重、恩威兼济者以往，可指日而定”。② 宗翰提出具体攻宋方针：“前讨宋，故分西师合于东军，而陕西五路兵力雄劲，当并力攻取。”③ 即将东路军合于西路军，并力入陕西，再由陕入川，由川而下灭亡南宋的战略方针。天会九年（1131），宗弼自陕西进攻四川，侵入和尚原。和尚原战略地位重要，西南紧靠秦蜀往来要道大散关（在陕西宝鸡西南），是渭水流域越秦岭进入汉中地区的重要关口之一，属川陕的首要门户。宋朝看重和尚原的地缘战略地位，“和尚原最为要冲，自原以南，则入川路，散失此原，是无蜀也”。④ 金军此次伐宋，认识到了四川的重要战略地位，摒弃兵力分散多路伐宋的策略，改为集中主力攻四川为伐宋突破口的新战略。金军伐宋再次受挫，但给南宋造成严重军事危机。为解除危机，南宋除对内加强军备防御外，统治者还出台了联合西夏、高丽夹攻金朝的地缘战略。

---

① 脱脱等：《金史》卷 77《宗弼传》，中华书局，1975，第 1753 页。

② 脱脱等：《金史》卷 3《太宗纪》，中华书局，1975，第 62 页。

③ 脱脱等：《金史》卷 19《睿宗纪》，中华书局，1975，第 409 页。

④ 李心传：《建炎以来系年要录》卷 134，绍兴十年三月丙戌条，中华书局，2013，第 2157 页。

1. 联夏攻金战略

女真频繁南侵，给南宋生存造成巨大威胁。为解除危机，宗泽在《奏乞回銮仍以六月进兵渡河疏》中建议高宗“遣知几辩博之士，西使夏，东使高丽，喻以祸福。两国素蒙我宋厚恩，必出助兵，同加扫荡”,[①]即联弱事强、远交近攻的地缘战略。后南宋实行“通夏国之好，继青唐之后，使相犄角以缓敌势”[②] 的策略。建炎二年（1128）派遣主客员外郎谢亮出使西夏，史书对出行经过进行了详细记载：

> 夏人谍知关陕无备，遂以宥州监军司檄至延安府，自言：“大金以鄜延割隶本国，须当理索，若敢违拒，当发兵诛讨。”鄜延路经略使王庶口占檄词，报曰：“咨尔贪利之臣，何国蔑有，岂意夏国躬蹈覆辙！比闻金人欲自泾原径捣兴、灵，方切为之寒心，不图尚欲乘人之急。幕府虽士卒单寡，然类皆节制之师，左支右梧，尚堪一战，果能办此，何用多言。”径檄兴中府，夏人遂不敢复言。
>
> 夏六月，以王庶权陕西制置使，会主客员外郎、陕西抚谕使谢亮西入关，庶移书言：“夏国为患至小而缓，金人为患至大而迫，阁下能仗节督诸路协同义举，亦可徐图恢复。夏人秋稼未登，饥饿疲困，何暇兴兵？庶可保其无它。”亮不听，遂自环庆入西夏。夏国主乾顺已称制，倨见之。亮留夏国几匝月，乃与约和罢兵，更为钧敌礼，乾顺许之。亮归，夏人随之以兵，掩取定边军。明年，亮乃还行在。[③]

宋朝此次遣谢亮约夏攻金，并未取得成效。西夏不仅态度傲慢，而且还偷袭了宋朝边境定边军。此后，宋、夏关系冷淡，南宋不再发诏书予西夏。但由于宋朝北部威胁并未解除，南宋和西夏的联系并未完全中断。建炎三年（1129），张浚主持川陕军事，谋北伐，欲通夏国为援，“奏乞降

---

① 《李赞文集》卷 52《宗泽传》，中华书局，1974，第 2921 页。

② 毕沅：《续资治通鉴》卷 98，建炎元年六月丙午条，中华书局，1957，第 2584 页。

③ 张鉴撰，龚世俊等点校《西夏纪事本末》卷 33《世辅南还》，甘肃文化出版社，1998，第 216 页。

夏国书二封，一如常式，一用敌国礼”，① 使用不同的国书形式，说明此时宋朝对西夏态度已有较大转变。后“复以主宾客司员外郎谢亮假太常卿、权宣抚处置司参议官，再使夏国”，但此时“乾顺已称制”，宋使“迄不得要领而还”。② 宋朝联合西夏，无果。之后，宋、夏间官方联系减少，而民间联系则未中断。四川官吏吴玠曾上疏朝廷言“夏国数通书，有不忘本朝意”，③ 可为证。

绍兴九年（1139），乾顺死，其子仁孝继位。宋朝认为此乃宋夏关系恢复之机，次年三月，宋派使者入夏商议朝贡事宜。

> 初，夏国招抚使王枢自行在归，送伴官王晞韩护之至境上，夏国三司郎君者，为晞韩言：本国荷朝廷送还枢等，乞叙旧日恩信，两国通和约，三月望日修公牒，来保安军入贡。晞韩不疑其绐己，闻于朝，且待之境上。及期，枢托病不至，三司者为顺言：“吴玠七请和于我，我不之许，今诚结好，汝家国势非前日，约我兄弟可也。”顺怒，报曰：“王枢在都堂，摇尾乞怜请归求盟为臣妾，朝廷厚赐以遣我，岂须我盟耶！”三司曰：“枢苟生语耳，是事在国主，在宰相，岂预枢事？”晞韩言不已，三司出一纸书曰：王枢至，备陈秦仆射召至都堂，有欲与夏国讲和之言，息兵睦邻，虽属美事，然须遣使临边，计议赴朝献纳，藏之秘府，此为定式，与晞韩所申不同。顺以书还三司，不复出，录其语以示帅臣郭浩、世将备奏其事，后竟无耗。④

宋人使夏，表面上有些自以为是，实质上则是对西夏情况的不了解，自然未能得到西夏的积极回应，双方关系冷淡。金宋绍兴和议重新划定疆界后，宋、夏在地理上处于隔绝状态，联系一度中断。

---

① 李心传：《建炎以来系年要录》卷25，建炎三年七月癸未条，中华书局，2013，第588页。

② 吴广成撰，龚世俊等校证《西夏书事校证》卷34，宁夏人民出版社，1995，第394页。

③ 脱脱等：《宋史》卷486《夏国传》，中华书局，1985，第9641页。

④ 李心传：《建炎以来系年要录》卷134，绍兴十年三月癸卯条，中华书局，2013，第2511页。

金皇统九年（1149）完颜亮即位，金朝国力正盛，有一统天下之志，正如朝臣张仲轲所言，“本朝（金）疆土虽大，而天下有四主，南有宋，东有高丽，西有夏，若能一之，乃为大耳”。[①] 绍兴三十一年（1161）九月，金朝发兵60万，兵分四路，对宋朝发动了军事进攻。形势危急之下，宋朝檄告周边小国，以期联合抗金，其中包括西夏。“惟彼诸蕃之大国，久为钜宋之欢邻，玉帛交驰，尚忆百年信誓，封疆迥隔，顿疏两地之音邮，愿敦继好之规，共作侮亡之举。”[②] 西夏积极响应，并谴责金朝暴行。隆兴元年（1163），宋朝再次向西夏表达友好之意：“会今天子绍登宝位，慨然西顾，宣谕大臣曰：‘夏二百年与国也，岂其不念旧好而忘齐盟哉？’某等恭以国主英武聪哲，闻于天下，是敢辄布腹心于执事，顾留神图之。惠以报音，当告于上。议所以申固欢好者，同心协虑，义均一家，永为善邻，佳之万世，岂不美欤！”[③]

嘉定年间蒙古开始侵扰西夏，西夏无力抵御，于是向具有盟约关系的金朝求助，金朝以“敌人相攻，吾国之福”[④] 为由拒绝，金、夏交恶。在得不到金人帮助的情况下，西夏转而求助南宋，史载：“左枢密使、吐蕃路都招讨使万庆义勇者，令蕃僧减波把波赍蜡书二丸，至西和州之宕昌寨，欲与本朝合从掎角，恢复故疆，番兵总管傅翊得而上之”，[⑤] 但四川地方官董居谊并未向朝廷上报。嘉定十二年（1219），西夏再次致书四川，请求联合攻金。十三年，宋夏出师夹击金朝，但未成功。1227年，蒙古灭西夏，宋夏关系宣告结束。

2. 联丽攻金战略

为解除地缘危机，宋人还采取了联丽攻金战略。靖康元年（1126），宋朝遣使向高丽求援：“王国与之为邻，相望无数百里之远，而不能荡

① 脱脱等：《金史》卷129《张仲轲传》，中华书局，1976，第2782页。

② 李心传：《建炎以来系年要录》卷193，绍兴三十一年十月庚子条，中华书局，2013，第3748页。

③ 戴锡章编撰，罗矛昆点校《西夏纪》卷24，宋孝宗隆兴元年春正月条，宁夏人民出版社，1988，第587页。

④ 吴广成撰，龚世俊等校证《西夏书事校证》卷40，甘肃文化出版社，1995，第469页。

⑤ 李心传：《建炎以来朝野杂记》“乙集”卷19《西夏扣关》，中华书局，2000，第847页。

其巢穴，以报中国，岂累朝廷遇殊绝之意耶？彼金人者，固尝臣属于王……使其得志，何有于王哉？”[①]宋朝视高丽为属臣，文书中尽显指责之意。对宋朝的请求，高丽婉拒：“昨者被掠人自大金还来，言上朝使臣到蕃土礼数，一如降使北辽之例。又听边人之言，金人陷没契丹遂犯上朝地界。皇帝以登祚之初，未欲殄灭，因其请和而许之。以中国之大而如此，况小国孤立其将安恃乎？”“然以残弊之兵当（挡）新胜之虏，恐非勉强所能及也”，[②] 高丽未与宋联盟，且道出其不能合盟的原因及现实的无奈。

宋高宗即位后，再次尝试联合高丽，“遣胡蠡等为高丽国信使。朝廷盖忧其通金人，而金亦以是时遣王枢持册使高丽，则亦忧其为我用也”。[③] 建炎二年（1128），杨应诚上言请求借道高丽迎回宋徽宗、宋钦宗，但被高丽所拒，且建言：“二圣今在燕云，大朝虽尽纳土，未必可得，何不练兵与战？”[④] 反而劝宋朝加强军备，再图中兴。此时，金朝支持刘豫傀儡政权，“欲自为捍蔽，使之南窥”，[⑤] “以中国攻中国”。[⑥] 面对金军进攻，南宋军民奋起抵抗。绍兴六年（1136），张浚以宰相兼都督诸路军马身份视察荆襄两淮，积极部署军事，准备北伐，“令韩世忠据承、楚以图维阳，刘光世屯合淝以招北军，命张俊练兵建康，进屯盱眙（今江苏盱眙），命杨沂中领精兵为后翼佐俊，命岳飞屯襄阳以图中原。国威大振”。[⑦] 为保证北伐的顺利进行，南宋朝臣又提出假道高丽攻金的策略。面对宋朝请求，高丽皆予拒绝。

在宋、金、丽地缘格局中，高丽本身不占优势，采取依违于宋、金求取生存的策略。面对金朝强盛的局面，高丽还对南宋使臣陈述了攻金之弊：“惟三韩自汉唐以来世事中原，易其衣裳，习其礼仪，况我祖宗内附

---

① 《李纲全集》卷 33《与高丽王诏》，岳麓书社，2004，第 439 页。

② 李澍田主编，王崇实等选编《朝鲜文献中的中国东北史料》之《高丽史》，仁宗四年丙午条，吉林文史出版社，1986，第 109 页。

③ 马端临：《文献通考》卷 325，中华书局，1986，第 2561 页。

④ 脱脱等：《宋史》卷 487《高丽传》，中华书局，1985，第 14050 页。

⑤ 脱脱等：《宋史》卷 388《陈橐传》，中华书局，1985，第 11908。

⑥ 脱脱等：《宋史》卷 365《岳飞传》，中华书局，1985，第 11386 页。

⑦ 徐松辑，刘琳等校点《宋会要辑稿·职官 39》，上海古籍出版社，2014，第 3981 页。

二百年于兹，受累圣待遇之恩至深至厚，岂不欲一心以守藩臣之度哉？而与金国疆域相接，不得已请和。设闻遣使与夏人偕来议事，必为阴与为谋，因此猜怒，兵出有名，则小国成败，未可得知。若微我为之藩屏，则淮浙之滨与金为邻，固非上国之利也。又上国因兴师取道于我，则彼亦由此以行，然则沿海诸县必警备之不暇矣……伏望执事熟计之，无使小国结怨于金，上国亦无唇亡齿寒之忧。幸甚。"① 此后，宋朝开始理性对待，认为高丽的态度也是情有可原的。联丽不成，南宋转变对高丽的态度，变为猜忌和防范。随着金宋关系恶化，宋朝对高丽猜忌加剧，"安知非窥我虚实以报"，"高丽与金人接壤，昔稚圭之来，朝廷惧其为间"，② 甚至提出断绝来往。此后，宋丽联系减少，关系疏远。

（二）联弱事强、远交近攻战略的评价

宋、金军事力量对比悬殊，金朝臣服高丽和西夏等周边民族。相较而言，南宋军事实力式微，面对金军进攻，南宋仅凭己身之力，无法抵御。于是，朝臣提出："遣知几辩博之士，西使夏，东使高丽，喻以祸福。两国素蒙我宋厚恩，必出助兵，同加扫荡。"③ 从地缘政治的视角来看，联合西夏和高丽意义重大，既可以在地缘上对金形成包抄夹攻之势，又能削弱和瓦解金朝东亚联盟。

西夏地处金之西，南宋在金之南，宋、夏在地缘上对金形成了包抄夹攻之势，即所谓"通夏国之好，继青唐之后，使相犄角，以缓敌势"。④ 再往西还有西辽，"夏国之北，有大辽、天祚（子）梁王与林牙萧太师出榜，称金人不道，与南朝奸臣结约，毁我宗庙。今闻南朝天子逊位，嗣君明圣，如能合击金人，立我宗社，则当修好如初"。⑤ 联合西辽，也将在地缘上对金朝形成包抄之势。高丽地处朝鲜半岛，与南宋隔海相望，通过狭窄的马六甲海峡，连接日本，尤其是朝鲜半岛南端的济州岛，即"耽

① 李澍田主编，王崇实等选编《朝鲜文献中的中国东北史料》之《高丽史》，仁宗十四年九月乙亥条，吉林文史出版社，1986，第 117 页。

② 脱脱等：《宋史》卷 487《高丽传》，中华书局，1985，第 14052 页。

③ 《宗泽集》卷 1《奏乞回銮仍以六月进兵渡河疏》，浙江古籍出版社，1984，第 30 页。

④ 脱脱等：《宋史》卷 447《唐重传》，中华书局，1985，13186 页。

⑤ 宇文懋昭撰，崔文印校证《大金国志校证》卷 4《太宗文烈皇帝二》，中华书局，1986，第 61 页。

罗，海道往南宋、日本甚易”，“于宋得便风可三日而至，日本则朝发而夕至”。[①] 联合高丽同样具有战略意义，在东亚地区形成重要力量，结成反金联盟。

在当时的政治格局中，南宋、西夏、高丽包括西辽，在与金的军事较量中，皆不占优势，且都不同程度受到金朝“欺压”，具有结盟的基础。南宋无论联合西夏、高丽还是西辽，都将在地缘上对金形成夹攻之势，进而减轻宋朝地缘压力。因此，南宋联合西夏、高丽攻金，其战略本身是可行的，且与南宋所处地缘局势相符，无疑是一种正确的地缘外交。但就结果而言，却未收到实效，原因值得反思。

首先，在宋、金对峙的格局中，南宋并不占优势，金朝成为主导者，西夏、高丽因实力弱小，多依违于宋、金间求取生存，正确处理宋、金关系，于西夏、高丽的生存至关重要。在金强宋弱的政治格局中，西夏、高丽获得金朝庇护，对南宋的请求尽显小心谨慎，最终联盟未果。这也印证了弱国无外交的道理。其次，南宋苟且偷安的地缘战略思想，也是联夏攻金、联丽攻金战略失败的主要原因之一。南宋定都临安，无复对外开拓之志。面对金军进攻，宋朝不得已抵抗，但同时不忘屈辱求和。宋、金和平相处较长时间，是双方均势所致，但在宋人看来却是屈辱求和之果，宋人苟安之心理，西夏和高丽又何尝不知呢？与南宋结成联盟，无异于置自身安危不顾。最后，南宋的联合行动颇为短视，并非长远打算。宋、夏间的联合行动，是在宋、金关系紧张时展开的，其目的是借助对方之力来牵制敌人缓解地缘压力；而当宋、金关系缓和时，宋、夏关系疏远。同样，西夏主动联宋攻金也是在夏、金关系紧张时，其目的是借助宋朝之力牵制金军，来缓解自身地缘压力。无论是南宋主动联合西夏，还是西夏主动联合南宋的军事行动，最终皆无果。可以说，宋、夏间既缺乏联合的基础，又缺乏信任。宋、夏主动联合对方，都是基于自身利益考虑的，只顾自身安危，其做法自然得不到对方的认可。宋、夏双方也没有信任的基础，在战争中各怀鬼胎、自私自利，即使联合作战，最终也未能取得成效。

---

① 宋濂：《元史》卷208《高丽传》，中华书局，1976，第4614页。

此外，宋、夏双方对地缘局势缺乏长远考虑，只顾眼前利益，对金朝兴起后的地缘局势及金朝的野心，皆缺乏清醒认识。基于以上原因，南宋的联夏、联丽政策，注定是失败的。

总之，南宋采取联弱事强、远交近攻的地缘战略，无论是联合西夏、高丽还是西辽都将在战略上对金朝形成战略包围之势，就战略本身而言，无疑是正确的。但南宋与西夏、高丽要么未能结盟，要么结盟无果，其原因是多方面的。就南宋自身而言，统治者苟且偷安的行为，使盟友对南宋失去信心或轻视之，成为联盟失败的根本原因。在金强宋弱的地缘局势中，西夏、高丽一贯在大国夹缝中求取生存，像墙头草一样摇摆于宋、金间，但更多是依附于金朝。南宋和西夏及高丽间没有信任的基础，因而不能建立持久而牢靠的盟友关系。当然，宋、夏各自心怀鬼胎的自私自利的短视行为，以及借助他人来保全自身的企图，不仅显得不合时宜，而且是可笑的，应予以批判。

第二节　南宋处理与诸政权关系的教训

在宋、金对峙的地缘格局中，形成了以南宋汉族政权为中心的秩序和以金朝少数民族政权为中心的秩序。两大体系，各有优势：就军事力量而言，以金朝少数民族政权为中心的体系更占优势；就经济力量而言，以南宋汉族政权为中心的体系占据有利农业区域，经济上更胜一筹。双方由此形成了长期对峙的局面。就南宋地缘战略来说，瓦解金人联盟，削弱金朝军事实力，缓解地缘压力，于南宋自身安危至关重要。尤其是西夏和高丽占据重要战略地位，无论与金还是南宋联盟都将给对方造成威胁。南宋由于军事力量的软弱和统治阶级的腐朽，未能争取到西夏和高丽的支持，国家安全深陷危机中。尤其是在宋金对峙前期，由于金朝力量强大，以及西夏与南宋地缘上的隔绝，双方关系一度中断。如何解除危机，始终是宋朝统治者不得不考虑的问题。

受到先前北宋大汉族主义的影响，南宋统治者本身对少数民族心存芥蒂；加之北宋末期南宋初，金军南下侵宋，俘获宋徽宗、钦宗及宗族之事等，对于大汉族主义的南宋统治者来说，更是奇耻大辱。宋朝对金之仇恨，不言而喻。宋朝想寻机报复金人，却不得不因军事实力不足而作罢。蒙古在东北地区兴起后，开始了统一北方的战争，金朝也在蒙古攻击之列。对于蒙古攻金，宋朝自然是欣喜的，而当蒙古提出联合攻金时，宋朝颇显小心谨慎，但最终还是与蒙古联合灭金。南宋联蒙灭金，是将自身实力赤裸裸地暴露在蒙古铁骑之下，金朝灭亡后，南宋离灭亡也就不远了。

一　联蒙攻金的错误战略

南宋中后期，蒙古在北方兴起，地缘局势发生变化。在宋、蒙、金关系中，金成为蒙古征讨的对象，金朝顽强抵抗，蒙古灭金战争一时没有结果。而南宋与蒙古在地缘上形成了对金朝的南、北合围之势，为加速灭金进程，南宋成为蒙古争取的对象。于南宋而言，当听到蒙古在北方崛起并攻金的消息时，宋朝人是“喜出望外”的，认为这是血洗仇耻、收复失地的大好时机，宋、蒙双方具有结盟的基础。

蒙古兴起后不断蚕食金朝北方领土，金朝领土日蹙，国内危机不断。自1217年起，金宣宗为转嫁危机，开始攻宋，宋、金战事再起，南宋地缘危机加剧。此时，有人献策北通鞑靼，此后蒙古攻金的消息不断传来，为了解战事，南宋两次派遣苟梦玉出使西域，因道路受阻，终未果。绍定六年（1233）八月，蒙古派遣王楫出使南宋，“约共攻蔡，且求兵粮，请师期”。[①] 面对蒙古的联盟请求，宋朝态度谨慎，未答应。随着金朝攻宋战争加剧，宋朝态度迅速发生转变，积极回应蒙古之请，以京湖制置使史嵩之之名派遣邹伸之出使蒙古报聘，邹伸之对蒙古统治者言：“本朝与贵国素无仇隙，前此宁宗常遣使臣苟梦玉通和，自后，山东为李全所据，河南又被残金阻隔。贵国今上顺天心，下顺人心，遣王宣抚（王楫）来通前好，所以伸之等前来。”[②] 表示愿意与蒙古联合，共同灭金。同年十月，南宋派遣江陵府副都统制孟珙、襄阳府守将江海等率领2万军队，备30

① 刘克庄：《后村先生大全集》卷143《孟少保（珙）神道碑》，四部丛刊初编本，高等教育出版社影印本，2016，第238页。

② 宇文懋昭撰，崔文印校证《大金国志校证》卷26《义宗皇帝》，中华书局，1986，第367页。

多万石粮食，应蒙古之约合围金朝蔡州城。孟珙率军自襄阳北上，很快攻取唐、邓二州，十一月进至蔡州城下。十二月，宋蒙联军开始对蔡州城发动进攻。金哀宗分军守城，誓死抵抗。此时金军守城异常艰难，加之城中缺粮，情况危急。“城中绝粮已三月，鞍靴败鼓皆糜煮，且听以老弱互食，诸军日以人畜骨和芹泥食之，又往往斩败军全队，拘其肉以食。”①而蒙古军由于得到了宋朝粮食接济，军势大振，金军很快呈现颓败之势。金天兴三年（1234）正月，宋蒙军队分别自南门、西门攻入蔡州城，金哀宗见大势已去，急忙传位于完颜承麟。此时宋蒙联军攻进城，金哀宗已无法逃身，自缢，金朝宣告灭亡。

宋、蒙联合灭金后，双方对金朝领土进行了瓜分，南宋疆土大大向北推移，表面获取好处不少。但是金亡后，形成了蒙、宋疆埸相望的态势，蒙古不久开始攻宋，从这一角度来说，南宋助蒙灭金，无异于加速了自身的灭亡。从地缘视角而言，南宋联蒙攻金打破了均势状态，南宋加入战争后，金人迅速败落。且在宋、蒙、金地缘格局中，蒙古正值上升之时，金处衰落之时，宋朝联强攻弱行为，违背了地缘战略规律，最终也导致了自身的覆灭。其实，早在北宋末年宋人联金攻辽时，高丽便发出警告：“闻天子将与女真图契丹，苟存契丹，犹足为中国捍边。女真虎狼，不可交也。宜早为之备。”② 高丽对地缘形势的认识可谓清醒，却未引起宋朝统治者重视。

二　联蒙攻金错误战略之原因

面对蒙古在北方崛起后的新的地缘形势，南宋略显无措，“事会之来，应之实难，毫厘少差，祸败立至，设或外夷得志，邀我以夹攻，豪杰四起，奉我以为主，从之则有宣和结约之当戒，张觉内附之可惩，如将保固江淮，闭境自守，彼方云扰，我欲堵安，以此为谋，尤非易事”。③ 如何处理与金、蒙关系，在宋朝内部形成了激烈争议。但后来南

① 脱脱等：《宋史》卷412《孟珙传》，中华书局，1985，第12373页。

② 陈邦瞻纂辑《宋史纪事本末》卷53《复燕云》，中华书局，2015，第540页。

③ 真德秀：《西山先生真文忠公文集》卷2《辛未十二月上殿奏札二》，商务印书馆，1937，第32页。

宋选择联蒙攻金，其原因值得探讨。

（一）恢复故疆的战略目标与血洗仇耻心理的推动

“宋代（北宋）的开国涉及双重的政治目标，首先是和平，另外是统一”，[①] 和平便是实现唐末五代战略的反正，维持对外的良好关系，实现保境安民；统一便是解决与辽朝的领土纠纷，收复燕云十六州。这两个目标相互交织，影响着北宋的对外关系及其战略。南宋立国东南，淮河以北大部分土地被金所占，“宋朝陵寝所在”——河南地的丧失，不仅使宋半壁江山为金所占，一祖八宗之英灵无可慰藉，而且加深了宋朝对金的仇恨。因此，收复汴京、血洗仇耻便成为南宋开国以后的政治目标之一。诚如黄宽重先生所言，“宋自建国以来，虽然一直是处在外族欺凌下求生存，可是宋人也一直存在着恢复故土的信念，我们可以从宋太祖太宗恢复燕云十六州的态度，看出宋人的心理。北宋的覆亡，不仅徽钦蒙尘，半壁江山也拱手奉敌，因此南宋的士大夫对于恢复故土，一洗国耻的期望比北宋更为热烈”。[②]

宋金联合灭辽后，金军大举南侵，宋、金战事再起。天会五年（1127）三月，金军攻克都城开封，在京城内大肆搜刮掠夺；四月，金人俘获徽宗、钦宗“及其宗族四百七十余人及珪璋、宝印、衮冕、车辂、祭器、大乐、灵台、图书”[③] 北返，北宋灭亡。赵构在朝臣拥戴下仓皇立国，是为南宋。金人持续攻宋，高宗逃至江浙一带，与金军在海上周旋数日。为缓和战事，南宋主动求和，但金人灭宋决心坚定，不予理会。无奈之下，建炎三年（1129），赵构下诏抗击金人：

> 国家遭金人侵逼，无岁无兵。朕纂承以来，深轸念虑，谓父兄在难，而吾民未抚，不欲使之陷于锋镝。故包羞忍耻，为退避之谋，冀其逞志而归，稍得休息。自南京移淮甸，自淮甸移建康而会稽，播迁

① 曾瑞龙：《经略幽燕——宋辽战争军事灾难的战略分析》，浙江大学出版社，2019，第29页。

② 黄宽重：《晚宋朝臣对国是的争议——理宗时代的和战、边防与流民》，台湾大学出版中心，1978，第40页。

③ 脱脱等：《金史》卷74《宗翰传》，中华书局，1975，第1697页。

> 之远，极于海隅。卑词厚礼，使介相望。以至愿去尊称，甘心贬屈，请用正朔，比于藩臣，遣使哀祈，无不曲尽。假使金石无情，亦当少动。累年卑屈，卒未见从。生民嗷嗷，何时宁息？今诸路之兵聚于江、浙之间，朕不惮亲行，据其要害。如金人尚容朕为汝兵民之主，则朕于事大之礼，敢有不恭！或必用兵窥我行在，倾我宗社，涂炭生灵，竭取东西金帛、子女，则朕亦何爱一身，不临行阵，以践前言，以保群生。朕已取十一月二十五日移跸，前去浙西，为迎敌计。①

诏书中既描述了南宋自建立后被金军追击、四处逃窜的狼狈情形，又透露出高宗屈辱求和不成而无奈出兵的决定。对此，黄宽重先生说，“乞和图存为宋历代相承的国策，高宗既囿于偏安据守的主意，尽管他启用李纲做宰相，却没有认真作过抗击金人的打算”，② 其评价颇为中肯。金朝南侵，给宋带来巨大灾难，“（金军）攻陷我都城，倾覆我社稷，劫迁我二圣，荼毒我蒸民，自开辟以来，夷狄之祸，未有若是之酷也”。③ 在南宋人看来，“金人于我有不共戴天之仇”，④ 只因“力不足”，⑤“特畏吾（金朝）威力”。⑥ 真德秀亦多次强调“国耻不可忘”，⑦ 认为：“国家之于金虏，盖万世必报之仇，高宗、孝宗值其方强，不得已以太王自处，而以勾践望后人。”⑧ 在真德秀看来，屈辱求和是迫不得已，血洗仇耻乃是时机问题。可见，宋人尽管忍受着屈辱，收复故疆的心愿却并未泯灭。宋人还对金多加贬斥，如朱熹言：“论及北虏事，当初起时，如山林虎豹纵于原野，岂是人！”⑨ 并常言：“夷狄愈盛而禽兽愈

---

① 脱脱等：《宋史》卷114《礼志》，中华书局，1985，第2705页。
② 黄宽重：《晚宋朝臣对国是的争议——理宗时代的和战、边防与流民》，台湾大学出版中心，1978，第24页。
③ 真德秀：《西山先生真文忠公文集》卷5《江东奏论边事状》，商务印书馆，1937，第85页。
④ 脱脱等：《宋史》卷429《朱熹传》，中华书局，1985，第12752页。
⑤ 脱脱等：《金史》卷93《独吉思忠传》，中华书局，1975，第2064页。
⑥ 脱脱等：《金史》卷108《胥鼎传》，中华书局，1975，第2380页。
⑦ 脱脱等：《宋史》卷437《真德秀传》，中华书局，1985，第12959页。
⑧ 吴乘权等辑，施意周点校《纲鉴易知录》卷85，中华书局，1960，第2350页。
⑨ 黎靖德编，杨绳其、周娴君校点《朱子语类》卷133《本朝七·夷狄》，岳麓书社，1997，第2884页。

繁。”“夷狄禽兽亦将不得久肆其毒。”[①] 陈渊则言：“今虏邈在万里之外，豺狼狐兔之与居，非能为秦也。”[②] 这些蔑视之语在南宋较为常见，代表了私下宋人对金的真实看法，其中也透露出宋人对金人的仇恨。因此，蒙古用“宋金世仇”来概括二者间的关系，可谓恰当。

金初制定灭宋进而统一中国的战略目标，注定了宋、金战事不可避免。“初（金）与夏约夹攻宋人，而夏人弗应。而耶律大石在西北，交通西夏。吾舍陕西而会师河北，彼必谓我有急难。河北不足虞，宜先事陕西，略定五路，既弱西夏，然后取宋。”[③] 绍兴十年（1140），宗弼宣布再次南伐，双方实力均衡，后签订了绍兴和议。至完颜亮上位，灭宋之风再起，“汉之封疆不过七八千里，今吾国幅员万里，可谓大矣”。金臣张仲轲对曰：“本朝疆土虽大，而天下有四主，南有宋，东有高丽，西有夏，若能一之，乃为大耳。”[④] 完颜亮不无自豪地说：“朕举兵灭宋，远不过二三年，然后讨平高丽、夏国。”[⑤] 完颜亮口气甚为狂妄，这与宋朝一贯以来对金屈辱求和不无关系。

南宋后期蒙古攻金，金朝已力不能敌，金哀宗企图通过“间南（宋）北（蒙）之和，缓腹背受敌”，来缓解困境。于是派使臣出使南宋，希望以唇亡齿寒的道理来说服南宋出兵助金：“大元灭国四十，以及西夏，夏亡及于我，我亡必及于宋。唇亡齿寒，自然之理。若与我连和，所以为我者亦为彼也。”[⑥] 尽管金人的预见是合理的，但在“刷会稽之耻，复齐襄之仇”心理驱使下，宋朝对金使的建议置之不理，最终走上了联蒙灭金之路。

（二）苟且偷安思想使然

蒙古在北方兴起后，不断侵扰金朝北部边境。由于地缘上的隔绝，南宋对蒙、金战事并不了解，至庆元元年（1195），宋朝已知“近来金虏被

---

① 朱熹著，郭齐、尹波点校《朱熹集》卷13《垂拱奏札二》，四川教育出版社，1996，第509页。

② 陈渊：《默堂先生文集》卷13《正月十七日上殿札子》，四部丛刊三编本，高等教育出版社影印本，2016，第562页。

③ 脱脱等：《金史》卷74《宗翰传》，中华书局，1975，第1698页。

④ 脱脱等：《金史》卷129《张仲轲传》，中华书局，1975，第2782页。

⑤ 脱脱等：《金史》卷129《张仲轲传》，中华书局，1975，第2783页。

⑥ 脱脱等：《金史》卷18《哀宗纪》，中华书局，1975，第400页。

鞑靼侵扰”，只是“传闻不一”。听此消息，宋人是欣喜的，同时统治者还令内外诸军主帅整顿军备。① 随着蒙古攻金消息不断传来，恢复故疆的言论在宋朝内部不断散播。“皆谓金、鞑相持，遗黎内附，若乘机进取，可以尽复故疆”，② 且预言金朝因蒙古之扰，“内困鞑靼，虽黾勉出兵以与我相持”，而“势不能久”。庆元二年（1196），南宋得知金朝“北边为鞑靼侵扰，已焚了凉亭、金莲川等处，去燕山才六七百里”。鉴于对战事不了解及联金攻辽的失败教训，南宋采取审慎态度，“作私书密谕诸军帅”，在边境做好戒备，但未轻易出兵。③ 为探知北方战情，南宋派余嵘为生辰使出使金国，抵达涿州定兴县时，所见“铃声迅急，驿马交驰，溃军累累，号泣言：鞑靼到宣德县，去此只三四百里”，因蒙金交战，余嵘不得行而回，回朝后向朝廷报告“今鞑靼坚锐，即女真崛起之初；而金人沮丧销耎，有旧辽灭亡之势”，④ 南宋顿感紧张，下令江淮、京湖、四川制置司谨边备。为进一步了解北方战事，宋朝相继派遣董居谊、真德秀、李埴等使金，“传闻彼国见为鞑靼攻围甚急，内外梗绝不通”，⑤ 皆无果而返。对此，宋朝内部形成两种意见：一派“大抵以夷狄之衰，乃中国之利”；而以真德秀为代表的一派则持不同意见，看到金朝“必亡之势”，并意识到“保固江淮，闭境自守”，恐不可得，“多事之端，方自此始”。⑥ 真德秀还进一步建议“乘虏之将亡而亟图自立之策”，⑦ 余嵘亦请求朝廷乘此“备边自治”。⑧ 类似的建议颇多，如“谢绝和好，谨修边备”；⑨ “国人之论未尝欲朝廷用兵……既而完颜氏自亡而不暇，岂复敢与我敌哉！若使我

---

① 徐松辑，刘琳等校点《宋会要辑稿·兵29》，上海古籍出版社，2014，第9260页。

② 魏了翁：《鹤山先生大全文集》卷18《应诏封事》，四部丛刊初编本，高等教育出版社影印本，2016，第47页。

③ 徐松辑，刘琳等校点《宋会要辑稿·兵29》，上海古籍出版社，2014，第9260页。

④ 曾枣庄主编《宋代传状碑志集成》卷180《龙学余尚书神道碑》，四川大学出版社，2012，第2743页。

⑤ 徐松辑，刘琳等校点《宋会要辑稿·兵29》，上海古籍出版社，2014，第9261页。

⑥ 徐自明撰，王瑞来校补《宋宰辅编年录校补》卷6，中华书局，1986，第1457页。

⑦ 真德秀：《西山先生真文忠公文集》卷3《直前奏事札子》，商务印书馆，1937，第49页。

⑧ 曾枣庄主编《宋代传状碑志集成》卷180《龙学余尚书神道碑》，四川大学出版社，2012，第2743页。

⑨ 傅增湘原辑，吴洪泽补辑《宋代蜀文辑存校补》卷70《请谢绝和好谨修边备疏》，重庆大学出版社，2014，第2249页。

朕能自立，尽殄群盗，西夏、鞑靼之兵非数年未易解，此天启我自治之时”;[①] “当惜阴爱日，汲汲然图所以为吾自治之计”;[②] 等等。这些言论对宋朝所处时局颇有忧虑，建议加强边备、自立图强。尽管上述建议颇有见地，但并未引起宋朝统治者重视。

嘉定七年（1214）三月，蒙古军包围金中都，金丧失了黄河以北大部分土地，“凡大河以北，东至于山东，西至于关陕，不一二年，陷没几尽”,[③] 金朝疆土仅剩西起潼关、东至邳州（今江苏邳州）的河南和山东部分地域。金人疆土日蹙，财政窘迫，为缓解危机，金朝多次向宋遣使索要岁币。此时，宋朝内部要求停止岁币的呼声高涨，其中以真德秀态度最强硬，“以忍耻和戎为福，以息兵忘战为常，积安边之金缯，饰行人之玉帛，女真尚存则用之于女真，强敌更生则施之于强敌，此苟安之计也”;[④] 将屈辱求和、输纳岁币的行为，斥为苟且偷安。南宋以金有国难，“遂罢金岁币”,[⑤] 史书记载“盖自金有蒙古之难，岁币不至者六年（1211 ~ 1217）”。[⑥] 岁币不至，金人日益窘迫，在抵抗蒙古进攻中节节败退。

面对新的强邻蒙古，南宋既不了解，又无长远打算。“猖獗小夷，非有囊括并吞之志。”[⑦] 相反，宋朝内部奢靡之风盛行，不图自立。“权臣苟安，不为远虑，边民凋耗，而无以生聚，边兵脆弱，而无以教训。农政不修，兵备不讲，而于其间缮官府以文太平，受宝玉以侈符贶，欺愚上下，以固己权。”[⑧] “惟靡曼是娱，惟珍奇是好，淫侈相高，燕乐无节，同堂合席，不

① 曾枣庄主编《宋代传状碑志集成》卷181《毅齐郑观文神道碑》，四川大学出版社，2012，第2761页。

② 魏了翁：《鹤山先生大全文集》卷16《论择人分四重镇以备金夏鞑事》，四部丛刊初编本，高等教育出版社影印本，2016，第734页。

③ 宇文懋昭撰，崔文印校证《大金国志校证》卷26《义宗皇帝》（下），中华书局，1986，第360页。

④ 真德秀：《西山先生真文忠公文集》卷3《直前奏事札子》，商务印书馆，1937，第49页。

⑤ 陈邦瞻纂辑《宋史纪事本末》卷86《金好之绝》，中华书局，2015，第956页。

⑥ 陈桱：《通鉴续编》卷2，引自《宋元战争史》，四川省社会科学院出版社，1988，第11页。

⑦ 真德秀：《西山先生真文忠公文集》卷4《除江东漕十一月二十二日朝辞奏事札子一》，商务印书馆，1937，第60页。

⑧ 真德秀：《西山先生真文忠公文集》卷13《召除户书内引札子二》，商务印书馆，1937，第227页。

闻箴规，相与恬嬉而已。”① 宋朝君臣的腐朽，给了崛起后的蒙古以可乘之机。

面对蒙古崛起后的新的地缘局势，南宋处境颇为尴尬，“既不能制亡虏（金）垂绝之命，何以遏强寇（蒙）方张之势”，② 面对金和蒙古，南宋都显得软弱而无力抵抗。在处理与金的关系中，南宋多以输纳大量岁币来换取和平，这种做法造成两种严重后果。一是加剧了南宋财政负担，造成经济上的困扰。正如时臣度正言，“夫岁赐金帛，无非出于民力。民之输于有司，有司之达于朝廷。钱自分文以上，金自铢两以上，帛自尺寸以上，米自升合以上，一有少亏，文□□□迫，未尝少恕”；“以有限之物，塞无厌之求，数十年间，吾之民力亦几于穷矣”。③ 金人索要岁币，也有深层缘由，正如金都元帅兀术临终言：“江南累岁供需岁币，竭其财赋，安得不重敛于民？非理扰乱，人心离怨，叛亡必矣。”④ 输纳岁币，造成宋朝内部动荡，金人用心可谓至深。二是造成宋朝内部的剧烈党争。部分朝臣要求改变宋、金关系中的不平等现象，重新确立宋、金关系。但宋人心中明白，单凭自身力量，显然是不可能的。加之与金朝的领土纠葛，南宋更不可能联合金朝。此时，也有宋朝朝臣提出继续向金输纳岁币来抵御蒙古进攻，进而缓解南宋地缘压力。这一意见显然不易为宋人接受，亦不合时宜。借助蒙古外力虽可解决岁币与领土双重矛盾，却是有风险的，但宋朝却不以为意。在处理宋、金关系中，南宋统治者始终以屈辱求和来换取苟安，屈辱求和、输纳岁币是南宋统治者惯用的伎俩，在宋、金关系中多次运用且一度换取了宋、金间的和平相处。因此，蒙古兴起之后，南宋统治者又何尝不会以相同的手段来换取和平呢？将输纳金人之岁币，转输于蒙古，对南宋来说并无两样。宋朝苟且偷安思想还表现在：拒绝输纳岁币，并非用于自身军备建设，加强自治，而是用于享乐挥霍，以致对蒙古兴起后的新的地缘局势，未能做出及时反应。只是，蒙古非昔日之金，宋朝失算，最终葬送了自己。

---

① 袁燮：《絜斋集》卷3《论立国宜正本札子》，中华书局，1985，第32页。
② 杨宗彩修，杨训璐纂《（民国）闽清县志》，成文出版社，1967，第32页。
③ 度正：《性善堂稿》卷6《条奏便民五事》，《景印文渊阁四库全书》第1170册，台湾商务印书馆，1986，第190页。
④ 周密：《齐东野语》卷12《淳绍岁币》，上海古籍出版社，2012，第122页。

（三）金朝转嫁经济危机的错误推动

起先，蒙古邀请南宋联合攻金时，南宋统治者态度谨慎，一方面是南宋对灭金没有十足把握，不敢轻举妄动；另一方面，南宋对蒙古并不了解，却对蒙金战事的发展，异常关注，多次派使臣出使金国探听战情。随着蒙金战事发展，金朝国内经济形势日蹙，北部边防危机加剧，为转嫁危机，金朝开始南侵。金人此举，无疑将南宋推向蒙古一边，成为宋蒙攻金联盟形成的重要推动力。

早在金世宗时，蒙古开始侵扰金朝北部边境。孟珙《蒙鞑备录》言："大定间，燕京及契丹地有谣言云：'鞑靼去，赶得官家没去处。'葛酋雍（按即世宗）宛转闻之，惊曰：'必是鞑人为我国患。'乃下令，极于穷荒，出兵剿之，每三岁遣兵向北剿杀，谓之'减丁'。"① 章宗后，蒙古扰边越发严重。金明昌四年（1193）董师中上言，"今边鄙不驯，反侧无定"，② 面对蒙古扰边，金军力不能支，"遣官分诣上京、东京、北京、咸平、临潢、西京等路招募汉军，不足则签补之"，③ 此举却加剧了国内危机，"比以军须，随路赋调，司县不度缓急，促期征敛，使民费及数倍，胥吏又乘之以侵暴。其令提刑司究察之"，④ "北兵连年深入，加以荒旱，所在盗发"。⑤ 蒙金双方在西京及长城沿线争夺，"罄金虏百年兵力，销折溃散殆尽，其国遂衰"。⑥ 金朝中都被蒙古兵包围后，城中缺粮，"军民饿死者十四五"，⑦ 中都势衰，已不能守。且蒙古军大举南下，尽毁长城沿边关寨城堡，"中国无古北之险，则燕为近边"。⑧ 中都危在旦夕，形势告急，"巍巍帝都邻为敌境，兵戈朝起夕已到京"。⑨ 于是，迁都之议，在金

① 王国维：《蒙鞑备录笺证·征伐》，《王国维遗书》，上海书店出版社，1983，第14页。
② 脱脱等：《金史》卷95《董师中传》，中华书局，1975，第2114页。
③ 脱脱等：《金史》卷10《章宗纪》，中华书局，1975，第242页。
④ 脱脱等：《金史》卷10《章宗纪》，中华书局，1975，第241页。
⑤ 宇文懋昭撰，崔文印校证《大金国志校证》卷20《章宗皇帝中》，中华书局，1986，第276页。
⑥ 王国维：《蒙鞑备录笺证·征伐》，《王国维遗书》，上海书店出版社，1983，第14页。
⑦ 宇文懋昭撰，崔文印校证《大金国志校证》卷24《宣宗皇帝上》，中华书局，1986，第325页。
⑧ 《赵秉文集》，黑龙江大学出版社，2014，第415页。
⑨ 宇文懋昭撰，崔文印校证《大金国志校证》卷24《宣宗皇帝上》，中华书局，1986，第326页。

朝内部蔓延开来。

关于迁都，金朝内部形成了不同意见。主张迁河中者，认为“河中背负关陕五路，士马全盛，南阻大河，可建行台以为右翼。前有绛阳、平阳、太原三大镇，敌兵不敢轻入”。[1] 主张迁辽东者，认为“辽东根本之地，依山负海，其险足恃，备御一面，以为后图”。[2] 关中之说，认为“关中有金城、天府之险，按秦之旧，进可以图恢复，而退不失其为自强”。[3] 还有主张迁山东的，认为“山东天下富强处也，且有海道可通辽东，接上京”，且认为开通黄河古道，“有大河之险，有维城之固，而无燕近塞之忧”。[4] 当然，还有迁都南京（汴京）的提议，认为都南京，可以“居中土以镇四方，委亲贤以守中都”，[5] 还能“阻长淮，拒大河，扼潼关以自固”。[6] 后宣宗决意迁都汴京。对宣宗迁都，史书做如是评价：“宣宗南迁，天命去矣，当是时虽有忠良之佐，谋勇之将，亦难为也。”[7] 宣宗南迁汴京，意味着金朝放弃了北方大片领土，处境更加艰难。为此，元史家言：“大抵宣宗既迁，则中都必不能守，中都不守，则土崩之势决矣。”[8] 蒙古军攻金战争异常激烈，不久汴京已不能守，金哀宗迁都蔡州，其理由是“但得兵粮，足以御敌”，即依靠南宋兵粮补给，来抵御蒙古军的进攻。对此，山东行省国用安颇有顾虑，“蔡去宋境不百里，万一（南宋）资敌兵粮，祸不可解”。[9] 事实证明，这一担忧是有道理的，而金朝统治者却不以为意。即使是到了宋、蒙联盟形成后，金人仍盲目乐观，“间南（宋）北（蒙古）之和，缓腹背之敌”，[10] 认为间离宋、蒙关系，联合南宋，仍有生存的机会。金朝还一厢情愿地认为，唇亡齿寒的道理足

---

① 脱脱等：《金史》卷111《完颜讹可传》，中华书局，1975，第2445页。

② 脱脱等：《金史》卷99《徒单镒传》，中华书局，1975，第2191页。

③ 《元好问全集》卷20《资善大夫吏部尚书张公神道碑铭》，山西人民出版社，1990，第531页。

④ 《赵秉文集》，黑龙江大学出版社，2014，第415页。

⑤ 脱脱等：《金史》卷101《李英传》，中华书局，1975，2235页。

⑥ 脱脱等：《金史》卷102《完颜弼传》，中华书局，1975，2254页。

⑦ 脱脱等：《金史》卷108《师安石传》，中华书局，1975，2394页。

⑧ 脱脱等：《金史》卷101《传赞》，中华书局，1975，第2239页。

⑨ 脱脱等：《金史》卷117《国用安传》，中华书局，1975，第2563页。

⑩ 王鹗：《汝南遗事》卷2，《景印文渊阁四库全书》第408册，台湾商务印书馆，1986，第943页。

以说服宋人，“大元灭国四十，以及西夏，夏亡及于我，我亡必及于宋。唇亡齿寒，自然之理。若与我连和，所以为我者亦为彼也”。[①] 金朝联宋并未成功，其原因何在？首先，北宋末年的联合灭辽及其后的灭宋战争，金朝对宋始终是轻视的，加之南宋一贯屈辱求和，金朝更加瞧不起南宋。有宋一朝，金朝对宋之轻视未曾改变过，即使是在金势衰弱、地缘危机严峻的形势下，金朝对宋之轻视依然如此。其次，面对蒙古崛起后的新的地缘局势，金朝也未能及时做出判断和调整，仍以一贯思维待宋，自然是要碰壁的。

看到金朝衰败后，宋朝拒纳岁币，“（宋）朝廷既遣岁币入金境，适值其有难，不果纳”。[②] 为此，金朝多次遣使入宋朝催纳岁币，贞祐二年（1214）三月，金朝遣使至宋“督二年岁币”，八月“金国复来督岁币”。[③] 嘉定八年（1215），为探取金朝态度，宋宁宗遣使至金贺金宣宗生辰，提出减少岁币之请，金宣宗未答应。宋宁宗此后以“漕渠干涸”[④] 无法运粮为由，索性停止纳币。宋金关系骤然紧张。宋朝此举彻底激怒金人，遂“有南窥淮、汉之谋，兵端复起矣”。[⑤] 对金朝伐宋的原因，时人元好问言：“贞祐以后，主兵者不能外御大敌，而取偿于宋，故频岁南伐”,[⑥] 从南宋获取物资，来补偿蒙古所掠。金兴定元年（1217）十一月，金宣宗下诏“举兵伐宋”。[⑦] 金兵在战争中大肆掠夺，战争之残酷骇人听闻，“所下城邑，多所焚掠”，“原野萧条，无复人迹”,[⑧] “金人焚大散关”，“破皂郊堡，死者五万人”。[⑨] 金朝此举，也彻底激怒了南宋，加深了南宋对金的仇恨。此后，宋、金关系彻底破裂，南宋转变对蒙古态度，开始积极谋划联蒙攻金事宜。

金朝为转嫁危机而发动的对宋战争，从嘉定十一年（1218）持续至

---

① 脱脱等：《金史》卷18《哀宗纪》，中华书局，1975，第400页。
② 脱脱等：《宋史》卷434《蔡幼学传》，中华书局，1985，第12899页。
③ 脱脱等：《宋史》卷39《宁宗纪》，中华书局，1985，第760~761页。
④ 佚名编，汝企和校《续编两朝纲目备要》卷15，中华书局，1995，第281页。
⑤ 李心传：《建炎以来朝野杂记》乙集卷19《女真南徙》，中华书局，2000，第845页。
⑥ 《元好问全集》卷18《内相杨文献公神道碑》，山西人民出版社，1990，第498页。
⑦ 脱脱等：《金史》卷15《宣宗纪》，中华书局，1975，第333页。
⑧ 《元好问全集》卷19《内翰冯公神道碑》，山西人民出版社，1990，第519页。
⑨ 李铭汉撰《续通鉴纪事本末》卷76《金好之绝》，甘肃人民出版社，2005，第2211页。

十六年（1223）。长达六年，金朝此举不但未能缓解内外危机，反而加剧了自身地缘危机，造成严重后果。

第一，战争加剧了自身危机。在攻宋之前，金朝内部已是危机重重。金朝北方领土尽失，疆土日蹙，希望攻取南宋淮南之地，作为补偿。蒙古攻金前，金朝已处于衰势，蒙古攻金后，金朝内部危机四伏，“封壤日蹙，军国调度，百色所须，悉取办民间”，[①]“国势浸弱不支”。[②]早在宣宗时，黄河地区因战争及自然灾害影响，农业生产大幅衰落，“田之荒者，动至百余里，草莽弥望，狐兔出没”，[③]“户口亡匿，田畴荒废”，[④]情况并不乐观。河南路因水灾，“逋户太半，田野荒芜”。[⑤]金崇庆元年（1212），河东、陕西大旱，“流莩满野”，[⑥]山东路“东平以东累经残毁，至于邳、海尤甚，海之民户曾不满百而屯军五千，邳户仅及八百，军以万计”。[⑦]在蒙古攻金战争中，金朝内部出现严重财政危机，河南一路难以应付各种物资需求，希望通过对宋战争，掠取物资，支援北方抗蒙战争。贞祐三年（1215）十月，御史田迥秀说：“方今军国所需，一切责之河南。有司不惜民力，征调太急，促其期限，痛其棰楚。民既罄其所有而不足，遂使奔走傍求于它境。力竭财殚，相踵散亡，禁之不能止也。”[⑧]贞祐四年（1216）五月，山东行省仆散安贞说：“泗州被灾，道殣相望”，所食者草根木皮而已；而“邳州戍兵数万，急征重役，悉出三县，官吏酷暴，擅括宿藏，以应一切之命，民皆逋窜，又别遣进纳闲官以相迫督。皆怙势营私，实到官才十之一，而徒使国家有厚敛之名。乞命信臣革此弊以安百姓”。[⑨]同年温迪罕缔达上书：“今边备未撤，征调不休，州县长吏

① 王恽：《秋涧集》卷52《金故朝请大夫泌阳县令赵公神道碑铭（并序）》，《景印文渊阁四库全书》第1200册，台湾商务印书馆，1986，第689页。

② 元好问著，周烈孙、王斌校注《元遗山文集校补》“附录卷5”《（蒋正子）山房随笔》，巴蜀书社，2013，第1848页。

③ 宇文懋昭撰，崔文印校证《大金国志校证》卷23《东海郡侯下》，中华书局，1986，第310页。

④ 脱脱等：《金史》卷107《高汝砺传》，中华书局，1975，第2356页。

⑤ 脱脱等：《金史》卷47《食货志》，中华书局，1975，第1055页。

⑥ 李有棠：《金史纪事本末》卷38《卫王遇害》，中华书局，1980，第653页。

⑦ 脱脱等：《金史》卷108《侯挚传》，中华书局，1975，第2388页。

⑧ 脱脱等：《金史》卷47《食货志》，中华书局，1975，第1060~1061页。

⑨ 脱脱等：《金史》卷47《食货志》，中华书局，1975，第1061页。

不知爱养其民，督责征科，鞭笞逼迫，急于星火。文移重复，不胜其弊”，① “百姓流亡，逋赋皆配见户”。② 可见，金朝此时已经内外交困，如何解除危机保全自身，对金至关重要。整顿吏治、加强边防，或许为明智选择，而金朝却采取了转嫁危机的做法，不但未能解除危机，反而使自身陷入更加窘迫的境地。“宋人坚壁不出，（金人）野无所掠，军士疲乏，饿死相望”，③ “宣宗南伐，士马折耗十不一存”，④ “国家精锐几尽丧”，⑤ 战争还导致金军在对蒙战争中抵御力下降，“（金军）兵财俱困，无以御之”。⑥ 金朝伐宋，还加剧了外部危机。“南开宋衅，西启夏侮，兵力既分，功不补患。”⑦ 故《金史》论云：宣宗南渡，“外狃余威，连兵宋、夏，内致困惫，自速土崩”。⑧ 宋、金关系彻底破裂，金朝失去了最后一根救命稻草，迅速败落。

第二，金军伐宋，新增仇敌，将南宋彻底推向蒙古一方。在金朝攻宋前，南宋断绝金人岁币，却未与金为敌，保持中立态度。金兵攻宋后，尽管南宋与蒙古并未即刻结成灭金联盟，但形式上的军事联盟已经形成，故当哀宗“闻宋使从唐州（今河南唐河）回，惊悸无人色”。⑨ 宋、金关系彻底破裂后，金朝很快土崩瓦解。金人为转嫁危机而发动的攻宋战争，可谓得不偿失，不仅未能获取军需，反而更生新敌，郝经对金朝此举作诗讽刺曰：“不问朔漠攻蕲黄，败盟要利增仇敌。”⑩ 事实上，金军攻宋后，南宋和蒙古是否结成正式军事联盟，已不重要，金军伐宋后，蒙古的后顾之忧已经解除。因此，金军伐宋，是一个错误的地缘战略。

在宋、金关系中，金朝对宋始终是轻视的，即使是在国内外危机四伏的窘境下，金朝对宋朝态度未曾改变，认为“吾国兵较北诚不如，较南

---

① 脱脱等：《金史》卷105《温迪罕缔达传》，中华书局，1975，第2322页。
② 脱脱等：《金史》卷15《宣宗纪》，中华书局，1975，第333页。
③ 脱脱等：《金史》卷104《纥石烈胡失门传》，中华书局，1975，第2301页。
④ 脱脱等：《金史》卷112《完颜合达传》，中华书局，1975，第2468页。
⑤ 张金吾：《金文最》卷59《（王鹗）汝南遗事总论》，中华书局，1990，第856页。
⑥ 脱脱等：《金史》卷46《食货志》，中华书局，1975，第1030页。
⑦ 脱脱等：《金史》卷16《宣宗纪》，中华书局，1975，第370页。
⑧ 脱脱等：《金史》卷18《哀宗纪》，中华书局，1975，第403页。
⑨ 宇文懋昭撰，崔文印校证《大金国志校证》卷26《义宗皇帝》，中华书局，1986，第367页。
⑩ 郝经：《郝文忠公陵川文集》卷11《汝南行》，山西人民出版社，2006，第155页。

则制之有余力”。[①] 宋、蒙形成联盟后，金朝对宋朝的一贯歧视也并未因此改变。“北兵（指蒙古军）所以常取全胜者，恃北方之马力，就中国之技巧耳，我实难与之敌。至于宋人，何足道哉！”[②] 金朝的盲目自大，除其对蒙古崛起后新的地缘形势变化缺乏了解外，还与对宋朝统治者屈辱求和、苟且偷安的一贯看法有关。

（四）朝廷内部党争的推动

王夫之言：“宋自南渡以后，所争者和与战耳。”[③] 南宋形成了士大夫议论国是的风气，在联蒙灭金、端平入洛等重要外交政策上皆有体现。宋朝内部关于国是的争论，情况较为复杂，往往和柄臣谋权固位交织在一起，“为柄臣者窥见罅隙，必挟和战二字以为招权固位之计”。[④] 因此，当权者为巩固自身政治地位，可能会做出一些违背客观形势的决定，从而影响宋朝的外交政策。

当宋、金间因岁币问题引起争端时，宋朝内部形成了联蒙与反对联蒙两派意见。联蒙派希望借助“联夷以制夷”的策略来缓解外部压力，而反对派则认为此举不宜，恐重蹈宣和海上之盟的覆辙。在联蒙灭金政策中，史弥远起着举足轻重的作用。当得知蒙古侵金后，史弥远借故拖延金朝岁币，但仍遣使不断，继续保持与金的和好状态。为此，时人魏了翁言：“史弥远密赞先帝，正侂胄开边之罪而代其位，其说不得不出于和。”[⑤] 史弥远拥立理宗上位，在朝野的威望并不高，理宗和史弥远都急于改变这种现状，于是，一改先前对金的政策，成为联蒙攻金政策的推动者，宋朝最终走上联蒙攻金道路。正如黄宽重所言：“掌握着晚宋政治事权的史弥远的态度也和宋朝外交政策的变化息息相关：早期史弥远是按客观形势的变化发展来决定与运用所有外交

---

① 宇文懋昭撰，崔文印校证《大金国志校证》卷24《宣宗皇帝上》，中华书局，1986，第328页。

② 脱脱等：《金史》卷119《完颜娄室传》，中华书局，1975，第2599页。

③ 王夫之：《宋论》卷13《宁宗》，中华书局，2008，第204页。

④ 魏了翁：《鹤山先生大全文集》卷18《应诏封事》，四部丛刊初编本，高等教育出版社影印本，2016，第46页。

⑤ 魏了翁：《鹤山先生大全文集》卷18《应诏封事》，四部丛刊初编本，高等教育出版社影印本，2016，第47页。

政策，并不是受到二派中的任何一派的影响和支配。等到由于理宗即位所引发宋朝臣间的党争以后，他的态度改变了，宋朝的外交也走上联蒙的途径上。”①

第三节 “守内虚外”造成的消极影响

一 问题之由来

学术界关于“守内虚外”早已有研究，漆侠《宋太宗与雍熙北伐》②《宋太宗与守内虚外》③、李华瑞《关于宋初先南后北统一方针讨论中的几个问题》④、郑珍平《论北宋的守内虚外国策》⑤、陈峰《北宋御辽战略的演变与“澶渊之盟”的产生及影响》⑥ 等，皆认为北宋自太宗始形成了“守内虚外”国策，并延续整个北宋。有学者提出不同的意见，李合群《北宋“守内虚外”国策质疑》⑦ 认为“守内虚外”之说有悖于北宋史实，即认为北宋并不存在“守内虚外”国策，而南宋存在这一国策则毋庸置疑。学术界对“守内虚外”的分歧在于：翻阅北宋史籍皆不见有关“守内虚外”一词的记载，至南宋吕祖谦《历代制度详说》一文中才明确提出，这导致了双方对“守内虚外”的理解不一致。

“守内虚外”一词，是学者基于对有宋一代内外、汉夷关系史料的分析和理解提出的，用来概括其内外政治策略。端拱二年（989），宋太宗对大臣言：“欲理外，先理内，内既理则外自安。”⑧ 淳化二年（991），

---

① 黄宽重：《晚宋朝臣对国是的争议——理宗时代的和战、边防与流民》，台湾大学出版中心，1978，第 27 页。

② 漆侠：《宋太宗与雍熙北伐》，《河北学刊》1992 年第 1 期。

③ 漆侠：《宋太宗与守内虚外》，《宋史研究论丛》第 3 辑，河北大学出版社，1999。

④ 李华瑞：《关于宋初先南后北统一方针讨论中的几个问题》，《河北大学学报》（哲学社会科学版）1997 年第 4 期。

⑤ 郑珍平：《论北宋的守内虚外国策》，《北京师范大学学报》（社会科学版）1992 年第 2 期。

⑥ 陈峰：《北宋御辽战略的演变与“澶渊之盟”的产生及影响》，《史学集刊》2007 年第 3 期。

⑦ 李合群：《北宋“守内虚外”国策质疑》，《史学月刊》2009 年第 12 期。

⑧ 李焘：《续资治通鉴长编》卷 30，端拱二年正月癸巳条，中华书局，2004，第 678 页。

宋太宗再次强调："国家若无外忧，必有内患。外忧不过边事，皆可预防。唯奸邪无状，若为内患，深可惧也。帝王用心，常须谨此。"① 淳化五年（994），太宗对宰相吕蒙正说，"治国在乎修德尔，四夷当置之度外"，"但常修德以怀远，此则清静致治之道也"。② 欧阳修的看法颇为相似，"夷狄者皮肤之患，尚可治；盗贼者腹心之疾，深可忧"。③ 司马光也持相同看法："古圣王之治天下，必先内而后外，安近以服远。"④ 宋初关于内外关系以及汉夷关系的认识，在宋朝内部形成共识，被继承下来，"真宗、仁宗、英宗嗣守其法，益以完密"。⑤ 学术界对上述材料分析后，认为这就是北宋"守内虚外"国策的来历，且对宋朝影响至深。此后，学界还将"守内虚外"进行高度概括和归纳，"内患"为本，"外忧"为末，修德治内为治国之根本，抚夷怀远为治国之末，且本末不能倒置。治理好"内患"，"外忧"自然可以迎刃而解。因此，应集中精力防御和治理"内患"，对外则"慎守祖宗疆土"，勿"劳民动众，贪无用之地"。⑥ "守内虚外"国策，以"慎守祖宗疆土"为宗旨，在处理对外关系上相对保守，反对对外开拓，对边疆经营持消极态度。基于上述认识，宋朝不仅在对外开拓上缺乏积极性，而且对待外来朝贡者也不积极。据史料记载，东南亚诸国交趾、占城、真腊、蒲耳以及大理国、西南诸族等，积极向宋朝贡，对待这些朝贡者，宋朝统治者态度略显消极，"来则不拒，去则不追，边圉相接，时有侵轶，命将致讨，服则舍之，不黩以武"。⑦ 而在处理内部关系上，宋朝统治者态度积极，注重内部建设，将主要精力用于安定内部，反对对外的武力征讨，认为内部安定、强大，四夷自然来服。北宋形成这一认识的原因，与自身所处地缘形势有关，正如郭松年所言，"宋兴，北有大敌，不暇远略"。⑧ 同时也与宋朝总结唐亡经验，防止藩镇

---

① 李焘：《续资治通鉴长编》卷 32，淳化二年八月丁亥条，中华书局，2004，第 719 页。

② 李焘：《续资治通鉴长编》卷 34，淳化四年十一月甲寅条，中华书局，2004，第 758 ~ 759 页。

③ 李焘：《续资治通鉴长编》卷 141，庆历三年六月癸丑条，中华书局，2004，第 3388 页。

④ 司马光著，李之亮注《司马温公集编年笺注》卷 57《遗表》，巴蜀书社，2009，第 476 页。

⑤ 马端临：《文献通考》卷 152，中华书局，1986，第 1327 页。

⑥ 〔越〕黎崱撰，武尚清点校《安南志略》，中华书局，2000，第 290 页。

⑦ 脱脱等：《宋史》卷 485《夏国传》，中华书局，1985，第 13981 页。

⑧ 倪辂辑，王崧校理，胡蔚增订，木芹会证《南诏野史会证》，云南人民出版社，1990，第 230 页。

割据的初衷有莫大关系。

“守内虚外”一词，首次出现在南宋人吕祖谦的著作《历代制度详说》，该书中他认为历代在边境实行屯田的目的是“入敌境为国守，取敌地为国圉”，而如今南宋的做法是“斥地与敌，守内虚外，以常为变，以易为难，今世之不得守兵也”。接着对“守内虚外”进行详细解释：“淮之内守者为建康，襄之内守者为丹阳，汉之内守者为鄂渚，而浙之为内守者，行都是也。天下固不当有防内地置重兵而谓之守者也。敌人窥伺，兵革如起，疆埸之间，朝秦暮楚，曰守可也。委长、淮之扞蔽，弱襄、汉之镇戍，自庭而堂，自堂而室，守之可乎？”最后他还对宋朝“守内虚外”所造成的严重后果进行了评价：“警备于平居无事之时，屯守于阃奥至安之地，未尝有一日之战，而上下交以为至难，此所谓斥地与敌，守内虚外，以常为变，以易为难者耶。”①

可见，吕祖谦所言守内虚外是针对南宋边防屯军情况而言，他认为南宋屯兵是不合理的，重兵屯之于“阃奥至安之地”，如建康、丹阳、鄂渚以及行都等地，而这些地方“未尝有一日之战”，相反，襄、汉作为军事要地，却“弱襄汉之镇抚”。他认为这样的军事布置是本末倒置，不符合地缘形势的需要。因此，他将南宋这样的做法称为“斥地与敌，守内虚外”。

目前，学术界的研究将吕祖谦在论述南宋屯田中存在的“守内虚外”制度，扩大和引申至北宋在内外关系及内外军队的布置上，因而引起了学界关于北宋是否存在“守内虚外”国策的分歧。双方的主要分歧在于对“守内虚外”制度内涵和外延的理解上。该问题的解决，还有赖于对“守内虚外”一词的进一步考证和探索。

二　守内虚外的后果

从吕祖谦的理解来看，“守内虚外”主要是针对军队屯戍本末倒置的情况而言，这一政策导致南宋在抵御金兵的进攻中处于虚守状态。这种状况的出现，与南宋统治者的军事防御有一定关系。南宋立国后，

① 吕祖谦：《历代制度详说》卷10《屯田·详说》，《景印文渊阁四库全书》第923册，台湾商务印书馆，1986，第976页。

"无百二山河，唯曰长江为户庭，两淮为藩篱"，南宋定都临安，借助长江天险及两淮防区，形成对都城的两道防御线。南宋与金划定边界后，双方以淮河、大散关一线为界，这样，南宋只能依凭长江天险来实现对金朝的防御。"据长江之险，择要害之地，置战舰水军，使形势相接，金鼓之声相闻，敌人虽有百万之师，岂敢轻犯哉！"① 南宋屯驻大军主要在两淮地区，"彼之精锐尽在两淮"。② 南宋防御格局的形成，主要目的是守住长江天险，护卫都城临安之安全。

这一防御格局在屯驻大军的部署上，也有所体现。绍兴五年（1135），南宋抗金斗争暂告一段落，此时南宋军队形成了刘光世、韩世忠、张俊、岳飞和吴玠统领的五支大军的局面。这五支大军的驻扎地相对稳定，各有自己负责的防区，是南宋比较严格意义上的屯驻大军形成的开始。后刘光世拥兵自重、畏敌怯战，于绍兴七年（1137）被解除兵权，其军队改由吕祉统领，引发了淮西兵变，最后只剩八千人，隶属张俊部。事实上，仅存四支屯驻大军。其间，由于时局的变化及朝廷自身的原因，南宋对上述屯驻大军进行了整顿和改组，到开禧三年（1207）止，最终形成十支屯驻大军的格局。尽管由先前的四支改为十支的屯驻格局，但仍保持了以长江沿线为主屏藩临安的战略思想。如两淮地区屯驻建康、镇江、池州，荆襄地区屯驻鄂州、江州、江陵等地。且在这十支屯驻大军中，"东南惟以润（镇江）、升（建康）、鄂三军为根本"，四川"惟兴州偏重"。③ 南宋此举，除考虑时局的需要外，也有分化拥兵大将事权的考虑，而后者无疑部分体现了"防范武将，不敢付以重兵，而宁肯分散兵力，实行消极防御的方针"。④

南宋在军队驻扎上也不合理。端平年间，南宋军队情况："襄阳军屯数年前正军犹是四万余人，而北军三寨之在城外者不及二千，已有难制之忧。今正军日阙，北军已增近二万，宾主不敌，识者寒心……荆襄所恃保

① 《李纲全集》卷103《与宰相论捍贼札子》，岳麓书社，2004，第985页。

② 宋濂：《元史》卷157《郝经传》，中华书局，1976，第3702页。

③ 李心传：《建炎以来朝野杂记》甲集卷18《关外军马钱粮数》，中华书局，2000，第406页。

④ 王曾瑜：《宋朝兵制初探》，中华书局，1983，第152页。

捷一军，十余年来颇已凋落，虽有新招镇北二万人，其如南军，殆如冰炭。荆鄂旧军二万余人，粗若可用，然仅存者六七千人，虽有外五军，亦不满数千。蜀中诸军，旧管九万八千，马二万，嘉定核实，裁为八万二千，马八千，则气势已不逮昔矣；近者更加核实，官军才六万余人，忠义万五千，而其间老弱虚籍者，又未可计。是以五六万人当二千七百里之边面，寡众强弱，此盖难见。”① 荆襄及川蜀防区军队衰落严重，守军数量与防边任务严重不匹。其后吴泳又说：“蜀口兵额旧号十万，安丙帅蜀日尚七万有奇。比年敌兵深入，除死损溃散外，通忠义及杨家军，闻止有三万。兵之单弱如此，何以摆布边面?”② 而淮南一带，则因为直接屏蔽临安，驻军最多。据咸淳七年（1271）上官涣言，淮南兵力“官兵不下十七八万”。③

南宋将重兵屯驻在长江沿线以南，长江以北的广大地域驻兵较少，造成防守上的空虚。绍兴五年（1135）李纲上奏言：

> 夫淮南、荆襄者，东南之屏蔽也，六朝之所以能保有江左者，以强兵巨镇尽在淮南、荆襄间……今朝廷欲为守备，则当于淮南东、西及荆襄置三大帅，屯重兵以临之。东路以扬州，西路以庐州，荆襄以襄阳为帅府……如淮东则以江东路财用给之，淮西则以江西路财用给之，荆襄则以湖南北路财用给之。徐议营田，使自赡养；遇有贼马，则大帅遣兵应援；稍能自守，商旅必通，乃可召人归业，渐次葺理，假以岁月，则藩篱成矣。前有藩篱之固，后有长江之险，加以战舰水军，使沿江一带帅府、要郡，上连下接，自为防守，则贼马虽多，岂敢轻犯？近年以来，大将握重兵于江南，官吏守空城于江北，虽有天险，初无战舰水军之制，故敌人得以侵扰窥伺。④

---

① 魏了翁：《鹤山先生大全文集》卷19《被召除礼部尚书内引奏事第四札》，四部丛刊初编本，高等教育出版社影印本，2016，第92页。

② 吴泳：《鹤林集》卷20《边备札子》，《景印文渊阁四库全书》第1176册，台湾商务印书馆，1986，第197页。

③ 《咸淳遗事》卷下，咸淳七年九月，《景印文渊阁四库全书》第408册，台湾商务印书馆，1986，第828页。

④ 《李纲全集》卷78《奉诏条具边防利害奏状》，岳麓书社，2004，第794页。

襄阳失守与南宋“守内虚外”驻军格局有关。襄阳地缘战略地位重要，但因地处长江以北，故未能得到足够重视。“天下大事，首蜀尾淮，而腰膂荆襄，自昔所甚重也”,① 荆襄战场又以襄阳最重要。端平三年（1236）襄阳失守后，宋朝方注意到襄阳的重要性，“襄阳重地，系国存亡，所当亟行经理”。② 孟珙也说：“襄、樊为朝廷根本，今百战而得之，当加经理，如护元气，非甲兵十万，不足分守。与其抽兵于敌来之后，孰若保此全胜？上兵伐谋，此不争之争也”。③ “襄阳，天下之脊，古今重地。”④ 南宋后来才加强了对襄阳的建设和防守。宝祐三年（1255），方逢辰言：“当择荆之猛将，责以必死之规模守樊、襄。”⑤ 蒙军后来以襄阳作为突破点攻宋的战略，也证明了襄阳在整个南宋地缘战略中的重要作用。

南宋“守内虚外”的军事布局，导致长江以北防线重镇驻军少、军事力量弱，削弱了宋军的防御力，在战争中，宋朝军队要么弃城逃跑，要么避城自守。金军进攻中原，南宋军队往往一触即溃，或者是不战而溃，即金人所谓“有掳掠，无战斗”。蒙古军队在宋境“纵骑焚掠，出没自如”。绍定四年（1231）五月，蒙古军为实现假道攻金的战略部署兵分两路对南宋发起了进攻。西路军由沔州南下进攻大安军（陕西宁强县阳平关），并沿嘉陵江长驱南下，经利州、葭萌（四川昭化南）、阆州、南部至果州，“长驱深入，若践无人之境”，一直深入四川腹地。⑥ 面对金、蒙进攻，宋朝官军避城不战的现象较普遍，史书中记载亦不少。蒙古在假道攻金后，渐产生了轻宋之心。

综上所述，南宋与金以大散关和淮河为界，长江以北属于平原地带，

---

① 庄仲方辑《南宋文范·（洪咨夔）召试馆职策问》，任继愈主编《中华传世文选》（六），吉林人民出版社，1998，第567页。

② 魏了翁：《鹤山先生大全文集》卷30《缴奏奉使复命十事》，四部丛刊初编本，高等教育出版社影印本，2016，第412页。

③ 脱脱等：《宋史》卷412《孟珙传》，中华书局，1985，第12376页。

④ 李曾伯：《可斋杂稿》卷19《奏襄樊经久五事》，《景印文渊阁四库全书》第1179册，台湾商务印书馆，1986，第389页。

⑤ 黄溍著，王颋点校《黄溍集》（第4集）卷33《阡表》，浙江古籍出版社，2013，第1218页。

⑥ 黄淮、杨士奇编《历代名臣奏议》卷99《经国》，李鸣复奏议，上海古籍出版社，2012，第1349页。

不利于防守。有鉴于此，苟且偷安于东南一隅的南宋统治者，放弃对长江以北的防御，主要借助长江天险及两淮防区实现对都城临安之屏蔽，这种驻军格局被时人吕祖谦称为“斥地与敌，守内虚外”。精锐部队多集中在两淮，导致了与金、蒙在中原地区的交战中，南宋军队战斗力低下。

第四节 苟且偷安思想的消极后果

宋朝立国，周边少数民族政权军事力量强劲，对宋朝构成严重威胁。汉、唐时以汉族为中心的朝贡秩序不复存在，宋朝面临恶劣地缘环境及严峻的地缘压力，宋朝统治者在处理对外关系中，持谨慎、保守态度。北宋尚有对外开边之举，南宋统治者则信心全无，苟且偷安，造成了对外军事防御力下降，在对外关系中多屈辱妥协。

一 造成对金的屈辱妥协

南宋统治者苟且偷安思想严重，在屈辱中立国的高宗，为躲避金人袭击，四处逃窜，从应天府一路逃至东南海上，整个过程可谓惊心动魄。窜逃中的高宗不断遣使向金求和，并表示：“愿削去旧号，是天地之间，皆大金之国，而尊无二上，亦何必劳师远涉，而后为快哉！”① “卑辞厚礼，遣使相望，以至愿去尊称，甘自贬黜，请用正朔，比于藩臣。”② 对于此举，高宗解释为“父兄在远，而兵民未抚，不欲身陷于锋镝。故包羞忍耻，为退避之谋”，③ 为自己的卑躬屈膝、屈辱求和寻找冠冕堂皇的理由。建炎三年（1129）七月赵构致书宗翰言：“古之有国家，而迫于危亡者，不过守与奔而已。今以守则无人，以奔则无地，此所以諰諰然，惟冀阁下之见哀而赦己。”④ 高宗求和未得到金人同意后，不得已任命李纲主持防御金人南侵事宜。于是，形成了一面御金、一面求和的矛盾状态，但由于

① 李心传：《建炎以来系年要录》卷26，建炎三年八月丁卯条，中华书局，2013，第608页。

② 李心传：《建炎以来系年要录》卷29，建炎三年十一月丁卯条，中华书局，2013，第675页。

③ 李心传：《建炎以来系年要录》卷29，建炎三年十一月丁卯条，中华书局，2013，第674页。

④ 李心传：《建炎以来系年要录》卷26，建炎三年八月丁卯条，中华书局，2013，第608页。

高宗一心求和，御金只是权宜之计。李纲提出反对，认为此举将导致“国势益卑，制命于敌，无以自立”[①] 的严重后果，且建议以战促和，而非一味求和。李纲与高宗意见发生分歧，最终“凡（李）纲所规画军民之政，一切废罢”。[②] 为扭转局势，宗泽提出重整军心、加强军备，联络西夏、高丽等共同夹击金朝的计划，且督促高宗早日回京，安定人心，“早降回銮之诏，以系天下人心”。[③] 高宗未予理睬，最终宗泽“忧愤成疾，疽发于背”，[④] 忧愤而亡。杜充继任东京留守后，无意恢复，[⑤] 正好与高宗苟且偷安的想法不谋而合。

黄天荡之役后金军北返，南宋在江南站稳脚跟。绍兴八年（1138）高宗以“内修政事，缮治甲兵，以定基业”[⑥] 为由，下诏定都临安，此举意味着高宗放弃恢复中原、形成偏居一隅的立国形势。绍兴八年，以宋朝称臣纳贡为代价，宋金签订和议。绍兴十年（1140），宋、金战事再起，宋高宗向金进誓表言：“世世子孙，谨守臣节。每年皇帝生辰并正旦，遣使称贺不绝。”金朝乃册封赵构为宋帝：“册命尔为帝，国号宋，世服臣职，永为屏翰。”[⑦] 金朝志在灭宋，根本无意履行和约。宋朝只好全力抗金，刘锜在顺昌之战以五千兵马大败金军，由于高宗无意进取而想求和，于是下令“择利班师”，[⑧] 退守镇江。洪皓上书高宗表达惋惜之情：“顺昌之役，虏震惧丧魂，燕之珍宝，悉取而北，意欲捐燕以南弃之。王师亟还，自误机会，可惜也。”[⑨] 岳飞一路的遭遇相同，“金兵累败，兀术等皆

---

① 《李纲全集》卷58《议国是》，岳麓书社，2004，第635页。

② 脱脱等：《宋史》卷358《李纲传》，中华书局，1985，第11260页。

③ 李心传：《建炎以来系年要录》卷15，建炎二年五月辛卯条，中华书局，2013，第372页。

④ 脱脱等：《宋史》卷360《宗泽传》，中华书局，1985，第11284页。

⑤ 李心传：《建炎以来系年要录》卷16，建炎二年七月甲辰条，中华书局，2013，第399页。

⑥ 徐梦莘：《三朝北盟会编》卷183，绍兴八年三月二日条，上海古籍出版社，1987，第1325页。

⑦ 脱脱等：《金史》卷77《宗弼传》，中华书局，1975，第1755～1756页。

⑧ 李心传：《建炎以来系年要录》卷136，绍兴十年六月丙寅日注引郭乔年《顺昌破敌录》，中华书局，2013，第2549页。

⑨ 李心传：《建炎以来系年要录》卷136，绍兴十年闰六月己亥条，中华书局，2013，第2558页。

令老少北去，正中兴之机”① 时，收到“措置班师”的命令，以致“所得州县，旋复失之”。② 岳飞上奏云：“金人锐气沮丧，尽弃辎重，疾走渡河，豪杰向风，士卒用命，时不再来，机难轻失。”③ 并发出了“十年之力，废于一旦”④ 的愤慨！在战争取得胜利的情况下，高宗下令班师，其目的是与金议和，最终双方签订了绍兴和议，和平的换取是以宋人屈辱求和、纳贡等为代价的。为达到议和目的，议和前宋高宗对使臣言：“卿等此行，不须与虏人计较言语，卑辞厚礼，朕且不惮，如岁币岁贡之类不须较”。⑤ 宋金此次议和，宋朝是无条件的，无论双方实力如何，对议和结果没有实质性的影响，最终达到议和目的即可。为此，宋人卑躬屈膝。这一点金人又何尝不知。此后，双方不平等关系加剧，隆兴和议后金宋确立为叔侄之国的相对关系，嘉定和议之后，双方确立为“伯侄”之国的相对关系。

宋人的苟且偷安心理，金人看得甚透，于是，多次利用以战促和的方式，向宋朝索要更多好处，金人也愈加轻视宋朝。早在北宋联金灭辽时，金人对宋已有轻视之意。“若我将来灭契丹，尽有其地，则南朝何敢不奉我币帛，不厚我欢盟。设若我欲南拓土疆，彼以何力拒我，又何必跨海讲好。在我俟平契丹，仍据燕地，与宋为邻，至时以兵压境，更展提封，有何不可?”⑥ 南宋立国后一味屈膝求和，助长了金人的傲慢之气，完颜亮曾言：“朕举兵灭宋，远不过二三年，然后讨平高丽、夏国。”⑦ 蒙古在北方兴起后不断侵金，金朝迁都汴京，河北尽失，仅能控制河南数州之地，疆土日蹙，危机重重。金朝此时不是整顿内务、加强防备，而是转嫁危机南侵宋，并言：“吾国兵较北诚不如，较南则制之有余力。”⑧ 金朝甚至认为北宋软弱可欺，不敢败盟，“宋人孱弱，畏我素

① 脱脱等：《宋史》卷 365《岳飞传》，中华书局，1985，第 11390 页。
② 脱脱等：《宋史》卷 365《岳飞传》，中华书局，1985，第 11391 页。
③ 脱脱等：《宋史》卷 365《岳飞传》，中华书局，1985，第 11391 页。
④ 脱脱等：《宋史》卷 365《岳飞传》，中华书局，1985，第 11391 页。
⑤ 李心传：《建炎以来系年要录》卷 80，绍兴四年九月乙丑条，中华书局，2013，第 1512 页。
⑥ 徐梦莘：《三朝北盟会编》卷 4，宣和二年十一月二十九日条，上海古籍出版社，1987，第 29 页。
⑦ 脱脱等：《金史》卷 129《张仲轲传》，中华书局，1975，第 2783 页。
⑧ 宇文懋昭撰，崔文印校证《大金国志校证》卷 24《宣宗皇帝上》，中华书局，1986，第 328 页。

深，且知北兵方强，将恃我为屏蔽”,[①] 料定宋朝不会北伐。如嘉定议和后王维翰言：“宋主怠于政事，南兵怯弱，两淮兵后千里萧条，其臣惩韩侂胄、苏师旦，无复敢执其咎者，不足忧也。”[②]

对金一味屈膝求和的做法，宋朝内部有朝臣也提出反对意见。如吏部侍郎魏矼言“如屈膝受令，则大不可从者也”，并陈述理由：“傥或轻从之，屈膝受令，他时反为所制，号令废置，将出其手，一有不从，便生兵隙，予夺在彼，失信在我，非计之得也。虽使还我空地，如之何而可保？虽欲寝兵，如之何而可寝？虽欲息民，如之何而可息？”[③] 还有朝臣上疏言：“金人以和之一字得志于我者十有二年，以覆我王室，以弛我边备，以竭我国力，以懈缓我不共戴天之仇，以绝望我中国讴吟思汉之赤子，以诏谕江南为名，要陛下以稽首之礼。自公卿大夫至六军万姓，莫不扼腕愤怒，岂肯听陛下北面为仇敌之臣哉！”[④]

秦桧任相后，屈辱求和思想在朝廷蔓延开来。史书言：“始，朝廷虽数遣使，但且守且和，而专与金人解仇议和，实自桧始。”[⑤] 绍兴八年（1138）宋高宗对秦桧言：“先帝梓宫，果有还期，虽待二三年尚庶几，惟是太后春秋高，朕旦夕思念，欲早相见，此所以不惮屈己，冀和议之速成也。”秦桧答曰：“屈己议和，此人主之孝也，见主卑屈，怀愤不平，此人臣之忠也。”[⑥] 对此，宋高宗解释道：“朕以梓宫未还，母后在远，陵寝宫阙久稽泛扫，兄弟宗族未得聚会，南北军民十余年间不得休息，欲屈己求和。”[⑦] 其理由甚为冠冕堂皇。对宋高宗屈膝求和的种种行径，王夫之曾评价道：“高宗之畏女直（真）也，窜身而不耻，屈膝而无惭，直不可谓有生人之气矣。”[⑧] “帝方偷安忍耻，匿怨忘亲，卒不免于来世之诮，

① 脱脱等：《金史》卷 109《许古传》，中华书局，1975，第 2415 页。

② 脱脱等：《金史》卷 121《王维翰传》，中华书局，1975，第 2648 页。

③ 李心传：《建炎以来系年要录》卷 123，绍兴八年十一月壬寅条，中华书局，2013，第 2302 页。

④ 脱脱等：《宋史》卷 473《秦桧传》，中华书局，1985，第 13754 页。

⑤ 脱脱等：《宋史》卷 473《秦桧传》，中华书局，1985，第 13749 页。

⑥ 脱脱等：《宋史》卷 473《秦桧传》，中华书局，1985，第 13752 页。

⑦ 李心传：《建炎以来系年要录》卷 123，绍兴八年十一月辛丑条，中华书局，2013，第 2297 页。

⑧ 王夫之：《宋论》卷 10《论南宋初期政局》，中华书局，2008，第 115 页。

悲夫!"[①] 宋高宗这种畏金的消极防御思想，不仅使自身处于屈辱之中，整个国家亦失去开拓之志。后人评价宋高宗"怀苟安自全之心，无雪耻复仇之志",[②] 可谓一语中的。

二 造成对外军事上的软弱

皇统九年（1149），完颜亮继位后，开始侵宋。至此，宋金和平相处局面被打破。有金人指出，"宋人无罪，师出无名"。[③] 为了出师有名，正隆四年（1159），完颜亮以"夹带违禁货物，图利交易"为由，罢"密、寿、颍、唐、蔡、邓、秦、巩、洮州，凤翔府等处榷场",[④] 故意挑起宋金争端。正隆六年（1161），金又对贺宋使王全言："汝见宋主，即面数其焚南京宫室，沿边买马、招致叛亡之罪，当令大臣某人某人来此，朕将亲诘问之，且索汉、淮之地，如不从，即厉声诋责之，彼必不敢害汝。"[⑤] 为了挑起宋金战事，金朝编织罪名，强加于宋。绍兴二十八年（1158），使金使孙道夫向宋高宗言，"敌（金）有窥江、淮意"，宋高宗乃言："朝廷待之甚厚，彼以何名为兵端?"孙道夫言："彼金人（完颜亮）身弑其父兄而夺其位，兴兵岂问有名?"[⑥] 宋高宗及其宰臣在大难临头之际，对金毫无戒备，宋朝长期以来"民不识兵",[⑦] "自绍兴和议成，材武善谋之士，无所用其力",[⑧] 将帅"望风奔溃，未尝有敢抗之者",[⑨] "帅守之弃城者，习以成风",[⑩] "兵不如昔之强，将不如昔之勇",[⑪] "宋主怠于政

---

① 脱脱等:《宋史》卷32《高宗纪》，中华书局，1985，第612页。
② 陆容:《菽园杂记》卷13，中华书局，1997，第165页。
③ 脱脱等:《金史》卷83《祁宰传》，中华书局，1975，第1874页。
④ 李心传:《建炎以来系年要录》卷181，绍兴二十九年正月甲申条，中华书局，2013，第3473页。
⑤ 脱脱等:《金史》卷129《李通传》，中华书局，1975，第2784页。
⑥ 脱脱等:《宋史》卷382《孙道夫传》，中华书局，1985，第11766页。
⑦ 佚名编，金少英校补，李庆善整理《大金吊伐录校补》卷136《宋太学生汪学海上大金元帅书》，中华书局，2001，第370页。
⑧ 脱脱等:《宋史》卷370《郑刚中传》，中华书局，1985，第11514页。
⑨ 李心传:《建炎以来朝野杂记》甲集卷19《十三处战功》，中华书局，2000，第449页。
⑩ 李心传:《建炎以来系年要录》卷15，建炎三年四月丙寅条，中华书局，2013，第362页。
⑪ 吴泳:《鹤林集》卷19《论中原机会不可易言乞内修政事札子》，《景印文渊阁四库全书》第1176册，台湾商务印书馆，1986，第187页。

事，南兵怯弱，两淮兵后千里萧条”[①]。由于军备废弛，南宋在与金的军事较量中只能屈辱求和。“帝（理宗）问以金事，（赵葵）对曰：‘今国家兵力未赡，姑从和议，俟根本既壮，雪二帝之耻，以复中原。’”[②]

南宋向金屈辱求和，进贡大量岁币，虽换来了暂时和平，却造成国库空虚、国家财政紧张的局面，军备建设进而受到影响。“军国空虚，州县罄竭”；“耕夫无一勺之食，织妇无一缕之丝，生民熬熬，海内汹汹。天下之势，譬如以漓胶腐纸，粘缀破坏之器，而置之几案，稍触之则应手堕地而碎耳”,[③]“国计捉衿而见肘，民生剜肉以医疮”。[④] 基于国力衰弱的现实，吴潜曾上书反对河南用兵：“量吾事力，实有难言。今姑以淮西论之，朝廷桩积之米，不过百万余石，往往三分虚数。在籍之兵，不满八万，往往大半老弱。加以椎剥掊克之余，败亡伤耗之后，人无固志，士有饥腹。三边事体，大略可知。往年淮安之役（指平定李全之乱），朝廷会诸道之兵至十二三万人，（淮）东总（领所）至用米一百二十余万石，乃克有济。若举师北向，费当十倍，窃计国力，决不能支。”[⑤]

---

① 脱脱等：《金史》卷121《王维翰传》，中华书局，1975，第2648页。

② 脱脱等：《宋史》卷41《理宗纪》，中华书局，1985，第799页。

③ 吴潜：《许国公奏议》卷1《奏论都城火灾乞修省以消变异》，中华书局，1985，第2页。

④ 洪咨夔著，侯体健点校《洪咨夔集》（中）“平斋文集”卷25《通李参正启》，浙江古籍出版社，2015，第616页。

⑤ 吴潜：《许国公奏议》卷1《应诏上封事条陈国家大体治道要务凡九事》，中华书局，1985，第22页。

第七章

联金攻辽、联蒙灭金及对两次北伐的认识与分析

第一节　对宋朝联金攻辽、联蒙灭金事件的认识与分析

联金攻辽和联蒙灭金是宋朝统治者两次运用“联夷以制夷”的外交策略。联金攻辽发生在北宋末期，北宋统治者看到辽衰亡之势后，主动联金攻取辽朝，辽亡后，金人大举南侵，北宋灭亡。联蒙灭金则发生在南宋后期，南宋统治者得知金朝有蒙古之扰后，与蒙古联合南北夹击金朝，灭金后，蒙古顺势灭南宋。这两次军事事件加速了宋朝的覆灭，宣告了宋朝“联夷以制夷”外交政策的破产，在宋史研究中意义重大。

目前，学术界对联金攻辽和联蒙灭金事件，已各有研究，并形成了不同的看法。按理说，有了北宋联金攻辽的前车之鉴，南宋在联蒙灭金事件上应该更加审慎，然而，南宋统治者似乎并未吸取教训。这究竟是历史的巧合，还是宋人在处理对外关系上的惯性做法呢？其原因值得深究。

一　北宋联金攻辽

宋辽签订澶渊之盟后，双方和平相处百余年。但在宋人看来，辽成为宋朝收复燕云的重要阻碍，疆土未全，始终是宋朝统治者的心头之痛。因此，当得知金在北方崛起并攻辽后，宋人收复燕云之心再次燃起，成为宋金联合的重要基础。

女真在东北崛起之初，由于地缘隔绝，宋朝对其并不了解。史载政和元年（1111），“朝廷差童贯副郑允中奉使。辽人有马植者，潜见童贯于

路。植，燕京霍阴人，涉猎书传，有口才，能文辞，长于智数，见契丹为女真侵暴，边害益深，盗贼蜂起，知契丹必亡，阴谋归汉，说贯以边事。是时，童贯奉密旨，使觇其国，于是约其来归。植数上书奏，上喜，赐姓李名良嗣"。① 对于马植所献之策，有学者认为，由于此时女真处于辽的管辖下，实力尚弱，不足以撼动辽朝的统治基础，因而"所献计策并非联金复燕之策，而只是复燕之策"，② 此说有一定道理。首先，收复燕云一直是北宋的心愿，先前宋朝就曾联络高丽，但高丽权衡利弊后并未答应。其次，此时宋辽间尚正常遣使，宋朝对辽是有一定了解的，灭辽之事，宋朝定不会贸然行动。况且后来在宋金联合灭辽时，宋人提出的诉求仍然是收复燕云地区。"燕京一带，本是旧汉地。欲相约夹攻契丹，使女真取中京，本朝取燕京一带。阿骨打令译者言，云：'契丹无道，我已杀败，应系契丹州域，全是我家田地。为感南朝皇帝好意，及燕京本是汉地，特许燕云与南朝，候三四日，便引兵去。'良嗣对：'契丹无道，运尽数穷，南北夹攻，不亡何待？贵国兵马去西京甚好。自今日议约既定，只是不可与契丹议讲和'。……良嗣对：'今日说约既定，虽未设盟誓，天地鬼神实皆照临，不可改也。'"③ 可见，宋朝在整个行动中并非以灭辽为主，而是以收复燕云为首要目标。宋人的行为符合宋初以来的"汉唐旧疆"观念下对燕云的看法。

此后，宋朝对女真有了进一步了解，史载："有辽人船二只，为风漂达我驼矶岛。乃高药师、曹孝才及僧郎荣率其亲属老幼二百人，因避乱欲之高丽，为风漂至州。具言辽人以渤海变乱，因为女真侵暴，女真军马与辽人争战累年，争夺地土已过辽河之西，今海岸以北自苏复至兴沈同咸州，悉属女真矣。"④ 登州守臣将情况上报朝廷，"政和七年秋七月四日庚寅，登州守臣王师中奏有辽人苏州汉儿高药师、僧郎荣等，以舟

① 徐梦莘：《三朝北盟会编》卷1，政和七年七月四日条，上海古籍出版社，1987，第1页。

② 赵永春：《北宋联金复燕之议始于何时?》，《松辽学刊》1985年第3期。

③ 徐梦莘：《三朝北盟会编》卷4，宣和二年三月六日条，上海古籍出版社，1987，第25页。

④ 徐梦莘：《三朝北盟会编》卷1，政和七年七月四日条，上海古籍出版社，1987，第1页。

浮海至文登县"。[①] 此事金朝史料也有记载："去夏，有汉儿郭药师者泛海来，具言女真攻辽事。"[②] 通过辽人之口，宋朝对辽、金战事有了了解，这对宋朝对辽战略产生重要影响。赵良嗣进一步建议："女真恨辽人切骨，而天祚荒淫失道。本朝若遣使自登、莱涉海，结好女真，与之相约攻辽，其国可图也。"[③] 这就是"联金灭辽"之策，蔡京、童贯等人也支持"以图取燕"。[④] 为深入了解情况，宋徽宗还下令登州守臣王师中"募人持诏，以市马为名伺其实"。[⑤]《三朝北盟会编》记载该经过："'今不若降诏，遵故事，以市马为名，令人访其事体虚实如何。'上可之，诏登州守臣王师中募人同高药师等赍市马诏泛海以往探问，其后通好女真，议举兵相应，夹攻灭辽。"[⑥] 政和八年（1118）八月，马政等出使金朝，言："先是，贵朝（指金朝）在大宋太祖皇帝建隆二年时，常遣使来买马，今来主上闻贵朝攻陷契丹五十余城，欲与贵朝复通前好。兼自契丹天怒人怨，本朝欲行吊伐，以救生灵涂炭之苦，愿与贵朝共伐大辽。虽本朝未有书来，特遣政等军前共议，若允许，后必有国使来也"。[⑦] 此事详细的经过为："（政和八年）四月二十七日己卯，遣武义大夫马政及平海军卒呼延庆同高药师等过海，至女真军前议事。童贯与王师中选马政可委，呼延庆善外国语，又办船（辨博），同将校七人、兵级八十人，同高药师去女真军前。"[⑧] 同年（1118）十二月，马政与女真使团回到宋朝，"女真发渤海人一名李善庆、熟女真一名小散多、生女真一名勃达，共三人，赍国

① 徐梦莘：《三朝北盟会编》卷1，政和七年七月四日条，上海古籍出版社，1987，第1页。

② 宇文懋昭撰，崔文印校证《大金国志校证》卷1《太祖武元皇帝上》，中华书局，1986，第14页。

③ 脱脱等：《宋史》卷472《赵良嗣传》，中华书局，1985，第13734页。

④ 徐梦莘：《三朝北盟会编》卷1，政和七年秋七月四日条，上海古籍出版社，1987，第1页。

⑤ 李心传：《建炎以来系年要录》卷1，建炎元年正月丁未条，中华书局，2013，第4页。

⑥ 徐梦莘：《三朝北盟会编》卷1，政和七年七月四日条，上海古籍出版社，1987，第1页。

⑦ 徐梦莘：《三朝北盟会编》卷2，政和八年闰九月二十七日，上海古籍出版社，1987，第14页。

⑧ 徐梦莘：《三朝北盟会编》卷1，政和八年四月二十七日条，上海古籍出版社，1987，第3页。

书并北珠、生金、貂革、人参、松子为贽，同马政等俾来还礼朝觐，以十二月二日至登州，遣诣京师”。[①] 可以说，这次马政使金已初见成效。

金天辅三年（1119）春正月，“宋遣其使赵良嗣来。先是金使同呼庆持国书来宋，因遣良嗣来通好，犹以买马为名，其实约夹攻辽，取燕云旧地也。第面约不赍国书”。[②]《三朝北盟会编》对此事经过记载详细：“宣和元年三月十八日甲子，差归朝官、朝议大夫、直秘阁赵有开，忠翊郎王环充使，赍诏书、礼物，与李善庆等渡海聘金国。先是，归朝官赵良嗣、赵有开议报聘女真仪，良嗣欲用国书礼，有开曰：‘女真之酋，止节度使，世受契丹封爵，常慕中朝，不得臣属。何必过为尊崇，止用诏书足矣。’问善庆如何。善庆曰：‘二者皆可用，惟朝廷择之。’于是，从有开。与善庆等至登州，未行，有开死。会河北奏得谍者，言契丹已割辽东地，封女真为东怀国主，且妄言女真尝祈请契丹修好，诈以其表闻。于是，罢使人之行，止差呼延庆等用登州牒，遣李善庆等归。”[③] 宋朝未以国书礼来对待金国，而是想以辽之属臣来对待金，该情况反映出宋朝自身的盲目，以及对金情况的不了解。金对宋朝此举反应强烈：“跨海求好，非吾家本心；共议夹攻，匪我求尔家。尔家再三渎吾家。吾家立国，已获大辽数郡，其他州郡可以俯拾。所遣使人报聘者，欲交结邻国，不敢拒命。暨闻使回，不以书示，而以诏诏我，已非其宜；使人虽卒，自合复差使人，止令使臣前来议事，尤非其礼，足见中辍。本欲留汝，念过在尔朝，非卿罪也。如见皇帝，若果欲结好，同共灭辽，请早示国书；若依旧用诏，定难从也。……又念与汝家已结夹攻，遂鞭其来使，不受法驾，乃本国守尔家之约，不谓贵朝如此见侮。卿可速归，为我言其所以。”之后，“国主遂起。翌日，呼延庆辞归。……二十六日戊戌，呼延庆离女真军前”。[④] 金为寻求与宋共同攻辽，最终还是释放了呼延庆。

---

① 徐梦莘：《三朝北盟会编》卷2，政和八年十二月二日条，上海古籍出版社，1987，第15页。

② 宇文懋昭撰，崔文印校证《大金国志校证》卷1《太祖武元皇帝上》，中华书局，1986，第17～18页。

③ 徐梦莘：《三朝北盟会编》卷4，宣和元年三月十八日条，上海古籍出版社，1987，第24页。

④ 徐梦莘：《三朝北盟会编》卷4，宣和元年十二月二十五日条，上海古籍出版社，1987，第24～25页。

金朝早在建国前就确立了统一全国的战略方针，“愿大王（完颜阿骨打）册帝号，封诸番，传檄响应，千里而定，东接海隅，南连大宋，西通西夏，北安远国之民，建万世之镃基，兴帝王之社稷”。[①] 可见，联宋攻辽是金朝的既定战略。关于金朝联宋攻辽战略，有学者研究后指出，尽管金初的反辽战争节节胜利，但金朝时值初兴，国家的政治、军事和经济实力都无法与辽相比，而辽虽然已走向没落，但其国家实力仍不可小觑，金人联宋战略的出台，主要原因在于“金人想要单独灭亡辽朝，并没有必亡的把握”。[②] 为此，灭辽前宋金双方进行了详细约定：“良嗣之来使也，大概议夹攻辽，使金人取中京，宋朝取燕京，许之岁币。初许三十万，而卒与契丹旧数。良嗣曰：‘燕京一带，则并西京是也。’国主亦许之，遂以手札付良嗣，约以本国兵自平地、松林趍古北口，南朝兵自白沟夹攻，不然则难依已许之约。仍遣使偕来，止作新罗人来朝见。其国书略曰：‘大金皇帝谨致书于大宋皇帝阙下：盖缘素昧，未致礼容，酌以权宜，交驰使传。赵良嗣言，燕京本是汉地，若许复旧，将自来与契丹银绢转交。虽无国信，谅不妄言。若将来贵朝不为夹攻，即不依得已许为定。具形儆幅，冀谅鄙悰。’马政回使于金，国书略曰：‘大宋皇帝谨致书于大金皇帝：远承信介，特示函书，致罚契丹，逖闻为慰，确示同心之好，共图问罪之师。诚意不渝，义当如约。已差童贯勒兵相应，彼此兵不得过关，岁币依与契丹旧数，仍约毋听契丹讲和。’”[③] 宋朝的诉求并未得到金朝的全部允诺，后有变动。天辅六年（1122）正月，金攻取辽朝中京，十二月“上伐燕京。宗望率兵七千先之，迪古乃出得胜口，银术哥出居庸关，娄室为左翼，婆卢火为右翼，取居庸关。丁亥，次妫州。戊子，次居庸关。庚寅，辽统军都监高六等来送款。上至燕京，入自南门，使银术哥、娄室阵于城上，乃次于城南。辽知枢密院左企弓、虞仲文，枢密使曹勇义，副使张彦忠，参知政事康公弼，佥书刘彦宗奉表降”。[④] 金很快便攻下了燕京

---

① 徐梦莘：《三朝北盟会编》卷3，重和二年正月十日条，上海古籍出版社，1987，第22页。

② 赵永春：《金宋关系史》，人民出版社，2005，第14页。

③ 宇文懋昭撰，崔文印校证《大金国志校证》卷1《太祖武元皇帝上》，中华书局，1986，第18页。

④ 脱脱等：《金史》卷2《太祖纪》，中华书局，1975，第39页。

和西京，宋朝看到金军节节胜利，急派童贯率兵助金攻辽。

在联金攻辽战略中，金朝是灭辽的主力军，宋朝处于辅助地位，因此，辽人左企弓评论曰："并力攻辽盟共寻，功成力有浅和深。"①

二　南宋联蒙攻金

在宋、金联盟灭辽战争中，金朝军事实力强劲，成为灭辽的主力。辽亡后，金军全力攻宋，灭北宋后，金军追击高宗至海上余月。金朝灭宋战争，不仅给南宋造成严峻地缘压力，而且使南宋统治者产生了消极心理，屈辱求和成为南宋处理与金关系的惯用政策。摆脱金朝压力，求取生存，成为影响南宋处理与金地缘关系的主要因素。

13 世纪初，蒙古在北方崛起后，开始征讨北方诸族，金朝便在其中。但蒙古刚刚兴起，仅凭己身之力未能灭金，寻求盟友是最佳选择。宋宁宗嘉定七年（1214）蒙古遣使入宋，"嘉定七年正月九日甲戌夜三鼓，濠州钟离县北岸吴团铺有三骑渡淮而南。水陆巡检梁实问所由，三人者出文书一囊，绢画地图一册，云是鞑靼王子成吉思遣来纳地请兵。翌日，守臣知之，遣效用统领李兴等以本州不奉朝旨，不敢受，谕遣之。又翊日，遇诸庙堽，即以筏送之而去。……鞑靼既围燕京不能下，乃分兵徇山东地。……鞑兵至济南，遣三十七骑护三人者以来，又以三百兵送之，过邳州，夺舟渡河而西。既为濠州所却，路绝不得归，匿虹县之白鹿湖中。后三日，县遣人捕送泗州。……因戒边吏，后有似此者，即驱逐去之，违者从军法，且上其事于朝"。② 陈高华先生分析此次蒙古所请之事为邀南宋出兵联合攻金，而非灭金。③ 因对蒙古不了解，宋朝边州官吏持谨慎态度，以"本州不奉朝旨，不敢受"为由拒绝。1218 年，蒙古再次"使葛葛不罕与宋议和"，④ 此次议和，具体内容不详，《元史》仅记载"庚辰，宋果渝盟"，⑤ 双方未能达成一致。自 1217 年起，蒙古持续攻金，金蒙战

① 佚名：《宣和遗事》"前集"，古典文学出版社，1958，第 61 页。

② 李心传：《建炎以来朝野杂记》乙集卷 19《鞑靼款塞》，中华书局，2000，第 848 页。

③ 陈高华：《早期宋蒙关系和"端平入洛"之役》，载《宋辽金史论丛》第 1 辑，中华书局，1985。

④ 宋濂：《元史》卷 193《石珪传》，中华书局，1976，第 4378 页。

⑤ 宋濂：《元史》卷 193《石珪传》，中华书局，1976，第 4379 页。

争进入白热化阶段，此时宋人中出现了“北通鞑靼”的建议。

起先，因地缘隔绝，南宋对金蒙战事不了解。宋宁宗嘉定四年（1211），“是时，本朝贺金国生辰使余嵘至涿州良乡县（今北京良乡），以燕城方被围，约回，始知金人有鞑靼之扰”。① 余嵘将所见情况报告朝廷，“今鞑靼坚锐，即女贡（真）崛起之初，而金人沮丧销耎，有旧辽灭亡之势”。②真德秀曾向宋宁宗奏报：“金有必亡之势，亦可为中国忧。……多事之端恐自此始。”③ 为进一步打探消息，1213 年，宋朝继续向金朝派遣使臣，但由于蒙古侵扰以及金朝内部发生叛乱，交通受阻，宋朝使臣不至而还，宋朝采取了“谨边备”“静以观之”的做法。此时，宋朝面临的地缘局势也不乐观，“今为边患者三：有垂亡之金，有新造之鞑，有归附之忠义”。④ 嘉定十三年（1220）刘克庄在与方子默的书信中言，“今山东疮口既阔，诸豪复引鞑靼与我相闻，骎骎有结连夹攻之议”。⑤ 1221 年、1223 年，南宋两次派遣苟梦玉出使西域。时人程珌云：“新敌（蒙古）遣介求通，而朝廷止其介于山阳（淮东制置司所在地），不许其辄至阙下。”⑥ 蒙古不断骚扰金边境，“自江淮以来，闻之道路，则重以鞑人之忧”。⑦ 尽管如此，蒙古灭金也并非易事，蒙古军元帅按竺迩对四川制置使桂如渊言，“宋仇金若何？胡不肆我兵锋，一洒国耻。我欲假南郑道，道洋，金牧马唐邓，与王师会，僇金孱王，宋因之刓其利，师压君境，势不徒还，谓君不得不吾假也”，⑧ 蒙古联宋不成，试图假道宋朝灭金。

---

① 曾枣庄主编《宋代传状碑志集成》卷 175《参知政事资政殿学士致仕真公神道碑》，四川大学出版社，2012，第 2665 页。

② 刘克庄：《后村先生大全集》卷 145《龙学余尚书》，四部丛刊初编本，高等教育出版社影印本，2016，第316 页。

③ 脱脱等：《宋史》卷 437《真德秀传》，中华书局，1985，第 12958 页。

④ 欧阳英修，陈衍纂《闽侯县志》，闽侯县地方志编纂委员会，1995，第343 页。

⑤ 刘克庄：《后村先生大全集》卷 128《庚辰与方子默签判》，四部丛刊初编本，高等教育出版社影印本，2016，第 487 页。

⑥ 程珌：《洺水集》卷 2《甲申上殿札子》，《景印文渊阁四库全书》，第 1171 册，台湾商务印书馆，1986，第 235 页。

⑦ 魏了翁：《鹤山先生大全文集》卷 16《论择人分四重镇以备金夏鞑事》，四部丛刊初编本，高等教育出版社影印本，2016，第 733 页。

⑧ 元明善：《雍古公神道碑铭》，载《永乐大典》第 6 册，中华书局，2009，第 4507 页。

绍定元年（1228）二月，成吉思汗以“取金、夏为名”，派遣一支“游骑偏师”闯入南宋利州路，攻克阶州（今甘肃武都东），包围西和州（今甘肃西和县西南），宋军惧怕，不敢迎战。另一支蒙古军队则与宋军相遇于阶州东部之皋兰城，麻仲、马翼、王平等宋将战死，四川制置使郑损下令弃阶、凤、成、合、天水五州，画守内郡。蒙古军大肆掳掠，致五州焚荡。蒙古军又乘机南下，破文州（今甘肃文县）石靴关，掠夺数月，至七月乃北还。同年，成吉思汗临终言：“金精兵在潼关，南据连山，北限大河，难以遽破。若假道于宋，宋、金世仇，必能许我，则下兵唐（今河南唐河）、邓（今河南邓州），直捣大梁（今河南开封）。金急，必征兵潼关。然以数万之众，千里赴援，人马疲弊，虽至弗能战，破之必矣。”① 可见，早在成吉思汗时，蒙古已有假道灭金的想法。

绍定五年（1232）正月，金、蒙爆发三峰山之战，“金之精锐尽于此矣”②。三月，南京之役，战争与疫疾并发，南京（开封）城内大量人口死亡，据说有九十万人死难。八月，郑州之战，金军再次受挫，十万援军被击溃。十二月，金哀宗弃城逃离南京。绍定六年（1233）南京守将崔立向蒙古军献城投降。南宋看此形势后，开始转变对蒙古的态度，“屡有中原好机会之叹”，主张讨好蒙古，但孟珙认为应该提高警惕，“倘国家事力有余，则兵粮可勿与；其次，当权以济事。不然，金灭，无厌将及我矣”。③ 1232年邹伸之出使蒙古，蒙古“许以河南地”归宋，双方达成灭金协议。1233年，蒙古军都元帅塔察儿包围蔡州城，十月，孟珙、江海率师二万，运粮三十万石至蔡州城，与蒙古军会师。天兴三年（1234）正月，金哀宗自缢，金朝灭亡。

三　对联金攻辽与联蒙灭金战略的认识和分析

（一）收复故疆、血洗仇耻的心理驱使

曾瑞龙指出，宋代的并国涉及双重政治目标——和平与统一，唐末五

---

① 宋濂：《元史》卷1《太祖纪》，中华书局，1976，第25页。

② 宋濂：《元史》卷115《睿宗（拖雷）传》，中华书局，1976，第2887页。

③ 刘克庄：《后村先生大全集》卷143《孟少保神道碑》，四部丛刊初编本，高等教育出版社影印本，2016，第239页。

代社会战乱和纷争，是宋朝追求和平的重要动因，而燕云领土纠纷则使宋朝兼具统一的战略目标。[①] 幽燕问题成为影响宋辽关系的重要因素。北宋一朝围绕燕云问题展开多次激烈争论，甚至付诸了重要军事行动。宋太祖时，“讨平诸国，收其府藏贮之别府，曰封桩库，每岁国用之余，皆入焉。尝语近臣曰：‘石晋割幽燕诸郡以归契丹，朕悯八州之民久陷夷虏，俟所蓄满五百万缗，遣使北虏，以赎山后诸郡；如不我从，即散府财募战士以图攻取。’”[②] 宋太宗两次北伐，终因地缘优势的丧失，以失败告终。对宋太宗收复燕云的军事行动，曾瑞龙指出：“无论如何，使用武力是解决宋初战略两难的一个可能出路，宋军要为此负上战斗风险，成为后来走向覆败之途的一个开始。”[③] 尽管如此，北宋收复幽燕的行动从未停止。宋神宗继位后，也“有取山后之志”，立志恢复。一日“语及北虏事，曰：‘太宗自燕京城下军溃，北虏追之，仅得脱。凡行在服御宝器尽为所夺，从人宫嫔尽陷没。股上中两箭，岁岁必发，其弃天下竟以箭疮发云。盖北虏乃不共戴天之仇，反捐金缯数十万以事之为叔父，为人子孙，当如是乎！’已而泣下久之，盖已有取北虏大志”。[④] 宋神宗北方开边行动，西北方向收获较大，宋徽宗时童贯经略北方，亦以西北为主。宋人多次北方开边之举，收复燕云始终成为主要目标，却收效甚微。

事实证明，宋人依靠自身实力收复燕云的努力，基本以失败告终。当听说金朝在东北兴起并不断攻辽的消息后，宋朝人欣喜若狂，认为此乃收复燕云的大好时机。宋朝希望借助金朝之力收复燕云，而非灭辽，宋朝灭辽后也是以土地为诉求的，亦可为证。但金朝则是以灭辽、统一全国为最终目标的。二者目标的差异，为日后双方关系恶化埋下了祸根。宋朝主动联金攻辽，希望借助外力收复燕云的做法，反映其自身的侥幸心理和苟且偷安思想。对于宋朝联金攻辽事件，陶晋生评价道：“宋辽在

---

① 曾瑞龙：《经略幽燕——宋辽战争军事灾难的战略分析》，浙江大学出版社，2019，第29页。

② 王辟之撰，吕友仁点校《渑水燕谈录》卷1《帝德》，中华书局，1981，第3页。

③ 曾瑞龙：《经略幽燕——宋辽战争军事灾难的战略分析》，浙江大学出版社，2019，第30页。

④ 王铚撰，朱杰人点校《默记》卷中，中华书局，1981，第20页。

名义上是兄弟之邦，但是宋人受辽的压力甚久，而且收复燕云是宋开国以来较求进取的君臣的一致的愿望，所以宋绝对不可能出师助辽抗金。何况即使帮助辽人也不能扭转大局。既然如此，则联金取燕云以巩固北边，并非失策。”[①] 一语道明燕云问题在辽宋关系中的重要性，单从结果评价宋朝联金攻辽之举，并不不妥当。

南宋立国后，处境颇为尴尬，宋高宗在金兵追击中四处逃窜，加之在金为人质的经历，使高宗丧失了积极抵抗金军的勇气，“若使百姓免于兵革之苦，得安其生，朕亦何爱一己之屈”，[②] 理由冠冕堂皇，屈辱求和是真。高宗执意背海立国定都临安来寻求安全之所的做法，再次将其屈辱求和之心表露无遗。屈辱求和、苟且偷安思想影响整个南宋。与金对峙的一百多年中，宋高宗及其后的帝王们多以求和换取苟安。临安经济富庶，成为南宋对外求和的经济支撑。事实上，宋、金对立一百多年，是双方势均力敌的结果，而非宋屈辱求和所致。在一百多年的时间里，南宋也并非完全没有机会，南宋军队也有在战场上占主导地位的时候，南宋统治者为求和而下令班师，因此岳飞才发出了“十年之功，毁于一旦”的感慨。在蒙古攻金进入白热化阶段、南宋地缘危机加剧的情况下，南宋君臣仍然苟且偷安，不谋远虑。正如史书所载，“权臣苟安，不为远虑，边兵凋耗，而无以生聚，边民脆弱，而无人教训。农政不修，兵备不讲，而于其间缮官府以文太平，受宝玉以侈符贶，欺愚上下，以固己权”，[③] “惟靡曼是娱，惟珍奇是好，淫侈相高，燕乐无节，同堂合席，不闻箴规，相与恬嬉而已”。[④] 但以三京为中心的大量土地被金朝所占的事实，又使宋朝国家的政治目标除了和平之外，还面临着收复疆土的统一目标。因此，当听说金朝被蒙古侵扰的消息后，朝廷内部喜忧参半，“喜的是不共戴天的金人，在强邻的侵凌下日趋衰亡，大仇将可获偿，北宋一祖八宗的英灵可慰藉，国耻也可洗雪。忧的却是宋在应用‘以夷制夷’的政策，曾受挫折，

---

① 陶晋生：《宋辽关系史研究》，中华书局，2008，第 169 页。

② 毕沅：《续资治通鉴》卷 121，绍兴八年十一月戊申条，中华书局，1957，第3195 页。

③ 真德秀：《西山先生真文忠公文集》卷 13《召除户书内引札子二》，商务印书馆，1937，第 227 页。

④ 袁燮：《絜斋集》卷 3《论立国宜正本札子》，中华书局，1985，第 32 页。

如今又该如何来对付这个新兴的强邻?”① 为此，史弥远一方面积极策划和煽动边臣自行接蒙，另一方面以血洗仇耻、恢复故疆之由积极煽动民众情绪，制造联蒙灭金的舆论基础。可以说，血洗仇耻、恢复故疆是宋朝的政治目标，成为宋、金关系破裂的根源。诚如黄宽重所言，“宋自建国以来，虽然一直是处在外族欺凌下求生存，可是宋人也随时有恢复故土的信念，我们可从宋太祖太宗对恢复燕云十六州的态度，看出宋人的心理。北宋覆亡，不仅徽钦蒙尘，半壁江山也拱手奉献，因此南宋的士大夫对于恢复故土，一洗国耻的期望比北宋更为热烈”。② 所以，宋朝长期求和于金的和平表象下暗藏着收复故疆的冲动，当时机成熟时，这一目标便会被提上日程，并促成了日后的联蒙灭金事件。

（二）兵端再起，加速了自身的灭亡

北宋收复燕云的目标，成为宋辽关系恶化、宋金联盟形成的重要原因。当宋人听说女真和辽在北方交战的消息后，心里是窃喜的，“女真恨辽人切骨，而天祚荒淫失道。本朝若遣使自登、莱涉海，结好女真，与之相约攻辽，其国可图也”。③ 是时，童贯经略西北，恢复了宋神宗时期的故疆，并想以此作为建功立业之举，故积极推动联金攻辽策略。宋朝收复燕云之心开始膨胀，赵良嗣提出的“联金攻辽”之策，正符合宋人心理，于是积极谋划，主动派遣马政多次使金，最终达成联金攻辽协定。在攻辽战争中，宋朝人的软弱无能暴露无遗，金朝对宋军了解增加。灭辽后，金人常言“南朝自来畏怯”,④ 遂“有南牧之意”。⑤ 1127 年，金灭北宋。赵永春先生如是评价：“金宋结盟，对北宋来说，可以收回五代时期割给契丹的部分土地，与新的盟友所建立的外交关系与原来的宋辽关系相比，有所进步，但宋朝与金朝的结盟也将自身的腐朽完全暴露在金人面前，唇亡齿寒，最终成为辽灭亡后的又一牺牲品。据此，我们

---

① 黄宽重:《晚宋朝臣对国是的争议——理宗时代的和战、边防与流民》，台湾大学出版中心，1978，第 24 页。

② 黄宽重:《晚宋朝臣对国是的争议——理宗时代的和战、边防与流民》，台湾大学出版中心，1978，第 40 页。

③ 脱脱等:《宋史》卷 472《赵良嗣传》，中华书局，1985，第 13734 页。

④ 李德辉辑校《晋唐两宋行记辑校》，辽海出版社，2009，第 279 页。

⑤ 陆九渊:《陆象山全集》卷 34，中国书店，1992，第 271 页。

可以看出，金宋结盟，最大的受害者是辽朝，宋朝也没有得到多少好处，而最大的受益者则是金朝，这不能不说是金人外交政策的一大胜利。”①

当蒙古多次遣使宋朝联宋灭金之时，南宋统治者因对蒙、金战事不了解而谨小慎微，采取“静观其变”的策略。但当1227年成吉思汗强闯南宋川蜀防区，南宋统治者的态度迅速转变，积极谋划攻金。在得知蒙古对金战事中占据上风时，南宋统治者积极参与作战。1234年宋蒙联合灭金后，宋、金、蒙三者并存的地缘格局已不复存在，南宋成为蒙古统一全国的障碍。灭金后，蒙古加快了灭宋步伐，由之前的抄掠战争向灭宋战争迅速转变。1234～1263年，蒙哥攻宋选择以四川为突破点的错误战略，以及蒙古境内的饥荒、蒙哥死亡后引发的汗位争夺等原因，延缓了蒙古灭宋战争的进程。1263～1279年，忽必烈调整战略全力攻宋，仅十余年时间便灭宋。

从战争结局来看，两次战争宋朝参与与否，并不影响结果。尽管北宋统治者积极谋划联金攻辽，但在战争中却并不主动，在金军节节胜利的情况下，北宋派童贯仓促带军参战，宋军参战不久战争便宣告结束。在联蒙灭金战争中，南宋统治者一直持观望态度，在看到金朝灭亡已经不可逆转时，派孟珙急忙带军参战。对宋朝在战争中的作用，陶晋生如是评价：“北宋在联金灭辽的军事行动方面，出力很小，两次出兵攻打燕京，都遭到挫败。而且每当宋廷悉知辽有意与金议和，就终止夹攻之议。同时，若从《金史》的记载看，灭辽完全是金军独立作战的结果。这一点显示金灭辽的必然性。但是也显示了宋人联金灭辽与否，对于辽的存亡大势没有影响。”② 此说有一定道理。但宋人参战也并非一无是处，宋朝为金、蒙提供粮食等重要军用物资，为战争的胜利奠定了重要物质基础；宋朝参战还在地缘上对辽、金形成南北夹攻之势，造成其巨大地缘压力及严重心理恐惧。这些因素都会加快战争进程，加速辽和金的灭亡。赵永春先生的评价还是比较中肯的：宋金结盟，于宋、于辽、于金，关系重大。宋、金结

① 赵永春：《金宋关系史》，人民出版社，2005，第16页。

② 陶晋生：《宋辽关系史研究》，中华书局，2008，第169页。

盟，改变了金、辽力量对比，使地缘形势发生重要变化。尽管宋人在灭辽战争中发挥的作用并不大，但金、宋结盟在地缘上形成对辽朝的夹击包围之举，无疑鼓舞了盟方军队士气，坚定了金朝灭辽的信心；结盟对于摧毁、打击辽人士气的作用，同样不可小觑。因此，可以说宋金结盟加速了辽朝的灭亡。① 南宋联蒙灭金，也有着异曲同工之效。

总之，联金攻辽和联蒙灭金事件宣告了宋朝“联夷以制夷”政策的破产，其根源在于宋朝在其中并不占主导地位，在血洗仇耻心理及主政权臣的推动下，宋朝的联金攻辽和联蒙灭金战略具有盲目性和侥幸心。从当时金、蒙的实力来说灭辽、灭金只是时间问题，宋朝的参与打破了先前三者并立的局势，加快了战争的进程，宋朝虽然达到了血洗仇耻的目的，却也将自身推入战争的泥潭，最终加速了自身的覆亡。

（三）对地缘形势缺乏周详而长远的考虑

在联金攻辽和联蒙灭金事件中，宋朝统治者皆未能审时度势，不能对新的地缘形势做出正确判断和危机应对。首先，宋朝对盟友金和蒙古并不了解。由于地理上的隔绝，宋朝对金和蒙古以及辽金、蒙金战事并不了解，灭辽、灭金前，宋朝与盟友金及蒙古没有直接接触，所知情况甚少。宋朝获取消息的渠道多为私下传闻，且带有很大的偶然性，以致宋朝对金、蒙古的看法，有些盲目自大，“夫金虏，女真一小丑耳。当国家全盛之际，所忧者在辽夏，岂知有所谓女真者”。② 宋朝出使金朝商议结盟事宜时，对所用礼仪，宋朝内部仍有争议，反映出宋朝对金的不了解，“女真之酋止节度使，世受契丹封爵，常慕中朝，恨不得臣属，何必过为尊崇，用诏书足矣”。③ 对金、蒙古的野心，宋朝也是缺乏充分认识的。金和蒙古都制定了灭宋而后统一全国的既定方针，时人牟子才言：“破蔡之役，误于援敌，而敌已有窥伺之心；入洛之师，误于恢复，而敌已有报复之心。”④

---

① 赵永春：《金宋关系史》，人民出版社，2005，第16页。

② 曾枣庄主编《宋代传状碑志集成》卷92《朝散大夫直秘阁主管亳州明道宫林公行状》，四川大学出版社，2012，第1405页。

③ 毕沅：《续资治通鉴》卷93，徽宗宣和元年春正月丁巳条，中华书局，1957，第2407页。

④ 傅增湘原辑，吴洪泽补辑《宋代蜀文辑存校补》卷86《（牟子才）论内外四误疏》，重庆大学出版社，2014，第2805页。

事实上，早在窝阔台时蒙古便有灭宋之谋，在灭金、西夏，降服高丽、回鹘后，元人言“唯东南一隅，尚阻声教”，于是“欲躬行天讨”。[1]

其次，宋朝对地缘局势不甚明了。从地缘政治学的角度而言，三者及以上相互牵制的地缘政治格局，是一种平衡而稳定的关系，随意打破，都将对地缘关系产生不利影响。在宋、辽、金以及宋、金、蒙地缘政治格局中，尽管金、蒙占据主导地位，但仅凭金、蒙自身力量还很难消灭对手，或者暂时不能实现目标。辽、金的存在，对于牵制敌人、缓解宋朝地缘压力，有一定作用。完颜阿虎对金哀宗说：“宋人与我和好百年之久，以先朝边将生事，是致两国只矢相加。今我困惫南走，去彼不远，若不较名分与之结和好，但得兵粮见资，足以御敌。倘南北先和（蒙宋联合），并力来攻，我之受祸不浅矣。臣虽老谬，乞与辩士李裕、周鼎奉使，不得助兵则得助粮，必不得已，犹可以间南北之和，缓腹背之敌。”[2] 金朝企图出使南宋获取支持。临行，金哀宗言：“宋人负朕深矣。朕自即位以来，戒饬边将，无犯南界。边臣有自请征讨者，未尝不切责之，向得宋一州，随即付与。近淮阴来归，彼多以金币为赎，朕若受财，是货之也，付之全城，秋毫无犯。清口临阵生获数千人，悉以资粮遣之。今乘我疲敝，据我寿州，诱我邓州，又攻我唐州，彼为谋亦浅矣。大元灭国四十，以及西夏，夏亡及于我，我亡必及于宋。唇亡齿寒，自然之理。若与我连和，所以为我者亦为彼也。”[3] 唇亡齿寒的道理，宋朝似乎不甚明白，当然，依靠金保宋也是不现实的，自治图强才是良策。联合行动加速了三角地缘关系瓦解，无疑使宋朝承受了更大的地缘压力。

最后，对新的地缘关系，宋朝似乎没有长远打算，其做法较短视。宋朝在联盟关系中对土地的诉求比较强烈，而对灭辽、灭金后如何处理与金、蒙关系等关键性问题，没有长远打算和考虑。对女真，宋朝有识之士也提出忠告：“女真人面兽心，夷僚中最贪丑，不可通上国。”尽管其话语中对女真极尽仇恨和污蔑，但是对女真持警戒之心却是理性的。对于灭

---

① 宋濂：《元史》卷119《木华黎附塔思传》，中华书局，1976，第2939页。

② 王鹗：《汝南遗事》卷2，《景印文渊阁四库全书》第408册，台湾商务印书馆，1986，第942～943页。

③ 脱脱等：《金史》卷18《哀宗纪》，中华书局，1975，第400页。

辽后的宋、金关系，也有宋朝臣提出忠告："灭一弱虏，而与强虏为邻，恐非中国之福，徒为女真之利耳"，[①]"若使女真入关，后必轻侮中国，为患甚大"。[②] 但是这些意见并未被重视。宋朝助金灭辽后，还未从收复燕云的喜悦中缓过神来，金军铁骑便南下灭宋。

面对蒙古请和，南宋统治者似乎有所警醒。"一与之（蒙古）盟，而嗣有难塞之请，则或从或却，皆足以兆祸，'海上之盟'，厥监未远也。"[③] 对蒙古带来的潜在威胁，李鸣复言："鞑酋崛起……万一得志中土，与我为邻，视景德之契丹、建炎之女真，亦奚以异？"[④] 袁燮深刻地指出："朝廷所当熟虑者，非金人，乃鞑靼也。方兴之势，精锐无敌，岂可不豫为之备。"[⑤] 如何处理宋、蒙、金关系，朝中有识之士提出反对联蒙灭金，"（宋人）既不能制亡虏（金）垂绝之命，何以遏强寇（蒙）方张之势"。[⑥] 真德秀提出应谨慎处理与金、蒙关系，"臣观鞑靼（蒙古）之在今日，无异昔者女真方兴之时，一旦与吾为邻，亦以祖述女真已行之故智。盖女真尝以燕城归我矣，今独不能还吾河南之地以观吾之所处乎？受之则享虚名而召实祸，不受则彼得以陵寝为辞，仗大义以见攻。女真尝与吾通好矣，今独不能卑辞遣使以观吾之所启乎？从之则要索无厌，岂能满其溪壑之欲！不从则彼得借口以开衅端，黠虏之情必出于此，不可不预图以应之也"。[⑦] 对处理蒙古崛起后的宋、金关系，真德秀还提出对策：

臣尝观古之人主于仇雠怨敌之国，有势未能报而姑事之者，有势

---

① 赵汝愚编《宋朝诸臣奏议》卷142《（宋昭）上徽宗论女真决先败盟》，上海古籍出版社，1999，第1603页。

② 李澍田主编《金史辑佚》，吉林文史出版社，1990，第115页。

③ 傅增湘原辑，吴洪泽补辑《宋代蜀文辑存校补》卷79《（魏了翁）论对言时政札子》，重庆大学出版社，2014，第2544页。

④ 傅增湘原辑，吴洪泽补辑《宋代蜀文辑存校补》卷81《（李鸣复）论可虑者三可幸者二当勉者一疏》，重庆大学出版社，2014，第2669页。

⑤ 袁燮：《絜斋集》卷2《论对绍兴十一年高宗料敌札子》，中华书局，1985，第21页。

⑥ 刘克庄：《后村先生大全集》卷147《言守卫三边之策奏》，四部丛刊初编集成本，高等教育出版社影印本，2016，第404页。

⑦ 陈邦瞻纂辑《宋史纪事本末》卷86《金好之绝》，中华书局，2015，第959页。

虽不敌而不事之者，有势可以胜而远报之者，有势可以报而反助之者。昔太王之于狄也，事之以皮币，事之以犬马，事之以珠玉，凡其所欲，悉以畀之，盖是时狄强而周弱，畏天保国，其道当然，故孟子曰："唯智者为能以小事大。"然狄之于周，特一时之怨，非百世之仇，含垢包荒，义未为失，此所谓势未能报而姑事之者也。西晋怀、愍二帝俱没于刘聪，元帝间关南渡，立国日浅，外寇方炽，内难复兴，故终其身未皇北讨，然一介行李，未尝聘虏廷。成帝时，石勒来修好，诏焚其币，此所谓势虽不敌而不事之者也。勾践会稽之辱，举国以臣妾于吴，而能苦身焦思，折节下士，与百姓共其劳，人事既修，天应亦至，吴之稻蟹不遗种矣，而夫差方观兵中土，与晋会于黄池，勾践得以乘间举兵，遂墟其国，此所谓势可以胜而遂报之者也。晋孝武帝时，苻坚聚百万之师，志吞吴会，赖谢玄等大破之淮、淝，坚既狼狈西归，其子丕复与慕容垂相持于邺，使晋之君臣有志经略，乘机席卷，殆不甚难，而谢玄方且从丕之请，遗兵以救其穷，馈米以济其饥，舍苻氏之深仇，与慕容而为敌。未几，刘牢之等为垂所败，秦既不祀，晋亦以衰，此所谓势可以报而反助之者也。臣窃惟国家之于金虏，盖万世必报之仇，高宗、孝宗值其方强不得已，以太王自处，而以勾践之事望后人。今天亡此胡近在朝夕，旱蝗频年，赤地千里，甚于夫差之时，鞑靼群盗，四面交攻，无异苻秦之季。天其或者付陛下以有为之会乎？臣尝熟思待敌之策，其别有三：练兵选将，直捣虏巢，若勾践袭吴之师，此上策也；按兵坚垒，内固吾圉，止使留币，外绝虏交，若晋氏之不与敌和，而鉴其寞安江沱之失，此中策也；以救灾恤邻之常礼，施之于茹肝涉血之深仇，若谢玄之助苻丕，此下策也。用上策则大义明，混一之机也；用中策则大计立，安强之兆也；用下策则大势去，阽危之渐也。臣不知今日之庙谟其将安出乎？顾更化以来，生聚教训，未有勾践十年之功，固未可遽图一战之胜。于《传》有之："攻不足者守有余。"夫以堂堂大邦，方地万里，诚能以待敌之礼而遇天下之豪杰，以遗虏之费而厉天下之甲兵，人心奋张，士气自倍，何惮于此虏而犹事之哉！若乃轻信边臣迎合之言，援丑孽于将亡，置世仇而不念，非惟忠臣义士沮气解体，而夷狄盗贼亦将有轻中国心，万一贻书诮侮，我将何词以应之？夫重于绝虏者，畏召怨而启衅也。然能不召怨于亡虏，而不能不启衅于新敌，权其利害，孰重孰轻？故臣愿陛下勉勾践之良图，惩谢玄之失策，则王业兴隆可冀矣。①

真德秀提出对金三策：练兵选将，乘金不备之时，发兵图之，是为上策；按兵坚垒，加强内部建设，停止输纳货币，是为中策；与金和盟，帮助金朝度过危机，此为下策。无论采取何策，练兵选将，安定国家，增强自身实力皆不可废。但这些建议并未引起统治者的重视。

南宋谨慎对待蒙古请求，与自身国力衰弱有直接关系。宝庆元年（1225）十月，宋理宗言："今日不特兵少，且训练不精。若兵势既张，敌自不能为患。"② 绍定六年（1233）三月，金败亡之势已不可逆转，对如何处理与蒙古人的关系，宋理宗举棋不定。江淮制置使赵善湘入见宋理宗，理宗问赵善湘："中原机会，卿意以为何如？"赵善湘回答："中原乃已坏之势，恐未易为力。边地连年干戈，兵民劳役，当休养葺治，使自守有余，然后经理境外。今虽有机会，未见可图。"理宗言："自守诚是也。"③ 十一月，理宗问赵葵："金与蒙古交争，和议如何？"葵对曰："今边事未强，军政未备，且与之和。一年无警，当作两年预备，若根本既壮，彼或背盟，足可御敌。"理宗曰："卿规模甚远。"④ 宋朝自身军备废弛、国力不张是其无法对外御敌的根本原因。与此相反，蒙古正值初兴之时，"摧金如拉朽，乘胜如破竹，似未易忽视也"。⑤ 南宋因自身国力不强，军备废弛，在面对新的地缘形势时，无法及时做出应对，只能采取顺势而为的态度。

总之，北宋和南宋虽然所处地缘环境不一样，但和平与统一始终是这

① 真德秀：《西山先生真文忠公文集》卷4《除江东漕十一月二十二日朝辞奏事札子一》，商务印书馆，1937，第58～60页。
② 毕沅：《续资治通鉴》卷163，庆元元年十月甲午条，中华书局，1957，第4443页。
③ 毕沅：《续资治通鉴》卷166，绍定六年三月丙辰条，中华书局，1957，第4539页。
④ 毕沅：《续资治通鉴》卷167，绍定六年十一月己巳条，中华书局，1957，第4552页。
⑤ 魏了翁：《鹤山先生大全文集》卷16《论择人分四重镇以备金夏鞑事》，四部丛刊初编本，高等教育出版社影印本，2016，第733页。

两个王朝面临的两大政治目标，这两个目标的实现却又面临着两难抉择，成为影响宋朝处理对外关系中和与战的重要因素。北宋联金攻辽政策和南宋联蒙灭金战略的出台，是宋朝对统一这一战略目标的战争实践。只是宋朝将收复旧疆、血洗仇耻的统一愿望寄托于强邻身上，希望借他人之力来达到统一的目标，但又对如何处理与新的强邻关系手足无措，缺乏长远打算，最终付出惨重代价，这也与北宋末期至南宋统治者长期苟且偷安、不思进取的思想是分不开的。

第二节　对开禧北伐和端平入洛两次北伐的认识与分析

一　两次北伐

两次北伐是指开禧年间南宋对金的军事行动，以及端平年间南宋主动攻蒙事件。开禧北伐，始于开禧二年（1206）五月六日，以收复失地为目的，对金作战，战争以南宋失败告终，宋、金双方于嘉定元年（1208）六月签订嘉定和议。对于此次北伐，魏了翁言："韩侂胄谋动干戈以固权位。"① 端平元年（1234）六月十二日，南宋出兵河南、以收复三京为目的而展开对蒙军事行动，至八月十一日宋军遭到惨败为止，历时两个月，史称"端平入洛"。

南宋于屈辱中立国，地缘环境恶劣，面对军事实力强劲的金、蒙，南宋统治者多苟且偷安，在军事上多被动防御。开禧北伐和端平入洛，是南宋君臣对外积极开拓之举，与其一贯苟且偷安格格不入。笔者将两次北伐行动进行综合讨论和分析，一来加强对南宋苟且偷安思想的认识，二来总结两次北伐的共性，吸取历史教训。

（一）开禧北伐

绍熙五年（1194），宗室赵汝愚和外戚韩侂胄联合发动宫廷政变，强迫光宗"禅位"于宁宗。事后，为争夺定策之功，赵汝愚和韩侂胄两派展开

---

① 魏了翁：《鹤山先生大全文集》卷19《被召除礼部尚书内引奏事第四札》，四部丛刊初编本，高等教育出版社影印本，2016，第85页。

斗争，最终韩侂胄获胜。扶持宁宗即位有功的韩侂胄，却未因此获得高官厚禄。韩侂胄企图通过对金发动战争、收复失地来获取权威和支持。南宋秣马厉兵，将谋北侵。

此后，宋朝对金态度改变。当看到金朝北部疆域被蒙古侵扰“千有余里”① 时，宋朝对金持轻视态度。宋宁宗庆元六年（1200），宋朝赴金使节赵善义与金使发生争执，宋使言：“尔方为蒙国鞑靼所扰，何暇与我较，莫待要南朝举兵夹攻耶?”② 为北伐做准备，南宋派使臣至金打探消息，后回报：“金鞑相持，遗黎内附，若乘机进取，可以尽复故疆。”③ 嘉泰四年（1204），宋朝赴金贺正旦使邓友龙回朝后向韩侂胄进言：“虏（金人）为鞑之所困，饥馑连年，民不聊生，王师若来，势如拉朽。”据说韩侂胄采纳其意见，“北伐之议遂决”。④ 开禧元年（1205）六月，宋朝再次至金探听消息，后回报：“敌（金朝）中赤地千里，斗米万钱，与鞑为仇，且有内变。”⑤ 十二月，金使来贺正旦，韩侂胄趁机挑起事端，史载：

> 金主遣吏部尚书赵之杰、兵部郎中完颜良弼来贺明年正旦。时平章军国事韩侂胄欲启边衅，之杰入见，容止倨慢，持国书逡巡却立，若将要上为起者。阁门觉其意，夺书以进，之杰益不平。俄赞者唱云：“躬身立。”“躬”者，金主父嫌名也（显宗名允恭）。之杰端立不动，侂胄据前奏，请驾还内。显宗继有旨，更以正旦朝见。⑥

此时，金朝无意战争，对宋朝的挑衅，金章宗采取克制态度，并对宋朝贺正旦使陈克俊言：“大定初，世宗皇帝许宋世为侄国，朕遵守遗法，和好至今。岂意尔国屡有盗贼犯我边境，以此遣大臣宣抚河南军民。及得尔

① 脱脱等：《金史》卷96《李愈传》，中华书局，1975，第2130页。

② 佚名编，汝企和校《续编两朝纲目备要》卷6，中华书局，1995，第102页。

③ 吕中撰《类编皇朝大事记讲义》，上海人民出版社，2014，第922页。

④ 罗大经撰，王瑞来点校《鹤林玉露》甲编卷4《邓友龙使虏》，中华书局，1983，第62页。

⑤ 叶绍翁著，符均注《四朝闻见录》乙集《开禧兵端》，三秦出版社，2004，第126页。

⑥ 《宋史全文》卷29，开禧元年十二月戊寅条，《景印文渊阁四库全书》第331册，台湾商务印书馆，1986，第586页。

国有司公移，称已罢黜边臣，抽去兵卒，朕方以天下为度，不介小嫌，遂罢宣抚司。未几，盗贼甚于前日，比来群臣屡以尔国渝盟为言，朕惟和好岁久，委曲涵容。恐侄宋皇帝或未详知。若依前不息，臣下或复有云，朕虽兼爱生灵，事亦岂能终已。卿等归国，当以朕意具言之汝主。”① 为维持宋、金和平，史载，“（章宗）再三谕之”,② 宋朝并不理会。开禧二年(1206)，宋朝进行了军事布防，命薛叔似为湖北、京西宣抚使，邓友龙为两淮宣抚使，程松为四川宣抚使、吴曦为副使，郭倪兼山东、京东招抚使，赵淳兼京西招抚使，皇甫斌为京西招抚副使，准备兵分三路对金朝发动大规模军事进攻。至五月六日，宋宁宗云：“北虏世仇，久稽报复，爰遵先志，决策讨除，宜颁诏音，明示海内。”次日，下诏北伐：

> 天道好还，盖中国有必伸之理；人心助顺，虽匹夫无不报之仇。朕丕承万世之基，追述三朝之志。蠢兹逆虏，犹托要盟，朘生灵之资，奉溪壑之欲。此非出于得已，彼乃谓之当然。衣冠遗黎，虐视均于草芥；骨肉同姓，吞噬剧于豺狼。兼别境之侵陵，重连年之水旱，流移罔恤，盗贼恣行。边陲第谨于周防，文牒屡形于恐胁。自处大国，如临小邦，迹其不恭，姑务容忍。曾故态之弗改，谓皇朝之可欺。军入塞而公肆创残，使来庭而敢为桀骜。洎行李之继遣，复慢词之见加。含垢纳污，在人情而已极；声罪致讨，属胡运之将倾。兵出有名，师直为壮，而况志士仁人挺身而竭节，谋臣猛将投袂以立功。西北二百州之豪杰怀旧而愿归，东南七十载之生聚久郁而思奋。闻鼓旗之电举，想怒气之飙驰。噫！齐君复仇，上通九世；唐宗刷耻，卒报百王。矧吾家国之冤，接于耳目之近，夙宵是悼，涕泗无从。将勉辑于大勋，必允资于众力。言乎远，言乎迩，孰无忠义之心；为人子，为人臣，当念祖宗之愤。益励执戈之勇，式对在天之灵，庶几中兴旧业之再光，庸示永世宏纲之犹在。布告天下，明体至怀。③

① 脱脱等：《金史》卷 12《章宗纪》，中华书局，1975，第 273 页。
② 脱脱等：《金史》卷 100《孟铸传》，中华书局，1975，第 2202 页。
③ 徐松辑，刘琳等校点《宋会要辑稿·兵 9》，上海古籍出版社，2014，第 8787 ~8788 页。

随后，宋军从东、中、西三面发起进攻，因不宣而战，东路军郭倪抢占先机，攻取泗州（今江苏盱眙西北），占领虹县（今安徽泗县）等地；中路军进占新息（今河南息县）、内乡（今河南西峡）、褒信（今河南息县褒信镇）等地。金军因仓促应战而略显被动，宋军取得初胜，东路军进而进攻宿州（今安徽宿州）。随着战争的推进，南宋军队的腐败无能及战斗经验缺乏，在战争中逐渐暴露。宿州军很快被金军安国军节度副使纳兰邦烈击败；进攻寿州（今安徽寿县）的宋将李爽部，被金军刺史徒单义打败；宋统制戚春率水军进攻邳州（今江苏邳州市南），也被金军邳州刺史完颜从正击败，戚春投水而死。在中路，宋军遭遇金军顽强阻击，宋江州都统王大节奉命进攻蔡州（今河南汝南），很快被金军打败；皇甫斌进攻唐州（今河南唐河），也被金朝唐州刺史乌古孙兀屯及纳合军胜联合击退。在西线，宋将吴曦等部进攻盐川（今甘肃陇西）、秦州（今甘肃天水），先后被金军完颜王喜（善）和陕西路都统副使完颜承裕等军队打败，程松部也在方山原、和尚原等地，被金军将领蒲察贞等击溃。在金军的全力反击下，宋军很快就呈现全线溃败之势。

金朝反击战争取得节节胜利，泰和六年（1206）十月，金章宗下令对宋军发起全线反攻，由先前的战略防御转变为战略反攻。金朝率兵二十余万，分九路，从东、中、西三线对宋朝展开全面反击。在短短一个月内，金军就打到了长江北岸，奠定了胜利的基础。为防止南宋东西夹击，解除西部之忧，金人策划了“吴曦反宋”事件。泰和七年（1207）二月，金章宗正式册封吴曦为“蜀国王”。金朝此举瓦解了宋军联盟，解除了西部之忧，对战争形势的发展至关重要，战场形势对宋朝越来越不利。开禧三年（1207）四月，宋朝遣方信孺致书金都元帅宗浩求和。

> 方信孺还，远贻报翰及所承钧旨，仰见以生灵休息为重，曲示包容矜轸之意。闻命踊跃，私窃自喜，即具奏闻，备述大金皇帝天覆地载之仁，与都元帅海涵春育之德。旋奉上旨，亟遣信使通谢宸庭，仍先令信孺再诣行省，以请定议。区区之愚，实恃高明，必蒙洞照，重布本末，幸垂听焉。
>
> 兵端之开，虽本朝失于轻信，然痛罪奸臣之蔽欺，亦不为不早。

自去岁五月，编窜邓友龙，六月又诛苏师旦等，是时大国尚未尝一出兵也，本朝即捐已得之泗州，诸军屯于境外者尽令彻戍而南，悔艾之诚，于兹可见。惟是名分之谕，今昔事殊，本朝皇帝本无佳兵之意，况关系至重，又岂臣子之所敢言。

江外之地，恃为屏蔽，倘如来谕，何以为国？大朝所当念察。至于首事人邓友龙等误国之罪，固无所逃，若使执缚以送，是本朝不得自致其罚于臣下。所有岁币，前书已增大定所减之数，此在上国初何足以为重轻，特欲藉手以见谢过之实。倘上国谅此至情，物之多寡，必不深计。矧惟兵兴以来，连岁创残，赋入屡蠲，若又重取于民，岂基元元无穷之困，窃计大朝亦必有所不忍也。于通谢礼币之外，别致微诚，庶几以此易彼。

其归投之人，皆雀鼠偷生，一时窜匿，往往不知存亡，本朝既无所用，岂以去来为意。当隆兴时，固有大朝名族贵将南来者，洎和议之定，亦尝约各不取索，况兹琐琐，诚何足云。倘大朝必欲追求，尚容拘刷。至如泗州等处驱掠人，悉当护送归业。

夫缔新好者不念旧恶，成大功者不较小利。欲望力赐开陈，捐弃前过，阔略他事，玉帛交驰，欢好如初，海内宁谧，长无军兵之事。功烈昭宣，德泽洋溢，鼎彝所纪，方册所载，垂之万世，岂有既乎。重惟大金皇帝诞节将临，礼当修贺，兼之本国多故，又言合遣人使，接续津发，已具公移，企望取接。伏冀鉴其至再至三有加无已之诚，亟践请盟之诺，即底于成，感戴恩德，永永无极。誓书副本虑往复迁延，就以录呈。①

誓书中宋朝检讨了北伐的错误，希望能够与金重修旧好。尽管形势对金有利，但此时金朝实力已大不如前，“金虏实已衰弱，初非阿骨打、吴乞买之比”②，也想尽快结束战争，于是答应了宋朝求和之请。南宋以增加岁币等为代价，与金签订了嘉定和议。

---

① 脱脱等：《金史》卷93《宗浩传》，中华书局，1975，第2075～2076页。
② 周密：《齐东野语》卷3《诛韩侂胄本末》，上海古籍出版社，2012，第29页。

（二）端平入洛

端平入洛行动，从端平元年（1234）六月十二日南宋出兵起，至八月十一日宋兵遭遇惨败止，历时两个月。联合灭金后，南宋和蒙古对金朝领土进行了重新瓜分，宋、蒙双方分别从河南撤军，河南一时处于空虚状态。于是，南宋朝廷内部掀起了是否“收复三京”的激烈争论。以三京为中心的河南，是大宋王朝的开国奠基之所，丧失百余年而未能恢复，南宋朝臣认为此时正值收复的大好时机。为此，在金朝灭亡的当月（正月），宋朝遣官“按循故壤”，“汛扫祖宗诸陵”;[①] 三月，又派专员至洛阳“省谒八陵”；四月，再遣人至八陵“相度修奉”。[②] 上述举措，昭示了宋朝有收复河南之意。

端平入洛之役，南宋确立的战略目标是“据关、阻河”，即占据潼关天险，扼住南下要冲，同时夺取黄河南岸之地，将蒙古势力驱逐至北岸，依黄河天堑设险阻止蒙古军南下。在宋朝看来，金、蒙对峙局面的形成与金朝“据关、阻河”战略有关，因而效法之。在收复三京的军事行动中，南宋出兵六万，却号称二十万，兵分两路，主将全子才将兵一万余人，由寿州（今安徽寿县）北渡淮水；主帅赵葵将兵五万，夺取泗州、宿州等地后，两军会师汴京。南宋前期军事行动顺利，但主将赵葵继续率兵西进洛阳时，在龙门遭蒙军伏击，“在洛之师，闻而夺气”。[③] 不仅如此，蒙古军驻扎洛阳城，对宋军再次阻击。史载蒙军追奔百余里，宋军“死伤者十八九”。[④] 赵葵、全子才军队在蒙军的两次突击下，全军溃散，二人见大势已去，开汴京东门，班师而归。至此，宋朝“收复三京”之举，以丧师近三万之众的代价而告终，宋朝遭遇重创，“三京退师之余，朝廷惩创太甚”。此后，蒙古以“开衅致兵”“肇事祸端”为口实，开始大规模侵宋，宋、蒙先前的和平状态宣告结束，战争成为宋蒙关系的主流，宋蒙关系进入新阶段。

---

① 脱脱等:《宋史》卷41《理宗纪》，中华书局，1985，第800页。

② 脱脱等:《宋史》卷41《理宗纪》，中华书局，1985，第801页。

③ 周密:《齐东野语》卷5《端平入洛》，上海古籍出版社，2012，第44页。

④ 周密:《齐东野语》卷5《端平入洛》，上海古籍出版社，2012，第45页。

二　对两次北伐的认识与分析

南宋在金军的追击中仓皇立国，定都临安形成背海立国的形势表明南宋已无对外开拓之志，借助长江、淮河自然屏障实现固境自保，南宋对金朝的防御也从未越过长江一线。但开禧和端平年间两次北伐皆是南宋主动对外征伐，与南宋一贯苟且偷安思想格格不入。对此现象，该如何理解？学界对两次北伐皆各有研究，但将两次事件与宋朝苟且偷安思想联系起来进行探讨的，却并不多见。鉴于两次事件的相似性，笔者将它们放在一起讨论，以揭示南宋在处理对外关系中的共性及特点。

（一）恢复故疆始终是宋人心中的目标

南宋君臣尽管苟且偷安，但半壁江山拱手于人的事实，时时点燃宋人心中的复仇火焰，也成为宋、金关系恶化的导火索。淳熙十四年（1187），叶适上殿札子言：“臣窃以为今日人臣之义所当为陛下建明者，一大事而已：二陵之仇未报，故疆之半未复。此一大事者，天下之公愤，臣子之深责也。”① 可见，尽管南宋与金议和后和平相处，但血洗仇耻、收复故疆的目标始终是存在的。真德秀亦言，“比者王师深入，或者往往议朝廷之过举，臣独有以识陛下之本心。蠢兹女真，秽我河洛逾百年矣，厥罪贯盈，天命剿之，则九庙神灵所当慰安，八陵兆域所当省谒，偷安不振，是以弱示敌，抚机不发，是以权予敌，此陛下之本心也”，② 将宋朝收复故疆之心表露无遗。宋宁宗发布征金檄文，也是以“北虏世仇”为由。在开禧北伐前，至金打探消息的使臣回复言：“金鞑相持，遗黎内附，若乘机进取，可以尽复故疆。”③ 可见，恢复故疆仍是南宋国家政治目标之一，亦成为宋、金关系破裂的重要根源。

尽管南宋联蒙破金，“刷会稽之耻，复齐襄之仇”，但大半疆土仍未收回。以三京为中心的河南地，是宋朝开国奠基之地，又是“宋朝陵寝

① 庄仲方辑《南宋文范·（叶适）上孝宗皇帝札子》，任继愈主编《中华传世文选》（六），吉林人民出版社，1998，第 294 页。

② 真德秀：《西山先生真文忠公文集》卷 13《召除户书内引札子二》，商务印书馆，1937，第 227 页。

③ 吕中撰《类编皇朝大事记讲义》，上海人民出版社，2014，第 922 页。

所在”地，[①] 宋理宗每每言及，“屡有中原好机会之叹”。继位后的理宗急欲有所作为，一改史弥远屈辱求和的外交，尝叹道“继述惭非称，规恢动慨思”，不忘“恢复”大业，力主收复三京。时臣赵范言：“河南尽为晋土，尔盍坚绥定之图？”[②] 这正中理宗下怀。“慨然以天下为己任”[③] 的宰相郑清之也予以支持。端平元年（1234）正月，理宗遣官“按循故壤”“汛扫祖宗诸陵”。[④] 三月，至洛阳“省谒八陵”，四月，再至八陵“相度修奉”，[⑤] 后北伐。可见，收复故土、实现统一，是此次理宗北伐的深层原因。对南宋端平入洛的原因，黄宽重亦言：“理宗初年，政权实际上操在宰相史弥远的手中，然而理宗对弥远那种屈辱求存的外交政策实不满意。绍定六年（1233）史弥远死后，理宗亲政，亟思有为，于是任命郑清之为相，招收贤良，号为更化，此时虽然联蒙灭金，洗雪靖康之耻，但故疆之半仍未恢复。苟能善用和战策略，在和议进行、蒙古兵北退之际，疾取河南，一举而复三京，既可慰北宋一祖八宗在天之灵，自己也登中兴贤君之列，更借此掩饰以前夺位的不德。”[⑥]

（二）权臣立功自固的盲目军事行动

南宋两次北伐是在宋金、宋蒙关系平稳时，当事朝臣为谋权固位而贸然发动的对外战争。

韩侂胄在策划宁宗继位事件中发挥了重要作用，但赵汝愚以外戚不得言功为由从中作梗，韩侂胄并未得到想要的结果而怀恨于心，后韩侂胄得到宁宗信任，官至右丞相，排挤赵汝愚。韩侂胄虽然如愿获取权位，但威望并不高。为树立在朝中的威信，韩侂胄等人以收复失地为幌子，积极策划北伐。由于师出无名，他们开始积极制造战争舆论，“宋主相韩侂胄。侂胄尝再为国使，颇知朝廷虚实。及为相，与苏师旦倡议复仇，身执其

---

① 罗大经撰，王瑞来点校《鹤林玉露》甲编卷1《范石湖使北》，中华书局，1983，第9页。

② 洪咨夔著，侯体健点校《洪咨夔集》（中）“平斋文集”卷18《两淮制置使兼沿江制置副使赵范除江淮制置大使制》，浙江古籍出版社，2015，第453页。

③ 脱脱等：《宋史》卷414《郑清之传》，中华书局，1985，第12420页。

④ 脱脱等：《宋史》卷41《理宗纪》，中华书局，1985，第800页。

⑤ 脱脱等：《宋史》卷41《理宗纪》，中华书局，1985，第801页。

⑥ 黄宽重：《晚宋朝臣对国是的争议：理宗时代的和战、边防与流民》，台湾大学出版中心，1978，第41页。

咎，缮器械，增屯戍，初未敢公言征伐，乃使边将小小寇钞以尝试朝廷”。[①] 在得知金国边境被扰、国内财政危机后，南宋君臣的复仇、复疆之心愈加炽热，对金也愈加轻视，“（李）忭言侂胄谓大国西北用兵连年，公私困竭，可以得志，命修建康宫，劝宋主都建康节制诸道”。[②] 在与金朝的交往中，宋朝的傲慢随处可见。“尔方为蒙古鞑靼所扰，何暇与我较，莫待要南朝举兵夹攻耶？”[③] 在宋朝看来，金受蒙古侵扰，已经处于衰败之势，且认为此乃“北定中原之机”。在战争初期，因金朝毫无防备，南宋东路军取得小胜，而当金朝全面反攻时，宋军迅速败退。时人将开禧北伐失败的原因，归结于“动非其时”，[④] 正如魏了翁所言，“金虽病鞑，然地广形强，未易猝图”。[⑤] 可见，南宋伐金是韩侂胄及宁宗为政治固位而盲目发动的战争。后有学者研究也指出“宁宗时，韩侂胄当国，大兴党狱，得罪于士大夫，为立功以自固，倡议伐金”。[⑥] 当然，宋朝在战略上的失误也是北伐失败的重要原因，曾瑞龙的研究指出，宋军受到五代相沿袭用的军事观念影响，偏好野战，崇尚奇袭，未能适应新的变数。[⑦]

宋、蒙联合灭金后，对金朝领土进行了瓜分，宋、蒙双方约定，陈（今河南睢县）、蔡为界，陈、蔡西北地划给蒙古，而泗（今江苏盱眙）、宿（今属安徽）、涟（今江苏涟水）、海（今连云港西南）、亳（今安徽亳州市）、蔡、息（今河南息县）、唐、邓诸郡等划归宋朝。南宋占领了金朝南京路二分之一的土地，领土向北推移。于宋朝而言，这是一次出力较少、获利甚多的军事行动。宋、蒙双方从河南各自撤兵后，出现了缓冲地带。此后，宋朝内部收复故疆之声高涨，在处理与蒙古关系上出现了分歧。以郑清之为首的包括赵范、赵葵兄弟在内的一派认为这是图河南、收

① 脱脱等：《金史》卷98《完颜匡传》，中华书局，1975，第2167页。
② 脱脱等：《金史》卷98《完颜匡传》，中华书局，1975，第2167页。
③ 佚名编，汝企和校《续编两朝纲目备要》卷6，中华书局，1995，第102页。
④ 脱脱等：《金史》卷93《宗浩传》，中华书局，1975，第2080页。
⑤ 魏了翁：《鹤山先生大全文集》卷19《被召除礼部尚书内引奏事第四札》，四部丛刊初编本，高等教育出版社影印本，2016，第85页。
⑥ 黄宽重：《晚宋朝臣对国是的争议：理宗时代的和战、边防与流民》，台湾大学出版中心，1978，第12页。
⑦ 曾瑞龙：《经略幽燕：宋辽战争军事灾难的战略分析》，浙江大学出版社，2019，第37页。

复三京的大好时机，主张对蒙作战；而以史嵩之为首的一派则认为此非谋伐之机，主张自治、自立，反对交战蒙古。当时有识之士反对交战蒙古的，不在少数。如洪咨夔就指出："今残金虽灭，邻国方强，益严守备犹恐不逮，岂可动色相贺，涣然解体，以重方来之忧？"① "与大敌为邻，抱虎枕蛟，事变叵测。"② 主管官告院张煜亦言"蒙古非金仇可比"，并且建议宋朝应该"选将、练兵、储财、积粟，自固吾圉"。③ 这些建议，无疑是正确的。针对蒙古方兴之势，时臣还提出自守应对之策，监察御史李宗勉言："（宋朝）士卒未精锐，资粮未充衍，器械未犀利，城壁未缮修。于斯时也，守御犹不可，而欲进取可乎？"④ 赵范的参议官丘岳亦言："方兴之敌（蒙古），新盟而退，气盛锋锐，宁肯捐所得以与人耶！我师若往，彼必突至，非惟进退失据；开衅致兵，必自此始。且千里长驱以争空城，得之当勤馈饷，后必悔之。"⑤ 知安丰军杜杲认为时机并不成熟："沿淮旱蝗，不任征役；中原赤立，无粮可因。若虚内事外，移南实北，腹心之地，必有可虑。"⑥ 参知政事兼知枢密院事乔行简言："今边面辽阔，出师非止一途，陛下之将，足当一面者几人？勇而能斗者几人？智而善谋者几人？""陛下之兵，能战者几万？分道而趣京、洛者几万？留屯而守淮、襄者几万？""国既不足，民亦不堪。臣恐北方未可图，而南方已先骚动矣。"⑦ 北伐恐引起内乱，况且南宋军队虚弱、不具备守关能力，"自潼关至清河三千余里，须用十五万兵，又须百战坚忍如金人，乃可持久岁月。今南兵及忠义等人，决不能守"。⑧ 但以上建议，并未引起统治者的重视。

南宋不顾自身安危而贸然北伐，其结局必然是惨痛的。以郑清之为首的主战派在理宗支持下，出兵蒙古，造成了严重后果。对于此次出兵，黄宽重指出，"向来因济王一案感到不自安的郑清之也想由胜利来

① 洪咨夔著，侯体健点校《洪咨夔集》（下）附录二《洪咨夔资料辑录》，浙江古籍出版社，2015，第1071页。

② 脱脱等：《宋史》卷406《洪咨夔传》，中华书局，1985，第12266页。

③ 胡昭曦、唐唯目编著《宋末四川战争史料选编》，四川人民出版社，1984，第23页。

④ 脱脱等：《宋史》卷405《李宗勉传》，中华书局，1985，第12234页。

⑤ 胡昭曦、唐唯目编著《宋末四川战争史料选编》，四川人民出版社，1984，第24页。

⑥ 脱脱等：《宋史》卷412《杜杲传》，中华书局，1985，第12382页。

⑦ 脱脱等：《宋史》卷417《乔行简传》，中华书局，1985，第12494页。

⑧ 吴潜：《许国公奏议》卷1《奏议今日进取有甚难者三事》，中华书局，1985，第7页。

振奋人心，厥补前过”，与理宗“借此掩饰以前夺位的不德”的心理出奇吻合，“因此这次恢复三京之议，是在赵范、赵葵兄弟和全之才提倡，经郑清之的附和而获得宋理宗的允许下，才敢不顾一切舆论的反对发动战争”。①

可见，南宋两次北伐皆与党争联系在一起，是南宋当事君臣为谋权固位而盲目发动的对外战争。当党争与政治交织在一起时，宋朝的外交政策也背离了正轨，必将带来致命灾难。

（三）加剧内外危机

南宋两次盲目北伐，不仅未能收复故疆，反而造成了严重后果，加剧了地缘危机。

开禧北伐前，南宋与金签订了绍兴和议和隆兴和议，宋朝向金割地、纳币外，还向金称臣或称侄。开禧北伐后，宋金签订了嘉定和议，双方由隆兴和议的叔侄关系改为伯侄关系，南宋每年向金缴纳银绢各 30 万两匹，较绍兴和议各增加 5 万两匹，较隆兴和议各增加 10 万两匹，另外还缴纳犒军银 300 万两。南宋财政负担加剧，“宋金之间是主从的关系，对宋而言这是一种屈辱的外交”。② 对于开禧北伐后的宋、金关系，真德秀曾言：“敌人欲多岁币之数，而吾亦曰可增；敌人欲得奸臣之首，而吾亦曰可与；至于往来之称谓、犒军之金帛、根括归明流徙之民，承命唯谨，曾亡留难。”③ 后人王夫之评价说：“宋即北伐而小挫，自可更图后效。乃以挑衅渝盟为侂胄之罪，然后人心靡，国势颓，至于亡而不复振。……侂胄诛而赵宋之衰成。”④ 开禧北伐给以宋宁宗为首的主战派当头一击，在国内造成严重舆论影响。为推卸战争责任，宋朝不顾国体，诛杀韩侂胄，向金献其首级，来换取金朝原谅。在宋朝看来，嘉定和议的达成，乃是献韩侂胄首级换取的，实则不然。正如赵永春所言：“宋金能够达成和议，主要是由宋金势力均衡所决定的，不是由函韩侂胄之首所决定的。”“宋人不

① 黄宽重：《晚宋朝臣对国是的争议：理宗时代的和战、边防与流民》，台湾大学出版中心，1978，第 41 页。

② 黄宽重：《晚宋朝臣对国是的争议：理宗时代的和战、边防与流民》，台湾大学出版中心，1978，第 71 页。

③ 徐自明撰，王瑞来校补《宋宰辅编年录校补》卷 6，中华书局，1986，第 1450 页。

④ 王夫之：《读通鉴论》卷 30《五代下》，中华书局，2013，第 943 页。

顾国体，将韩侂胄之首送于金人，充分反映了宋人的腐朽和无能。”① 故有诗讽刺云：“自古和戎有大权，未闻函首可安边。”② 宋朝匆忙诛杀韩侂胄来换取和平的做法，足见对战争没有长远考虑，是其一贯苟且偷安所致。

宋、蒙联合灭金后，蒙古主动从河南撤军，给南宋统治者造成“鞑人已归，中原空虚”的假象。宋朝由此断定蒙古军事实力不济，边将“务开拓而不务收敛”。随之，河南空虚、收复三京的议论开始蔓延开来，“欲乘时抚定中原，建守河、据关收复三京之议”。③ 事实上，宋朝出兵蒙古时，国内情况并不乐观，“军国空虚，州县罄竭”，“耕夫无一勺之食，织妇无一缕之丝，生民熬熬，海内汹汹。天下之势，譬如以漓胶腐纸，粘缀破坏之器，而置之几案，稍触之则应手堕地而碎耳”，④ “荆襄连年水潦螟蝗之灾，饥馑流亡之患”，⑤ “兵不如昔之强，将不如昔之勇”。⑥ 面对国内窘境，朝中有识之臣曾以“国计捉衿而见肘，民生剜肉以医疮”⑦ 为由，反对贸然出兵。吴潜曾上书反对用兵河南，“量吾事力，实有难言。今姑以淮西论之，朝廷桩积之米，不过百万余石，往往三分虚数。在籍之兵，不满八万，往往大半老弱。加以榷剥掊克之余，败亡伤耗之后，人无固志，士有饥腹。三边事体，大略可知。往年淮安之役（指平定李全之乱），朝廷会诸道之兵至十二三万人，（淮）东总（领所）至用米一百二十余万石，乃克有济。若举师北向，费当十倍，窃计国力，决不能支。”⑧ 江淮制置使赵善湘也持反对态度，“中原乃已坏之势，恐未易为力。边地连年干戈，兵民劳役，当修养葺治，使自守有余，然后经理

① 赵永春：《金宋关系史》，人民出版社，2005，第 306 页。
② 周密：《齐东野语》卷 3《诛韩侂胄本末》，上海古籍出版社，2012，第 29 页。
③ 毕沅：《续资治通鉴》卷 167，绍定六年十一月己巳条，中华书局，1957，第 4563 页。
④ 吴潜：《许国公奏议》卷 1《奏论都城火灾乞修省以消变异》，中华书局，1985，第 2 页。
⑤ 脱脱等：《宋史》卷 414《史嵩之传》，中华书局，1985，第 12424 页。
⑥ 吴泳：《鹤林集》卷 19《论中原机会不可易言乞内修政事札子》，《景印文渊阁四库全书》第 1176 册，台湾商务印书馆，1986，第 187 页。
⑦ 洪咨夔著，侯体健点校《洪咨夔集》（中）“平斋文集”卷 25《通李参政启》，浙江古籍出版社，2015，第 616 页。
⑧ 吴潜：《许国公奏议》卷 1《应诏上封事条陈国家大体治道要务凡九事》，中华书局，1985，第 22 页。

境外。今虽有机会，未见可图”。[①] 宋朝对蒙古军事实力的估计也是不足的，事实上，蒙古并非退兵，河南也并非空虚无守，当听闻宋朝兵马至河南时，蒙军“哨已及盟津，陕府、潼关、河南皆增屯设伏”，[②] 迅速反击南宋军队。

南宋收复三京军事行动的失败，造成了严峻危机。史载“三京退师之余，朝廷惩创太甚”，“兵民死者十数万，资粮器用悉委于敌”，[③] 两淮地区“人户版空”，[④]“中外空虚，公私赤立”。[⑤] 土地兼并严重，“豪强兼并之患，至今日而极……今百姓膏腴皆归贵势之家，租米有及百万石者”。[⑥] 民不聊生，起义不断。南宋内忧不断，“想疮痍之溢目，如疾病之在身”。[⑦] 时人言：“京洛之败，徐邳之败，唐宿之败，精兵歼尽，劲马毙倒，征者死于场，输者僨于道，粮储器械弥满于山谷者不知其几千万。坐是边鄙耗屈，国中疲敝，民怨召为天灾，兵贫激为内难，其所以至此者，恢复之名误之也。”[⑧] 朝野怨声载道，理宗被迫下罪己诏。

不仅如此，军队受到重创，防守空虚。“兵民死者十数万”，[⑨]“凡器甲舟车悉委伪境，而江淮荡然无以为守御之备”。[⑩] 北伐后，宋蒙关系恶化，兵端再起，蒙古开始全面攻宋。“不旬月，五城皆破”，[⑪]“掀滁州、蹂盱眙、掇宝应、濒江渚湖，且破且降者二十余所”，[⑫]“（川陕）五十四

---

① 毕沅：《续资治通鉴》卷 166，绍定六年三月丙辰条，中华书局，1957，第 4539 页。

② 脱脱等：《宋史》卷 412《孟珙传》，中华书局，1985，第 12374 页。

③ 脱脱等：《宋史》卷 407《杜范传》，中华书局，1985，第 12281 页。

④ 吴泳：《鹤林集》卷 17《论保淮事宜疏》，《景印文渊阁四库全书》第 1176 册，台湾商务印书馆，1986，第 161 页。

⑤ 魏了翁：《鹤山先生大全文集》卷 19《被召除礼部尚书内引奏事第四札》，四部丛刊集成初编本，高等教育出版社影印本，2016，第 93 页。

⑥ 脱脱等：《宋史》卷 173《食货志》，中华书局，1985，第 4179～4180 页。

⑦ 傅增湘原辑，吴洪泽补辑《宋代蜀文辑存校补》卷 79《（吴泳）端平三年罪己诏》，重庆大学出版社，2014，第 2547 页。

⑧ 庄仲方辑《南宋文范·（吴泳）论恢复和战事宜札子》，任继愈主编《中华传世文选》（六），吉林人民出版社，1998，第336 页。

⑨ 脱脱等：《宋史》卷 407《杜范传》，中华书局，1985，第 12281 页。

⑩ 傅增湘原辑，吴洪泽补辑《宋代蜀文辑存校补》卷 85《论郑清之误国疏》，重庆大学出版社，2014，第 2773 页。

⑪ 程钜夫著，张文澍校点《程钜夫集》卷 5《匡氏褒德之碑》，吉林文史出版社，2009，第 62 页。

⑫ 苏天爵辑撰《元朝名臣事略》，中华书局，1996，第 93 页。

州俱陷破，独夔州一路及泸、果、合数州仅存”,① 史称“自是淮汉间兵无宁日”。对此，黄宽重评价道：“重要的是宋蒙间兵端既开，遂无宁日，一方面使原来的和战之争，在入洛以后达到高潮，激成激烈的政争，遂‘使天下之势，自安以趋于亡’。”② 需要指出的是，南宋收复三京的军事行动，是蒙古出兵、宋蒙关系恶化的直接原因，而非根本原因。窝阔台时便已制定了灭宋的目标，蒙古伐宋乃必然之势。早在宋朝出师之前，宋臣魏了翁便直截了当言：“和好不可恃。且王檝以小使入见，虚吓恫疑，本无足信，而三京退师之余，朝廷惩创太甚，撤去关防，待之过优”，“大抵和亦来，不和亦来”，“况檝之来也，在范葵未出师之前，今既战之后，岂可犹信前约而不思其反也?”③ 蒙古伐宋乃时间问题，端平入洛导致蒙古军事行动提前而已。

总之，南宋开禧和端平年间的两次北伐，是宋朝在血洗仇耻、收复故疆的政治目标下发动的对外军事行动，加之南宋朝廷内部党争与政治外交交织在一起，当事权臣为谋权固位导致在处理对外关系中常常失去理智而不顾客观形势，两次北伐可谓军事灾难，其结果也是惨痛的。

---

① 佚名：《宋季三朝政要》卷 1，中国书店，2018，第 59 页。

② 黄宽重：《晚宋朝臣对国是的争议：理宗时代的和战、边防与流民》，台湾大学出版中心，1978，第 41 ~ 42 页。

③ 魏了翁：《鹤山先生大全文集》卷 19《被召除礼部尚书内引奏事第四札》，四部丛刊初编本，高等教育出版社影印本，2016，第 86 ~ 88 页。

参考文献

一　古籍

毕沅：《续资治通鉴》，中华书局，1957。

陈邦瞻纂辑《宋史纪事本末》，中华书局，2015。

陈均：《九朝编年备要》，文渊阁四库全书本。

戴锡章编撰《西夏纪》，宁夏人民出版社，1988。

顾炎武：《天下郡国利病书》，上海书店，1985。

顾祖禹：《读史方舆纪要》，中华书局，2005。

郭松年：《大理行纪》，云南民族出版社，1986。

洪皓：《松漠纪闻》，吉林文史出版社，1986。

黄淮、杨士奇编《历代名臣奏议》，上海古籍出版社，2012。

江少虞：《宋朝事实类苑》，中华书局，1981。

李纲：《李纲全集》，岳麓书社，2004。

李焘：《续资治通鉴长编》，中华书局，2004。

李心传：《建炎以来朝野杂记》，中华书局，2000。

李心传：《建炎以来系年要录》，中华书局，2013。

李有棠：《辽史纪事本末》，中华书局，1983。

李攸：《宋朝事实》，中华书局，1955。

李埴：《皇宋十朝纲要》，中华书局，2013。

刘克庄：《后村先生大全集》，四部丛刊初编本，高等教育出版社影印本，2016。

刘祁撰，崔文印点校《归潜志》，中华书局，1983。

刘时举：《续宋编年资治通鉴》，文渊阁四库全书本。

陆游撰，李剑雄、刘德权点校《老学庵笔记》，中华书局，1979。

罗大经撰，王瑞来点校《鹤林玉露》，中华书局，1983。

马端临撰《文献通考》，中华书局，1986。

彭百川：《太平治迹统类》，文渊阁四库全书本。

丘浚：《大学衍义补》，文渊阁四库全书本。

司马光：《资治通鉴》，中华书局，2011。

宋濂：《元史》，中华书局，1976。

《宋史全文》，文渊阁四库全书本。

脱脱：《宋史》《金史》《辽史》等，中华书局标点本。

王称：《东都事略》，齐鲁书社，2000。

王鹗：《汝南遗事》，文渊阁四库全书本。

王夫之：《宋论》，中华书局，2008。

王辟之撰，吕友仁点校《渑水燕谈录》，中华书局，1981。

魏了翁：《鹤山先生大全文集》，四部丛刊初编本，高等教育出版社影印本，2016。

吴广成撰，龚世俊等校证《西夏书事校证》，甘肃文化出版社，1995。

熊克：《中兴小纪》，商务印书馆，1936。

徐梦莘：《三朝北盟汇编》，上海古籍出版社，1987。

徐松辑，刘琳等校点《宋会要辑稿》，上海古籍出版社，2014。

杨慎：《升庵集》，文渊阁四库全书本。

杨仲良撰，李之亮校点《皇宋通鉴长编纪事本末》，黑龙江人民出版社，2006。

叶隆礼：《契丹国志》，上海古籍出版社，1985。

叶绍翁著，符均注《四朝闻见录》，三秦出版社，2004。

佚名编，金少英校补、李庆善整理《大金吊伐录校补》，中华书局，2017。

佚名编，汝企和校《续编两朝纲目备要》，中华书局，1995。

宇文懋昭撰，崔文印校正《大金国志校证》，中华书局，1986。
袁燮：《絜斋集》，中华书局，1985。
〔越〕黎崱：《安南志略》，中华书局，1995。
〔越〕吴士连等撰，孙晓主编《大越史记全书》，西南师范大学出版社，2015。
张鉴撰，龚世俊等校点《西夏纪事本末》，甘肃文化出版社，1998。
张金吾：《金文最》，中华书局，1990。
赵汝愚：《宋朝诸臣奏议》，上海古籍出版社点校本，1999。
赵永春辑注《奉使辽金行程表·绍兴甲寅通和录》，吉林文史出版社，1995。
真德秀：《西山先生真文忠公文集》，商务印书馆，1937。
周密：《齐东野语》，上海古籍出版社，2012。
周去非撰，杨武泉校注《岭外代答校注》，中华书局，1999。
庄仲方辑《南宋文范》，任继愈主编《中华传世文选》（六），吉林人民出版社，1998。

二　论著

白滨编《西夏史论文集》，宁夏人民出版社，1984。
白滨、李锡厚：《辽金西夏史》，上海人民出版社，2003。
白滨：《党项史研究》，吉林教育出版社，1988。
陈斌：《南诏国大理国内外关系》，中国文联出版社，2003。
陈峰：《宋代军政研究》，中国社会科学出版社，2010。
陈佳华等：《宋辽金时期民族史》，四川民族出版社，1996。
陈守忠：《河西史地述论》，兰州大学出版社，1993。
陈述：《契丹社会经济史稿》，三联书店，1963。
陈述：《契丹政治史稿》，人民出版社，1986。
陈振：《宋史》，上海人民出版社，2003。
程广中：《地缘战略论》，国防大学出版社，1999。
程民生：《宋代地域经济》，河南大学出版社，1992。
程民生：《中国北方经济史》，人民出版社，2004。

董良庆：《战略地理学》，国防大学出版社，2000。

杜建录：《西夏经济史》，中国社会科学出版社，2002。

杜建录：《西夏与周边民族关系史》，甘肃文化出版社，1995。

段玉明：《大理国史》，云南民族出版社，2003。

方铁：《西南通史》，中州古籍出版社，2003。

傅海波、崔瑞德编《剑桥中国辽西夏金元史》，史卫民等译，中国社会科学出版社，1998。

葛剑雄：《统一与分裂——中国历史的启示》，三联书店，1994。

葛兆光：《中国思想史·第二卷：七世纪至十九世纪中国的知识、思想与信仰》，复旦大学出版社，2000。

顾宏义：《天裂——十二世纪宋金和战实录》，上海书店出版社，2000。

顾颉刚、史念海：《中国历代疆域史》，商务印书馆，1999。

〔德〕赫特纳：《地理学——它的历史、性质和方法》，王兰生译，商务印书馆，1997。

〔英〕哈·麦金德：《历史的地理枢纽》，林尔蔚、陈江译，商务印书馆，1985。

洪兵：《中国战略文化原理》，军事科学出版社，2002。

胡兆量、陈宗兴、张乐育：《地理环境概述》，科学出版社，1994。

〔美〕费正清：《中国：传统与变迁》，张沛译，世界知识出版社，2002。

黄宽重：《晚宋朝臣对国是的争议——理宗时代的和战、边防与流民》，台湾大学出版中心，1978。

黄体荣编著《广西历史地理》，广西民族出版社，1985。

贾大泉：《宋代四川经济述论》，四川省社会科学院出版社，1985。

姜春良主编《军事地理学》，军事科学出版社，1995。

姜锡东、李华瑞主编《宋史研究论丛》（第六辑），河北大学出版社，2005。

〔英〕杰弗里·帕克：《地缘政治学：过去、现在和未来》，刘从德译，解放军出版社，1990。

〔英〕杰弗里·帕克：《二十世纪的西方地理政治思想》，李亦鸣、徐小杰、张荣忠译，解放军出版社，1992。

〔美〕理查德·哈特向：《地理学的性质》，叶光庭译，商务印书馆，1996。

李炳彦主编《中国历代大战略》，昆仑出版社，1998。

李范文：《西夏通史》，人民出版社，2005。

李范文：《西夏研究论集》，宁夏人民出版社，1983。

李华瑞：《宋史论集》，河北大学出版社，2004。

李华瑞：《宋夏关系史》，河北大学出版社，1998。

李剑农：《中国古代经济史稿》第三卷（宋元明部分），武汉大学出版社，2005。

李天石、陈振编著《宋辽金史研究概述》，天津教育出版社，1995。

李蔚：《西夏史研究》，宁夏人民出版社，1989。

李孝聪：《中国区域历史地理》，北京大学出版社，2005。

李旭旦主编《人文地理学论丛》，人民教育出版社，1985。

李义虎：《地缘政治学》，北京大学出版社，2007。

李震：《历代战争方略研究》，南京陆军指挥学院翻印本，1983。

刘从德：《地缘政治学：历史、方法与世界格局》，华中师范大学出版社，1998。

刘雪莲编著《地缘政治学》，吉林大学出版社，2002。

楼耀亮：《地缘政治与中国国防战略》，天津人民出版社，2002。

鲁人勇：《宁夏历史地理考》，宁夏人民出版社，1993。

陆俊元：《地缘政治的本质与规律》，时事出版社，2005。

陆韧：《云南对外交通史》，云南人民出版社，2011。

吕一燃主编《中国边疆史地论集》，黑龙江教育出版社，1991。

马大正：《边疆与民族：历史断面研考》，黑龙江教育出版社，1993。

马大正主编《中国边疆经略史》，中州古籍出版社，2000。

马大正主编《中国古代边疆政策研究》，中国社会科学出版社，1990。

〔美〕马汉：《海权论》，肖伟忠、梅然译，中国言实出版社，1997。

〔美〕美国陆军军事学院编《军事战略》，军事科学院外国军事研究部译，军事科学出版社，1986。

钮先钟：《中国古代战略思想新论》，安徽教育出版社，2005。

钮先钟：《国家战略概论》，台湾正中书局出版社，1976。

钮先钟：《战略家》，广西师范大学出版社，2003。

〔英〕P. 奥沙利文：《地理政治论——国际间的竞争与合作》，李亦鸣、朱兰、朱安译，国际文化出版公司，1991。

〔美〕佩尔蒂、珀西：《军事地理学概论》，王启昌译，解放军出版社，1988。

漆侠、乔幼梅：《辽夏经济史》，河北大学出版社，1994。

漆侠：《宋代经济史》，三联书店，1988。

漆侠主编《宋史研究论文集——国际宋史研讨会暨中国宋史研究第九届年会编刊》，河北大学出版社，2002。

钱穆：《中国历代政治得失》，三联书店，2001。

〔日〕前田正明：《河西历史地理学研究》（中译本），中国藏学出版社，1993。

沈伟烈、陆俊元主编《中国国家安全地理》，时事出版社，2001。

〔美〕斯皮克曼：《和平地理学》，刘愈之译，商务印书馆，1965。

史金波：《西夏文化》，吉林教育出版社，1988。

孙建民：《中国历代治边方略研究》，军事科学出版社，2004。

孙钱章主编《中国历代治国方略文选·军事》，中共中央党校函授学院，1999。

孙相东：《地缘政治学：思想史上的不同视角》，中共中央党校出版社，2005。

覃延欢、廖国一主编《广西史稿》，广西师范大学出版社，1998。

陶晋生：《宋辽关系史研究》，中华书局，2008。

田继周：《中国历代民族政策研究》，青海人民出版社，1993。

〔美〕约翰·柯林斯：《大战略》，中国人民解放军军事科学院译，军事科学院，1978。

王曾瑜：《宋代兵制初探》，中华书局，1983。

王恩涌等编著《政治地理学——时空中的政治格局》，高等教育出版社，1998。

王国梁：《世界政治地理》，海洋出版社，1993。

王三欣、沈伟烈主编《军事地理学论丛》，国防大学出版社，1988。

王生荣主编《黄金与蔚蓝的支点：中国地缘战略论》，国防大学出版社，2001。

王天顺主编《西夏战史》，宁夏人民出版社，1993。

王文荣主编《战略学》，国防大学出版社，1999。

王逸舟：《西方国际政治学：历史与理论》，上海人民出版社，2018。

王钟翰主编《中国民族史》，中国社会科学出版社，1994。

韦祖松：《帝国生存环境的诠释——北宋国家安全问题研究》，中国社会科学出版社，2008。

翁独健：《中国民族关系史研究》，中国社会科学出版社，1984。

吴松弟：《北方移民与南宋社会变迁》，文津出版社，1993。

吴松弟：《无所不在的伟力——地理环境与中国政治》，吉林教育出版社，1998。

吴天墀：《西夏史稿》（增订本），四川人民出版社，1981。

谢国良：《中国古代军事思想概论》，解放军出版社，1994。

徐嘉瑞：《大理古代文化史稿》，中华书局，1978。

徐兴洪：《大宋王朝》，长春出版社，2007。

杨蕤：《西夏地理研究》，人民出版社，2008。

叶坦：《大变法——宋神宗与十一世纪的改革运动》，三联书店，1996。

叶自成主编《地缘政治与中国外交》，北京出版社，1998。

尤中：《云南地方沿革史》，云南人民出版社，1990。

尤中：《中国西南边疆变迁史》，云南教育出版社，1987。

尤中：《中国西南的古代民族》，云南人民出版社，1980。

虞云国：《南渡君臣：宋高宗及其时代》，上海人民出版社，2019。

虞云国：《南宋行暮：宋光宗宋宁宗时代》，上海人民出版社，2017。

〔美〕詹姆斯、马丁：《地理学思想史》，李旭旦译，商务印书馆，

1989。

张兵清、韩永学编著《大赌局——冷战后地缘政治格局》，中国社会科学出版社，1999。

张其凡、陆勇强主编《宋代历史文化研究》人民出版社，2000。

张声震主编《壮族通史》，民族出版社，1997。

张文奎等编著《政治地理学》，江苏教育出版社，1991。

张文奎主编《人文地理学概论》（修订本），东北师范大学出版社，1989。

赵永春：《金宋关系史》，人民出版社，2005。

曾瑞龙：《经略幽燕——宋辽战争军事灾难的战略分析》，浙江大学出版社，2019。

〔意大利〕朱利奥·杜黑：《制空权》，曹毅风、华人杰译，解放军出版社，1986。

中国军事史编写组：《中国军事史》第2卷《兵略》，解放军出版社，1986。

钟文典主编《广西通史》，广西人民出版社，1999。

三　论文

艾光国：《略论北宋强化专制主义中央集权制度的利弊得失》，《青海社会科学》1994年第4期。

安国楼：《北宋的开边及其对荆湖新边地区的政策》，《西南师范大学学报》（哲学社会科学版）1997年第3期。

安国楼：《论北宋西北开边以后的民族关系》，《郑州大学学报》（哲学社会科学版）2003年第1期。

安国楼：《论宋朝的“轻南”政策及其影响》，《学术论坛》1997年第3期。

安国楼：《论宋朝对西北边区民族的统治体制》，《民族研究》1996年第1期。

安国楼：《论宋代“蕃兵”制》，《郑州大学学报》（哲学社会科学版）1997年第1期。

白滨：《论西夏与辽的关系》，《中国民族史研究（1）》，中央民族学院出版社，1987。

白耀天：《宋代在今广西西部设置羁縻州、县、洞考（续）》，《广西民族研究》1998年第1期。

蔡东洲、唐禄祥：《论南宋同西夏的关系》，《四川师范学院学报》（哲学社会科学版）1992年第2期。

陈峰：《宋代主流意识支配下的战争观》，《历史研究》2009年第2期。

陈峰：《“外患”与“内忧”——秦至宋朝应对边防与社会危机理念及方式变迁》，《中国史研究》2015年第1期。

陈佳华：《宋朝的周边形势及其治边政策》，载马大正主编《中国古代边疆政策研究》，中国社会科学出版社，1990。

陈旭：《宋夏之间的走私贸易》，《中国史研究》2005年第1期。

程龙：《论康定、庆历时期西北沿边屯田与宋夏战争的互动关系》，《中国历史地理论丛》2006年第1期。

戴可来：《略论古代中国和越南之间的宗藩关系》，《中国边疆史地研究》2004年第2期。

丁柏传：《试论北宋与西夏的经贸往来及其影响》《河北大学学报》（哲学社会科学版）1996年第2期

董克昌：《大金对四邻关系的总方针与总趋势》，《北方文物》1993年第4期。

杜建录：《论西夏与周边民族关系及其特点》，《民族研究》1996年第2期。

杜建录：《宋夏商业贸易初探》，《宁夏社会科学》1988年第3期。

杜文玉：《宋代马政研究》，《中国史研究》1990年第2期。

段玉明：《大理国与宋关系新论》，《中国西南文化研究·2004》，云南民族出版社，2005。

方铁：《大理国的民族治策及其对外政策》，《白族文化研究·2003》，民族出版社，2004。

方铁：《论宋朝以大理国为外藩的原因及其“守内虚外”治策》，《中央民族大学学报》(哲学社会科学版) 2000 年第 6 期。

方铁:《宋朝经营广西地区述论》,《广西民族研究》2001 年第 2 期。

葛瑞明:《地缘政治研究中的几个争议问题》,《解放军外国语学院学报》2000 年第 2 期。

顾吉辰:《论宋太祖统一岭南》,《广东社会科学》1990 年第 2 期。

郭声波:《试论宋朝的羁縻州管理》,《中国历史地理论丛》2000 年第 1 期。

何力:《力不从心 失地何复——北宋为何不能收复燕云地区》,《北京社会科学》1997 年第 2 期。

何平立:《略论南宋时期四川抗蒙山城防御体系》,《军事历史研究》1996 年第 1 期。

何耀华:《西北吐蕃诸部与五代、宋朝的历史关系》,《云南社会科学》1999 年第 6 期。

何玉红:《"便宜行事"与中央集权——以南宋川陕宣抚处置司的运行为中心》,《四川大学学报》(哲学社会科学版) 2007 年第 4 期。

何玉红:《南宋川陕战区兵力部署的失衡与吴曦之变》,《中国历史地理论丛》2008 年第 1 期。

何玉红:《宋朝边防图书与情报控制述论》,《社会科学辑刊》2004 年第 4 期。

侯峰:《宋代羁縻州建制简论》,《思茅师专学报》(综合版) 1995 年第 2 期。

胡保峰:《略论金都南迁后金朝形势与宋金关系》,《漯河职业技术学院学报》(综合版) 2003 年第 4 期。

胡绍华:《大理国与宋朝关系新探》,《商丘师范学院学报》2002 年第 6 期。

黄正林:《南宋初年主战派经营陕西述论》,《西北史地》1998 年第 4 期。

霍升平:《论北宋与西夏的贸易》,《中州学刊》1988 年第 1 期。

吉家友:《经贸交流在宋、夏关系中的调节作用》,《郑州轻工业学院学报》(社会科学版) 2000 年第 3 期。

贾大泉：《北宋军队不能抵御少数民族政权军事进攻的原因》，《西南民族大学学报》（人文社会科学版）1980年第1期。

贾大泉：《钓鱼城与南宋政权》，《中国文化论坛》1994年第2期。

靳华：《嘉定议和后的宋金关系》，《北方论丛》2002年第6期。

李昌宪：《宋王朝在西南民族地区的统治》，《南京大学学报》（哲学·人文科学·社会科学）1990年第3期。

李华锋：《论西方地缘政治思想的演进及对中国地缘战略的启示》，《中共合肥市委党校学报》2007年第3期。

李华瑞：《北宋朝野人士对西夏的看法》，《安徽师范大学学报》（哲学社会科学版）1997年第4期。

李华瑞：《北宋末期及南宋与西夏的关系》，《宁夏大学学报》（哲学社会科学版）1998年第3期。

李华瑞：《北宋西北国防城寨的建筑规模及其战略地位》，《中国边疆史地研究》1994年第4期。

李华瑞：《两宋改革的特点及其历史作用》，《西北师大学报》（社会科学版）1994年第4期。

李华瑞：《论宋哲宗元祐时期对西夏的政策》，《中州学刊》1998年第6期。

李华瑞：《论西夏联辽、联吐蕃抗宋》，《固原师专学报》（社会科学）1998年第5期。

李华瑞：《贸易与西夏侵宋的关系》，《宁夏社会科学》1997年第3期。

李华瑞：《宋初的西部边疆政策》，《西北史地》1993年第1期。

李京龙、赵英华：《北宋河北缘边地区的军事防御工程述略》，《保定师范专科学校学报》2006年第1期。

李清凌：《藏传佛教与宋金时期西北的民族关系》，《西北民族学院学报》（哲学社会科学版）2001年第2期。

李天石：《宋夏争夺河西控制权述评》，《西北史地》1987年第3期。

梁中效：《汉中安康在南宋时期的战略地位》，《汉中师范学院学报》（社会科学）1996年第1期。

林荣贵:《北宋与辽并立时期的疆域格局》,《边疆史地研究》1998年第3期。

林荣贵:《北宋与辽的边疆经略》,《中国边疆史地研究》2000年第1期。

林荣贵:《南宋与金的边疆经略》,《中国边疆史地研究》2001年第2期。

林文勋:《略论宋朝钱币向边疆民族地区的流动》,《云南教育学院学报》1993年第5期。

林文勋:《宋代食盐与周边民族关系》,《云南民族学院学报》(哲学社会科学版)1993年第2期。

林文勋:《宋代西南地区的市马与民族关系》,《思想战线》1989年第2期。

林文勋:《宋代以“互市”为内容的民族政策》,《云南民族学院学报》(哲学社会科学版)1993年第3期。

刘子健:《背海立国与北宋江山的长期稳定》,载《两宋史研究汇编》,台北联经出版事业公司,1987。

刘建丽、赵炳林:《略论宋代蕃兵制度》,载《中国边疆史地研究》2004年第4期。

刘建丽:《北宋对吐蕃的文化政策》,载王希隆主编《西北少数民族史研究》,民族出版社,2003。

刘建丽:《北宋御边政策的调整》,《甘肃社会科学》2000年第3期。

刘建丽:《略论西夏与金朝的关系》,《宁夏社会科学》2005年第3期。

刘建丽:《宋代对吐蕃居地的土地开发》,载王希隆主编《西北少数民族史研究》,民族出版社,2003。

刘建丽:《宋代吐蕃的商业贸易》,载王希隆主编《西北少数民族史研究》,民族出版社,2003。

刘建丽:《宋夏战争中的秦州吐蕃》,载王希隆主编《西北少数民族史研究》,民族出版社,2003。

刘美崧:《宋代汉族迁入岭南及其对南疆的开发》,《中国边疆史地研究》1992 年第 2 期。

刘美嵩：《试论宋代治理南方民族地区的政策》，《民族论坛》1990 年第 4 期。

刘妙龙、孔爱莉、张伟：《地缘政治历史、现状与中国的地缘战略》，《地理研究》1994 年第 3 期。

陆俊元：《地缘政治规律再探》，《现代国际关系》2006 年第 7 期。

陆俊元：《地缘政治形态概念及其方法论意义》，《世界经济与政治论坛》2007 年第 3 期。

陆俊元：《论地缘政治的本质》，《国际关系学院学报》2006 年第 4 期。

罗康隆：《唐宋时期西南少数民族羁縻制度述评》，《怀化师专学报》1999 年第 1 期。

吕卓民：《简论北宋在西北近边地区修筑城寨的历史作用》，《西北大学学报》（哲学社会科学版）1998 年第 3 期。

穆鸿利：《关于宋金关系研究的反思与探索——从〈金宋关系史研究〉一书引发的思考》，《社会科学战线》2002 年第 1 期。

彭凤萍：《北宋与辽朝的关系》，湖南师范大学硕士学位论文，2001。

彭向前：《试论辽宋西夏金时期西北民族关系的主要矛盾》，《内蒙古社会科学》（汉文版）2004 年第 2 期。

沈伟烈：《地缘政治关系简析》，《人文地理》1991 年第 1 期。

舒仁辉、陈仰光：《论吴氏抗金在南宋军事史上的地位》，《杭州师范学院学报》2002 年第 3 期。

宋德金：《金代女真的汉化、封建化与汉族士人的历史作用》，载中国社会科学院历史研究所、宋辽金元史研究室编《宋辽金史论丛》第二辑，中华书局，1991。

粟冠昌、魏火贤：《宋王朝与交趾关系叙论》，《中国边疆史地研究》1991 年第 2 期。

陶玉坤：《辽宋和盟状态下的政治对抗》，《内蒙古大学学报》（人文社会科学版）2000 年 6 月增刊。

王福君：《辽宋夏金时期宋的榷场贸易考述》，《鞍山师范学院学报》

（综合版）1997 年第 1 期。

王革：《北宋对西南地区的经制》，《社会科学纵横》1999 年第 3 期。

王立新、窦向军：《论宋辽夏鼎立与宋夏和战的关系》，《甘肃高师学报》2003 年第 3 期。

王青松：《海军在南宋国防中的地位和作用》，《南都学坛》2004 年第 3 期。

王荣霞：《宋代在南方少数民族地区的“因俗而治”政策新探》，《固原师专学报》（社会科学版）2002 年第 2 期。

王天顺：《试论宋、夏战争中双方战略地位的转化》，《宁夏社会科学》1994 年第 3 期。

王晓燕：《论宋与辽、夏、金的榷场贸易》，《西北民族大学学报》（哲学社会科学版）2004 年第 4 期。

王云裳、张玲卡：《宋代与北方民族军事斗争失利原因的若干探析》，《内蒙古社会科学》（汉文版）2003 年第 5 期。

吴晓萍：《略论地缘政治与北宋外交》，《安徽大学学报》（哲学社会科学版）2004 年第 3 期。

吴映梅：《论地缘政治思想的演变》，《云南教育学院学报》1995 年第 1 期。

吴永章：《论宋代对南方民族的“羁縻”政策》，《中南民族学院学报》（哲学社会科学版）1983 年第 3 期。

伍纯初：《南宋“联蒙灭金”政策形成原因分析》，《枣庄学院学报》2007 年第 6 期。

武玉环：《论辽与高丽的关系及辽的东部边疆政策》，《吉林大学社会科学学报》2001 年第 4 期。

谢璇：《初探南宋后期以重庆为中心的山地城池防御体系》，《重庆建筑大学学报》2007 年第 2 期。

徐春夏：《从宋金“和战”管窥中国古代民族关系》，《温州师范学院学报》（哲学社会科学版）2002 年第 5 期。

杨宗亮：《大理国与南宋的交通》，《云南学术探索》1997 年第 6 期。

杨宗亮：《唐宋时期滇东南、桂西南的民族关系》，《云南民族学院学报》（哲学社会科学版）1998 年第 1 期。

姚有志、毛振发：《古长城国防价值再评估》，《军事历史研究》1994 年第 2 期。

叶自成：《从大历史观看地缘政治》，《现代国际关系》2007 年第 6 期。

尤中：《“宋挥玉斧”新解》，《思想战线》1985 年第 6 期。

余蔚：《两宋政治地理格局比较研究》，《中国社会科学》2006 年第 2 期。

余蔚：《论南宋宣抚使和制置使制度》，《中华文史论丛》总第八十五辑。

玉时阶：《唐宋羁縻制度对广西瑶族社会历史发展的影响》，《广西民族学院学报》（哲学社会科学版）1984 年第 1 期。

袁波澜等：《唐、宋民族政策——羁縻问题之比较研究》，《西北民族大学学报》（哲学社会科学版）2004 年第 5 期。

张炼：《论北宋对西夏外交的失败》，《西南民族学院学报》（哲学社会科学版）1994 年第 5 期。

张文：《两宋时期西南地区的民族冲突与社会控制》，《西南师范大学学报》（人文社会科学版）2004 年第 6 期。

赵盛印：《靖康之变后人口南迁对南宋社会的影响》，《濮阳职业技术学院学报》2008 年第 4 期。

赵永春：《关于宋金关系的几个问题》，《黑龙江民族丛刊》2001 年第 1 期。

赵永春：《论宋金关系的主流》，《蒙自师范高等专科学校学报》2001 年第 1 期。

赵煜、魏敏：《南宋初年宋金西线战争双方的战略意图》，《绵阳师范学院学报》2009 年第 4 期。

郑琪：《浅议两宋时期中越之间的战事》，《河南社会科学》2005 年第 3 期。

郑珍平：《论北宋的守内虚外国策》，《北京师范学院学报》（社会科学版）1992 年第 2 期。

周德钧:《合纵：中国古代地缘政治论》,《湖北大学学报》(哲学社会科学版) 1998 年第 1 期。

周原孙:《评范仲淹的御夏策略及措施》,《康定民族师专学报》(文科版) 1990 年第 1 期。

图书在版编目(CIP)数据

南宋与周边政权地缘关系研究 / 于爱华著. -- 北京：社会科学文献出版社，2024.11

ISBN 978-7-5201-8889-0

Ⅰ.①南… Ⅱ.①于… Ⅲ.①地缘政治学-研究-中国-南宋 Ⅳ.①D691.2

中国版本图书馆 CIP 数据核字（2021）第 163554 号

南宋与周边政权地缘关系研究

著　　者 / 于爱华

出 版 人 / 冀祥德
组稿编辑 / 宋月华
责任编辑 / 孙以年　吴　超
责任印制 / 王京美

出　　版 / 社会科学文献出版社·人文分社（010）59367215
地址：北京市北三环中路甲 29 号院华龙大厦　邮编：100029
网址：www.ssap.com.cn
发　　行 / 社会科学文献出版社（010）59367028
印　　装 / 三河市龙林印务有限公司

规　　格 / 开　本：787mm×1092mm　1/16
印　张：18.25　字　数：287 千字
版　　次 / 2024 年 11 月第 1 版　2024 年 11 月第 1 次印刷
书　　号 / ISBN 978-7-5201-8889-0
定　　价 / 128.00 元

读者服务电话：4008918866

版权所有 翻印必究